現代史アーカイヴス

疾走中国

変わりゆく都市と農村

ピーター・ヘスラー
栗原 泉 訳

COUNTRY DRIVING
A Journey through China from Farm to Factory

Peter Hessler

白水社

《現代史アーカイヴス》

疾走中国

変わりゆく都市と農村

目次

レスリーに捧げる

第1部 長城

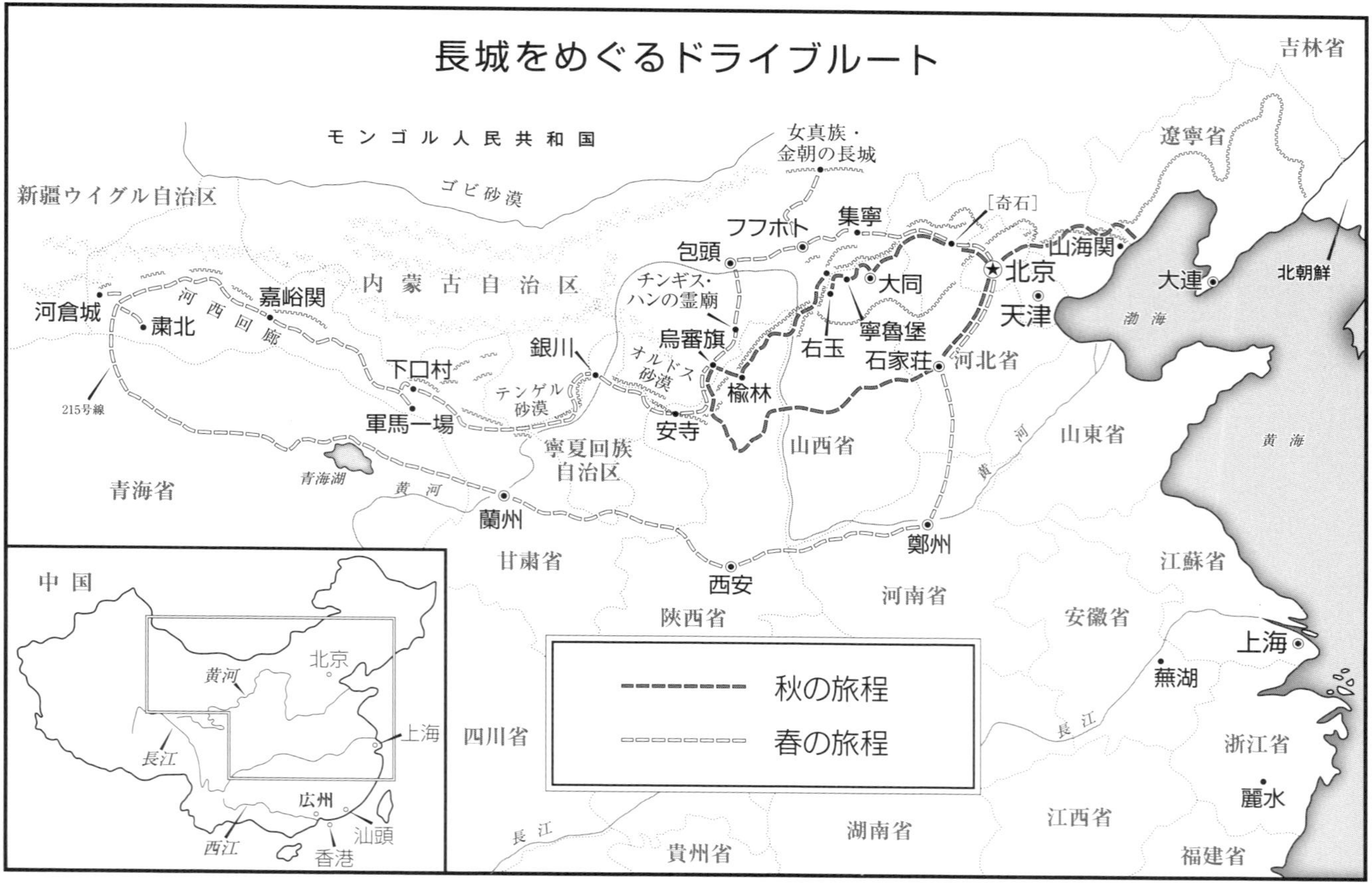
長城をめぐるドライブルート
モンゴル人民共和国
新疆ウイグル自治区
ゴビ砂漠
女真族・金朝の長城
吉林省
遼寧省
集寧
フフホト
包頭
[奇石]
山海関
北京
大連
北朝鮮
内蒙古自治区
嘉峪関
河西回廊
河倉城
粛北
チンギス・ハンの霊廟
大同
天津
渤海
烏審旗
右玉
寧鲁堡
石家荘
河北省
銀川
オルドス砂漠
下口村
榆林
テンゲル砂漠
215号線
軍馬一場
安寺
山西省
山東省
黄海
寧夏回族自治区
青海湖
黄河
青海省
蘭州
鄭州
甘粛省
西安
江蘇省
中国
河南省
陝西省
安徽省
北京
黄河
上海
秋の旅程
春の旅程
蕪湖
長江
四川省
長江
浙江省
広州
麗水
汕頭
長江
湖南省
江西省
西江
香港
貴州省
福建省

1

中国には誰も通らない道がまだたくさんある。とくに西部の草原からヒマラヤ山脈へと続く幹線道路は閑散としていて、通り抜けるのは土ぼこりと風ばかりだ。沿海部の新興都市でさえ、ひと気のない道を見つけることができる。開発中の工業団地や建設半ばの住宅団地へと通じる道、段々畑の間をくねくねと通る道だ。段々畑はもうすぐ住宅地になるだろう。村と村を結ぶ道を徒歩で往来していたのは、ほんの一世代前のことだ。古い土地に新しい道が開け、風景がいままさに変わろうとしている。広大な空間が消えていく——そんなことを考えているうちに、私は中国の運転免許を取ろうと思い立った。

二〇〇一年の夏、私は北京公安局に免許証を申請した。すでに五年も中国に住んでいたのだが、その間は旅行といえばいつもバスや飛行機や列車や船に頼っていた。省から省へ、町から町へ旅をしながらよく居眠りをしたものだ。だが、ひとたびハンドルを握れば目が覚める。当時は私のような人たちがたくさんいて、北京市だけでも一日平均一〇〇〇人が新規に免許登録をしていた。全国的に広がった自動車ブームの先駆者たちだ。新興中流階級の彼らにとって、車は移動性と豊かさと近代化の象徴だ。しかし、私にとって車は冒険だった。運転免許試験の三択問題からは、何が起きるか見当もつかない世界が垣間見えていた。

問223　冠水した道路に差しかかったら、

(1)モーターが水浸しにならないようにアクセルを踏む。

(2)車を止め、水が浅いことを確認してからゆっくり渡る。

(3)通行人を探し、先に道路を渡ってもらう。

問282　踏切に近づいたら、

(1)アクセルを踏んで渡る。

(2)列車が近づいた場合に限りアクセルを踏む。

(3)減速し、渡る前に安全を確認する。

中国人が運転免許を取得するには、健康診断と筆記試験と実技講習を受けたうえ、二日間にわたる試験に合格しなければならない。すでに外国の免許証を持っていれば、簡単な手続きですんだ。私が外国人向け試験を受けたのは、曇り空の暑苦しい朝だった。空全体が濡れた絹の帳のように町を覆っている。試験官は四十代の男性だ。木綿の白手袋をはめている。指の部分が汚れているのはタバコの染みだろう。私が車に乗り込むやいなや、試験官は「紅塔山」タバコに火をつけた。車はワーゲン・サンタナ、中国でもっとも一般的な乗用車だ。ハンドルを握ったとき、自分の手が汗で濡れているのがわかった。

「では、発進」と試験官に言われて、私はキーを回した。「前進してください」

免許試験場として、街路の一区画が立ち入り禁止になっていた。そこだけが静まり返り、車も自転車も人も通らず、商店もなければ屋台も出ていない。荷物を山と積んだ三輪自転車も、バイクが引く荷車も走っていない。えさに食いつく魚さながらに突進するタクシーも、ウィンカーを出さずに曲がる車も、縁石から飛び出す歩行者もいない。こんなに長閑な街路が北京にあるとは知らなかった。あの平穏をもっとゆっくり味わいたかったと、あとからよく思ったものだ。だが、五〇メートルほども進むと、もう試験官が言った。

「では路肩に寄せて。エンジンを切ってください」

試験官は手早くペンを走らせて用紙に書き込んだ。「紅塔山」タバコは、まだ一本の四分の一ほどしか吸っていない。最後に「運転が上手ですね」と言われて、試験は終わった。

私の免許証は中国名の「何偉《フウウェイ》」で登録され、有効期間は六年だ。偽造防止のホログラムには四輪馬車とその上に立つ男の人が描かれていた。衣をなびかせ、手を高く上げて遥かかなたを指し示しているこの人は、道教の思想家、老子だろう。それから数カ月たってから、私は中国横断ドライブに出発した。

旅の計画を立てはじめて間もないころ、北京のある運転手が『中国自動車運転者用地図帳』を勧めてくれた。中国地図出版社なる会社が刊行したこの地図帳は、全国の一五八区分図をまとめたものだ。台湾の道路マップまで載っている。中国人がこれを見ながら台北市内をドライブすることはないだろうが、政治的理由から中国本土の地図には台湾も入れなければならない。それに、中国人がスプラトリー（南沙）諸島で車を運転することなど、なおさらあり得ない。南シナ海の真ん中に浮かぶこの島々は、いまは五カ国が領有を主張する係争地だ。誰も住んでいないのだが、中国は断固として領有権を主張している。だから、『中国自動車運転者用地図帳』にはスプラトリー（南沙）諸島も載っていた。地図帳のなかで道路が示されていないページはここだけだ。

地図帳を眺めていたら西へ行きたくなった。東部や南部の地図は入り組んでいて、数え切れないほどの町やごちゃごちゃした道路が果てしなく続いている。一九七八年、鄧小平の主導によって「改革開放（自由市場経済に向けた改革政策）」が始まって以来、沿海部はもっとも著しい発展を遂げ、その方向に向かって国全体が動き出していた。私が旅に出た当時でも、すでにおよそ九〇〇〇万人が農村を出ている。大部分の人は南東部に向かった。村の決まりきった日常に取って代わり、工場町の慌ただしさが人びとの生活を着々と支配しはじめていた。だが北部や西部は、いまだに広大な農業地帯だ。この地域の地図には空間が広がっていて、そこに私は惹きつけられた。道路も町もまばらで、砂漠を示す細かな点々で大半が埋まっているページもある。西部の地図はより広い面積をカバーしていた。チベット北部の一ページには、中国全体の陸地の約一五分の一が含まれており、地図上では台湾とほぼ同じ面積のようだ。中国地図帳には縮尺が載っていない。ときには町と町との距離がキロメートルで表示されているが、それ以外は見当をつけるしかなかった。

大方の道路には名前がない。紫色の太線で示された高速道路は動脈で、赤い太線の国道は都市と都市を結ぶ静脈だ。省道は細い赤線で表され、郡や地方の道路となるとさらに細くなる。これらは辺鄙な地域を縦横に走る毛細血管だ。私はこうした赤い細道を走りたかったが、どの道路にも名前がなかった。北京地区の地図には、高速道路七本と幹線道路一〇本、それに数百本を超える一般道路が載っているが、番号が振ってあるのは幹線道路だけだ。私は知り合いの運転手に赤い細道について訊いてみた。

「そんな道路にいちいち名前はつけませんね」

「それじゃ、どこを走っているのかわからないよ」

「ところどころに標識があって、近くの町の名前が書いてありますけどね。行き方がわからなければ車を止めて、誰かに訊けばいいんです」

運転免許試験には、これについての三択問題も出ていた。

問352　ほかのドライバーに行き方を訊かれたら、

（1）教えない。

(2)丁寧に正確に教える。
(3)間違った道を教える。

中国地図帳のページには名もない何千本もの道路がクモの巣状に広がっていて、西へ進むルートがどれなのかはっきりしない。だが、明確な記号が一つだけあった。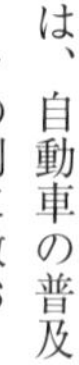だ。この記号は北東沿海部の山海関《シャンハイクアン》に始まり西へ延びて河北省を横切り、山西省、陝西省から内モンゴルへと続いていた。寧夏や甘粛の地図には砂漠を示す細かな点々が星のようにびっしりとちりばめられているが、そこでもは星雲の間を突き抜けていた。中国地図帳のなかでもこの部分ならすぐにわかった。これが万里の長城を示す記号なことぐらい、子供のときからわかっていた。幼いころ、私は中国の地図を見るたびにいつも思ったものだ。長城を伝って中国横断ができたらすごいぞ！

　ある時期、中国人は長城を幹線道路に改造しようとさえ考えた。一九二〇年代のことだが、中国の知識人たちは、自動車の普及によって国土が変貌しつつあったアメリカの例に倣おうとしたのだ。中国の都市設計家のなかにはアメリカで教育を受けた人たちもいて、彼らは都市の古い防壁を壊し、その材料を使って自動車用の環状道路を作る計画を提唱した。この計画は一九三一年までには全国の二〇を超える都市で採用され、たとえば南部の広州市では、建造から八〇〇年が過ぎた建物が取り壊された。当然のことながら、長城も近代化計画の対象になった。「廃材を使って長城に道路を建設しよう」と題する記事が、上海の日刊紙『申報《シェンバオ》』に載ったのは一九二三年のことだった。おそらく筆名と思われるが、雷声《レイション》という記者は、政府が新たに打ち出した建造物の近代化案に賛同し、いまこそ「絶好のチャンス」だと呼びかけていた。「長城は山海関から甘粛省の玉門関《ユイメングアン》まで、何千里もまっすぐに続いている。これを道路に改造すれば北京、山西省、陝西省、甘粛省が結ばれ、商業がさかんになるだろう……」。それからしばらくの間は、こうした提案をめぐって議論の花が咲いた。一九三一年に有力誌『学生雑誌』に掲載された記事は近代化計画に賛同し、長城の石材を使えば「建設費が抑制できる。結果として東の沿海部と西の内陸部が結ばれ、輸送インフラのギャップが埋まる……」と主張していた。

　この計画を実行に移した人は誰もいない。理由は明らかで、長城がそびえる地域は地形が険しく人里離れているからだ。しかし、七〇年も前に計画されたこの大まかなルートに、私は惹きつけられた。東から西へ、沿海部から内陸部へ――そんな中国横断のドライブは長年の夢だった。地図帳をよく見るとのまわりには道がたくさん走っている。たいていは毛細血管のような細道が、ときには何マイルも長城と並んで、ときには長城と交差しながら続いていた。ぎざぎざの記号を見て、私は子供時代と同じことを思った――長城を伝って中国横断ができたらすごいぞ！　長城に沿って奥地を走り、チベット台地のはずれまで行ってみよう。いったんこう思い立ったら、もうあとへは引けない。一人きりの長距離ドライブは危険だと友人たちは警告してくれた。だが、そんな場合にどうしたらいいかまで、免許証の筆記試験は触れていた。

問347　ほかのドライバーが好意から何かを警告してくれたら、

(1)謙虚に注意深く耳を傾ける。
(2)耳を貸さない。
(3)一応警告に耳を貸し、その後受け流す。

私は北京でレンタカーをして山海関に向かった。山海関は長城が渤海に接する要塞の町だ。そこから西へ、収穫期を迎えた河北省をひたすら走る。秋も半ば、ほとんどの作物は収穫が終わっていて、丈高いまま畑に残っているのはトウモロコシだけだ。まだら模様の落花生の束や山と積まれたヒマワリの種子や真っ赤なトウガラシなど、ほかの野菜はすべて、あたりに広げられている。農家の人たちは野菜を舗装道路のわきに丹念に並べていた。乾燥させ選別するには、そこがおあつらえ向きの場所なのだ。これから脱穀する作物は道路の真ん中に放り出し、通りかかる車が必ずその上を通るようにした。これは法律違反だ。交通安全法にも食品衛生法にも、これほど公然と違反する行為はほかにないが、中国の農村部ではたいていまだ大目に見られていた。誰かの車に脱穀してもらえるなら、これほど楽なことはない。

初めのうち、すんなりとは通れなかった。旅の初日には、路上に積まれた農作物の手前でいちいち急停車し、窓を下げて訊いたものだ。「通ってもいいですか」。「どんどん行ってください！」と農家の人はじれったそうに怒鳴り返す。そこで私は車を進める。キビやコーリャンや小麦がタイヤの下ではじけた。二日目には、もういちいち訊かなくなった。三日目になると、道に穀物が積まれているとスピードを上げるようになった。ぐっとアクセルを踏み込むと、つぶれてはじける音が下から聞こえる。バックミラーには、熊手や箒を手に、道に飛び出す人たちが映っていた。こうして私は秋の畑仕事を手伝った。ドライブスルー式脱穀作業だ。

河北地方の丘は勾配が急で、むき出しの岩肌が目立つ。私は牛心山、双山村、山神廟などとぱっとしない名前の集落地を通り抜けた。赤い屋根瓦の家が並ぶ村々だ。どの村へ行っても、必ず長城が目に入った。普通、長城は畑地よりはるかに高く、山の背に沿ってそびえ立っている。その姿を途切れ途切れに見ながら、私は丘と丘の間を縫うように車を走らせた。このあたりの長城は明王朝が主に十六世紀に建てたものだ。見事な仕事ぶりで、石の土台と灰色のれんが壁は、いまだにしっかりと山の背に残っている。長城が谷間に落ち込んでいるところもあったが、そんな低地の長城は刈り入れが終わった畑のように採り尽くされていた。表面仕上げのれんがが、跡形もなくなっているのだ。残っているのは土台と、ぎっしり泥のつまった壁の内部だけで、それも風雨にさらされてあちこちへこみ、崩れかかっていた。このむき出しの長城は谷底を横切ってから、ふたたび丘を上がり、ある程度の高さに達するとまたれんがで覆われる。破壊の跡は、谷の反対側でも同じ高さまで残っていた。まるで河北省のこの一帯が大波に襲われたかのようだ。だが、この大波は人間の仕業だった。水位線は人間の意欲の程度、つまり、れんがをただで手に入れるために人はどれほど高いところまで行くのかを示していた。

営方《インファン》村で車を止めて、むき出しの長城を調べることにした。王国安《ワン・クオアン》という名の村人がそばに寄ってきた。

「長城も昔はもっとちゃんとしていました。大きく壊されたのは文革のときでした」

王国安は一九六六年から七六年まで続いた政治運動のことを話しているのだった。この時代、毛沢東は何事であれ伝統があり「封建的」なものはすべて打ち壊せと説いた。長城のあちらこちらが傷つけられたのもこの時期だ。村人たちが近くの長城を解体し、建材をほかの建築物に利用したのをいまだに覚えていると王は言っていた。

王国安に案内されて家の裏庭に行ってみると、れんがが一メートルほどの高さにきちんと積み上げられていた。「長城のれんがです。モルタルでわかります。昔のモルタルですからね。高い塔に使われていたんですよ」

いまも長城かられんがをはがしてくるのかと私が訊くと、王国安は首を振った。「このあたりでは、もうそんなことは許されません。このれんがは四〇年前に持ってきて、家を建てるのに使ったんですが、最近その家も取り壊しました。このれんがで何か別のものを建てますよ」

人口の多いこの地方では、あらゆるものが潜在的資源なのだ。河北省はアメリカのワシントン州とほぼ同じ面積だが、人口は一一倍の六八〇〇万人だ。丘は切り開かれて段々畑になり、道路は収穫物の干場に使われ、通りがかりの車は脱穀機の役目をする。手の届くところに長城があれば、それは利用され、ときには再利用される。全体の丈夫な人はたいがい二重生活を送っていた。ある時期は農業をし、それから都会に出て建築や道路工事の現場や工場の組立ラインで働くのだ。名刺に自分の職業をたくさん並べる人もいる。私が知る限りいちばん多い例では、二七もの職業を載せていた。その人とは河北省を通り過ぎてすぐに山西省で出会ったのだが、きっかけは葬式だった。

この地方では葬式さえも活気に満ちている。北部をドライブしたとき、葬列に遭遇して車を止めることがよくあった。葬式は脱穀と同じように公然と道路上で行なわれるのだ。私はよく式後の会食に招かれた。あちこちの葬式を転々と渡りながら、河北省から山西省を車で横断することだってできる。実際にそんなふうに、他人の終着駅に立ち寄りながら長旅を続ける人たちもいる。新栄《シンロン》という町でのことだが、葬式で伝統的な晋劇（山西省の地方劇）の役者、魏富《ウェイ・フー》とその妻と知り合いになった。

魏夫婦が乗っている北京ナンバーの平台トラックは、ステージとして使えるように後部が改造されていた。一座は町の目抜き通りに車を止め、道路わきの手すりを移動し、日除けテントを張り、ピーヴィー社製の大型マイクを二本セットした。三〇分もたたないうちにステージはできあがり、街路に何百人もが集まってくる。この町では七日間にわたる盛大な葬式が営まれていた。この町最大の商店のオーナーのための超豪華な葬式だ。棺に納められ店の入り口に安置された故人は、いまなお商才を発揮し続けている。街路から店内へと人が流れ込み、押し合いへしあい棺のそばを通って、劇を見ながら食べようとスナックを買い求めていた。

次の日、私は埋葬が終わったばかりの別の葬列に出くわした。広い平野に長城の巨大な狼煙台《のろし》がぽつんと立つ辺鄙な場所だった。近くに町はない。中国の大方の都市部では法律で火葬が義務づけられており、土葬は農村部でしか許されなかった。狼煙台のまわりには二〇人ほどの男女が集まっている。みな白い粗布の喪服をまとい、赤い腰ひもを締めていた。遠くに大きく書かれたスローガンが見えた。「耕地を守り、われわれの命を守ろう」

参列者の一人が声をかけてきた。この人だけ白い喪服ではなく、紺の背広を着て帽子をかぶっている。六九歳だという小太りの男だ。汗でてらてら光るその丸い顔に満面の笑みをたたえていた。昨日の葬式で知り合いになった、あの晋劇一座の魏富もこんな笑顔を見せていた。中国の葬式では、浮かれた気分の人が一人くらいは必ずいるのだろう。

「どうぞ、どうぞ」と小太りの男は私の袖を引いた。「もうすぐ終わりますから」

男はラミネート加工した名刺をくれた。表には握手で固く結ばれた手のイラストと語句が並んでいた。

初めから終わりまで、あらゆるご相談承ります。
龍の頭から尻尾まで、
風水師
張宝龍《チャン・バオロン》

伝統的な風水師の仕事とは、建物と地形の関係を鑑定し、自然と人工物との調和を創出することだ。昔は軍事や政治の動きが風水によって左右されることもあった。明王朝は、皇帝の陵墓に近い北京の北西地域に長城を建てようとはしなかった。そこに三〇キロにわたって延びる尾根は、戦略上は防衛工事にうってつけの場所なのだが、風水師によればここは「龍脈（龍の静脈）」にあたった。龍脈を乱す位置に建造物を造れば明の国に災いがふりかかるかもしれない、というわけで尾根は手つかずのまま残った。皇帝は遥か北方に長城を造ることにしたが、そこは防御に適さない土地だったので大規模な要塞工事が必要となった。

一九四九年に政権を握った共産党は、宗教や占いや風水といった伝統文化を迷信だとして退けた。鄧小平の改革によって、以前よりはゆるやかな政策がとられるようになったとはいえ、二度と息を吹き返さなかった伝統文化もある（たとえば、今日の中国で道教に魅力を感じる人はほとんどいない）。しかし、風水は根強い人気を誇っている。商売に直結しているからだろう。よい風水は幸運を意味し、金を払っても専門家のアドバイスを仰ぎたい人は多い。張宝龍は新時代の風水師だった。地形だけでなく、自由市場経済も巧みに読み取っていた。二七もの職業が並んでいたのは、この人の名刺だ。「結婚相手の選択」から「墓所の選択」まで（生涯の最初から最後まで、つまり龍の頭から尻尾まで）よろずご相談承りますというわけだ。また張宝龍は家屋に木の梁を渡したり、鉱脈を探ったりという仕事も請け負い、そのうえ「奇病」の治療もした。棺も作った（「ただし、木材はお客様がご用意ください」）。花嫁が乗る椅子かごを運ぶのも仕事だった。名刺に載っていた二一番目の職業は、遺骨の改葬だ。建築ブームに沸く中国では、墓の移動も珍しいことではなかった。

「この墓所を選んだのは私です」。掘り返した土も新しい一区画を示しながら、張宝龍は鼻高々だ。墓の前では参列者たちが代わる代わる拝礼している。一人ずつひざまずき、お供え用の紙幣を燃やし、号泣しながら地面に額をつける。誰も私がいることを気にしていないようだ。中国北部では、どんな葬式でも私は大歓迎されるだろう。一つには外国人が珍しいからだ。とはいえ、私はやはりそっと訊いた。「どなたの葬式ですか」

だが張宝龍は私の声が耳に入らないようで、風水の講釈を続けた。「これは東西に向いています。頭は西、足は東です。それに、あそこに植えたのはポプラ。男性にはポプラ、女性には柳を植えるんですよ。木を植えるのは、墓所はここだと魂に告げるためです。ここはいろんな理由から風水のよい場所だ。あの、狼煙台の位置も重要です。ここは高台だし、東の方には水もある。高い狼煙台は墓所を守ってくれる。ここに葬られた人の子孫は栄えます。偉い官僚や軍人や学者が出ますよ」

男性たちが拝礼を終え、今度は女性たちの番だった。代わる代わる女性たちは地面に額をつけた。女性たちの激しい泣き声が谷間に響き渡った。

「うちは父も祖父も風水師でした」と張宝龍は言葉を続けた。「家代々の仕事です。うちの家系はみな長命でしてね。親父は九十五、おふくろは九十八まで生きました。祖母は亡くなったとき、九十九でしたよ」

死者のための号泣はいっそう激しくなった。長命な一族についての自慢話は別の機会に譲ってはと私は思ったが、張宝龍はおかまいなしだ。「私には息子が三人、娘が三人いますが、息子たちはみな風水師になりましたよ！それに娘の一人は――」と言って、張宝龍はぱっと顔を輝かせた。きっと、現在も将来もこれで一家安泰だと思ったのだろう。さらに続けた。「看護師になったんですよ！」

河北省と山西省では申し分のない天気が続いた。朝の空気はひんやりとすがすがしく、段々畑の向こうにすとんと沈む夕陽はこのうえなく美しかった。私はたいてい早起きをしたが、あらかじめ旅程を組んでいたわけではない。ただいつも長城を見失わないように走り、おもしろそうなものがあればそこで車を止めた。走りながらルートの見当をつける旅で、一日の走行距離が一五〇キロ以下の日もあった。田舎道はすんなりとは走れない。農作物の脱穀やら羊の行列やら葬式やら、いつも何かおもしろいことが起きている。道路そのものも予測不可能だった。地図帳にある赤い細道が、真新しいアスファルト道路を表しているのか、ただの泥道か、あるいは乾いた川底か、行ってみなければわからない。進むにつれて道がどんどんよくなることもある。政府は一九九八年以降、一つにはアジア金融危機への対応として地方道路への巨額投資を行なっており、私が旅に出たときはまだこの建設事業が進行中だった。

現代中国で道路建設は、しばしば貧困や危機への対応策となってきた。大がかりな自動車道路建設計画が始まったのは、北部が旱魃による大規模な飢饉に見舞われた一九二〇年代のことだ。飢えた人びとになかなか食料が届かなかった。王朝時代に造られた道路は荷馬車用だったのだ。トラックや自動車が通れる現代的な道路の建設計画をアメリカ赤十字社が後援し、一九二〇年十月に山東省で工事が始まった。餓死寸前だった多くの地元農民に仕事が与えられ、新しい道路ができて救援物資が届くようになった。山東省プロジェクトを率いたアメリカ人技師オリヴァー・J・トッドの推計によれば、この事業は直接的・間接的におよそ五〇万人に食料と燃料を提供したという。

赤十字社はのちに北部の四つの省で道路を造った。事業は成功を収め、トッドは中国政府に雇われてその後一八年間中国にとどまり、各地で幹線道路の建設を指揮した。一九二八年のあるプロジェクトで、トッドは二〇万人の作業員を率いたというが、これは当時、アメリカの全道路網で雇われていた労働者の数を上回る人数だった。乗用車の台数は増えなかった（一九二二年、北京市内の乗用車の数はおよそ一五〇〇台）が、関心は高かった。多くの都市で自動車ショーが開かれた。上海の新聞『申報』には自動車情報コラムが掲載された。一九三五年までにおよそ八〇〇〇キロの自動車用道路が整備されたという。自動車ブームがいつ起きても不思議ではなかった。

だが、結局ブームは半世紀ほど先送りされることになる。一九三七年、日本軍が北部に侵攻し、生まれたばかりの自動車市場は戦争で麻痺してしまったのだ。その後、毛沢東が権力を握ってからの数十年間というもの、社会主義経済のもとで暮らす人びとは車を買うどころではなかった。地方の道路網は放っておかれた。中国政府が道路網の整備に本腰を入れはじめたのは、ようやく改革開放政策が緒についてからだ。一九九八年のアジア金融危機は、かつて北部を襲った飢饉がそうであったように、一つのきっかけとなった。政府は、金融危機の衝撃をやわらげると同時に、遅れていた自動車ブームについに火をつける絶好のチャンスを見たのだ。歴史は繰り返され、ブームの先駆者たちがふたたび姿を現した。私が運転免許を取った二〇〇一年、人口一二億の中国が保有する乗用車の台数は一〇〇〇万台に届かなかった。国民一二八人に一台で、これは一九一一年のアメリカとほぼ同じ割合だった。

私は北京のレンタカー会社キャピタル・モーターズをよく利用し、たいていは中国製のジープ・チェロキーをレンタルした。レンタカー事業は新しいビジネスだ。週末のドライブに車を借りるなんて、五年前には誰も考えもしなかったが、いまやレンタカーは成長産業になっていた。私がいつも利用するキャピタル・モーターズの支店は車両を五〇台もそろえていた。主に中国製のフォルクスワーゲン・サンタナやジェッタなど、かつてアメリカで販売されたフォルクスワーゲン・フォックスと基本的には同じモデルの小型セダンだ。週末のドライブに出かけるとき、私はよくこの店でジェッタをレンタルした。レンタカー契約には念入りな儀式がつきものだった。私はまず、一日当たり二〇〇元（約三〇〇〇円）の料金を払い、山ほどある書類に必要事項を記入する。次に主任整備士が出てきてトランクを開け、スペアタイヤとジャッキはちゃんと入っていますよ、と言う。それから二人で車のまわりを回って外装を点検する。車のかたちをした略図に、ドアのくぼみやバンパーの傷やへこみをいちいちすべて記録するのは私の役目だったが、これには時間がかかった。なにしろ、北京の交通事情はひどく厳しいのだ。記録が終わると整備士はエンジンキーを回し、燃料メーターを確認する。残量が半分ほどのこともあれば、四分の一のこともある。整備士は計器をのぞき込んで、「残量八分の三！」などと宣言する。残量をきっちり同じ量にして返却するのは私の義務だが、レンタルするたびに残量はまちまちだった。あるとき私は思い切って提案した。生まれたばかりのレンタカービジネスに、ここは一ついい知恵を授けてやろうと思ったのだ。

「満タン貸し出し、満タン返しにすればいいんですよ。アメリカじゃあ、どこでもそうしています。そのほうがずっと簡単だ」

「中国じゃあ、そんなことできません」いつも私の手続きを担当してくれる王さんが答えた。キャピタル・モーターズの三人の店員のなかでいちばん愛想がいいのが王さんだ。三人はいつも猛烈な勢いでタバコを吸っている。タバコの煙幕の向こうに、壁に貼った会社の評価表がかすんで見えた。

顧客満足度　九〇点
能率　九七点
顧客に対する言葉遣い　九八点
態度　九九点

「アメリカならともかく、ここではうまくいきっこないんです。中国人は空っぽのままで返してきますよ」

「そんな人には超過料金を払わせればいいじゃないですか。規則破りには超過料金、これを徹底すればみんな従いますよ」

「いやいや、中国人には通用しません」

「絶対、通用すると思いますよ」

「中国人のことをおわかりでないから、そうおっしゃるんです」王さんが笑いながら言うと、ほかの店員たちは大きくうなずいた。これは外国人がよく耳にする言葉で、この話はこれで終わりという意味だった。羅針盤や紙や印刷機に始まり、火薬や地震計や石弓から雨傘まで発明した中国人は、十五世紀にアフリカ大陸へ航海し、万里の長城を築き、過去一〇年間は途上国の歴史上に類を見ないほどの経済成長を遂げてきた。それに中国人は、レンタカーの燃料タンクにきっちり八分の一だけガソリンを入れて返すことができる。それなのに、満タン返しに限っていえば、それは文化的に無理な注文だという。私はこの提案をその後も何回か持ち出したが、ついにあきらめた。王さんのように穏やかな人と議論を続けるのは不可能だった。

私がレンタカーに新しい傷をつけて返すとき、王さんはいつにも増して愛想がよくなった。アメリカで私は自動車事故を起こしたことがない。だが、北京では事情がまるで違った。初めてこの町を歩いたときに驚いたのは、道を歩けば他人の体と触れ合うことだ。私はしょっちゅう誰かとぶつかったり、誰かに押されたりした。人口一三〇〇万人の都会では仕方のないことだろう。車の運転でも同じ経験をするのだと、私は免許を取ってから気づいた。初めのうちは、ジェッタにへこみを作ってはひどく惨めな気持ちになったものだ。だが、四回目、五回目になると慣れてしまう。私はほかの車にぶつかり、ほかの車は私の車にぶつかった。へこみができればその場で話し合う。中国では誰でもそうしていた。

ある日、北京市内のチベット仏教寺院の近くでのことだった。前の車がバックでぶつかってきた。私が車を降りてバンパーを調べていると、その車の運転者は挨拶代わりとばかり、いきなり「一〇〇元」と言う。およそ一五〇〇円だ。並みのサイズのへこみなら、交渉はたいていこのあたりからスタートするようだ。電話でこれを聞いた王さんは即答した。「二〇〇と言ってください」。交渉はそれから五分ほど続いたが、ついに相手は一五〇を提示し、王さんもそれでいいと言った。世の中、いつも思いどおりにはいかないものだし、事故にはプラス面もあるではないか。つまり、へこみは儲けにつながるのだ。自動車事故の処理はいっさい記録抜きで行なわれた。現金で支払われる補償金を、キャピタル・モーターズの店員たちがときどき自分のポケットに入れていたとしても、私は驚かない。

北京郊外の田舎道を走っていて、犬をはねたことがある。犬が家の裏からいきなり飛び出して、こちらに向かってきたのだ。あわててハンドルを切ったが間に合わなかった。よくあることだった。中国の犬は、人間と同じで車に慣れていない。車を返しに行くと、王さんは、右のウィンカーのカバーが壊れているのを見て嬉しそうな顔をした。何にぶつかったのかと訊く。

「犬がね……」と私。

「犬は大丈夫でしたか」

「大丈夫どころか、死んじゃいましたよ」と私が言うと、王さんは満面に笑みを浮かべた。

「食べました？」

「いや、そんな種類じゃなくてね、よくいるちっぽけな犬でしたよ」

「ひいた犬をトランクに入れて家に持ち帰り、料理して食べる人もいますよ」。からかわれているのかどうか、私にはわからなかった。王さん自身は犬を飼っていたが、だからといって犬を絶対に食べないわけでもないだろう。王さんは壊れたウィンカーのカバーの修理代として一〇〇元（普通サイズのへこみと同額）払ってくださいと言った。

ジープ・チェロキーを借り出すとき、どこまで行くつもりかとレンタカー会社に訊かれたことは一度もない。レンタカー契約には、北京圏外での運転をはっきりと禁じる条項があったが、私はこれを無視することにした。返すときにオドメーターを見るまでわかりっこない、と思ったのだ。規則には目をつむる――これは中国で暮らしていくには必要な技だった。それにたいていの場合、事前に許しをもらうよりも、事後に許してもらうほうが簡単だった。私が借りたのは店でいちばん大きい車だ。チェロキー七二五〇型、一日当たり二五〇元の特別価格の車だった。車体は白で、両サイドにパープルの飾りがあり、ドアには「シティ・スペシャル」と英語で書いてある。まさにぴったりの名前だ。後輪駆動のこの車は、でこぼこ道では使いものにならないだろう。旅の途中でいつか必ず、泥か砂か雪にはまってしまう日が来るに決まっているが、仕方がない。キャピタル・モーターズにはこれよりましな車はないのだ。いずれにしろ、西部で困ったことが起きたら、いつでも風水師の張宝龍を頼ればいい。あの名刺には「自動車やトラックの牽引も承ります」と書いてあった。たしか職業リストの二二番目、「遺骨の収拾」と「管楽器・ドラムの演奏」の間にそう書いてあったはずだ。

　西へ西へと、ゆるい上り道を走り続けた私は、山西省北部の標高一二〇〇メートルの地までやってきた。あたりには乾いてくすんだ光景が広がっている。低い山々の頂は茶色く、山腹へと走る何本かの川床が傷あとのように見える。まるで色という色がすべて山々から流れ落ち、里の畑地にたまってしまったようだ。畑ではオートムギが育っていた。作物の濃い緑、水路のきらめき、年老いた村人たちがよく着る綿の上着の明るいブルー――低地は色鮮やかだ。ここは飾り気がなくシンプルで美しい土地だった。それに広々とした感じがする。中国でこんなふうに感じるのは初めてだった。中央アジアの大草原に近づいたのだ。

　低地のいたるところに狼煙台の跡が残っていた。泥を固めた狼煙台は、山肌と同じようにくすんだ茶色で、高さは六メートルを超える。古代の防壁にぐるりと囲まれた村もある。ここから北へ三〇キロも行けば、そこはもう内モンゴルだ。省の境界はおなじみの記号で示されていた。

　私は省境のすぐ手前の村で車を止めた。寧魯堡《ニンルーブー》という村だ。このあたりには、砦を意味する「堡」の字を使った地名が多い。明の時代、守備隊の駐屯地だったところだ。寧魯堡は泥を固めた防壁に囲まれた村で、中央には古い砦が残っている。古代の要塞施設に比べると、村人たちの粗末な住居はいかにもちっぽけだ。今日、村にはわずか一二〇人ほどしか住んでいない。

　立ち寄り先の村に遺跡があれば、私はよく地元の人からその歴史を教えてもらった。寧魯堡の広場に集まっていたお年寄りたちに訊くと、すぐに答えた。「陳老《チエンラオ》に訊くといい」。誰かが呼びに行き、五分後には陳　真《チエン・チエン》が現れた。五十三歳、日焼けした顔に、短く刈り込んだ白髪頭の男だ。警官の制服の黒っぽいズボンを履き、人民解放軍の金ボタンのシャツに肩章と袖章が付いた上着を着ている。中国の農村部では、軍や警察の余剰制服を着た男性をよく見かけた。なにしろ安く手に入るからだ。たいていは上下ちぐはぐで、だぶだぶの服だ。陳老の上着の袖も、指先が隠れるほど長かった。この村に遺跡が残されたように、この制服も誰かが残していったものかもしれない。だぶだぶの軍服に崩れかかった要塞――その昔、すべてを投げ捨て南へと敗退していった部隊を連想させるものが、この村にはたくさんある。

私が自己紹介をする間、陳老はしゃんと背筋を伸ばして立っていた。私は北京から来て長城を調べているのだと説明し、村の歴史についてなんでも知っていることを教えてほしいと頼んだ。陳老はじっと聞いていたが、やがて咳払いを一つして言った。「お見せしたいものがあります。一緒に来てください」

ついて行くと、土の道の先に泥壁の家が何軒か並んでいた。いちばん大きな家の扉を陳老が開ける。中は大部分が炕《カン》で占められていた部屋だった。炕は中国北部で昔から使われているれんがのベッドで、冬になると薪を燃やして下から暖めるのだが、いまはまだ秋だし、薪は貴重品だ。だから、室内は寒かった。陳老は、まず手を温めようと熱いお茶をいれてから引き出しを開け、薄紙を一束取り出して、得意そうに私に手渡した。表には手書きの文字があった。

寧魯堡　年代記
研究記録　一九九二年一月二十二日

冒頭ページから陳老の丁寧な筆跡が並んでいた。「町の城壁は嘉靖二二（一五四三）年に建設され、万暦元（一五七三）年に焼れんがで固められた」。紙束をぱらぱらとめくってみると、数十ページもあり、何百もの日付が並んでいた。地図もあった。あるページには「長城」とあり、青い太線や丸印が縦横に並んでいる。

「このあたりには狼煙台が三三基あります」。陳老は地図の丸印を指しながら説明した。「明代に建てられたものです。明の長城は内モンゴルとの境に沿っていますが、ほかの時代に造られたものもあります」

陳老は二番目の引き出しを開け、灰色の焼き物のかけらを取り出した。手に取ると、硬い土のひんやりとした感じが伝わってきた。「どの時代のものだと思われますか」と陳老が訊く。まったくわからないと答えると、老人はがっかりしたようだった。

「今度は考古学者と一緒に来てください。こういった焼き物がたくさん見つかるところを知っていますから。どの時代のものか、私にはわかりませんが」。このあたりでは無傷の陶器やブロンズの工芸品はみな盗掘されてしまったという。「誰も取り締まらない」からだ。

調査や研究は陳老の趣味だった。本業は農業だ。村の最高職である党書記を務めたこともあるが、いまでは村の政治の表舞台に立つことはなく、八〇アールほどの畑でジャガイモを育てている。羊も五頭飼っていた。年収は一六〇〇元になる。学校には六年間しか行かなかったが、独学で歴史を研究したという。引退してからは、二五キロほど離れた左云《ツオユン》県の古文書館にたびたび足を運び、まだ残っている昔の要塞について資料探しをした。現地に行き、古文書の記録との比較調査もした。村の古老たちからも話を訊いた。抗日戦争を覚えている人たちもいて、当時は明の時代の要塞のれんがをはがして家を造ったと言っていた。なぜ長城の研究を始めたのかと私が訊くと、陳老はこう答えた。「ほかに誰もやっていないからですよ。誰も研究しなければ、昔何が起きたか、誰にもわからなくなります」

学問の世界について言えば、陳老は正しかった。万里の長城を専門に研究している学者はいない。中国史の研究は文書資料を中心に行なわれ、たいていの学者は歴代王朝や政府の記録がある政治制度を研究する。考古学のフィールドワークといえば、古代墳墓の発掘だ。万里の長城はそのどちらにも当てはまらない。地下に埋まってもいないし、文書資料でもないが、長城の研究には、フィールドワークと文書の読み取りの両方が必要になる。それに、長城を研究しようと思っても、対象を絞り込むのは容易ではない。なにしろ、長城は北部一帯の数百カ所に散らばっているのだ。東に海、南に密林、西にヒマラヤ山脈と、三方を自然の防壁に囲まれた歴代王朝にとって、北方に大草原が広がるここはもっとも防衛の難しい地域だった。大草原に住む遊牧民は近くの定住民をしばしば襲った。それで中国人は防壁を造ったのだ。こうした防衛施設に関する歴史的記述で、知られている限りで最古のものは紀元前六五六年にまでさかのぼる。その後二〇〇〇年にわたって、多くの王朝が要塞を建てたが、建設方法はさまざまだったし、こうした防衛施設の呼び方も同じではない。現在「万里の長城」として知られるものには、少なくとも一〇通りの異なる呼称がある。

防壁建設で名を残した王朝に、秦と明がある。紀元前二二一年、自ら皇帝であると宣言した秦の始皇帝はその治世の間に、固めた土と石でできた防壁を、全長四八〇〇キロにわたって造らせた。こうして秦は、強制労働による建設事業を行なった王朝として歴史に残った。土の防壁自体はやがて見る影もなくなってしまったが、歌はいつまでも歌われ、伝説はいつまでも語り継がれて、秦の長城は主に人びとの想像力の中で生き続けた。一方、明の時代の長城は、使われた材料そのもののおかげで生きながらえた。一三六八年に支配権を握った明朝は、切り出し石とれんがの要塞を北京一帯に築いていった。これほど耐久性のある建造物を広く残したのは、あとにも先にもこの王朝だけだ。河北省で私が見た見事な長城は明の時代のものだった。だが明の防壁は個々の建造物としてよりもネットワークとして意味があり、四つの別々の防壁が並んでいる地域もある。

十八世紀になると西欧の探検家や宣教師たちが大勢やってきた。秦時代の伝説を耳にし、明の時代の長城を目にした西欧人たちは、その二つを心の中でつなぎ合わせた。今日私たちが考える万里の長城とはこの想像の産物（石とれんがでできていて、二〇〇〇年の歴史があり、地図上の記号⊓⊓⊓⊓のように中国を横断する建造物）なのだ。一七九三年、北京近郊の長城を訪れたイギリス人サー・ジョン・バローは、目にしたものから推計して、中国全土の長城に含まれる石を集めて低い壁を造れば、赤道を二周することができると言明した（西部に残る長城は規模も小さく、土でできていることをバローは知らなかった）。一九二三年、『ナショナル・ジオグラフィック』誌は、万里の長城は月面から見ることができるという記事を載せた（当時もいまも、月面から長城を見ることはできない）。外国人は史実も地理も取り違えていると言って、中国の知識人たちがこうした大げさな話を打ち消そうとした時期もある。だが、結局のところ、「偉大な壁」をめぐる神話は毛沢東をはじめとする愛国主義者たちにとっても魅力的だった。途切れることなく続く防壁の象徴的価値を見てとった毛沢東は、これをプロパガンダに利用した。いずれにせよ、古代建造物を学術的に研究する歴史のない国で、史実をはっきりさせるのは難しい。結局、中国人は仕方なく外国人のおとぎ話を受け入れてしまったようだ。いまではこの「偉大な壁」を表す便利な呼称として、「長城《チャンチョン》」が使われている。

中国で万里の長城を研究しているのは学問の世界に属さない人たちだ。北京には歴史愛好家たちの小グループがいくつかあり、文献調査とフィールドワークを結びつけようとしている。また陳老のような、在野の研究家も地方にはいる。陳老は、自分の研究を出版してくれる出版社をいつか見つけたいと思っていた。原稿と集めた工芸品を私に見せてから、陳老は近くの長城遺跡を見に行こうと誘ってくれた。

私たちはシティ・スペシャルに乗り込み、未舗装の道を北へ向かった。村から数キロ行ったところで車を止め、陳老に続いて低い草地を進む。老人は村の男たちがよくするように頭を垂れ、両手を後ろで組んで考え事をしながらゆっくり歩き、やがて、草で覆われた盛り土が見えると、足を止めて指さした。

「これは北魏が造った長城です」。北魏とは、西暦三八六年から五三四年までこのあたりを支配した王朝だ。この長城は何百年も風雨にさらされ、いまでは丘の上を北東に向かって延びる、高さ六〇センチほどのただの隆起物にしか見えない。これを横切るように一本の盛り土が延びていたが、こちらのほうは消えかけていて、陳老に言われるまで私は気がつかなかった。「あれは漢の長城だ」。さらに古い時代のものだ。漢は紀元前二〇六年から西暦二二〇年まで続いた王朝だ。さらにもう一つ、山のはるか上には明の長城がそびえていた。高さ二メートル近いこの明の長城は西から東へ、見渡す限り続いている。古代要塞のなかでは明の防壁は比較的新しく、建設からほんの四世紀しかたっていない。

「私は何年もずっとこの光景を見てきました」と陳老は語った。「あるとき、ふと思ったんです。長城はどうしてここにあるんだろう、どうやって建てたのかと。それで調べ始めたのです」

　私たちは村へ戻って陳老の家でもう一杯お茶を飲んだ。村の名前は「寧息胡魯《ニンシーフールー》」を略したもので「胡を平定せよ」という意味だという。「胡」とは、昔の中国人が北方に住む非定住の人びとを指して使った言葉だ。特定の民族や部族を指すのではなく、よそ者すべてに当てはまる蔑称だ。最後の「魯」はさらに単刀直入で、「野蛮人」という意味だった。

「突き詰めていえば、村の名前は『よそ者を殺せ』という意味になります」と陳老は笑いながら言い、私の地図帳を開いて、一五キロほど東の村を指さした。「ごらんなさい、ここは威魯《ウエイルー》、つまり『野蛮人を威圧せよ』という村ですよ」。「胡をたたきのめせ」という意味の破虎《ポーフー》という町もあった。「胡をたたけ」「胡を威圧せよ」「野蛮人を制圧せよ」「胡を殺せ」などという名の村々が散らばっている。ただし、現代の地図には「胡《フー》」の代わりに「虎《フー》」の文字が使われている。こうした書き換えが始まったのは清の時代だ。清王朝の満州族の支配者たちは、長城の外からやってきた諸民族を表す言葉に敏感に反応したのだ。だが、書き換えはうわべを取り繕っただけだ。元来の意味は、村を見下ろす長城のように、はっきりと見えている。

　私は午後遅く、寧魯堡の村を出発した。太陽が畑の向こうに沈みかけていた。陳老が車まで見送りに来てくれた。興味津津の村人たちも何人か一緒に来た。男性たちはたいてい古い軍服を着ている。着古し、薄汚れて、だぶだぶの軍服に囲まれていると、決死の任務に出発するような気分になってきた。私の次の目的地は北方の丘が連なる地、色あせた峰々が続く辺境だ。陳老は私の手を握ってお元気でと言った。「また来てください。今度は考古学者と一緒に」

葉の色が金色に変わりはじめたポプラ並木をしばらく走ると、やがて道路は裸山を登っていく。ほかに車は一台も走っていない。標高一八〇〇メートルの地点で、道路は明の時代の長城を突っ切っていた。この長城は山西省の境界線の役目もしている。自動車道を通すためここでいにしえの長城が分断されたのだった。コンクリートの柱が、ここが内モンゴル自治区への入り口だと示している。ここは中北部のもっとも奥まった地域、私がこれまで訪れたなかでもっとも人口の少ない地だ。

走り続けると、分かれ道に行き当たった。泥の小道が本道から分かれ、峰に沿って走っている。私はわき道を数百メートル進んだところで車を止めた。テントも寝袋も持っていたし、野宿するには絶好の夜だ。空気は澄みきっていて、谷から見上げると満天の星がまたたいていた。テントの中で翌日に訪れる辺境の村々（胡をたたきのめせ、胡を殺せ）のことを考えながら、私はいつの間にか眠っていた。

真夜中、突然テントの中が明るくなった。私はびっくりして飛び起き、身を固くした。ヘッドライトをつけた車が近づいてくるに違いない。急いでテントのフラップを手探りで探し、外に目をやると、満月が地平線から顔を出したところで、あたりは静まり返っていた。小道にも車にも異常はない。ふもとの寧魯堡の明かりは消えていた。昇る月が大平原のそこここに影を落としていた。私はちょっとの間静かに座り、恐怖心が鎮まるのを待った。聞こえてくるのは風の音と自分の心臓の高鳴りだけだった。

日が暮れると心配になるのは、誰かに、とくに警官に尋問されるのではないかということだった。中国には長距離ドライブを楽しむ習慣はまだなかったし、外国人は厳しい統制下におかれていたのだ。レンタカーのシティ・スペシャルを北京市外に持ち出すのは禁止されていた。西部には、貧困や民族対立や軍事施設などを見せまいと、外国人を完全に締め出している地域がある。それに、国内のどこであれ、外国人記者は訪れる前に地元当局に申請することになっていた。それで私はテントを車に積んでいたのだ。地方のホテルは宿泊客リストを警察に提出するから、なるべく泊まりたくなかった。

私は自分なりにガイドラインを決めて旅を続けた。日が暮れるのを待ってテントを張り、日の出とともにそこを離れた。火は使わなかった。どうしても町の中に泊まらなければならないときは、トラック運転手用の宿泊所を利用した。外国人はめったに来ないこうした宿泊所は、面倒な登録用紙などそろえていなかった。私は何日分もの飲料水を車に積んでいた。また、コカコーラやスポーツドリンクやクッキー、それにチョコバーを車内に山ほどそろえておき、カフェインと糖分に頼りながら運転を続けた。何日も風呂に入れないときは、町の床屋に立ち寄って髪を洗ってもらった。中国各地、どこへ行っても町には床屋が必ず一軒はあって、八元払えば洗髪とマッサージをしてくれた。道路から少し離れたところに車を止めて昼寝をすることもあったが、夜間は絶対に運転しなかった。中国で運転するなら、疲労は禁物だ。これにまつわる運転免許の試験問題もあった。

問133　四時間続けて運転したあとは、車を止めて休憩をとることが義務づけられているが、その時間は、

（1）一〇分間

（2）二〇分間

（3）一五分間

正解は（2）の二〇分間だ。一五分間休んだとしても、まだ決められた時間に五分足りない。中国では車の運転は体力勝負のようだ。少なくとも、法令集を見る限りそういう印象を受ける。法律の定めるところによれば、トラック運転手は身長が最低でも一五五センチなければならないし、自家用車を運転するには身長が一五〇センチに達しなければならない。運転免許を取るには、左右それぞれの手に、正常な指が最低三本そろっていなければならない。親指は絶対に必要だ。耳元から五〇センチ離した音叉を聞き分ける聴力も求められた。赤緑色覚障害、てんかん、先天性心臓疾患、めまい、メニエール症候群などの疾患を持つ人は運転してはいけない。とくに「ヒステリーの人」の運転をはっきりと禁止する条項もあった。左右の足の長さが五センチ以上違っていれば、一般的なトランスミッションの車を運転することは法的に禁じられていた。

運転に関する法律は、こうした身体的条件を事細かく

決めていた。まるで、健康で頑健な人でなければ安全運転ができないといわんばかりだ。だが、もちろんそんなことはない。それに交通量が多すぎるわけでもなかった。私が北部をドライブ旅行した二〇〇一年、中国の自動車・バスの車両台数はアメリカの五分の一しかなかったが、交通事故による死亡者数は二倍を超え、政府の発表によれば七五万件の交通事故が発生していた。新米ドライバーたちが造成されたばかりの市街地を走り、致命的な事故を起こしていた。慣れ親しんだ街並みがそのまま残っていたら、運転しやすかったろう。北京の運転手たちは、胡同《フートン》と呼ばれる古い市街地を上手に走る。胡同とは、両側がれんが塀の細い路地が網の目のように広がる住宅地区で、その歴史は十三世紀にまでさかのぼる。私は車で胡同に入るたびに、両側の塀に押しつぶされる感じがして冷や汗をかいたものだが、ほかの運転手はみな平気で我慢強く、実に巧みに車を走らせた。対向車をひょいとかわし、学童の一団に割って入り、明の時代のれんが塀からほんの数センチわきにぴたりと駐車する。胡同のこの精神が道路網を通じて全国に広まっていたら、万事はうまくいったかもしれない。

だが、新しい広い自動車道は、胡同のようにはいかなかった。そもそもの道路計画がお粗末な場合もある。北京では車両台数が急激に増え、二〇〇一年には一〇〇万台を超えていたが、インフラが追いつかなかった。私の住まいがあった胡同を南へ下がった地区では、古い街並みが取り壊されて広い道路ができた。奇妙な交通規則もたくさんできた。どこかの天才的都市計画者が指定したのだろう、ある交差点では道路のもっとも右側の車線が左折専用になっていた。つまり、左折する車は、五つの車線を横切らなければならない。それに、うまく左折できたとしても、そのまま二キロほど直進すると、また交差点に行き当たる。ここでは信号機がおかしな設定になっていて、あらゆる方向に向けて青信号がたっぷり五秒間も続くことがある。北京市内は全域が工事中だ。道路は建設中、信号機は設定がまずく、表示のないランプは謎の幹線道路につながっていた。北京の立体交差路の地図は、マウリッツ・エッシャーの不思議議絵に似ていた（一一九頁）。

道路の問題がかなり改善されたとはいえ、今日でも市内の運転は冒険だ。ドライバーの大半が免許取りたてでは、問題が起きても仕方がないだろう。マイカー時代への移行があまりにも急だったので、歩行の慣行がそのまま車両の交通に取り入れられている。つまり、人びとは歩くときと同じように運転するのだ。何台かでかたまって走る、いつも前の車の後ろにぴったりつけ、ウィンカーはめったに出さず、車のボディランゲージに頼る。車が左に寄ったら、左折するつもりだと思っていい。人びとは何事も臨機応変でうまいことをやる。歩道を追い越し車線に利用したり、速いと見れば逆方向で回り道したりもする。高速道路で目的の出口を通り過ぎてしまったら、すぐに路肩に寄せ、ギアをバックに入れて戻るだけのことだ。渋滞で割り込むのは、チケット売り場の行列に横入りするのと同じだ。料金所付近は危険な場所だ。長い行列に慣れっこになったドライバーたちは、どこに並ぶかとっさに見定める。いきなりひょいと車線を変えるから、料金所の目と鼻の先で事故が起きる。大方のドライバーはめったにバックミラーを見ない。ワイパーは目障りで、ヘッドライトも同じく邪魔だと感じる人が多いのだ。

　実は、国家指導者たちが大挙して海外訪問を始めた一九七〇年代の末まで、北京市内ではヘッドライトの使用は禁止されていた。改革開放の初期のころ、欧米各国は中国要人を競って招いた。中国の指導者たちが民主主義の一端を目にすれば、いずれ路線を変えるだろうとの期待もあったのだ。一九八三年、北京市長の陳希同《チエン・シートン》がニューヨークを訪れた。コッチ・ニューヨーク市長ら要人との会談のために市内を移動する道すがら、陳希同は重大なことに気づいた。マンハッタンのドライバーたちは暗くなるとヘッドライトをつけるのだ。帰国した陳市長は、北京のドライバーたちも同じようにしろと命じた。アメリカの民主主義を垣間見て、陳市長がどんな結論を出したかは定かではない（のちに陳市長は汚職で刑務所送りとなった）。しかし、少なくとも交通安全の面では、立派な業績を残したのだった。

　だが、中国のドライバーたちはヘッドライトの微妙な使い方がわかっていない。たいていは真っ暗になるまでヘッドライトをつけない。いったんつければ、ハイビームで走る。雨や霧や雪のときや夕暮れにライトをつける人はほとんどいない。実際、これは中国人ドライバーの気に障る行為なのだ。中国人はたいていのことは大目に見てくれる。前の車にぴたりとつけて走っても、右車線から左折しても、歩道に乗り上げても、誰も気にしない。高速道路をバックで走っても、誰も眉ひとつ動かさないだろう。だが、雨の中でライトをつけると、迷惑だよと対向車がライトで合図するのは間違いなしだ。

　とはいえ、中国のドライバーたちはたいていのことには動じない。これほどひどい運転を楽しめるのは、中国人をおいてほかにいないだろう。広い自動車道でみんなスピードを上げ、速さを競う。まるでたったいま、胡同から解放されたばかりのようだ。誰もが追い越しに熱を上げる。上り坂でも、曲がり角でも、トンネルの中でも追い越す。追いつ追われつ、まるでゲーム感覚だ。運転免許の筆記試験に追い越しに関する質問があったが、私が覚えている限りでは、正解が三つ並んでいたのはこの問題だけだった。

問77　ほかの車を追い越すときは、
（1）左側から追い越す。
（2）右側から追い越す。
（3）左でも右でも、状況によって判断する。

●北京の立体交差路●

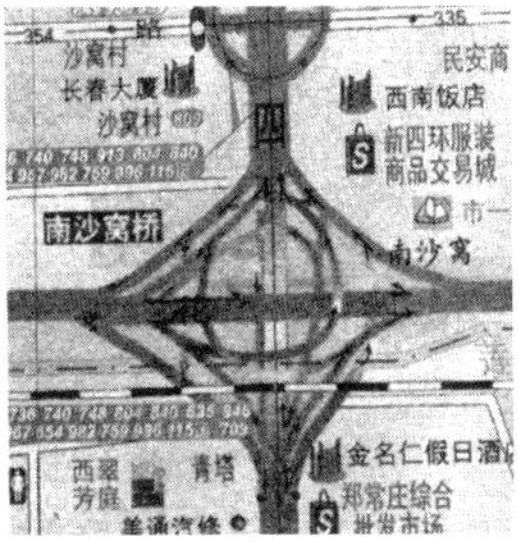

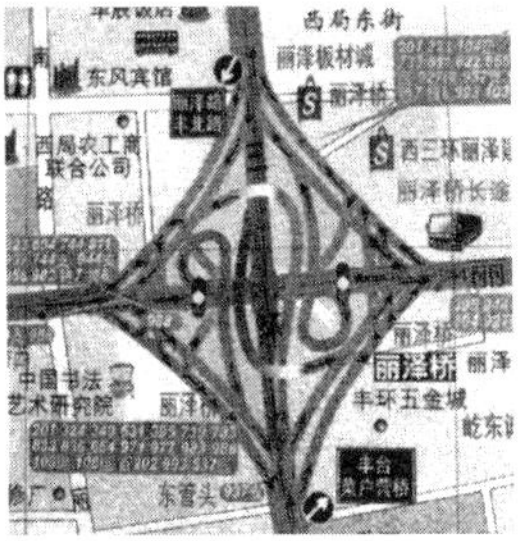

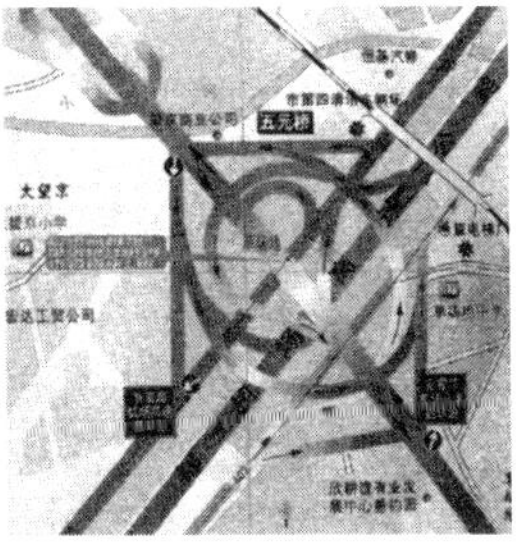

これら筆記試験の問題は、政府発行の教習本から直接抜き出したものだ。私は、選択問題が四二九題と○×式問題が二五六題も載っている問題集を公安局から提供してもらっていた。こうした設問自体が現実を映し出しているともいえた（たとえば、『タクシー内に少量の爆発物を持ち込むこと』が許されるかどうかを問う問題さえあった）。だが、当局がどのような運転教育をしたいのか、この問題集からはよくわからない。中国の交通事情を知りたければ、選択問題の誤答を読むのがいちばんいい。そこには誰でもやっていることが、ハンドルを握っている人の表情が読み取れるほど生き生きと描かれてい

る。

問81　追い越しをしたら、
(1)十分に車間距離をとってから、方向指示器を出してもとの車線に戻る。
(2)できるだけ早く別の車の前に割り込む。
(3)別の車の前に割り込んでから、スピードを落とす。

問117　横断歩道が見えたら、
(1)スピードを落とし、歩行者がいれば止まる。
(2)前の車に遅れないように加速し、すぐに続いて渡る。
(3)歩行者は車に道を譲るべきだから、そのまま直進する。

問80　前の車を追い越そうとして、その車が左折か、Uターンか、追い越しをしようとしていることに気づいたら、
(1)右側から追い越す。
(2)追い越しをやめる。
(3)クラクションを鳴らし、スピードを上げ、左側から追い越す。

問題集にはクラクションにまつわる問いが多い。中国の車のクラクションは、基本的には神経作用の役目をする。ドライバーの反射を伝えるのだ。みんな、しょっちゅうクラクションを鳴らす。初めのうち、私にはどのクラクションも同じように聞こえたが、やがて違いがわかるようになった。クラクションは、ある意味で中国語に負けず劣らず複雑だ。中国語を話すときは音調が重要になる。つまり、同じ「マー」という音でも、それがどのような音調で発声されるかで意味が違うのだ。中国のクラクションは、少なくとも一〇通りの意味を表すことができる。一本調子に「ブー」と鳴らせば気をつけろということ、「ブー、ブー」と二回鳴らせばいらだちを表す。特別に長い「ブーー」もある。これは渋滞にはまり、割り込む手立てもないドライバーが、おまえらみんな消えてしまえと言っているのだ。ほかの車が「ブーー」と返せば、おれたちゃどこにも行くもんか、という意味だ。「ブッ、ブッ、ブッ、ブッ」と震えながらのクラクションはパニックを表す。あわや事故を免れた新米ドライバーが反省して鳴らす静かな「ブーー」もある。基本的な短いブーを鳴らすドライバーは、おれはまだ運

転席にいるし、このクラクションはおれの神経系統の延長だ、と主張しているのだ。運転免許試験問題にはほかの種類のクラクションも登場する。

問353　高齢者や子供のそばを通り抜けるときは、
(1)スピードを落とし、安全を確認しながら通る。
(2)同じ速度を保つ。
(3)クラクションを鳴らして高齢者や子供の注意を促す。

問269　トンネルに入るときは、
(1)クラクションを鳴らして加速する。
(2)スピードを落とし、ライトをつける。
(3)クラクションを鳴らし、同じ速度を保つ。

問355　住宅街を通るときは、
(1)ほかの地域を通るときと同じようにクラクションを鳴らす。
(2)クラクションを頻繁に鳴らし、住人に注意を促す。
(3)クラクションはなるべく鳴らさず、住人に迷惑をかけないようにする。

破虎村に行く途中で、初めてヒッチハイカーを拾った。その日、私は朝早くテントをたたみ、地図を調べてルートを探し、明の時代の長城の北側に沿った道を進むことにしたのだが、これはそれまでで最悪の道だった。高い山上から急な下り坂が続く泥道で、流れてくる水で路面がかなりえぐられていた。シティ・スペシャルはうめきながらよろよろと走った。左手の山の尾根に沿ってそびえ立つ長城は、でこぼこ道で苦戦する私を平然と見下ろしているようだ。谷底までの中間地点で、泥道のかたわらに若い女性が立っていた。大きく手を振っている。私はウィンドウを下ろした。

「どちらへ?」女性が訊いてきた。

「破虎《ポーフー》と殺虎《シエーフー》へ」

中国語ではこうした村の名前は実に語呂がいい。

「破虎まで乗せてくれますか」

「いいですとも」と、私はドアを開けた。女性は生の豚肉が入った袋を持っていた。ピンクと白の脂ざった豚肉がポリ袋越しに透けて見える。女性は荷物を車のフロアに置いたが、すぐには中に入らず、訊いてきた。

「いくらですか?」

「いくらって何が?」一瞬、私は豚肉の話をしているのかと思った。

「破虎まで、いくらですか」

鋭い質問だ、まったく――遊牧民をやっつけた村までの値段など、つけられるものか。「お金はいりませんよ。ついでですから」

女性の名前は高霊鳳《カオ・リンフオン》、二十七歳だという。破虎村で育ったが、いまは内モンゴルの省都フフホトの工場で働いている。祖母に会いに故郷に帰るところで、豚肉はお土産だった。この地域は交通の便がきわめて悪い。寧魯堡から乗ったバスは、山の途中までしか通っていない。バスを降りた高霊鳳は、車に乗せてもらえるまで歩き続けるつもりだった。新しいグレーのスーツに身を包み、メークアップもヘアスタイルも決まっていた。どうしたら内モンゴルの泥道でこんなにきちんとしていられるのだろう。私はといえば、古いグレーのTシャツに薄汚れたズボンという格好だ。最後に洗髪してから、もう二日もたっている。

村の誰もがしているように高霊鳳も家を出て、町で働き口を見つけた。改革開放が始まった一九七八年、中国の人口の八割は農村部に集まっていたが、経済の急成長に伴い、地方から出てきて建設現場や工場で働く人たちの需要が拡大した。中国の農村は昔から人口過剰が続いていたから、若い人たちは大喜びで都会へ出た。二〇〇一年までには、およそ九〇〇〇万人が村を離れていた。私がドライブ旅行をした当時、中国では人類史上最大規模の人口移動が進行中で、およそ一〇人に一人が家を出て、遠く離れた地で新たな生活を始めていた。

家を出た人たちは大部分が沿海部へ向かったが、フフホトのような地方都市でも仕事口は見つかった。高霊鳳は工場の組立ラインからスタートしたが出世して、いまでは役職についているという。工場は輸出用のウールセーターを作っていた。高霊鳳は三歳になる息子とフフホトに住んでいて、破虎にはめったに帰らない。「ここはとても貧しいところです。高台で乾燥しているから作物もよく育ちませんし。ほら、あのトウモロコシを見てください」。なるほど、道のわきのトウモロコシ畑に、くすんだ緑色をした茎が立っている。「どこでも収穫はとっくに終わっているのに、ここでは遅いんですよ。標高が高いから」

しばらくおしゃべりを続けてから、高霊鳳は遠慮がちに訊いた。「中国の方ではないですよね」

「そのとおりです」

「どこの国の方ですか」

よほど「胡の出なんです」と答えようかと思ったが、

結局は本当のことを言った。

「うちの工場はアメリカにセーターを輸出しています」と、高霊鳳はうれしそうだった。

工場町に住む若い人たちの例にもれず、高霊鳳も独学で英語をかじっていたが、恥ずかしいと言って英語で話そうとしない。高霊鳳はアメリカのことをいろいろと知りたがった。家族は何人か、生まれ故郷に農家はあったかなどなど。「アメリカでは、中国と同じ右側運転ですか」と訊くので、私はそうだと答えた。もっとも、これはその時点では意味のない会話だった。なにしろ私たちは、ただ一対のタイヤ跡と化した道を走っていたのだ。それに、異民族の人間と会話を楽しみながら（『異民族をたたきのめせ』を意味する）破虎という名前の村に向かうとは皮肉な話だが、高霊鳳はそんなことには気づかない様子だった。破虎村の入り口にある、明の時代に建てられた壮大な門の前で、高霊鳳は礼を言って車から降り、手を振って私を見送ってくれた。

道に沿ってしっかりと要塞化された集落が点在していた。どこも過疎化が急速に進んでいて、行く先々で、若い人たちはあらかた出て行ってしまったと聞かされた。人びとの暮らしが楽であったためしはない。ここは昔から不安定な辺境の地で、何世紀にもわたって外界からの非情な、ときに暴力的な影響を受けてきた。かつて、ここはまさに境界だったのだ。破虎村のあたりまでは、農耕がまだどうにか可能だが、そこから北では放牧しかできない。当然、遊牧民は移動性にすぐれていたが、一方で中国人は農地に根を張って暮らしていた。彼らはねらわれやすく、両者の文化衝突は、ときとして悪意に満ちたものとなった。紀元前二世紀、中国のある官僚は遊牧民について「嵐のように襲い、稲妻のように去っていく」と記した。「定住せず、常に移動するのが遊牧民の暮らし方であり、それゆえに支配は困難である」。遊牧民との戦いは「影をたたくようなもの」だと言った皇帝がいる。「遊牧民はむやみに穀物を欲しがる。顔は人間だが心は野獣だ」とののしり言葉を残した役人もいる。

多くの場合、遊牧民は侵略者ではなかった。遊牧民は普通、土地を占領することに興味はない。遊牧の民が欲しかったのは中国の文化ではなく、中国のモノだった。この事実は歴代の皇帝や王朝を困惑させた。南部では事情が違い、王朝は武力よりも主に文化的浸透によって広がったのだった。アメリカ人歴史家アーサー・ウォルドロンは著書『中国の万里の長城』（原題 *The Great Wall of China*）のなかで、明の時代に北部で起きた衝突を描いている。中国人のものの見方を理解することが重要だと私に教えてくれたのは、ウォルドロンである。「中国人にとって自分たちの文化は中国文化ではなく、むしろ文化そのものだった。どんな民族でも、自分たちの文化に惹きつけられるのは当然だと思っていた。まるで、局所麻酔薬を使った歯の治療は、誰にでも受け入れられると考えるようなものだ。まあ、だいたいのところ、思ったとおりになったのだが。王朝が南へと広がるにつれて中国人が移住した、というわけではない。むしろ、その地の人びとが生活様式を変えたのだ。家系図をでっち上げたり、寺廟を建てたりした。新しい文化圏に入ろうとするときは、誰でも同じことをする。今日に至るまで、これこそが中国人の持つ力なのだ。軍事力ではない。スパイや秘密警察による力でもない。中国文化圏の一部を占めることは、まわりの人びとすべてにとって特別な魅力があるのだ」

「騎馬遊牧民は、中国の文化に興味を示さなかった最初の民族だった」とウォルドロンは続けた。「それで、中国人は困惑した。よそ者とは自分たちの文化にあこがれるものだとずっと思い込んできたのだから。だが、騎馬遊牧民は違った。ただ騎馬でやってきて、レイプし、略奪し、火をつけるだけだ。中国人は、アメリカ人と同じ問題に直面したわけだ。アルカイダという憎悪に燃える集団を前に途方に暮れるアメリカと、状況は似ていた。私たちアメリカ人は、相手が自分たちのことをよく知りさえすれば、問題は解決すると思っている――アメリカのバーベキューを食べ、アメリカの生活様式を見れば、誰でもアメリカが好きになるに決まっていると。だが、そんなにうまくいくはずはない。中国にも断層線があった。文化の力に対する途方もない自信と、ことによると武力に訴えなければならないという意識との間に、断層線が走っていたのだ」

何世紀にもわたって中国人は、この断層線の両側を行ったり来たりした。遊牧民を襲撃することもあった。中国の兵たちは「蛮族」と同じやり方で敵の集結地を襲い、女や子供を殺した。環境破壊戦術に出たこともある。広い牧草地に火を放ち、軍馬の飼育を不可能にしたのだ。また、中国人は北部を横切る長い防壁を築いて守りを固めた。この防衛戦略は、攻撃に出る力を欠いた明王朝にとってきわめて重要だった。

遊牧民問題はなかなか複雑だったが、中国人の対応の仕方も複雑だった。明王朝はさまざまな戦略を組み合わせた。攻撃作戦を展開し、防壁を築き、交易や外交の手段も使った。また皇帝たちはモンゴルの支配者に財貨を与え、称号を贈り、国境沿いの要衝で交易のために市《いち》を開いた。殺虎はこうした要衝の一つだ。明の時代、ここで開かれた市《いち》に防壁の向こう側から人が集まってきて、中国人と物品を交換した。交易は常にアンバランスだった。遊牧民の馬を除けば、中国人には欲しいものがなかったからだ。それに、市《いち》は厳しい規制のもとに開かれた。中国の支配者は、武器に変わるかもしれない金属がモンゴル人の手に渡ることを警戒していた。やがて、文化的断絶は超えられないほど深くなった。中国人は穀物を生産し、製品を作り出すのがうまく、市《いち》を管理した。モンゴル人は管理能力こそ欠いていたが、襲撃は抜群にうまかった。性格のまったく違うこの二つの集団が接近すれば、遅かれ早かれいつも暴力事件が起きた。

中国のモノはいまだに外国で需要があるが、わざわざ殺虎に買いに来る人はいない。この辺境の地は、いまふたたび外の力によって姿が変わってしまった。高い防壁が備えられたこの町は、いまでも万里の長城の通り道になっていて、谷間のあちこちに廃墟となった塔がそびえている。ここは、私がいままで訪れた北部でもっとも堅固に要塞化された地だった。だが、同時にもっともひっそりとした町でもある。目抜き通りはトラックステーションに毛の生えたようなもので、ちゃちなレストランと修理店が数軒ならんでいるだけだ。利用客はたいがい、これから町を出て行く人だろう。地元経済といえばこれだけだ。沿海部の工場は、遊牧民がけっしてできなかったやり方で、この地を打ち負かしたのだ。殺虎の町は死にかけていた。土ぼこりにかすむこの町の街路に、若者の姿はまったくない。

私は南へ西へとドライブし、蒼頭河《ツアントウ》に並行する一連の狼煙台に沿って進んだ。河北をあとにして以来、訪れる地は次第に貧しくなってきたが、いまや私は中北部の高地にいる。ここで人びとは黄土の上で生活している。黄土とは乾いた細かな土で、もともとはゴビ砂漠をはじめ北西部の砂漠地帯から南へ風で運ばれたものだ。数千年もの間に何層にも積み重なり、いまでは黄色い土が一八〇メートルもの厚さに達するところがある。黄土はもろいが肥沃で、かつてこの地域は森林に覆われていた。しかし何世紀にもわたって人口過剰が続いたため、植生は破壊され、いまは土がむき出しになっている。森が消えたあと、人びとは丘に段々畑を造った。今日、この地の風景はただ何段もの泥の固まり、人の手による絶望的な建設事業にしか見えない。雨はめったに降らない。年間降水量はわずか二五〇ミリほどだ。そんなにわずかな雨も、もろい土を侵食する。干上がった細い水路が溝を造り、小川となって周囲の丘から何百メートルも下へと流れた跡もある。農家の人たちは、「窯洞《ヤオトン》」と呼ばれる質素な穴居に住んでいる。黄土を掘って作った窯洞は、夏は涼しく冬は暖かい住まいだが、地震が起きたらひとたまりもない。明の時代の記録には、一五五六年の大地震で何十万人もの犠牲者が出たと記されている。
　長城の建設は、地域の環境劣化の主な原因ではなかったにしろ、一つの原因であったことは間違いない。長城は建設が進むにつれて、いたるところで資源を使い尽くした。明王朝は建設費用を記した文書を残している。最近では、アメリカ人歴史家デイヴィッド・スピンドラーが長城建設の一工期にかかった費用を分析しているが、それによると、長城に埋め込むれんが一枚を焼くために、およそ七・五キロの木材が使われた。泥を固めて石を積むだけの場合でも、煮炊きには火が必要だったし、守備隊は収入の大部分を木材の切り出しに頼っていた。スピンドラーの調査によると、明の時代の中央政府は長城建設工事にあたって、予算の六、七割しか支出していない。残りは兵士たち自身が、たいていは木材の切り出しによってまかなったのだ。長城建設によって森を失えば防衛の観点からは逆効果だと批判する役人もいた。草木のない裸地は騎馬の襲撃隊に襲われやすいからだ。
　四世紀が過ぎたいま、変わりやすいこの地にただ一つ残っているのは泥を固めた長城だけだといえるだろう。私は運転を続け、崩壊した山腹やいまにも崩れ落ちそうな段々畑を通り過ぎた。このあたりでは狼煙台だけがいまでも現役のようだ。段々畑の丘の上にそびえる四角い塔は、何キロも先から目に入る。道に近い塔の一つが、「土」の文字で飾られているのに私は気づいた。高さ六メートルもある文字が白く塗り出してある。少し先に「水」の文字が見えた。狼煙台が何かメッセージを発しているとしても、私にはわからない。車を止めて、あたりを見回してみて、ようやく読めた。四基の狼煙台に書かれた文字が長さ一キロ半にわたり、川や谷や崩れた丘を越えて、一つの文を作っていた。

水を守り、地を固めよ。

　文字が記された一連の狼煙台は、山の頂上にそびえる明の時代の巨大な要塞で途切れていた。わき道を要塞まで登ってみると、素晴らしい眺望だ。いくつもの谷が見える。丘の斜面はほとんどどこも穴だらけだった。植林のために掘られた無数の穴だ。それぞれ差し渡し六〇センチほど、深さは五、六センチだろうか。穴のかたちは、斜面の傾度によって四角や半月形だ。穴には何も植わっていない。見渡す限り広がる穴また穴が、苗木を待っていた。要塞の壁にはもう一つのメッセージが白く浮き出ていた。

世界銀行が与えてくれた機会を賢く活用しよう。山岳地帯の貧困解消をめざせ。

蛮族の侵入を防ぐために作られた万里の長城は、いまや世界銀行を歓迎していた。私は地元の役所にこのプロジェクトついて教えてほしいと頼み、右玉《ヨウユイ》県の税務局長にインタビューすることができた。その話によると、地元政府は過去二年間に三〇〇万ドル近い融資を世界銀行から受けていた。この黄土高原の各所で、世界銀行の支援による多くの開発プロジェクトが進行中だ。世界銀行からの長年の支援により、貯水用の小規模なダムもできた。植林のおかげで多くの地域で浸食が減退している。ここ右玉県では松の植林を計画中で、全体として約七へクタールが対象になっている。こう言って税務局長は、以前に浸食防止計画が成功した村に案内してくれた。村の党書記の話によれば、いまでは全世帯がトラクターを所有できるまでになった。最近、電動カートを買ったばかりという村人にも会った。近くの丘の上の二カ所に、プロジェクトの進行がよく見渡せる観測所が新たに設けられていた。

どこへ行くにも、私たちは運転手つきのフォルクスワーゲン・サンタナで移動した。何週間もハンドルを握り続けた身には、おとなしく後部座席に座っているのも居心地が悪かったのだが、役人の巡視には決まったやり方があることを私はジャーナリストとしての経験から知っていた。地方では政府の公用車は黒塗りと決まっている。窓は黒い反射ガラスで、いつも運転手がついた。裕福な地方はアウディ、貧しい地方はサンタナかジェッタを公用車にする。巡視の先々でお茶が振る舞われ、統計値が読み上げられる。右玉県の役人たちは世界銀行のプロジェクトに鼻高々だった。私はノートに数字を書き足し続けた。明の時代の長城に沿って一四〇〇ヘクタールの地域で植林を進める予定だ。右玉県は近年、対象となる二八パーセントの地域で浸食を防ぐことに成功した。最終目標は五八パーセントだ。中国の役所はびっくりするほど数字に強い。歴史を通じて強い。歴代王朝の役人たちも山ほどの統計データを出し続けた。明の時代には長城建設が数センチ単位で計画され、記録されたこともある。改革開放が始まると、こうした伝統に輝く中国は世界銀行の理想的な顧客となった。中国の役所は労働力を集め、統計値を出し、借金を返すことができるのだ。

中国の役所は宴会も得意だ。私の見学ツアーの締めくくりも宴会だった。私たちは地元のレストランの個室で円卓を囲んだ。料理が次から次へと運び込まれる――豚肉、鶏肉、魚料理、上海麵。五、六人の役人が同席し、白酒《バイチウ》（アルコール度の高い蒸留酒）を飲んでいた。一人ずつ順番にグラスを掲げて乾杯する。

「すみません、私はお茶にします。午後は運転するので、白酒はやめておきます」

「では、ビールはいかがですか」

これこそ、運転免許試験によく出るが、間違えやすい問題だ。

問213　車を運転する前には、

(1)少量ならアルコール飲料を飲める。

(2)アルコール飲料は飲めない。

(3)ビールは飲めるが、ほかの種類のアルコール飲料は飲めない。

「いや、ビールもだめです。運転するからアルコールはいっさい飲めません」

「少しだけならいいじゃありませんか」

「いや、だめです」

「一杯か二杯なら大丈夫ですよ」

旅の途中で出会ったほかの町の役人とくらべて、この人たちがとくに強引だったわけではない。飲酒運転を強要される場としては、結婚式がいちばん厄介、その次は葬式だ。酒をいかに断るか――これは中国で長距離ドライブするときの一つの課題だった。いったん宴会に出れば、礼儀正しく、しかも断固として酒を断らなくてはならない。一杯だけと杯を受ければ、それは水門を開けるようなものだ。アメリカでは、ただ「運転するので」と言えば、それ以上酒が勧められることはない。中国ではそこからさまざまな論理が展開されるのだ。反論が難しいこともある。私が酒を飲まなければならない第一の理由は、既成事実だからというものだ。なみなみと注がれたグラスを掲げて人びとは言う。「さあ、飲み干してください。もう注いでしまったのですから、断れませんよ」。第二の理由は、長距離ドライブをしてきた私は疲れているに違いないというものだ。第三の理由として、酒を飲んでもゆっくり運転すればいいと言われた。また、中国はアメリカと同じく右側運転なので、難なく運転できるはずだから、二、三杯飲んでも問題ありませんよと言う人もいた。運転席に外国人がいれば警官はただもうびっくりして、飲酒運転で逮捕するどころではなくなりますよ、などとも言われた。ある宴会ではホストに「いつ運転を習いましたか」と訊かれた。

「二〇年くらい前です」

「だったら大丈夫ですよ。私たちはたいてい一、二年前に運転を始めたばかりです。あなた、そんなに長い経験がおありなら、飲んでも問題ありませんよ」

この人の論理もわからないではない。いったいどれほど酒を飲んだら、高速道路の入り口ランプを逆走しようなどと思い立つのだろう。しかし、右玉県の役人たちは礼儀正しい人たちで、私は白酒もビールも無理強いはされなかった。私は宴会の礼を言って町を出た。三キロほど行ってからUターンし、町の中心部を迂回して、狼煙台のある丘へと向かった。公用車のサンタナではなく、シティ・スペシャルに乗った私に、村人たちは同じことを言うだろうか、私は突き止めたかった。明の時代の砦に近づくと、中腹にシャベルを手にした人たちが集まっている。私は泥道を上って近づいた。

一〇人ほどの男女が黄土に半月形の穴を掘っていた。みんな軍払い下げの上着を着て、シティ・スペシャルのまわりに集まってきた。近くの丁家村《ティンチァ》の住民だという。このあたりの集落の例にもれず、丁家も穴居の村だった。私がジャーナリストだと名乗ると、村人たちはぐっと近くに寄ってきた。

「私がまだ子供のころから、みんな同じことをやっています」と、一人の男性が口を開いた。「以前は世界銀行じゃなかったですがね。別のキャンペーンがいろいろありました。穴がたくさんあいているでしょう。何も植わっていませんね。二、三世代も前から掘り続けているんですが、木はどこにもありません。なぜかといえば、私たちを雇うのはただですが、木を買うには金がかかるからですよ。偉い人が視察に来れば、穴を見て植林が進んでいると思います。地元の役人が横領しているんです」

この人はまだ二十八歳だが、スポークスマンとして村人たちに一目置かれているようだった。私はときおり農村で、政府を激しく批判する人に出会った。怒りを込めて腐敗を大声で糾弾する人たちだ。しかし、この男性は穏やかな口調で、言葉を選びながら話していた。その目つきはどこか悲しげだ。軍払い下げの特大の上着を着ている。私は、穴掘りの賃金はいくらか訊いた。

「一日につき、インスタント麺五袋です」

私は自分の耳が信じられず、もう一度訊いた。

「麺五袋です。もうしばらくすれば、麺が届くところを見られますよ」

「なぜこんな仕事をしているのですか」

「断れば政府の補助が受けられませんから。この地方は旱魃にやられましてね、トウモロコシも育っていません。植えつけさえしなかった。この秋にはジャガイモしかありません。政府からトウモロコシをもらえますが、それも穴掘りをしなければだめなんです」。村人はなおも続けた。「このプロジェクトに村ではみんな反対してます。なにしろ、これで土地の四分の三が失われたんですから。私たちは家畜の放牧をしたいのに、政府は環境保護だと言うんです。保護、保護、保護――聞こえてくるのはスローガンばかりですよ」

　ほかの村人たちは同意の言葉をつぶやいている。「ことわざがあるんですが、ご存じですか。『山高皇帝《シャンカオホアンティー》遠《ユアン》』というんです。国の指導者は雲の上にいて、現場で何が起きているか知らないという意味です。私たちも偉い人たちが本当は何を考えているのかわからない。地方幹部が最大の問題だ。県の役人たちがすべて横領してしまうんです」こう言いながら、若者は世界銀行のスローガンが書かれた明の要塞を指した。「世界銀行の人が車でやってきて視察します。でも私たちは直接話すことはできない。県の役人がそうさせないのです。実際のところ、世界銀行が何かさえ、私は知りません。何か投資に関係する役所なんでしょう？ あの人たちは車で来て、通り過ぎるだけ。車を止めてもらいたいものですが、止めたことはありません。そして、スローガンを唱えるんです。地を守れ、地を森林に変えよ、とね」

　この若者が使った「山高皇帝遠（山高く皇帝遠し）」は、地方でよく聞くことわざだ。問題は地元にあり、中央の指導者はまっとうな人格者だと、人びとは常に信じている。体制の健全さを根底から疑う人などめったにいない。それに、住民に地理的必然性を理解しろと言っても、それは難しい。丁家のような村にとって「山高皇帝遠」は真実だ。この地域が沿海部と競争できるわけはなかった。効率的に運営されたとしても、植林計画が十分な効果を上げることはないだろう。この若者が子供のころ、村には二〇〇人が住んでいた。いまではわずか八〇人しか残っていない。今回のドライブ旅行で訪れた先々で、私は同じことを聞かされてきた。どこの村も人口減少に苦しんでいた。「自分も外で仕事を見つけなければならないんです。でも子供も小さいし、両親もまだ村にいます。いずれは出て行くことになるでしょうが、少しでも長く村に残ろうと思います」

　よその村では世界銀行の植林プロジェクトがうまくい

っていると聞きましたよ、と私が言うと、若者は答えた。

「お金が入って、木を植えて、うまくいった村もあるんでしょうね。でも、ここは違います。丘の中腹を見てくださいよ。表土があらかたなくなってしまって、もうなんにも生えてはきません。道路に近い場所に運び去られてしまったんです。そこに植えれば、格好がつきますからね。すべて見せかけです」

話を続けていると、谷底から二気筒エンジンの音が聞こえてきた。パタパタという音は次第に大きくなり、道に青い小型トラクターが現れた。急な坂道をあえぎながら上ってきて、ようやく止まったトラクターの荷台には、インスタント麺が山ほど積まれていた。ドライバーは無言で一人に五袋ずつ手渡しはじめた。中国の人たちは、よくインスタント麺をそのままスナックとして食べる。穴掘り作業員たちも袋の口を破って開けた。「イスラム・ビーフ麺」ブランドだ。

「イスラム教徒なんですか」と私が尋ねると、若者は笑い出した。

「いや、いや。でも、これがいちばん安いんです、豚肉抜きですから。一袋一元もしません」

そう言いながら若者は袋の口を開けて、私に差し出した。酒を強いられるより、もっと困った事態になった。この丘の中腹で、イスラム法に則ったインスタント麺をポリポリかじるなんてまっぴらだ。しかもこの麺は、日当の五分の一に相当するのだ。私は丁寧に麺を辞退し、車にしまってあったオレオクッキーを一袋取り出して、麺と一緒に首尾よく若者に手渡した。後日、この件で私は世界銀行に問い合わせた。応対に出た職員は、その中国人の若者は間違っているに違いないと言った。すでに一〇〇万人以上が、黄土高原で進む世界銀行のプロジェクトの恩恵を受けているという。だが、これもまた一つの統計値にすぎない。私が出会った村人たちがこの一〇〇万人に含まれていないことだけは確かだった。現場から遠く離れた首都の本部が運営する開発事業は信用できないと、私は常々思っている。山高く、NGOは遠い。

イスラム・ビーフ麺の見返りに丘の斜面で穴掘りをしている人たちの話から、私が出した結論はこれだ。それに、明の時代の遺跡に世界銀行のスローガンを書きなぐるなんて、ひどいではないか。だが、すでに度重なる侵略を受けてきた長城のことだ。この新たな侵害も耐え抜くに違いない。現代の蛮族どもが引き揚げたあとも、長城は稜線を背にそびえ立つその雄姿をいつまでもとどめるだろう。

それから数百キロあまり、私は山西省と内モンゴル自治区の境界線に沿って走った。明の長城が境界線の役目を果たし続けていた。要塞はいまでも立派だが、地域は貧しく、道路状況はどんどん悪くなった。石人湾《シーレンワン》という村の畑では、男がラクダに鋤を引かせていた。いい兆しではない。ラクダは途中で動かなくなり、男は怒鳴っている。畑土は粘土れんがのような濃黄色だった。一時間後、私はヒッチハイクをしていた女性を二人拾った。どうしても一緒に後部座席に座ると言い張った二人は、こちらが質問すると蚊の鳴くような声で答え、一〇分ほど乗ってから、外国人に会うのは初めてだと打ち明けた。

このあたりはヒッチハイカーが多く、私は毎日のように人を乗せた。車は少ないのに、道路わきにはしょっちゅう人が立っていた。中国式のヒッチハイクの合図とは、掌を下に向け、前に出した腕を上げ下げする（まるで目に見えない犬をかわいがっているような）しぐさだ。私にとっては新鮮な経験だった。北京の歩行者は見知らぬ人の車に乗せてくれとは言わないし、河北でも拾ってくれと頼まれたことはない。人を乗せることについて、運転免許試験問題は多くを教えてくれない。たった一つ、関連する問題が出ていた。

問356　誰かを車に乗せたあと、その人が忘れ物をしたことに気づいたら、

(1)そのまま自分のものにする。

(2)できるだけ早く忘れ物をした本人か、本人の職場に届ける。

(3)本人に連絡し、返還するにあたって謝礼を求める。

農家の人はめったにヒッチハイクをしない。村の人たちは遠くへは出かけないし、市場に行くには運行時間の決まった公共の交通機関を利用する。私が車に乗せた人たちは、私と同じくらいよそ者に見える女性たちだった。それも、はっきりと目立つタイプの女性が多い。村を出て新しく都会暮らしを始めた女性たちだ。たいていは身なりがよく、スカートにヒールを履き、髪を真っ赤に染め、厚化粧で安物の香水をつけていた。女性たちはシートに寄りかかりもせず、身を固くして座る。まるで、私の車に乗るのは公式行事であるかのようだ。なるべく私と視線が合わないようにし、完璧なまでに礼儀正しく、私の質問にはすべて答えたが、自分からは話しかけない。一度、若い女性二人と男性一人を乗せたことがある。私たちは三〇分もおしゃべりを続けたが、その間

誰も私に質問しなかった。奇妙なことに、どこから来たかと私に尋ねるまでに一〇分もかかる人もいた。中国の人はたいてい出身地のことから会話を始めるし、普通は私の国籍を訊くのだが、外国人が運転席に座っていると勝手が違ったのだろう。乗客たちは礼儀を守ろうとしていて、質問をなかなか切り出せなかったのに違いない。何回か、「中国人ですか」と訊かれたことがある。そんなことは、この地方以外では訊かれたことがない。ウイグル族（西部のトルコ系少数民族）かと訊いた人も何人かいた。あるときは回族（イスラム教徒の少数民族）に間違えられた。でこぼこ道に悪戦苦闘する私を後部座席からじっと見ていた女性が、一五キロほど行ってから「モンゴルの人なんですか」と訊いたことがある。

帰省中の出稼ぎ労働者たちもしばしば乗せた。工場やレストランや美容サロンで働く人たちだが、仕事のことはあまり話さない。出稼ぎ労働者といえば主に男性なのに、なぜ女性にばかりに出会うのか、初めはわからなかった。出稼ぎの人、とくに遠方で働く人は年に一回、春節にしか帰省しないのが普通だ。私が出会った人たちは、村に近い地方都市で働き口を見つけ、年に何回も帰省する人たちだった。とくに女性は両親や祖父母を心にかけ、頻繁に実家に足を運んだ。手にした大荷物は何かと訊くと、たいていは「おみやげですよ」と答えるのだった。

ヒッチハイカーたちはシティ・スペシャルについてあれこれ質問した。なぜ一人旅行にこんなに大きな車が必要なのかと訊かれたこともある。運転を習いたいと、恥ずかしそうに言う女性もいた。岩頭寺《イエントウスー》という村の近くで、若くきれいな女性を乗せた。両親に会いに帰ってきたばかりだと言う。真っ赤なシルクドレスを着て、これまた真っ赤な口紅をつけたこの女性は、甘ったるい安香水のにおいをぷんぷんさせていた。この高地で何人ものヒッチハイカーを拾った末におなじみになったにおいだ。内モンゴルの香りとでも呼ぼうか。

この女性は清水河という小さな町のレストランで働いていた。いままでもっとも遠いところでは、この地域の主要都市、包頭《パオトウ》市まで行ったことがあるという。いつか自分の車を買いたいと言っていた。「世界中、どこへでも行けるとしたら、どこへ行ってみたい？」と訊くと「北京」と答えた。実家のある村のことを話してというと、頭を振って言う。「村の家はたいてい羊を飼ってます。トウモロコシやジャガイモや雑穀を植えてるけど、乾燥しすぎているから育ちが悪いんです。ほかにどうしようもありません」

まさにそうなのだ。ほかにどうしようもない。やせた土地でなんとか頑張るか、村を出て行くしかないのだ。この地域にとどまりたいと思う若者はいないだろう。中国地図帳に並んだ地名だけは、いまだに明るい未来を反映していた。黄龍池《ホアンロンチー》、三岔河《サンチャフウ》、陽井《ヤンチン》などなど。だが殺風景な大平原のあちらこちらに散らばるこうした名前は、皮肉以外のなにものでもない。白蘭溝《バイランコウ》は蘭が咲き乱れるどころかほこりだらけ、水泉《シユイチユアン》村には乾ききった地が広がっていた。敗虎《バイフー》の村は、かつては強固な要塞だったのかもしれないが、その面影はない。この地域では、長城よりも道路を見つけるほうが難しいくらいだ。地図には胸壁を示す記号がどこまでもくねくねと延びているが、道路を示す細い赤線はまばらにしかない。

　ところどころで、道路は影もかたちもなくなっていた。地図帳はあてにならず、しまいには一日に何度も地図にだまされることになった。地図を信用して進んでいくと行き止まりだったり、道路が崩れていたり、草ぼうぼうの道が途切れていたりするのだった。内モンゴルでのことだ。地図で見つけた韮菜庄《チウツアイチユアン》という名前に引きつけられて進んでいくと、道路はいつの間にか干上がった小川に変わっているではないか。低地を縦横に走る石だらけの川底を見失うまいと、何度かターンしたが、やがて完全に道に迷ってしまった。地面に残った車の跡はてんでにあらゆる方向に向かっているし、見慣れた長城の壁もここからは見えない。とある穴居の村に立ち寄って道を訊いたが、村人たちはただぼんやり口を開けて私を見つめるばかりだ。この地域の方言は私が知っている北京語とはまったく違うのだ。夕暮れが迫り、私はくたくただった。タイヤだっていつパンクするかわからない。やっとの思いで岩地をガタゴト走り、角を曲がるとヒッチハイカーが見えた。

　一瞬、蜃気楼かと思った。ショートスカートにハイヒール、淡い色のタイツを履いた女性だ。私の車も蜃気楼に見えたのかもしれない。手を上下に振るあのヒッチハイクのサインを出しながら、女性はこちらをじっと凝視している。私が窓を下ろすと声をかけてきた。「どこに行くんですか」

「北堡《ベイプー》を抜けて水泉村へ行きたいんですが、この道でいいんでしょうか」。この荒れ果てた谷あいに水泉村とは、まったく皮肉な名前だ。女性はいいんですよと言ってくれた。「私も水泉村へ行くのですが、乗せてくれますか」

「どうぞ、どうぞ」。女性は車に片足を入れ、前かがみになって私の顔を初めて見ると、そのままじっと動かなくなった。ようやく「どこから来たんですか」と訊く。

「北京から」

「一人きりで？」

「そう」

「どうしてここへ？」

「玩児《ワアル》」と、私は思わず答えた。「遊びに来た」を意味するこの言い回しはよく使われるので、思わず口から出てしまったのだが、ここ内モンゴルの谷底では変な意味になるのだろう。女性は車に入れかけていた片足を引っ込めた。

「私、ここで待つことにします」。こうして私はそこに女性を置き去りにした。私の車に乗ろうとしなかったのは、崩れた岩の上に立っていたこの女性一人だけだった。


中国で道に迷うのはそれほどみじめなことでもない。ほかのドライバーだってよく知らないところを走っているのだ。一九九六年、平和部隊《ピースコー》のボランティアとして初めて中国の地を踏んだとき、私は自分自身の無知を痛感したものだ。言葉も習慣も歴史も知らない。すべてこれから学ばなくてはならないが、そんなことができるだろうか。中国の人たちはみな自分より三〇〇〇年も先んじているように見える。追いつけるだろうかと、私は焦りに駆られた。

中国に何年住んでも、私の学習曲線は平らになったことがない。中国は毎日何か新しい発見がある国だ。中国人もまた同じように感じているのだと知ることも、重要な発見だ。この国では変化があまりに速いので、誰も自分の知識に満足してはいられない。状況は絶えず変わり、新しい対処方法が常に必要となる。たとえば、農家の人はどうやって村を出て工場の仕事を見つけるのか。起業の仕方を誰に訊けばいいのか。車の造り方、運転の仕方は誰に習うのか。田舎の女の子であれば、化粧の仕方や服の選び方も知りたいだろう。地図を頼りにシティ・スペシャルを運転するアメリカ人と、ヒッチハイクをしたあの女性たちは、それほど奇妙な取り合わせでもなかった。今日の中国で知らないことがたくさんあるという点で、私たちは同類だ。

新しく学ぶといっても、それはたいてい生活のなかでのことだが、民間の講座もたくさんあった。英語、タイピング、コンピュータ、経理などの講座は若い人たちに人気がある。工場で働く人たちは、教育のある都会人としての振る舞い方を、受講料を払って学ぶ。運転の仕方を教える講座もあるが、これは政府の管理下に行なわれる教習講座だ。中国の法律では、車を運転する中国人はみな、認定を受けた講座を自費で受講し、五八時間の実習を経なければならない。中国では、どこかの空き地で父親に運転を習うというわけにはいかないのだ。そもそも空き地を見つけるのは難しいし、大方の父親は免許を持っていない。

あるとき、私は南東部の小都市、麗水市《リーシユイ》で運転の教習を見学した。経済発展著しいこの工場町では、オーナードライバーが急増していた。私が見学したのは、公安運転教習所という施設の湯《タン》教官の講習だ。中国ではどこでも、自動車教習所の指導員は「教練《チヤオリエン》」と呼ばれる。厳しい訓練を暗示するこの呼称は、フットボール・コーチや軍事教練官にも使われる言葉だ。中国で運転を習うことはまさに肉体的鍛錬だった。

講習はまったくの基礎から始まった。第一日目、湯教官がフォルクスワーゲン・サンタナのボンネットを開く。いっせいに中をのぞき込む六人の教習生に向かって、教官はエンジンやラジエーターやファンベルトを説明した。それから後部に回ってトランクを開けた。次に燃料タンクの開け方を示してから、運転席のドアに回った。「こうやって引いて開けるんだ」という教官の言葉に、教習生は一人ずつドアの開け閉めを練習する。次に教官はインストルメント・パネルの計器を一つずつ説明し、次にクラッチとブレーキとアクセルを示した。教習生たちがようやく車内に入ったのは、授業開始から一時間もたってからだ。一人ずつ交代で運転席に座り、ローから五段までギアチェンジを練習する。エンジンは入っていないのに、クラッチを踏み、シフトレバーを動かしている。見ていて、私は思わず顔をしかめてしまった。どうしても一言口を挟まずにいられない。

「それって、車に悪くないですか」

「いや、大丈夫ですよ」と湯教官は言い切った。

「エンジンを切っているときはやらない方が……」

「いや、そんなことはない。いつもやってますよ」

中国では、教官は常に一も二もなく尊敬される存在だ。それに湯教官は親切にも見学を許してくれたのだ。私はそれ以上は口を出さないことにしたが、黙っているのは、並大抵の我慢ではなかった。次はクラッチ操作の練習だ。パーキングブレーキをかけ、エンジンをスタートさせ、ギアをローに入れ、それからアクセルを目いっぱい踏みながらクラッチを放す。エンジンはブレーキの圧力を受けてうめき声を上げ、ボンネットは激しく揺れた。教習生たちは一人ずつ順番に運転席に座り、エンジンをふかす。講習の一日目が終わるころには、サンタナのボンネットは目玉焼きが作れるくらい熱くなってしまった。教習生たちがアクセルを踏むたびに、私は両手にびっしょり汗をかいた。父親の声が聞こえてきたくらいだ。父は車の修理が上手だ。めったに腹を立てない人だが、車をむやみに痛めつけるやつらだけは我慢がならんといつも言っている。

講習二日目になるまで、誰も車を運転させてはもらえなかった。初めのうち、教習生たちはおずおずとサンタナを手で触ったり、ドアを開け閉めしたり、燃料タンクのキャップをいじったりしていた。教習生は男性四人、女性二人で、年齢は四〇歳以下、みな二五〇〇元あまりの受講料を払っていた。一カ月の最低賃金がおよそ六〇〇元というこの町では、かなりの金額だ。教習生たちのなかで家に車がある人は一人だけ、ほかはいつか車を買うつもりだと言い、四人の大学生は運転免許を持っていれば就職に有利だと考えていた。運転は水泳と同じで、誰でもできるようになるべきだと、王儼珩《ワン・イエンホン》という若い男性は言う。王は情報技術専攻の大学四年生で「将来、中国ではマイカー所有者がものすごく増えるから、運転の仕方を覚えるのは重要なことになる」と考えていた。家に車があるのは社会学専攻の十九歳の女子大生、梁艶芳《リアン・イエンファン》だ。父親がプラスチック工場を経営していて、自動車を三台保有しているという。何を作る工場かと私が訊くと、梁はサンタナの窓枠に指を走らせながら答えた。「これもうちの製品の一つです」

講習の最初の一〇日間は、いわゆる「駐車技術」の集中講座が続いた。この間、教習生たちは三種類の技術を練習した。まず九〇度ターンし、前向きで車を駐車スペースに入れる、次に後ろ向きで同じことをする。第三の技術は並列駐車だ。毎日、合計六時間にわたって、教習生たちはこの三つを繰り返し練習した。湯教官は厳しかった。中国では優秀な教官はみんな厳しい。バックで駐車しようとして柱をかすった教習生を「何やってるんだ！　頭はどこについてるんだ！」と叱り、別の男性には「シフトレバーはそんな持ち方じゃだめだ。しっかりしろ！」と怒鳴った。教習生の手をたたくこともある。教習生が後ろを見ようと振り向くたびに「後ろを見るな！」と注意が飛んだ。振り返ってはいけないという厳しい規則があった。バックする際に頼るべきはサイドミラーだけ、死角なるものは、少なくとも湯教官の世界には存在しない。誰もシートベルトを着けない。公安運転教習所の駐車技術のクラスの間、私はウィンカーが点滅するのを一度も見なかった。

次の段階は「運転技術」だ。教習生たちは障害物コースでジグザグ曲がりを練習する。次に、停車ラインの二五センチ手前に車を止める練習へと進む。いちばん難しいのは「一枚板ブリッジ」と呼ばれる練習だ。これは、タイヤよりやや幅広の細長いコンクリート台の上に、前後の二輪をきちんと乗せる技術だ。まず左側の二輪を、次に右側の二輪を乗せる。タイヤが一本でもはずれれば、免許試験は落第だ。練習時間の大半をこの一枚板ブリッジにあてるのだと、教習生たちは言っていた。この技術がなぜそれほど大事なのか、教官に訊いてみた。

「難しいからですよ！」

これこそ中国の運転教習所の根底にある考え方だ。技術は難しければ難しいほど役に立つに違いないというわけだ。だが、技術をいかに身につけるか、具体的なことは教習所や教官に任されている。五八時間という受講時間を除けば、標準的な決まりはいっさいない。「一枚板ブリッジ」に力を入れたり、何かほかの障害コースを練習させたりと、教習所によってやり方はまちまちだ。教官は、それぞれ自分のやり方を考案して訓練する。その意味では、昔の武道の師範のようだ。だが、時代は変わった。山奥の道場で一日一〇〇〇回の素振りに励んだのは昔のこと。いまでは公安運転教習所で、サンタナを「一枚板ブリッジ」に駐車させる方法を、二週間かけて身につけるのだ。

麗水市の運転免許講習は一週間半にわたる路上教習で完結する。私は講習の最終日を迎えた一グループを取材した。教官を助手席に乗せ、教習生たちは代わる代わる運転席に座り、二車線の田舎道で決められたとおりサンタナを走らせる。ギアを一速から五速まで高速に切り替え、次に五速から一速へと低速に入れ替えてから停車ラインの二五センチ手前で車を止める。次にUターンし、まがいものの信号機の前で速度を落とす。全道程は三キロで、この一〇日間というものまったく変わらない。交差点はなく、交通量も少ない。教習生は車線変更するときやターンするときはクラクションを鳴らすように教えられていて、車やトラクターやロバが引く荷車などと行き交うたびにブーッと鳴らした。通行人を見かけても鳴らした。別の教習車とすれ違うときは、双方とも久しぶりで友達に会ったように、嬉しそうにクラクションで挨拶を交わした。昼になると、近くのレストランに入り、教官を含め、みんなでビールを注文した。その前日は、みな酔ってしまい、午後のクラスはキャンセルになったそうだ。

午後、教習生たちは路上に戻って練習を続けた。教習生の一人が、私のレンタカーをちょっと運転させてもらえないかと言い出した。一カ月も教習所に通って何を習ったか見せてもらおう。そう思って、いいですよと言ったのが大間違いだった。公道に出た途端、この教習生は追い越しに夢中になった。しかも追い越し方を知らない。見通しの悪い交差点に突っ込もうとする車を大声で止めたのが二回、左から寄ってくる後続車を避けるために、ハンドルをもぎ取ったのが一回。教習生はサイドにもバックにも目をやらない。死角の存在など考えたこともないようだ。動くものが目に入ればまずクラクションを鳴らす。ウィンカーを出さないなんてことはたいした問題ではなかった。止まっているトラクターにも、コンクリートの壁にも、あわやぶつかりそうになった。やっと教習所にたどり着いたとき、私は一枚板ブリッジにキスしてもいいくらいの気分になっていた。

私はよく北京在住の外国人たちから「この国で運転しているなんて、すごいですね」と言われる。だが私に言わせれば、中国の自動車教習所で講習を受けた人たちが運転するバスやタクシーに乗るほうが、ずっと怖い。路上では誰もが途方に暮れている。「迷える世代」とはまさにこの人たちのことだろう。自分でハンドルを握っているほうが、少しは気が休まるというものだ。

山西省の北西部には、黄河に沿ってところどころに長城が残っている。私は黄土に覆われた高地の川岸を一六〇キロほど走った。このあたりの道路は整備が進んでいて、運転は楽だった。「道路整備は繁栄と貧困撲滅への道」「道路保全は繁栄をもたらし、道路破壊は恥をもたらす」などとあちこちにスローガンが掲げられていた。中国の農村部はまだ交通量が少ない。だから、私企業が道路わきに広告板を出すこともない。つまり、運転中にあれを食べろ、これを飲めと派手な広告に煩わされることはない。その代わりに目に入るのは政府のスローガンだ。その特徴的な文体は単純だが力強く、具体的だが妙にとらえどころがない。「人民は兵士を抱擁する」などというスローガンをがらがらの自動車道で目にすれば、想像は否応なくふくらんでしまうのだ。山西省で見た広告板には「自立、努力、粘り強さ、無条件の献身」と書いてあった。何の説明もないが、結局のところこれで十分なのだろう。内モンゴルのある発電所では、言葉遊びのようなスローガンを見かけた。しばらく車を止めて考えてしまったほどだ。「誰でも電気を使用する。電気は賢く使用せよ。電気の使用はよいことだ」（「そのとおり！」と、私がうなずいたのはしばらくたってからだった）。計画出産を勧めるスローガンもよく見かけた。この種のスローガンの文言は、自明の理（「娘も子孫だ」）

から余計な忠告（「晩婚晩産の勧め」）や真っ赤な嘘（「息子も娘も大切な子供」）までさまざまだ。西へ進むにつれて、広告板は次第に巨大化し、やがて丘の斜面を埋め尽くした。何もない平原を埋めるために文字がふくれ上がってしまったようだ。「みんなで働き、緑の山をもっと緑にしよう」と、高さが一二メートルもある文字が内モンゴルの山の斜面で踊っていた。山に緑はなく、人っ子一人働いていない。また、これも無人の荒野でのことだが、塗料を塗った岩を並べて一編の詩が書かれていた。

草や木を植えよう、この山に
農業を興し
家を建て、羊を育てよう
山と川の美しい地を、ここにつくり上げよう

　黄河の上流域では、道路上で脱穀しないようにと呼びかけるスローガンをたくさん見かけた。山西省の西部に入って以来、シティ・スペシャルは一束も脱穀していないが、政府の呼びかけが功を奏したのだろうか。だが、黄河上流の東岸にある寺溝《スーコウ》村を訪れたとき、村人たちから、今年は旱魃で一粒も収穫できなかったと聞いた。ジャガイモと政府支給の穀物でなんとかしのいでいるという。穴居に住む村人たちとこんな話をしていると、村長が支給品申請用紙を持ってやってきた。申請書には「両缺一没（二つの不足、一つの欠乏）」というタイトルがついている。村長の説明によれば、これは寺溝村では金と食料が不足しており、住民は自立能力を欠いているという意味だそうだ。スローガンをいろいろ見てきたが、これほど残酷なまでに正直な文言は初めてだ。ここは中北部農業地帯のはずれ、黄土高原の最果ての地であった。

　黄河の向こうはオルドス砂漠、中国西部の始まりだ。オルドス地方は歴代王朝にとってもっとも厄介な地域の一つであった。このステップ地帯で、長城建設の動機づけとしてこれほど重要な役割を果たした地はほかにない。オルドスの地は広い。面積はニューイングランドとほぼ同じだ。北部で蛇行しながら流れる黄河に環状に囲まれているが、この環の内側に広がるのは黄土ではなく、砂と低木地である。ここは昔から水資源に恵まれず、中国の人びとが伝統的に行なってきたやり方では農作物は育たない。だが、遊牧民にとってここは理想的な根拠地だった。中央から遠く離れたこの地では中国人による入植が進まなかったから、遊牧民は中国人支配を逃れたうえに、ここを基地に奇襲攻撃を仕掛けた。たとえば唐のように、この地の全域に守備隊を駐屯させること

ができた王朝もあるが、弱体化した明には戦う力はなかった。

戦う代わりに明は、オルドス地方の南の境界線に沿って、現在の陝西省に長城を建てた。地図上にある要塞跡を探しながら、私は黄河からそれて西へ向かった。地図はこのあたりで急に記述がまばらになる。村も道路もほとんどなく、ところどころに川を示す記号があるだけ。川はどこからともなく湧き、数キロ流れて砂の中へと消えていく。窓の外の景色も単調だった。私は神木《シェンムー》という町を抜け、楡林《ユイリン》へと向かった。この不毛の地に「ニレの林」を意味する町があるとは嬉しい。

楡林の北では、長城の壁が地中に埋まりかかっていた。鎮北台《チェンベイタイ》と呼ばれる明の時代の巨大な要塞が地平線を背にそびえている。長城の壁はといえば、南西に延びて砂漠へ入り込んでいた。固めた土でできた壁は、その基部にたまった砂よりもいくらか黒ずんで見えるが、砂丘に完全に埋もれてしまった部分もある。これまで旅をしてきた東部では、長城は岩だらけの山の尾根に沿ってどっしりと構えていて、その姿から、河北地方の風景は変わることがないと実感できた。ところが西に進むと、風景は次第に変わりやすくなる。運転席から見ていると、国土そのものが崩れていくようにも感じられる。岩だらけの山から乾いた平原へ、そして黄土高原へと進んできた私は、いまや絶えず姿を変える砂漠の砂と向き合っていた。ここにも長城は残っているが、もはやそれは変わらぬ景色の象徴ではない。オルドスの砂漠が南へ南へと忍び寄っていた。明王朝が建てた巨大な壁も、ここでは砂地の筋模様のように見える。

不毛の地を改良しようとする人びとの試みは、長城を越えて広がっていた。砂漠化との戦いは中国北部一帯の共通課題だ。砂漠化の波は国土の四分の一以上を襲い、そのうえ毎年推計三〇万ヘクタールの土地を新たにのみ込んでいるという。国連によれば砂漠化の恐れのある地域の人口は四億人。北部の人びとの暮らしを持続可能にするために政府が打ち出したプロジェクトは、植林から大規模な灌漑工事までさまざまだ。もっとも大がかりな計画は長江水路迂回工事であろう。水資源が豊富な南部から北部へと水を引く一〇〇億ドル規模のプロジェクトだ。こうした解決策がどの程度の効果を上げるかはわからない。若年層の大部分が南部へ移住するというのに、水を北部に引いても無意味かもしれないのだ。

オルドス地方は農業に適していない。北部でもここはそもそも定住すべき地ではなかった。昔から住んでいたのは遊牧民に限られていたが、十九世紀になると、貧困と戦争に追われた人びとが移り住みはじめた。一九四九年の革命後は、共産主義政権が長城を越えた大量移住を奨励した。楡林の北方に広がる砂漠地帯で、中国式の農業がさかんになるのを期待したのだ。木や草だけでなく、ときにはコメを植えようと、大々的なキャンペーンが断続的に続けられた。わずかばかりの小川や湖の水は灌漑に利用された。当然のことながら、昔からこの地に住むモンゴル系の遊牧民は、ことはそんなにうまくいくはずはないと言ってこうしたキャンペーンに反対した。が、ときとして政治は人の経験を超えることがある。一九六〇年代から七〇年代の文化大革命のさなかに、この地方の烏審旗《ウーシエンチー》という地域が模範的人民公社として有名になった。砂漠のほかの地域も烏審旗を見習い、灌漑水路を掘り、穀物を植えるように奨励された。ところが八〇年代になると、烏審旗の実験が悲惨な結果を招いたことが明らかになる。人口増加と外来種作物の植えつけによって、貴重な水資源が枯渇してしまったのだ。

近年になって、地元政府は新しい施策を試みた。コメや穀物を植える代わりに柳の種を植え、その葉を羊の飼料に利用したのである。この事業は「天の牧場」と名づけられた。なにしろ、枝から葉をむしり取れば羊の飼料が得られたし、柳自体も砂漠化防止に役立つと考えられたのである。ある意味でこの事業は成功した。地域の農地面積は全体の一割をしっかり維持していたし、住民は羊の数を増やすことができたのだ。私は、羊二〇〇頭を飼育するモンゴル族の家を訪ねた。家長の言葉によれば「暮らし向きはずっとよくなった。食べ物も着るものも、手に入りやすくなった」そうである。家長の北京語はたどたどしかった。「ゲル」と呼ばれるモンゴルの伝統的な天幕で育ったこの人は、いまやれんが造りの家に住んでいる。家の壁にはフェラーリ・モンディアルやハーレー・ダヴィッドソンのポスターが貼ってあった。また中国の地図が一枚とチンギス・ハンの肖像画が二枚飾られ、毛沢東を祀る棚もある。祀り棚について尋ねると、家長は「毛沢東は解放者であり、偉大な指導者であり、よい人でした」と言い、モンゴル人なら誰でもチンギス・ハンの肖像を掲げるのだとも付け加えた。別の壁には、一九九七年五月二十日に納税したことを賞するという額入りの賞状が飾ってあった。地方の家ではこの種の賞状をよく見かけた。家をいつも清潔にしているのは立派だとして、賞状をもらう人もいる。

とはいえ、烏審旗における柳の植樹の効果は長続きしないように思われる。中国生まれの地理学者、姜鴻《チアン・ホン》の調査によれば、地下水が減少しているのだ。砂漠での農業は限界に達していた。柳の植樹でさえ、もうこれ以上は無理なのだ。だが、姜鴻は、地元住民が地下水位の低下を知りながらも、植樹計画を支持しているとも指摘している。昔なら、住民は政府の強引な開発計画に反発したものだ。ところがいまは違う。以前は政府の開発計画といえば全体的、抽象的なものが多かった。たとえば、毛沢東は中国の生産力を高め、イギリスやアメリカを追い抜かなければならないと論じたが、こうした遠大な目標のせいで自分たちの環境が壊れるのを烏審旗などに住む遊牧民は快く思わなかった。ところが、鄧小平の改革開放以来、経済は基本的には個人の意欲で動くようになり、成果が突如として具体的になった。また、移動がさかんになり、よりよい生活とはどんなものか、人びとは感じ取ることができるようになった。

「いまでは住民は外の世界を知っています。都市部へ行くこともあるし、テレビも見る。目にする物質的な豊かさを求めるようになったのです」と姜鴻は言う。人びとはより世俗的になったということもできるだろう。しかし、外の世界との接触は混乱を招いた。

烏審旗で手にすることができる有限の資源から都市で手に入る無限の生産物へと、人びとは視座を移したのだ。外の世界を知ることによって、自分たちを取り巻く環境の現実を見失ったともいえるだろう。

数十年にわたった政治不安は、人びとのものの見方をゆがめた。姜鴻は語る。「変化が速すぎると、環境について知ろうとする余裕もなくなります。一九四九年以降、中国の政治は目まぐるしく変わってきました。八〇年代に改革開放が始まると、みんな、これこそ絶好の機会ととらえました。どうせ長くは続かないから、このチャンスを逃すな、というわけです。開発に関して短期的にしか考えられなくなったのです」

いまの世代にとって、経済展望はオルドス地方の砂のようにとらえどころがない。法律も商習慣も日々直面する課題も、すべてが変化する。常に新しい状況に立ち向かわなければならないから、方向を見定めるのは難しい。よく考えもせずにすばやく行動を起こした人が、結局は成功する例も多い。持続可能性などを心配する余裕は誰にもない。若い人がみないずれは出て行ってしまうのならなおさらだ。長期計画など意味がない。今日のこの日に利益を上げること、それが目標だ。ぐずぐずしていると、また変化の波に足をすくわれてしまうかもしれない。

烏審旗を出た私は長城を越え、楡林へ戻ろうと南へ向かった。あとどのくらいドライブを続けられるかわからない。夜間の冷え込みが厳しくなっていたし、疲れがたまってきた。ドライブ旅行は二度に分け、秋と春の風景を見ようと初めから計画していた。楡林でしばらく休もう。ベッドで眠り、ちゃんとした食事をし、それからどう旅を続けるか決めよう。ところが、結局は地方政府が私の今後を決めてくれることになった。

都市に入ったのは数週間ぶりだった。楡林は中国の基準では小さな都市で、静かな雰囲気の感じのよい町だった。中心部を取り巻くように昔の城壁が残っていた。街路は狭い。自動車ブームはまだ到来していなかった。私は最上級のホテルにチェックインし、シャワーを浴び、昼寝をしようと横になった。途端に電話が鳴った。フロント係が、ロビーで面会者が待っているという。

「政府の人です」

まったく、こんなふうにたたき起こされるとは！　私は服を着て階下に行った。ダークスーツに身を包んだ三十代の男が待っていた。顔をこわばらせ、薄笑いを浮かべている。悪い予感がした。

「お仕事はジャーナリストですね」

と口を切った役人は、パスポートと居住証と記者証を見せろと言う。私が書類を手渡すと、役人は黙って調べ、メモ帳に何か書き込み、やがて顔を上げて言った。

「ご存じと思いますが、中国では記者は取材する前に当局に申請しなければなりません。申請なしの取材は違法行為です」

「私はただ長城を見に来ただけです。申請の必要はないでしょう。楡林では取材するつもりはありませんから」

「それでも申請は必要です」

私は謝罪し、今後は必ず申請すると約束した。「お望みなら、明日ここを発ちます」

役人の笑顔が少しこわばった。「残念ですが、いますぐに出発してください」

「昼飯を食べてからでもいいですか」

「いや、いま直ちにお願いします」

私が荷造りするのを役人はロビーで待ち、それからシティ・スペシャルが止めてあるところまでついてきた。警官が一人、私が町の外に出るのを見届けた。私はそれから六時間走って延安へ行った。延安は毛沢東らが一九三〇年代に地盤を固めた中国共産党革命の揺籃地として知られている。現在は観光地だから、私は誰の注意も引かずにホテルにチェックインできると思っていた。だが、手荷物をほどきもしないうちに、警官が現れた。私がどこから来たかも、どんな車に乗っているかも知っていると言う。陝西省内全域に警告が出されているに違いない。延安の警官に町から出て行けと言われた。旅行を中断し、来年の春また長城を見に来ようと決心したのはこのときだった。

私は北京へと向かった。山西省を横断する有料道路はできたばかりだった。何週間もでこぼこ道を走ったあとで高速に乗ると、空を飛んでいるような気分になる。路面はなめらか、車もほとんど走っていない。収穫を終えたトウモロコシ畑が延々と続く地を、私はあっという間に走り抜けた。キャピタル・モーターズに車を返すにあたって、私は燃料タンクのきっちり八分の一だけガソリンを入れた。車に新しいへこみはついていないが、後部座席にはコカコーラの空き瓶が山積みになっている。事務所では王さんが会社の評価表の下でタバコをくゆらせていた。

顧客満足度　九〇点
能率　九七点
顧客に対する言葉遣い　九八点
態度　九九点

王さんは書類を調べて必要事項をコンピュータに入力した。それから走行距離を見て、タバコを置いた。

「こんなに遠くまで！　いったいどこまで行ったんですか」

北京市内を走り回っていたと言い張ることだってできたのだが、そんな厚かましい嘘はつけない。なにしろ三五〇〇キロも走っているのだ。初め私は漠然と答えてごまかそうとした。西のほうへ行ってきたんだ、と。

「西ってどこですか」

「河北省、山西省のあたり」

「それから？」

「陝西省にもね。それから内モンゴルへも。だがあまり奥へは行っていないよ。省境のあたりだ」

「へえ―。一人で行ったんですか」

「そう」

「北京市外に出てはいけないことになっていますが」

「気をつけて運転すれば大丈夫だと思ったんだ」

「ずっと舗装道路を走ったんですか」

「たいていはね、そうだ」

「舗装道路以外は走らないことになっていますよ」

「わかってる。でも内モンゴルには舗装されていないところがあるんだ。ゆっくり走ったよ」

王さんは、私が車に傷をつけて返すたびに嬉しそうな顔をするのだが、今度もそうだった。「すごいですね、内モンゴルまでとは！」と言い、同僚を呼んできて走行距離を見せた。みんな笑い出し、お祝いだと言ってタバコに火をつけた。私はデポジットを受け取り、戸口に向かったが、店を出るときもみんなは口ぐちに言っていた。「へえ！　内モンゴルまでとはすごいな！」

2

あの長距離ドライブを終えてから、私はレンタカーでどこへでも平気で出かけるようになった。キャピタル・モーターズではたいていジェッタかサンタナをレンタルし、週末になると北部のあちこちを走り回った。清東稜《チントンリン》(清朝の陵墓)や昔からの避暑地として知られる承徳市《チヨントウ》などへも行った。新しい高速道路に乗って沿海部まで出かけたこともある。浜辺の避暑地として親しまれる北戴河《ベイタイフウ》までは二時間もかからない。交通量は少なかった。都市部の人たちは車を買いはじめてはいたが、高速料金は高く運転に不慣れな人が多かったから、長距離ドライブは一般的ではなかった。高速道路は空っぽで車線が四本もあり、路肩は広く、美しい風景に恵まれて、完璧だった。

警官の姿を見ずに何時間も走れたが、これは妙な感じがした。なにしろ、中国ではいたるところに警官がいて、私自身ジャーナリストとして何回か拘束されたことさえあるのだ。アメリカの中西部で育った人のご多分にもれず、私も自動車道路に出ると本能的に警官はいないかと探す。しかし、中国ではハイウェイパトロールのシステムがまだ整っていなかった。高速道路で見かけた警官はたいていどこかへ行く途中だった。アメリカ映画の影響を受けたのか、パトカーは常に赤色灯をつけていたが、パトロール中でも急いでもいなかった。実際のところ、パトカーはもっとものろい部類の車だ。初めのうちは、赤色灯をつけたパトカーを追い抜くのは妙な感じだったが、そのうちに平気でパトカーを無視できるようになった。警官を警戒しなければならないのは貨物トラックの運転手だけだ。料金所で待機している警官に、過積載の罰金を巻き上げられることがあるからだ。自家用車には誰も目をつけなかった。中国でハイウェイ運転の黄金時代が始まっていた。

ただ一つ、問題はほかのドライバーたちだが、中国の交通事情がいくら混迷をきわめるといっても、ある程度の予測は立てられる。ある特定の車種はある特定のキャラクターの人間を惹きつけるようなので、私は車種からドライバーの人物像を描くようになった。高級車と安い大衆車という両極端の車種が、もっとも危険だった。べンツや最高級のビュイックを乗り回すのは、商売で成功したばかりの連中で、荒っぽい運転をする。ガタガタの夏利《シアリー》や長安《チァンアン》も要注意だ。こんな安い車に乗っている人は失うものが何もない。農村地帯では、ガラスにフィルムを張った黒いサンタナがトラブルの元だった。貧しい地方政府の役人たち、あるいはアウディを買う金を横領する才覚もない役人たちが、サンタナに乗っている。クラクションを鳴らして割り込み、歩行者おかまいなしで走るサンタナは田舎町で肩をいからせるチンピラのようだ。北京のような大都市では、汚職役人たちは黒いアウディＡ６やＡ８に乗る。こうした車にも近づかないほうがいい。バイクに乗っているときはなおさらだ。アルト・シティベイビーなどのサブコンパクトカーは、別の意味で危険だ。運転しているのは中流の下の階層の人たち。初めて車を持ったこの人たちは経験も浅く、しかも用心深い。ジープ・チェロキーからは連想できるステレオタイプがないが、これこそがアメリカン・モーターズ社（ＡＭＣ）の問題だった。ＡＭＣは中国の新しい市場に割り込むことができず、アメリカの自動車メーカーが好機を逸し続けた長い歴史のなかの最新の一例となった。アメリカの自動車メーカーにとって中国は、常に難しい商売相手だった。

対外貿易は、万里の長城の時代からずっと難しかったともいえるだろう。その時代、中国にもっとも近い交易相手は北方の遊牧民だったが、この経験から中国の人びとは、よそ者からは得るものなしと信じるようになった。この世界観は十九世紀まで生きながらえ、アヘン貿易によって粉々に打ち砕かれることになる。イギリスの商人たちは中国南部に格好のアヘン市場を見つけた。ついに清朝政府は武力でアヘン売買を禁止しようとするが、その結末が一八三九年から四二年のアヘン戦争だった。戦争で突如として西欧の技術力が明らかになった。イギリスの艦船に打ち負かされた清は、香港の割譲などの譲歩を余儀なくされた。続く数十年間にイギリスはじめ諸外国は、たいていは武力によって影響力を拡大した。外国のものは何一つ必要ないと信じていた文明にとって、これは現代貿易との衝撃的な出会いであった。

二十世紀の初めになってもまだ、多くの中国人はなんであれ外国のものに疑いの目を向けていた。自動車も、初めのうちは帝国主義者どもの道具の一つにすぎないと見なされた。だが、やがて人びとは、輸送の改善がもたらす利益に気づき、考え方を変えた。一九二〇年代、アメリカ赤十字が道路建設キャンペーンを開始し、大きな成功を収めた。当時、中国のインテリ層に受けがよかったのはイギリスよりもアメリカのブランドだった。イギリスのイメージはまだアヘン戦争に染まっていたのだ。中華民国を建国した孫文は、一九二四年にヘンリー・フォード宛ての手紙でその業績をたたえ、アジア訪問に誘っている。「貴殿が中国においても同様の取り組みを広げ、さらに大規模な業績を挙げられることを信じております」。フォード社からは決まり文句が並んだ返書が来たが、孫文の手紙は実際はフォード自身の手に渡らなかったようだ。このときは素っ気ない態度をとったものの、フォード社はその後間もなく中国市場を独占する。三〇年代初め、フォードは二四の販売店を展開し、上海に組立工場を造ろうと計画していた。当時の中国はまだ左側通行であった。

この計画は日本の侵略で頓挫したが、戦争はまた別のかたちで好機ともなった。四〇年代初め、中華民国を支援するために中国南西部に送り込まれた米軍のジープやトラックが、次々に事故を起こしていた。アメリカ人ドライバーは、右側運転用の車両で道路の左側を走るのに慣れていなかったのだ。アメリカ軍司令官アルバート・C・ウェデマイヤー大将はごく簡単な解決方法を示した。中国はアメリカ式の右側通行に切り替えるべきだと言ったのだ。アメリカの支援を受けていた蔣介石はすぐさま同意した。この変更は一九四五年一月三十一日に正式に実施された。

こうしてアメリカの自動車メーカーにとって最適の状況が整ったのだが、共産革命がすべてを変えてしまう。毛沢東はソ連に近づき、朝鮮戦争が勃発するとアメリカは禁輸措置をとった。いずれにせよ、共産主義政権の統制経済から個人消費者は生まれなかった。乗用車市場は存在しないも同然で、自動車工場が生産するのはトラックやバスばかりだった。鄧小平が権力を握ると、中国の自動車業界は改革時に特有の問題に直面することになる。まったく知らないことをどうやって始めればいいんだ？　政府の立場からすれば、外国の自動車メーカーの技術習得が最重要課題であった。だが、利益と主導権をよそ者に握られるのは誰だって嫌だ。そこで、鄧小平は外国の自動車メーカーの参入に厳しい規制をかけた。外国企業が中国で車を生産するには中国国営企業とパートナーを組まなければならず、しかも株式保有率は五〇パーセントに制限された。

この機会に飛びついたのがアメリカン・モーターズ社（ＡＭＣ）だ。一九七九年一月、カーター大統領が中華人民共和国を正式に承認して一週間もたたないうちに、ＡＭＣは代表団を中国に送った。ところがその後一〇年間、AMCはこの先駆的事業展開を後悔することになる。トヨタなどほかのメーカーは参入を見送り、機が熟すのを待った。AMCは事業をどんどん進めたが、成果は上げられなかった。それは奇妙なかたちの共同経営だった。それぞれ独自の文化と目的と価値観を持つ二つの経営体が存在していた。AMCの苦い経験は広く知られ、のちにジャーナリストのジム・マンによって『北京ジープ』(原題 *Beijing Jeep*)という本にまとめられた。誤解に誤解が重なった経験の物語だ。「進展なし」「長い道のり」「不満の噴出」といった章のタイトルをはじめ、索引項目からさえ、張りつめた不満がうかがえる。なにしろ事項索引は「常習的欠勤」に始まり「外国人嫌い」で終わっているのだ。まさに八〇年代の文化の壁をアルファベット順に並べたリストといえよう。ちなみに、Bの項はこんな見出しから始まる。

ベアトリス社
ベクテル社
ベッド(工場の事務室内に置かれた)
北京汽車製造廠

改革開放が始まったばかりのころ、外国企業との共同事業がいかに難しかったかを「北京ジープ」という言葉は象徴している。この時期、中国はまだビジネスのやり方を模索中だった。中国経済が本格的に飛躍したのはようやく九〇年代になってからだ。適切な場所にはいたが、タイミングを読み損ねたAMCは、この典型的な失敗例の痛手から立ち直れなかった。ジープ・チェロキーはなかでも最大級の判断ミスの例だろう。中国製チェロキーの生産が始まったのは一九八五年だが、時代はまだSUV車を必要としていなかった。顧客の大多数を占める企業や役所はセダンを求めていたのだ。のちに個人顧客がようやく現れたとき、AMCは新興の都市住民をターゲットに据え、チェロキーの4WD機能を放棄してドアに派手な紫色のラインを入れた上にシティ・スペシャルの文字を飾った。こうして、価格は安いが、使いにくく、これといった取り柄のない車が生まれた。のちにアウトドアライフに興味を持つ富裕層が出現したが、そのころにはチェロキーは古臭く、もはや使い物にならない車だった。都会のエリートたちはトヨタのランドクルーザーや三菱パジェロには金を惜しまなかった。私がシティ・スペシャルを運転したのは、これが唯一の選択肢だったからだ。北京のキャピタル・モーターズにはほかに適当な車がなかった。

ＡＭＣと対照的にほかの外国メーカーは厳しい時代を生き抜き、九〇年代の末には数社がかなりの利益を上げた。厳しい規制によって競争は制限され、価格は人為的に高値で維持されていた。中国の消費者は他国の消費者より数世代遅れていたから、自動車メーカーは時代遅れになった技術を持ち込むことができた。九〇年代にフォルクスワーゲンは、フォルクスワーゲン・フォックスを製造していたペンシルバニア州ウエストモーランドの工場を中国北東部に移転した。そこで生産されたジェッタはやがてサンタナを抜き、中国でもっともよく売れる乗用車になった。利益は莫大だった。二〇〇一年から〇二年にかけて、フォルクスワーゲンやＧＭが中国で得た利益は、一台当たりでみるとほかのどの国よりも大きかった。中国でビュイック・リーガルを売れば、アメリカで売るよりも二倍の利益を上げることができたのだ。中国の自動車市場に詳しいアメリカ人評論家マイケル・ダンの話によれば、当時ＧＭのある重役は中国での事業展開について「神様よりも儲かってるさ」と言い放ったそうだ。

だが、変化の機は熟していた。もし共同事業という枷《かせ》をはめられることなく外国の技術を利用できるなら、中国企業はもっと効率的な経営システムを作り出せるではないか。また、合弁企業の製品は高価で、新興の中産階級向けではなかったから、低価格市場には無限の機会が広がっているではないか。九〇年代の末、東部安徽省の蕪湖《ウーフー》市は自分たちで自動車工場を造ることにした。市政府は尹同耀《イン・トンヤオ》という名のエンジニアをフォルクスワーゲンから引き抜いた。尹同耀は、ペンシルベニア州フォルクスワーゲン・フォックス工場の中国北東部への移転に際して力を発揮した花形エンジニアだった。

尹同耀は蕪湖市の新しい職場で、自分の国際経験をさっそく役立てた。まずイギリスへ行き、フォードのエンジン工場から時代遅れになった設備を買い取った。スペインでは、「トレド」と呼ばれる車を造っていたフォルクスワーゲンの子会社から設計図を取得した。トレドはジェッタとプラットフォームを共有する車だ。尹同耀はフォードのエンジン工場設備を蕪湖市にこっそり移し、スペインで得た設計図を具体化した。国の法律によって自動車メーカーの新規参入は厳しく規制されていたから、蕪湖市はこの工場を「自動車部品」会社と名づけた。九九年五月、この工場は初めてエンジンを生産し、その七カ月後に車を造った。フォードがデザインしたエンジンを搭載し、スペインの設計図から生まれたフォルクスワーゲンのボディを持ち、ジェッタの純正アクセサリーがそろった車だった。蕪湖の工場は、フォルクスワーゲンのいわゆる専属部品メーカーと接触し、こっそり契約交渉をして部品を手に入れたのだ。フォルクスワーゲンは怒り狂った。中央政府のお偉方も怒った。

　だが、改革開放時代の基本原則を知らない者はいなかった。事後に許しを求めるほうが事前に承認を得るよりもずっと簡単なのだ。蕪湖市は一年以上もかけて中央政府と交渉し、二〇〇一年についに全国的な車の販売を許可された（フォルクスワーゲンは示談金を受け取り、訴追を断念したといわれている）。蕪湖市で生まれたこの会社は幸運を意味する二文字をとって「奇瑞《チールイ》」と命名された。発音は英語の cheery（朗らかな）に似ているが、アルファベットでは Chery と書く。ｅが一つ足りない理由を奇瑞汽車の経営陣は、弊社は幸福につきものの自己満足から常に一歩距離を置く方針だからですと説明する。奇瑞の参入で市場は一変した。安価な車の登場で、市場全体に値下げが広がった。奇瑞がその究極の目標を明らかにするのに時間はかからなかった。中国の自動車メーカーの先陣を切ってアメリカへ輸出する――これが奇瑞の目標だった。

　私は中国で運転しはじめてからずっと、車がどんなところから来るのか知りたいと思っていたが、あるとき蕪湖市で奇瑞汽車のエンジニアに同行してテストドライブを見学することになった。奇瑞は当時二つのプロトタイプを開発中だった。正式な名前もまだなく、Ｔ‐11とＢ‐14と呼ばれていたこの車種はトップシークレットだった。車の両側には産業スパイの盗撮防止用のプラスチックカバーがかかっていたほどである。Ｂ‐14はクロスオーバー、Ｔ‐11は小型のＳＵＶでトヨタＲＡＶ４に驚くほど似ていた。大手メーカーの売れっ子車種に怪しいほどそっくりな車を造る――これこそ誰もが知る奇瑞の得意芸だ。Ｔ‐11はアメリカ市場をねらった車ではない（奇瑞はまだアメリカの消費者を満足させる水準には届かなかった）が、その方向に向けての一歩前進ではあった。奇瑞は国内の中産階級を、つまりＡＭＣが最初にシティ・スペシャルを売り出したときは影もかたちも見えなかった人びとをターゲットにしていた。

　ジョン・ディンケルというアメリカ人エンジニアがコンサルタントとして招聘されていた。ディンケルの専門はテストドライブだ。「車をいじめたときそこ、その真価がわかるものなんだ」と、Ｔ‐11を奇瑞工場の敷地から出しながらジョンは見解を述べる。私は助手席に座り、通訳を務めた。後部座席には若い中国人エンジニアが三人座っている。誰もシートベルトをしていなかった。

工場のすぐ外で、巨大な輸送トラックがぴかぴかの奇瑞車を何台も積み込んでいた。トラックを通り過ぎて公道に出ると、ジョンは矢継ぎ早にテストドライブをした。加速し、減速し、ターンする。「車輪がスピンしてる。ＬＳＤが必要だ」。ディンケルは急ハンドルを切りながらも言葉を続けた。なおも加速し、奇瑞工場のある工業地域を時速一四〇キロで走り抜ける。れんがを山と積んだトラックの荷台や冷暖房機器製造工場の門や工事作業員のための掘っ立て小屋などが、視界に入っては消えていく。道端で用を足していた男の子が、走り去る私たちのほうを振り向いた。ディンケルが急ブレーキを踏んだので、後ろでバスがクラクションを鳴らした。私は振り向いて後ろの三人に訊いた。

「警察に見つかったらどうします？　ディンケルは中国の免許証を持っていませんよね」

「警官なんていやしません。それに、私たちが何しているか、警察は知っていますよ」

三人のエンジニアはみな二十代、青い作業着を着て、アメリカ人のテストドライバーの助言を聞き漏らすまいと必死だ。ディンケルは、ギアチェンジ、急ブレーキ、車線変更と、矢継ぎ早に操作した。エンジニア三人は必死で天井につかまっていた。建築資材を山と積んだトラックを追い越すと、ついにエンジニアの一人が私に通訳を頼んだ。「ほかの車がいない場所に行けるか、訊いてください」

そこで、市が北部に建設中の工場地帯に向かうことになった。工事はまだ進行中で、ディンケルは建築資材やブルドーザーやれんがの山をひょいひょいと避けながら疾走する。大型トラックがウィンカーも出さずに左折してこちらの車線に飛び込んできた。「アメリカじゃ、許されん」と、ディンケルはぶつぶつ不平を言ったが、私はわざわざ中国語に訳さなかった。建てかけの団地のそばを通った。朝の霞んだ空気の中、建物の骨組みが骸骨のように浮き出て見える。「ギアが硬いね、とくに二速から三速、四速から五速へ切り替えるときが問題だと、訳してくれよ」とディンケルが言った。

ディンケルは六十歳、カリフォルニア州オレンジ郡に家を持っている。私が出身地はどこかと訊くと「知りたいかい」と言いながら、ロングアイランドだと言った。ディンケルは機敏で陽気で、小柄だった。体重は六〇キロくらいしかない。六〇年代にミシガン大学の院生だったころ、身をかがめてマツダ・コスモの運転席に座れるのは、排ガス研究グループでただ一人、自分しかいなかったと言っていた。エンジニアになるつもりもなかったそうだ。どうしてこの仕事に就いたのかと私が訊くと、「進路指導の教師が頭の切れないやつでね」という答えが返ってきた。一九六二年に高校を卒業。米ソの宇宙開発競争が過熱し、アメリカ産業が黄金時代を迎えたころだ。数学の成績がよければ、エンジニアになるべきだと、当時は誰もが信じ切っていた。ディンケルは一時期クライスラーで働き、それからジャーナリストに転じた。『ロードアンドトラック』誌で二〇年、そのうち二年間は編集長として仕事をした。「三〇年もの間、テストドライブをしてきた。実際、ありとあらゆる車種をテストしたよ」。蕪湖市の空っぽの道路を走っていると、昔のカリフォルニアを思い出すとディンケルは言っていた――当時はオレンジ郡の豆畑でテストドライブをしたもんだ。

上海から約五時間、長江岸に位置する蕪湖市は、経済成長に沸く南部の新興都市だ。私たちがテストドライブした工場地帯はまだ建設半ばだった。道路には歩道も縁石もあり、道路標識まで完備されていたが、人通りはまばらで、たいていの工場はまだ外壁ができたばかり。高い塀と立派な門の向こうの空っぽの空間が、機械設備が整うのを待っていた。ある意味でこれは破虎や殺虎などの北部の寒村に似ていた。巨大な城壁に囲まれた村々はほとんどの住民が去り、空っぽだった。新興開発地でも高い塀や門や建物はあるが、ひと気はない。突然この新興工場地に連れてこられたら、誰でも「みんなどこにいるんだ?」と叫びたくなるだろう。だが、これは移行期にある国の特質だ。常に何かが捨て去られ、何かが建設される。人びとは移動中だ。南をめざして列車やバスや船に乗っているか、あるいは道端でヒッチハイクのジェスチャーをしているのだ。半年もたてば蕪湖市のこの工場町は完成し、若い人たちがどっと到着するだろう。

T-11車は未完成の環状道路に入り込んだが、ジョン・ディンケルはこれを絶好のスキッドパンコース〔横滑りやスリップを体験し、車の特性や安全の限界を学ぶコース〕だと思ったようだ。時速六〇キロにスピードを上げた車は、泥の山やセメント袋や、いずれビルの足場に使われる竹材のそばを走り抜けた。ディンケルがハンドルを切る。タイヤがきしむ。私たちは何回も同じところをぐるぐる回った。泥山、セメント袋、竹材、泥山、セメント袋、竹材が繰り返し目に入ってくる。T-11の後部座席では中国人エンジニア三人が座席から放り出されている。それでもまだシートベルトをしていない。

エンジニアの一人は名を齊海波《チー・ハイボー》といった。大きな買い物袋を抱えてもなお、マツダ・コスモの運転席に収まるほど小柄な二十二歳だ。出身は万里の長城の向こう側、内モンゴルのオルドス地方だ。地元遊牧民の支援策として、地方政府が柳の植林の音頭をとっている地域に、出身の村はあった。齊海波は漢族で、一家は祖父の代に陝西省から（おそらくは飢饉か戦争を逃れて）オルドスへ渡ったという。砂漠地帯で祖父は麦やヒマワリやトウモロコシなどを育て、なんとか生計を立てた。父親は五年間しか学校に行かず、母親ときては一年だけで辞めてしまった。八〇年代に一家はスイカ栽培を始めたが、結局は自給自足農業から抜け出ることができなかった。両親は勉強に集中しなさいと、息子を励ましてくれた。地元の優等生だった齊海波は、いつの日か自分は長城を越えて南部へ出て行くんだ、故郷へは戻らないんだと考えていた。

高校を卒業した齊海波は湖北省の武漢工業学院の入試に合格した。エンジニアリングに関心があったわけではないが、ジョン・ディンケルの場合と同じように、齊海波の成長期は国家の成長期と重なっていた。「いい大学に行きたかったし、コンピュータか電子工学を学べばいい仕事に就けると聞いていたので、その分野で試験を受けました」。大学では輸送車両技術の研究を割り当てられた。輸送車両は中国で当時もっとも急速に拡大していた市場だ。卒業を控えた就職説明会で齊海波は奇瑞汽車の求人担当者と出会った。「うちに来ないかと言われました。学校の担当者によると、この会社はまた新しく、急成長しているそうです。それでその翌日に契約書にサインしました。若い人が多くを学べる会社だと思ったからです」

奇瑞の標準によれば、齊海波は格別若くはなかった。奇瑞の従業員の平均年齢は二十四歳だ。齊海波は週六日働き、月給は一六〇〇元（約二万四〇〇〇円）ほどで、従業員寮に寝泊まりしていた。一部屋にエンジニア四人が住み、ほかの数十人と廊下のはずれのトイレを共用した。一人きりになる空間があればと思わないこともないが、それでも寮ではオルドスで経験したどんな暮らしよりもましな生活ができた。齊海波は奇瑞で長く働くつもりだ。「外資との合弁でないことも気に入っています。わが社は生粋の中国企業ですよ」

テストドライブが終わってから、私は齊海波にジョン・ディンケルから何を教えてもらったかと尋ねた。T-11はドライブシャフトの長さに問題があり、急なターンでは外側車輪がスリップし、B-14もスピードを出すと後部が上がってしまうことがわかりました、と齊海波は答えた。何より感心したのはディンケルの運転技術だという。品質管理とテストドライブを会社から任されていた齊海波が運転免許を取ったのは、ほんの一カ月前だった。

中国で車を運転すると自分が年寄りになった気分になる。この国の活力を生み出しているのは若い人たち、田舎から出てきたばかりの出稼ぎ労働者や巣立ったばかりの大卒者たちだ。奇瑞のような新興企業が経済の地図をしょっちゅう塗り替えている。ハンドルを握るのはほとんどが三十代、四十代の人で、高齢者の運転は法的に制限されている。五十歳未満でなければトラックやバスの免許は申請できず、七十歳以上の人は乗用車の運転を禁じられているのだ。若くなければ、中国の交通事情に耐える精神力は持てないだろう。ひとたびこの国で運転を始めると、ときの経過が加速するように感じられる。私は免許証を取得して初めて、道路建設がどれほどの急ピッチで進んでいるかに気づいた。新しいモデルの車も続々誕生している。自動車道路を走っていると、まるですぐ背後に大群衆が迫ってくるように感じられ、気持ちがはやる。

これとは対照的にのんびりしていたのは、私がよく利用した北京のレンタカー会社、キャピタル・モーターズだ。この会社はまだ国営で、共産主義経済の名残をとどめ、社内の雰囲気ときたら奇瑞とは別世界だった。机に向かっている店員の大半は中年で、タバコをくゆらせ、新聞を読んでいる。将来有望なレンタカー市場に一番乗りした企業だが、その有利な立場を生かすことは何一つしていない。やがてエイヴィスなどほかのレンタカー会社が続々と北京で開業したが、キャピタル・モーターズは新たな競争相手が現れても手をこまねいていた。在庫の拡充も業務の簡素化も手つかずの状態だ。誰も借りないジープ・チェロキーの処分さえしていないから、不人気なこの車は駐車場の片隅でふてくされていた。まるで、お粗末な成績で引退し、種馬にもなれない競馬馬といったところだ。キャピタル・モーターズは返還時の給油の仕方を改善することも、レンタル時の基本的な決まりを客に守らせることも考えていない。「顧客に対する言葉遣い」の評価は常に九八点だ。ここは私のお気に入りの店だった。ほかのところで借りるなんて、到底考えられなかった。

初めての北部ドライブ旅行の半年後、私はキャピタル・モーターズをふたたび訪れ、シティ・スペシャルのデポジットを支払った。整備工と一緒にスペアタイヤを確認し、燃料タンクの数字を確かめ、車の外側を見て回った。新しい傷やへこみは何もない。走行距離も去年の秋、私がこの車を返したときと寸分たがわぬ数字を示している。事務所で書類を整えてくれた王さんはにっこり笑いかけ、お元気で行っていらっしゃい、と言った。親切で礼儀正しい王さんは、思慮深くもあったから私の行き先を尋ねない。王さん個人としては、キャピタル・モーターズでレンタルした車で私が何をしようとどうでもよかったのだ。

今度の旅では、チベット高原の端まで行くつもりだった。甘粛省の砂漠地帯に、昔のシルクロードに沿って万里の長城の最後の部分が残っているが、そこまで一カ月もあれば行けるだろう。四月の末なら、たいてい天気も申し分ないはずだ。私はシティ・スペシャルにコーラ、ゲータレード、オレオクッキー、チョコレートなどを山と積み込んだ。私が平和部隊《ピースコー》で働いていたころからの友人のマイク・ゲーティグが、内モンゴルの省都まで同乗することになった。内モンゴルまで行くには一日あれば十分だろう。そのあとは一人で、長城をたどって去年の道を走ればいい。

いよいよ出発の朝を迎えたが、その日北京はあいにくシベリアからの嵐に見舞われ、冷たい雨が降っていた。渋滞がひどく、北京を抜け出すまでに小一時間もかかった。一一〇号線を北西に向かう。二車線のこの古ぼけた道路はもうすぐ時代遅れになる。すぐそばに高速道路が建設中なのだ。道路わきにブルドーザーやミキサー車が止まっていた。工事が中断されたということは、よほどの悪天候に違いない。いまは雨が降っているだけだが、対向車線の車を見ると、行く手に何が控えているかわかる。対向車はたいてい内モンゴルから南下してくる「解《チエ》放《ファン》」トラックだが、積み荷は氷で覆われていた。向かい風を受けて高原を走ってきたのだ。凍った積み荷を傾がせて走るその姿は荒波にもまれる帆船のようだった。

河北省に入ると、そこここに「奇石《チーシー》」の看板が見えはじめた。あたりは岩だらけの低い丘陵地で、荒涼とした風景だ。作物も育っていないので、目に入る色といえば、道端に並ぶ幟《のぼり》の赤い色だけ。「奇石」と大きな文字で書いてある。ぼろぼろに破れた幟もあった。気温がぐっと下がり、雪と氷がフロントガラスに当たりはじめた。幟を何本か通り過ぎてから、ついにゲーティグが口を開いた。

「こりゃなんだろう」

「わからないね。この道は初めてなんだ」

コンクリートと白タイルの安普請の店の前にも幟が立

っていた。「奇石」とは中国では、かたちが何かに似ている石のことだ。中国には各地に独特の景観を誇る景勝地がある。たとえば安徽省の黄山では、「仙人下棋（碁を打つ仙人）」や「犀牛望月（月見をする犀）」などと呼ばれる景観が有名だ。岩の収集家もいる。集めた岩を削って特定のかたちにするのか、あるいは、何かによく似たかたちをした鉱石が岩に含まれているのか。いずれにせよ、岩を何かに見立てて夢中になるなんて、私には到底理解できない。だが、河北省のこの辺鄙なところに、奇石がこれほどあるとは、いったいどうしたことだろう。誰が買うのか。さらに二〇本ほどの幟を通り過ぎてから、私はついに車を止めた。

店に入ってまず感じたのは、おかしな陳列だということだ。中は薄暗く、テーブルがぐるりと円形に置かれている。入り口はごく狭い。店の人がそばに立ち、笑顔で出迎えた。私は隙間に身を割り込ませて、テーブルの輪の中に入った。後ろからゲーティグがついてくる。と、ガチャンと大きな音がした。

振り返るとゲーティグが立ちすくんでいる。足元のコンクリートの床には、グリーンの欠片が散らばっていた。「どうしたんだ?」

「この人が落としたんですよ、ほら、上着の裾が引っかかって」と、店主はゲーティグの上着の裾をつかんで叫んだ。

ゲーティグと私は粉々の破片を見つめた。「これ、なんですか」と私が訊く。

「翡翠《ひすい》ですよ。翡翠の帆船だったんです」

そう言われれば、帆や滑車の一部など、破片のかたちがわかる。幸運を運ぶとして、中国では社長室などによく飾ってあるあの帆船だ。工場で大量生産される安物の人工翡翠の船らしいが、いまや粉々になっていた。破片は五〇片以上もあった。

「ご心配なく。どうぞ店内をご覧ください。何かお求めになりたいものがあるかもしれませんよ」店主は愛想よく言った。

私たちはテーブルの輪の中に立ちすくんだ。檻に入れられた動物だ。ゲーティグの手は震えている。「本当にあれをひっくり返したのかい」私はささやいた。

「わからない。何も感じなかったがね。よくわからないよ。背後で落ちたんだ」

商品を壊されて、これほど冷静な態度を保つ中国人を私はそれまで見たことがない。二人目の男が箒《ほうき》を手にわきの戸口から入ってきて欠片を集めた。が、欠片の山は床に積み上げたままだ。ほかの男たちが音もなく店に入ってきた。やがて入り口のそばにもう三人の男が立った。わざと花瓶を割り、客に難癖をつけるアンティークショップの噂を聞いたことがあるが、この店もそうなのだろうか。そうであってもおかしくはない。中国のマイカー族といえば、ほとんどが経験も浅く、しかも腐るほど金のある青二才だ。

「どうしよう」ゲーティグは不安そうだ。

「わからない。何か買えばいいんじゃないか」

奇石のなかには食べ物のかたちをしたものもあった。中国人が好きなモチーフらしい。カチカチに硬いキャベツだとかベーコンのかたちをした石だ。鉱物の珍しい模様が目立つようによく磨き込んだ石もあったが、緊張しきっていた私にはどの石も同じように見えた。私は小さめの一個を選んで値段を訊いた。

「二〇〇〇元です」と言った店主は、私が顔をしかめるのを見て、「お安くしますよ」と付け加えた。およそ三万円の石だった。

「あのさ、落ちたら壊れるものなんか、ここにはないじゃないか」ゲーティグが英語でささやいた。

そうなのだ。ここにあるのは硬い石ばかりだ。そもそも翡翠の帆船がなぜ入り口にあったのだろう。結局（と私は考えを巡らせた）、頼りになるのはゲーティグの風貌かな。ゲーティグほど穏やかな人はあまりいないのだが、なにしろ身長は一八五センチを超え、がっしりした体格で、髪を五分刈りにしているのだ。それに、鼻のかたちがいかにもゲルマン風だ。鼻筋の通ったこんなかたちの鼻が好きな中国人は多い。私たちは少しずつ歩いて入り口近くまで行った。男たちはそこに立ったままだ。

「悪いけど、買いたいものはないですよ」と私が言うと、店主は真顔になり、床に積まれた欠片の山を指さして低い声ですごんだ。

「どうしてくれるんです？」

私はゲーティグと相談し、五〇元から交渉を始めることにした。ゲーティグが財布から紙幣を取り出し、店主に渡す。およそ七五〇円だ。店主は黙って受け取った。駐車場を横切る間、いまにも後ろから手が伸びて肩をつかまれるのではないかと、冷や冷やしっぱなしだった。私はシティ・スペシャルのエンジンを入れ、タイヤをきしませながら一一〇号線へと戻った。張家口《チャンチアコウ》に着いたとき、私の手はまだ震えていた。昼飯に立ち寄ったパーキングエリアで、私はお茶をがぶがぶ飲んで気持ちを鎮めた。私たちがアメリカ人だと知って、ウェイトレスは大喜びだった。

「うちの副店長はアメリカに行ったことがあるんで

す、ちょっと呼んできます」

副店長は髪を真っ黒に染めた五十代の女性だった。私たちのテーブルにやってくると仰々しく名刺を差し出した。表が中国語、裏が英語の名刺だ。

中国
副店長
金《チン・ファンリユウ》 芳 柳
アメリカ合衆国有限公司

名刺には、アメリカ合衆国大統領の紋章に似た鷲の図柄が浮き彫りになっている。そっくりとはいえ、こちらの鷲はややふくよかだ。羽も首も足もずんぐりしている。盾と矢という重荷を降ろしたとしても、これでは飛べるかどうかは疑わしい。名刺の隅に「名誉会長　ジェラルド・R・フォード大統領」と小さく書いてあった。

「おたく、何の会社ですか?」私は訊いた。

「張家口でレストランをしています」と金芳柳。娘がヴァージニア州ローンオークで別の店を経営しているという。私が名刺の隅を指して「これが誰か知ってますか」と訊くと得意そうに答える。

「福特《フォード》。以前、アメリカの大統領をしていた人」

「おたくの会社と何か関係あるんですか?」

「ああ、それ肩書だけですよ」と言いながら、金芳柳はうるさそうに手を振った——福特氏に張家口のちっぽけなレストランのことなんか、知らせる必要ないでしょ、と言わんばかりに。金副店長は私たちの飲食代を割り引いてくれたうえ、またいつでもご来店くださいと言った。

数時間後、内モンゴル自治区の境界線近くで、シティ・スペシャルを道路わきに止めたら、雪で立ち往生してしまった。農家の人に頼んでトラクターで牽引してもらうのにかなり時間をとられた。こうなったら長城までたどり着けるか心配だ。雪が激しくなってきた。結局、私たちはその日は集寧《チーニン》のホテルに泊まった。烏蘭察布《ウーランチャブ》という名のこのホテルはロビーにボウリング場があり、私たちはボールがピンにぶつかる音を聞きながらフロントで手続きをした。

翌朝早く、私たちはフフホトまで絶対に行くと心に決めてホテルをあとにした。一一〇号線の入り口に、スコアボードのように数字だけ変えられる看板が立っていた。

当区間における今月の事故件数　六五件
死亡者数　三一人

雪はやんでいたが、ひどい寒さだ。集寧からフフホトまでの一帯には何もない。吹き荒れる北風の中、雪をかぶった低い山々が肩を寄せあうように連なっているだけだ。道路わきに「解放」トラックが何台も立ち往生していた。たぶん燃料タンクに水が入り、凍ってしまったのだろう。二〇キロほど走って丘を上りきると、眼下に車の列が広がっていた。数え切れないほどの車両が地平線の彼方までつながっている。ジープにジェッタ、サンタナや「解放」トラックも見える。だが、一台も動いていない。みんながてんでに鳴らすクラクションの音が、風の中で響き渡っていた。こんな辺鄙なところで渋滞に遭うとは夢にも思わなかった。

私たちはシティ・スペシャルを止め、立ち往生している車に近づいて事情を聞いた。渋滞は燃料パイプが凍結した数台のトラックから始まったという。立ち往生したトラックを避けようと、後続車が次々と対向車線に入ったが、道を譲ってもらえないこともある。てんでにクラクションを鳴らしての睨みあいが始まり、しまいに動きのとれない状態になったのだ。路肩沿いに抜け道があるが、そこもすぐにちゃっかり組の車で埋まってしまった。数台のジープ・チェロキーが後輪駆動を生かしてオフロードに出たが、五〇メートルも進まないうちに立ち往生してしまった。タイヤの下の雪を素手でかき出そうとしている男たちもいる。だが、履いているのがローファーときては、すぐに転んでしまう。立っていると冷たい風が肌を刺した。トラック運転手たちは車の下に入り込み、発煙筒を使って燃料タンクを温めはじめた。この光景はある意味で美しかった。白い雪に覆われた平原に黒いサンタナが延々と続き、「解放」トラックの下にはオレンジ色の炎が見える。

「近くに行って、トラックの写真を撮ったらいいよ」とゲーティグは勧める。

「君がやれよ。あの連中のそばには近寄りたくないね」

ここモンゴル平原の名もない地点で、私たちは「奇妙さ」と「愚かさ」を区別する曖昧な一線をついに越えたのだ。警官や交通整理官の姿は影もかたちもなかった。ゲーティグと私は発煙筒をしばらく見つめてから、引き返した。今度ばかりは中国自動車地図が役に立ち、フフホトへの抜け道はすぐに見つかった。ところがフフホトに着くやいなや故障だ。シティ・スペシャルがうんともすんとも言わなくなったのだ。仕方がないので王さんに電話した。キャピタル・モータースの事務所から、王さんは明るい声で言ってくれた。

「心配ありませんよ。お引き取りにうかがいますから」

「いやあ、それは無理だと思うけど」

「いまどちらに？」

「フフホトにいるんです」

「え？　どこですって？」

「フフホト。内モンゴルの省都の」

「うわー、ほんとですか」電話の向こうの王さんの笑顔が見えるようだ。「そんな遠くまで！　フフホトとはすごい」

　いつものように王さんはてきぱきと指示を出した。整備工を探し出して、必要な修理をすべて行ない、修理代金の領収証をとっておけと言う。ゲーティグはフフホトから列車で目的地に向かう予定だったが、シティ・スペシャルを修理に出すまで付き合ってくれた。二人で修理工場まで車を押していき、およそ八〇〇元でスターターを交換してもらった。整備工はエンジンを直す間中ずっと「ステートエクスプレス555」銘柄のタバコをくわえていたが、その姿は、一一〇号線で見たあの光景に比べれば、独立記念日の花火のように安全そのものだった。

　シティ・スペシャルが動くようになり、天候が回復してから、私はふたたび長城を探した。このあたりに長城はたくさんあった。「万里の長城」という単数形の呼び方が実情といかにかけ離れているか、ここ内モンゴルに来ればよくわかる。去年秋のドライブ旅行では、南部の境界にある明時代の長城を訪れた。そこから北へおよそ三〇〇キロ離れた要塞に、いま私は来ている。これは八〇〇年前、女真族の金王朝時代に建造されたものだ。風雨にさらされ、いまは平原とほとんど見分けがつかない。高さ約一メートル、幅約一〇メートルの小高い土手は背の高い草に覆われ、地平線の彼方まで矢のように伸びていた。地元の人に教えてもらわなければ、私一人ではとても見つけられないだろう。案内してくれた人に教えられて車を止めた場所は、まさに長城跡の上だった。

「かまいませんよ。土手の上での長距離運転は禁止されていますけど」と案内人は言った。そこから西へ一六〇キロほどの包頭《バオトウ》市の近くで、私は戦国時代（前二二一年に終わる）の遺跡に行き当たった。これはいままで見たなかでいちばん古い長城だ。二二世紀ものときを経てなお、人の背丈ほどの高さのある長城は、何キロも先から見ることができた。

　どこまでも続く平原に残された長城は虚しさを漂わせていた。長城は草原の彼方に消え去っていった帝国の足跡なのか。ここ北部では現代の建造物ですら、虚しく見える。たとえば羊飼い小屋だ。ゴビ砂漠の砂塵よけに建てられた弓なりの泥壁の陰に、小屋が何軒か並んでうずくまっていた。たいていは北西に背を向けているが、これは強い北風を避けるためだ。このあたりは羊飼いのほかはほとんど誰も住んでいない。店はほとんどない。午後ずっと一六〇キロも走った末に、営業中らしい店をやっと一軒見つけたこともある。傾きかけた小屋で、前庭に看板が立っている。一枚の板に二件の広告が書いてあった――自動車修理場／診療所。

包頭市は内モンゴルで最大級の都市だ。何もない草原に突如として広がるこの大都市はどこか超現実的に見える。人口は二〇〇万人を超え、中央政府の「西部大開発」政策のおかげで、なおも増え続けている。中国共産党は急成長を遂げる沿海部との格差を埋めようとしているが、西部への投資はこれまでのところ実を結んでいない。西部は資源に乏しいうえ、地理的に外国貿易に適していないのだ。にもかかわらず、西部の特定の都市には資金が注ぎ込まれる。私が包頭市を訪れたとき、この町は人為的にわか景気に沸いていた。都市計画のおかげで、ここは道路工事と迂回路の町になってしまった。どこへ行っても車が混み、クラクションが町中に鳴り響いている。こんな町は初めてだ。町のあちこちの交差点に、グラスファイバーでできた等身大の警官人形が立っていた。当局が立てた人形だ。かかしの警官に交通整理をさせようというわけだ。台座の上に気をつけの姿勢で立つ警官人形は、ネクタイから帽子と白手袋まで、完璧な制服を着て、それぞれ番号の違うＩＤタグまでつけていた。包頭市で、私は生身の警官を一人も見かけなかった。

私は包頭市の南に出て黄河を越え、もう一度オルドス地方に戻ってきた。荒涼として色あせた平地が広がっている。ときどき道端に警官人形が立ち現れた。雨風にさらされ、ほこりだらけの人形は、どこか薄気味悪い。まわりに広がる砂漠が人形の空しさをいっそう引き立たせていた。赤茶色の顔をした警官は、両腕をぴんと伸ばし、ファラオ像のように堂々と直立不動の姿勢をとり続けていた。一時間ほども車を走らせただろうか、料金所近くで事故現場に出くわした。中国でこれほど大きな事故は見たことがなかった。どうやら猛スピードで走ってきたトラックが、絶妙な角度で横倒しに料金所に突っ込んだらしい。たまごの中で丸まっている龍をデザインした翡翠の彫り物があるが、事故トラックを見てそれを思い出した――いったい、どうやってこんなところに入り込んだのだろう。

この旅では主に間道やわき道を走ってきたが、ここで私は二一〇号線に入り、チンギス・ハン廟に行ってみることにした。内モンゴルを走っていて不思議に思うのは、この草原をかつて支配した大帝国の痕跡がほぼまったく残っていないことだ。長城の壁はあちこちにある。だが、これはモンゴル人の侵入を防ぐために建てられたのだ。モンゴル人自身は何一つ残さなかったも同然だ。築くことをしなかった民族、これ以上は考えられないほどつましい起源を持つ民族だ。

一一六二年にチンギス・ハンが生まれたとき、モンゴル人は読み書きができない遊牧民で、親族・部族のつながりを軸にかろうじて一つの社会を形成していた。チンギス・ハンは部族をまとめ組織化してこうした弱点を克服し、力を蓄えていった。チンギス・ハンの軍隊は一〇人ずつの小隊を基本に組織され、命令は韻を踏んだ詩や歌のかたちで伝達されたから、文字の読めない兵士でもすぐに覚えられた。モンゴル人には歩兵も縦列も防御壁もなく、補給線などというものもなかった。その軍隊は騎兵隊で、兵士一人につき平均五頭の馬がいた。前進するときは、家畜が草にありつけるように草原いっぱいに広がって進んだ。馬の乳をしぼりながら行軍したが、モンゴル人の移動は素早かった。モンゴル人が二五年間に広げた版図は、ローマ人が四〇〇年かけて支配下に置いた領土よりも広い。

歴史家ジャック・ウェザーフォードは著書『パックス・モンゴリカ』（原題 *Genghis Khan and the Making of the Modern World*）でモンゴル人の戦略とそれがほかの文化に与えた影響を解説している。この本にはモンゴル人の意外な面も紹介されている。恐ろしい民族として知られていたにもかかわらず、モンゴル人は血を見るのを嫌がった。白兵戦も嫌悪し、弓矢で戦った。戦闘では常に敵から距離を置き、包囲戦を得意とした。モンゴル人の登場で、城壁に囲まれた都市は時代遅れの代物になった。外交もモンゴル人の得意技だ。チンギス・ハンは拷問と略奪を禁じた。こうした行為は逆効果を生じると考えたのだ。外交特権の概念を打ち出したのもチンギス・ハンである。征服地では宗教の自由を認めた。チンギス・ハンのもっともすぐれた才能とは基本的には人材の登用であった。技術があれば、誰であろうと雇い入れ、包囲戦術を中国から、天文学をペルシャから取り入れた。新しいモンゴル文字が、ウイグル文字を応用して考案された。ドイツからは鉱山技師がやってきた。中国の医師がペルシャに行った。チンギス・ハンの取り巻きには、仏教徒やイスラム教徒もいれば、道教を奉じる者も、ネストリア派のキリスト教徒さえいた。一二二七年にこの世を去ったとき、チンギス・ハンはそれまでのどんな帝国よりも二倍も広い地域を版図に治めていた。のちに中国征服を完了し、元朝を創設したのは孫のクビライ・ハンである。一二七九年のことだ。漢族以外の民族が中国全土を支配下に治めたのは史上初めてであった。元朝の領土はベトナム北部からシベリアにまで広がっていた。

だが、元朝は短命だった。モンゴル人の成功は主にチンギス・ハンの構想によるところが大きかったし、彼ほどすぐれた指導者は二度と現れなかったのだ。一世紀もたたないうちに、明朝を興した中国人たちが元を倒し、モンゴル人は北方へと追い返された。去ったモンゴル人はほとんど何も残さなかった。ほかの帝国とは違って、モンゴル人は宗教や文字や政治システムを広げることも、新たな技術を生み出すこともしていない。建築の分野でモンゴル人が挙げた数少ない実績は、橋である。モンゴル人は常に移動していたからだ。常に動いていること――これこそがモンゴル人が残した永遠の遺産であった。交易の拡大と文化交流は、モンゴル帝国が消え去ったあとも長く続いた。

モンゴル人は多くを書き残していないから、彼らがどのように自分たちを見ていたかはよくわからない。モンゴル人について現在知られていることは、主に被征服者の記録によるところが多いのだ。支配される側が歴史を書いた珍しいケースである。モンゴル帝国が崩壊したのち、その子孫は明王朝から厳しく追跡されたが、遊牧民の断続的な侵攻はその後も明を悩ませた。衝突の模様を記録した中国人の軍人もいた。尹耕《イン・コン》という名のこの記録者は、国境警備軍に所属していたらしい。長城の現場を生き生きと具体的に語る尹耕の記録を、歴史家デイヴィッド・スピンドラーが翻訳している。十六世紀半ばの中国人の例にもれず、尹耕も北方遊牧民を「胡人（野蛮人）」と切り捨てた。「胡の女たちは胸が大きい」と尹耕は記す。「肉やチーズを食べ、毛皮を着ているからだ。白く柔らかい肌をしている。夜昼かわまず、人目があろうとなかろうと、女たちは喜んで姦通する」。尹耕によれば、モンゴルの男たちも同じようなものだ（「若い男たちは女の略奪を楽しむ。馬の背に乗せてさらい、性交する」）。尹耕はモンゴル人は「羶《シャン》」だと言う。羊肉のにおいがするというのだ。それにほかの点でも畜生のようだ（「胡人は各家で酒を造る。みんな酒飲みだ。まるで牛のように、息もつかずに酒をがぶ飲みする」）。モンゴル人が酒と女にしか興味がないと思われては困るとばかり、尹耕は彼らのほかの娯楽も紹介している（「胡人は、槍を赤ん坊に突き刺して遊ぶ」)。

尹耕がこれを書いたころ、モンゴル人はチンギス・ハンに率いられていた当時の結束をすでに失っていたが、それでも優秀な侵略者だった。少人数の騎馬隊で、たいてい夜間に奇襲をかけた。山の尾根伝いに移動したのは、待ち伏せを恐れてのことだ。通信手段は狼煙《のろし》であった。モンゴル人はまた遊牧民特有の金融システムを築いた。貧しい人は金持ちから馬を借り、略奪に出る。戦場から帰ったら戦利品の何割かを馬の所有者に支払うのである。モンゴル人が中国人の地に長くとどまったことはあまりない。防壁を突き破って侵入し、略奪し、さっさと自分たちの土地に帰っていく(北京近郊をはじめ各地の長城の壁には、両側に矢狭間が設けられている。略奪が終わって北方に引き揚げるモンゴル人の背に、中国兵が矢を射かけることがあったからだ)。モンゴル人は家畜や家財を盗んだ。人もさらった。中国人の男女を草原に連れて行き、家族を作らせた。それからスパイに使った。中国人の男は(ときには女も)家族を人質として残したまま、軍事情報を集めるために南側に送り込まれた。

捕らわれたなかには北の草原の生活に慣れ、そのままとどまりたいと思う人もいた。これは現代の中国人にも認められる一種の現実主義であろう。故郷を出た中国人は、新しい環境でベストを尽くすのだ。これは改革開放のかけ声のもとに南へ働きに出た人も、明の時代に北へ連れ去られた人も同じである。デイヴィッド・スピンドラーの翻訳による十六世紀初頭の文書は、遊牧民の一隊と中国の国境警備兵たちとのやりとりを記している。遊牧民の一隊のなかに安寧省の出だという中国人の男が一人加わっていて、自分たちの目的は情報だと、はっきり言った。

ある朝、モンゴル人の五人小隊が、狼煙台に近づいてきた。なかの一人が守備兵に言った。「われわれはモンゴルのお頭から遣わされた者である。壁の貴国側で、牛や荷車の大いなる動きが認められるが、それはいかなる理由によるものか、返答されよ」。兵士は答えた。「総督は穀物を運搬するために何千人も動員された。黄河の曲がりの内側にいるおまえら、モンゴル人に攻撃を仕掛けようとしておられる」。モンゴル人が答える。「この地にいるわれわれの数は多い——戦いなど仕掛けないほうがいい。実は私自身は韋州《ウエイチヨウ》出身の漢族だ。誠意のしるしに君と矢を交換したいがどうか」。兵士は言い返した。「韋州の出なら、帰ればいいだろう」。「いやいや、あちらの暮らしは苦労が多い。この草原のほうがずっといい。帰るつもりはない」と言いながら、男は矢を渡したが、兵士は返礼の矢を差し出さなかった。「モンゴル人」は馬首をめぐらし去っていった。

尹耕ら中国の軍人はこうした裏切り者の見分け方を次のように記している。「やつらは髪の毛をモンゴル人のように短く刈り込み、たいていははっきりとわかる傷痕がある。そのうえ『羶』だ、つまり羊肉のにおいがする。ときの流れの感覚を失ってしまったあいつらは、年号を訊いてもちゃんと答えられない。また、わが国のことを『南朝』と呼ぶ者もいる」。ある戦闘で中国の兵士たちが、普寧《プーニン》という名の男を捕らえた。長らくモンゴル人に拉致されていたというこの捕虜について、中国人は次のように記録している。「長きにわたって胡人の間で暮らし、肉やチーズを食したため、普寧の体格は頑丈で、その容貌は獅子のようであった。太って、髪の毛は短く、アヒルのような歩き方をした」。古代中国では、「人種」は基本的には文化的なものであった。蛮人たちの間で長く暮らすと、「中国人らしさ」を失うとも考えられていた。

一方、モンゴル人は政治指導者としての正統性は、究極的には遺伝子によって決まると考えた。チンギス・ハンの直系の子孫でなければ、指導的立場に立てないとされ、それ以外の者が地位の上昇をめざしたとしても、できることは限られていた。その一つが中国の財貨と称号を手に入れることだった。モンゴル人が何度も長城を越えて中国に侵略したのはそのためだったと、デイヴィッド・スピンドラーは解説している。一五四〇年代、のちにフフホトの都を建てたアルタン・ハンが有能な指導者として頭角を現した。だがこのアルタン・ハンは血筋に問題を抱えていた。三男の家に生まれた二男だったのだ。一五五〇年、アルタン・ハンは富を得てほかの部族に抜きん出ようと、数万の兵を率いて南へ向かい、北京の北西で奇襲攻撃を仕掛けた。当時、明の要塞は未加工の石を積み上げただけのもので、モンゴル人はこれをいとも簡単に突破し、それから二週間というもの略奪をほしいままにした。中国人が何千人も殺され、何千人も捕虜になった。この戦闘以降、明王朝は本格的にモルタルを使いはじめ、北京の周囲の要塞を強化した。

アルタン・ハンの長子は　皇子と呼ばれていたが、もう一つ別のやり方で系図に箔《はく》をつけようとした。多くの有力部族から妻を迎え、同盟関係を強めたのだ。だが、のちに金銭的な苦境に陥った皇子は妻たちを実家に返すという、いちばん簡単な解決方法に訴えた。文無しになった元妻たちは家族を伴い、中国の守備部隊に近づいて金品を求めるようになった。一五七六年のことだが、そんな求めが断られたことをきっかけに、モンゴル人が襲った。奇襲部隊を編成し、要塞網の隙間を突破したのだ。そこは防壁の必要がないと思われていた険しい山岳地帯で、長城は途切れていた。侵入したモンゴル人は、中国人二九人を殺した。この事件ののち、明は長城建設にふたたび取りかかる。今度はれんがを用いたため、もっとも急峻な地域でも建設が可能になった。

今日でも、北京近郊では、断崖絶壁に寄り添うように建つれんが造りの長城を見ることができる。あんなところに防壁を造る必要があったのだろうか、といぶかる人も多いだろう。だが、実際、モンゴル人はこうした辺鄙な地域から攻撃してきたし、指導者の血筋は重要な政治要因であった。家系をめぐるいざこざが連鎖反応を起こし、明との戦闘にまで発展することもあったのだ。スピンドラーは一五七六年のこの事件を「捨てられたモンゴル人妻たちの急襲」と呼んでいる。ハーレムの消滅が巨大な長城建設につながったのだった。

チンギス・ハン廟の駐車場には黒い窓ガラスの黒いサンタナがたくさん止まっていた。まるでカラスの群れのような光景に、私は意気消沈した。中国では黒塗りのサンタナは役人が乗りまわす車だ。観光地にサンタナが止まっているとすれば、役人がお楽しみの視察旅行に来ているということだ。まだ午後も早い時間だというのに、役人たちは昼の宴会を終えたばかりで酔っぱらっていた。男が三人、サンタナからよろめき出てきた。あとについて行くと、男たちは怒鳴ったり笑ったりしながら駐車場を横切り、階段を上っていく。入り口で受付係と押し問答になった。モンゴル人の受付係は一般入場料三五元を払ってくれと言う。およそ五〇〇円だ。役人の一人がろれつの回らない舌で言い出した。

「一〇〇元やるよ、それで三人分っていうのはどうかい」

「三人ですと一〇五元になります」モンゴル人の受付係が答える。

「特別にさ、三人で一〇〇元にしろよ」

「それはできないことになってます。一人三五元、三人で一〇五元です」

「一〇〇元にまけろよ」

「一〇五元です」

二人とも、ゆっくりとした話し方で空しい対話を続けている。中国では国営施設の入場料は決まっていて、交渉の余地はない。受付係はどうしてこんなに辛抱強く受け答えしているのだろう。私は不思議に思ったが、やがてこの人も酔っているのだとわかった。事務机にぐったりもたれかかっている。あたりは酒の匂いがぷんぷんしていた。門を入ると、「ゲル」（モンゴルの伝統的な移動式住居）をかたどった巨大な建物が三棟並んでいた。屋根は濃いオレンジ色と青のタイルで飾られている。いたるところに酔っぱらいの役人がいた。廊下をよろよろ歩き、階段でつまずき、赤い顔をして木陰に座り込み両手で頭を抱えている。展示の前でふらつきながら、チンギス・ハンや元朝の歴史を書いた解説に目を凝らしている。

　展示の解説は中国語、モンゴル語、英語で書かれていた。中国の博物館ではよくあることだが、解説の内容は言語によって微妙に違う。ある英語の解説は次のように言っていた。

　チンギス・ハンは偉大な戦略家、政治家として世界に認められている。

　中国語版はこう言っている。

　中国人民の歴史上、チンギス・ハンは偉大な戦略家であり、政治家であった。

　中国人はよく、まるでチンギス・ハンが中国人だったような口ぶりで歴史を語る。元朝を興し中国を支配したのだから、少なくとも文化的には中国人と見なすのだろう。それに、中国人の目から見ればモンゴルは自然な領土の一部だ――一九一二年まで清が支配したのだから。二十世紀、モンゴルという国自体は、初めはソ連の衛星国であり、のちに独立国となったのだが、内モンゴルは中国の支配下に残ったままだ。権力を握った毛沢東は、漢民族の移住政策を進め、いまではこの地の人口の八割は漢民族である。

　中国人はモンゴルの歴史も巧みに操作してきた。チンギス・ハン廟には遺体が安置されているわけではない。チンギス・ハンの埋葬地はモンゴル国の領内にあるとの説は有力だが、本当のところはわからない。中国政府が廟を建てたのは一九五〇年代で、これは内モンゴルにおける中国の権威の象徴となった。陳列の中国語版解説はモンゴル史をひとひねりした内容だ。

　チンギス・ハンの孫のクビライ・ハンが建てた元朝

は、広大な領土を有する多文化統一国家であった。クビライ・ハンは中華平原の伝統を広め、科学技術や生産技術の向上を図り、農業、工芸、織物などの産業を振興させた。交易がさかんになり、航海術が発達したため、西欧諸国との文化交流が大いに進んだ。

チンギス・ハンとその近親者のものと思われる棺《ひつぎ》が、いくつも安置されている中央の部屋を出ると、モンゴル人の女性ガイドが中国語で、どちらからいらっしゃいましたかと話しかけてきた。私が答えると、ガイドは物憂げな笑顔を浮かべて言った。「ああ、偉大な国アメリカ！　チンギス・ハンの帝国も偉大でした」

私はどう答えていいかわからず、黙ってガイドを見つめていた。髪を染め、銀のイヤリングをつけ、ぴったりしたジーンズというその身なりは、役人たちのなかでかなり場違いな感じがした。二十四歳だというこの女性は頬骨が高く、草原の民族に特有の細い切れ長の目をしていた。私が偉大なアメリカについて考えていると、ガイドはさらに言葉を続けた。

「これはチンギス・ハンの本当の墓ではありません。私はここでガイドをしていますが、ここが偽物だと知っていただきたいのです。あそこにある棺はすべて中が空っぽで、本当の墓がどこにあるかは誰も知りません。言い伝えによれば、チンギス・ハンの魂を入れておく特別な祭具があったそうです」

ガイドはその祭具の名前を言ったが、私はよく聞き取れなかったので、取材ノートに書いてほしいと頼んだ。ガイドはペンとノートをちょっと見つめてから言った。「すみません。お酒を飲みすぎちゃって、いまは書けそうにありません」

それからガイドは、展示物に自分流の解説をつけながら、館内を一巡してくれた。解説によれば、チンギス・ハンは、今日の独立モンゴル国に生まれた。これは彼女にとっては重要な点だった。内モンゴルではいま、深刻な環境災害が起きている。中国式の農耕が広まったためだ。「だから北京は毎年、砂嵐に見舞われるんです。いずれにせよ、私たちは落ちぶれてしまいました。昔は偉大な帝国だったのに、今では一つの国家でもない。モンゴルに内モンゴル、それにロシアのブリヤート共和国に分かれているんです。昔は世界最強の民族だったのに。私たちは中国人とは違う、まったく別の民族ですよ。私たちは自由が大切だと考えますが、中国人はそんなことどうでもいいんです。モンゴル人がよく酒を飲むこと、お気づきですか」

私はイエスと答えた。たしかに気づいていた。

「心理的な原因があるんです。これほどの凋落は人の心理に影響します。一人ひとりのモンゴル人にとっては、どうしようもないことなんです。だから酒を飲むんです」

日差しが照りつける庭へ出ると、廟の向こうに広がる乾いた低木地が目に入った。風が吹いてきて、ガイドの髪が揺れる。「もちろん、モンゴル人は昔、たくさん人を殺しました。でも文化や宗教の面でも大きく貢献したんです。ちょうどヒトラーのようなものですよ。みんなヒトラーの悪口を言いますけど、少なくとも一つの国をまとめました。それは否定できないでしょう」

「ヒトラーをどうお考えですか。悪人？　それともよいことをしたと？」

「そんなことどうでもいいんです。私にはわかりませんし。ヒトラーは歴史に名を残したと、私は言いたいだけです。ファシストであろうと、ともかく名を残した。チンギス・ハンも同じです。世界中に知れ渡っている。いまでもみんな知っています。オサマ・ビンラディンもそうです。九・一一の同時テロが起きたとき、私はビンラディンとアフガン人はよくやったと思いましたよ。アメリカを憎んでいるわけじゃありませんけど、タリバンは弱小の民で、注目を集めたがっていたわけでしょう。いまでは誰でもビンラディンの名を知っています。歴史に名を残したビンラディンを尊敬しますよ」

ガイドは風の中をよろよろと歩き、座りましょうと誘った。玄関わきのベンチを見つけて腰を下ろすと、日を浴びながら目を閉じている。「こうして知らない人と話すのは楽しいわ。知らない人の方が話しやすいし、今日のように酒が入っていればなおさらよ。でも、いつも飲んでるわけじゃありませんよ。こんなにおしゃべりでもありません。でもここでは嫌なことがたくさんあるんです。博物館の人たちは、チンギス・ハンは中国人の英雄だと言いますけど、それってまったくのナンセンスです。チンギス・ハンは中国人の敵だった。こんな博物館、まったくくだらないわ」

ほかの職員や酔った役人たちがときおり通りかかり、私たちが一緒にいるのを見てにやにや笑っている。ガイドは気にもとめないようだった。「ガイドを始めて間もないころ、モンゴル民族の栄光とか歴史とか業績のことを説明したので、上の人から文句を言われました。みんな中国人のやったこと、中国の歴史だと言えというのです。それで、いまはそう説明していますが、本当は信じていません。でも、私の案内はほかの人とどこか違うと言われます。はっきりわからないけど、どこかが違うって」

「たぶん、この博物館がまったくのナンセンスだなんて、言うからでしょう」と私が言うと、女は笑った。

「私はほかの人と違うわ。知らない人とこんなに話し込んだりして。女はそんなことをするもんじゃないと言われます。私の彼は嫌がるわ」

言いながら、私ににじり寄ってくるではないか。女の足が私の腿に触れ、女の息が顔にかかった。甘ったるい白酒のにおいがする。

「ほんとはね、彼とはうまくいってないの」

話題を変えたかったが、何を言えばいいかわからない。女は私をまじまじと見つめ、それから訊いた。「あなた、スパイなんでしょ?」

「いや、そんな。言ったとおり、僕は物書きですよ。記事や本を書いているんです」

女はなおもにじり寄り、ささやいた。「私にはほんとのこと言っても大丈夫。誰にも言わないから」

「ほんと、スパイなんかじゃない」

「だって、一人でこんなところまで来たじゃない。中国語も話せるし、内モンゴルまで車で来たんでしょ。スパイに決まってる。ほんとのこと言ってよ」

「ほんとだよ、スパイじゃない。スパイなら、チンギス・ハン廟なんかに来ないでしょう」

女はしばらく考えていたが、やがてがっかりしてつぶやいた。「スパイに会ってみたいと、ずっと思っていたのに。本物のスパイだったらいいのに」

女は酔いがさめてきたようだ。私がまた訪問するときのために、自分の名前と住所を書き残したいと言う。私がノートを差し出すと、中国語とモンゴル語で丁寧に書き、それに太陽のイラストを添えた。子供が描くような絵だった。

私はオルドス地方の南の縁に沿って細い道を五〇〇キロほど走った。地図上では長城が近くにあるはずだったが、道からはほとんど見えない。ほかの車を一台も見ずに、一時間も走ることがあった。ラジオをつけても聞こえてくるのはモンゴル語ばかりだ。ときどき風が強まり、舗装路の上で小さなつむじ風が起きる。砂粒がまるで液体のように波立った。陝西省との境界近くで、二人のヒッチハイカーが道端で合図をしていた。一人は老人だ。私が車を止めると、大きな声で訊いた。「靖辺《チンビエン》までいくらだ?」

私はそこに行く途中だと言った。「国境を平定する」

を意味する靖辺は、長城に近い町だ。

「金は取らんのか」老人は驚いたようだ。どこから来たのかと訊くので、北京からと答えた。老人は少し耳が遠いようで、前のめりになりながら一語一語怒鳴った。

「ここにある袋を持ち込んでもいいかね」

「いいですよ。何が入っているんですか」

「塩だよ。娘のところから持ってきたんだ」

私は車の後ろのドアを開け、それぞれ重さが二〇キロもある塩の袋を、何袋も入れるのを手伝った。コーラ、ゲータレード、オレオクッキー、チョコレートを積んだ私の車に、いまやオルドスの塩が加わった。これで食品群がすべてそろったことになる。老人は靖辺で塩を売るつもりだという。車に乗り込むやいなや老人は訊いた。

「あんた、韓河流《ハン・フウリユウ》と知り合いかい?」

「え? 誰と?」

「韓河流だよ。知り合いかい?」

「いや、知りません。その人誰ですか」

「同じ村の人でね。北京へ働きに出たんだ。だから、あんた、知り合いかと思った」

北京に戻ったら探してみますよ、と答えておいた。老人は着古した帽子をかぶり、ごわごわした木綿地の青いシャツを着ている。歯がほとんどなく、薄い顎ひげを生やしていた。一緒にいるのは、北部ではそれまで見たこともないほどの美人だ。年のころは二十歳。髪を赤く染め、ピンクの口紅をつけている。眉の間に小さな刺青のホクロがあった。赤い絹の上着はウエストで絞ってあり、胸のあたりに金糸の花の刺繡飾りがついていた。小柄なこの女性は、名前を王燕《ワン・イエン》という。ツバメという意味だ。この荒涼とした景色の中で王燕はまったく場違いな雰囲気を醸し出していた。シティ・スペシャルの助手席に、体をこわばらせて座っている。

「私、孫娘です。一緒に靖辺に住んでいます」

老人が後部座席から身を乗り出した。「本当にただで乗せてくれるのかい? 靖辺まで普通なら五元はする。それ以上は払えないよ」

車は砂地に植林された柳の並木を南へと走った。王燕はおとなしい。まっすぐ前方の道路を見つめたまま、私の質問には小声で答えた。田舎に帰って両親の顔を見てきた帰りだという。数年前から靖辺に住んでいるが、最近は祖父が田舎から出てきて一緒に暮らすようになった。「若い人はみんな村を出てしまいます。残る人なんかいません。私も帰るつもりはないわ」。靖辺では美容院で働いている。ろくな教育も受けずに出稼ぎに行く女性の場合、町で得られる仕事はルックスによって決まる。きれいな子は美容師やレストランの接客係になり、地味な子はウェイトレスや工員になる。ルックスがよければ仕事もすぐに見つかるが、落とし穴もある。美容院といえば、ほとんどはヘアースタイリングやメイクなど基本的なサービスを提供するだけだが、なかには裏で売春を斡旋する店もある。きっと王燕の両親は祖父をお目付け役として町に送り込んだのだろう。

二〇分ほど走ったところで老人が身を乗り出し、「あんた、中国人?」と訊いてきた。

「いや、アメリカ人ですよ」

「やっぱり! 中国人じゃないと思ったよ。外国の人に会うのは初めてだ!」老人は顔をほころばせた。

靖辺の美容院で二人を降ろし、塩の袋を店内に運び込んだ。店内には若い男女の従業員が四人いて、王燕を温かく迎えた。男性美容師たちはロングヘアーに革ジャンと、格好よく決めている。開店前の店内にマドンナが響いていた。一方の壁に姿見がある。従業員たちは椅子を片側に寄せてダンスのステップを練習していた。鏡に映る自分の姿に見入りながら、何回もステップを繰り返す。王燕は隅のほうの鏡で、旅で乱れたヘアスタイルや化粧を直していた。祖父は一人でぽつんと入り口のそばに立っている。店に入った途端、老人は口をきかなくなり、いまは若い人たちを無表情にじっと見つめるだけだ。鏡のたくさんあるこの店で、自分の姿に関心がないのは老人だけだった。

中国北部の奥地へ入れば入るほど、私は農村の行く末が心配になった。都市の将来は、少なくとも成長に関しては、予測できた。その軌道はセメントと鋼鉄できっちり固められている。だが、一世代後の農村に誰が住んでいるか思い描くのは難しい。高齢者と障害者と子供しか残っていない村に行き着くこともしばしばだった。出稼ぎ労働者は子供を祖父母に託して町に出る。都会ではまだ落ち着いた暮らしができないからだが、それもいずれ変わるだろう。将来、人びとは仕事場近くに家族で暮らすようになるだろう。北部の農村では、まだ数多くの子供が育てられているが、これが最後の世代になるかもしれない。

靖辺を出て一時間ほど走ると安寺《アンスー》という村に出たので、車を止めて長城を見学することにした。明の時代、この地域は防衛拠点だった。「平和の寺」と名づけられたこの村には、長城が立派に残っていると聞いていた。だが、車を止めてあたりを見ると、大人はたった一人しかいない。体の不自由な老人だ。粗末な松葉杖をつき、子供の一団の世話をしていた。歩くのもやっとという老人のまわりで子供たちが飛び跳ねる——中国農村部の典型的な光景だ。

長城はすぐそこだよ、と老人は言った。だが道順ははっきり説明できない。やがて、いちばん年上の男の子に「おまえ、案内しろ」と命じた。

あっという間に、その子は車に乗っていた。ドアを閉め切らないうちに、ほかの四人がさっと乗り込んだ。子供たちは女の子の目の前でドアをパタンと閉める。女の子は九歳くらい、おさげ髪の顔をきゅっとしかめ、ほこりの舞う道端にぽつんと立っている。私は老人へ目をやった。子供たちに車から出てこいと言ってくれないかと思ったのだが、彼は一言も言わなかった。その表情はどこか放心状態だ。戦争と革命と飢餓の時代を生き抜いた末、晩年になってから幼い子供たちを託されたら、誰でもこんな表情を浮かべるだろう。

「オーケー、君たちみんな来るんなら、あの子も一緒じゃなきゃだめだ」

男の子が一人、ため息をつきながらドアを開けると、女の子は乗り込んだ。私は泥道を村の西の方へ車を走らせた。ところどころに砂の吹きだまりができていて、そこを通るときはアクセルを踏み込んだ。後ろから子供たちのひそひそ話が聞こえてくる。と、私は自分が何者で、何をしているのか一言も説明していないことに気がついた。老人には長城跡への行き方を訊いただけだ。私は車を止めて子供たちに向き合った。

「おじさんは北京から車でやってきたんだよ。いまは北京に住んでる。でもアメリカ人なんだ。万里の長城が残っているこの地方をあちこち巡っている。それでこの村にも来たんだ」

子供たちは緊張して聞いていた。助手席には男の子と女の子が一人ずつ、後ろに男の子がもう三人座っている。いちばん年長の男の子は十二歳、膝に二歳の女の子を抱いていた。六人はとても真剣な表情だ。とくに幼い女の子は丸々とした顔を心配そうにしかめている。チョコレートの出番かな、と私は思いつき、チョコバー三本を六人に分けた。長城跡へと車を走らせながら、私は自分がハーメルンの笛吹き男になった気分がした。おそらく、安寺村の将来はすべてこの子供たちにかかっているのだ。

ここ、オルドス地方の南部は標高が一五〇〇メートル近い高地だ。砂丘が町のすぐ端まで迫っていた。砂丘の間を縫うように走る長城は泥を固めた壁で、高さは三メートルほどあった。「この壁を伝って一年間歩いても、北京には着かないよ！」車から出てきた男の子が叫んだ。私も子供たちはふざけ回り、砂丘をどんどん走っていく。私もあとを追った。足の下を砂が流れていった。長城の壁伝いに行くと砦に行きついた。泥を固めた四角い砦だ。四隅に櫓《やぐら》があり、中央に大きな狼煙台が据えられていた。狼煙台はピラミッドのようなかたちで基部に小さな穴があいている。ファラオの墓の入り口のようだ。子供たちは一人ずつ中に入っていった。

私も四つん這いになってあとに続いた。トンネルは左に折れているがその先が見えない。泥だらけになりながら手探りで進むと、一筋の光が見えてきた。一種の狭い縦抗（高さ一五メートルほどの煙突）に通じていたのだ。明の兵士たちは梯子を使っただろうが、いま子供たちは両足を抗の内側にかけながら登っていく。砂粒が落ちてきた。私は目を覆って怒鳴った。「そんなとこ、登っちゃだめだよ、危ないよ」

「大丈夫だよ。前にもやったことあるもん」男の子が怒鳴り返した。

私はトンネルを逆戻りした。入り口ではあの女の子が赤ん坊を抱いて待っているはずだ。外に出ると、男の子たちはすでに塔の上にいた。勝ち誇ってワイワイ叫んでいる。降りてくるのを見ていると、一人が片方の腕に薄汚れたギプスをつけているのに気づいた。学校で蛙飛びをしていて骨折したそうだ。最年少の男の子は七歳だが、この子も頭にひどい傷痕があった。村の最後の世代になるかもしれないこの子たちが、田舎の暮らしを思いっきり楽しんでいることだけは確かだった。男の子のうち三人は、互いによく似た角刈り頭の兄弟だ。北京で角刈りの子供は見かけたことがない。首都では子供といえばたいてい一人っ子で、生まれた瞬間から大事にされ甘やかされている。

安寺村に帰ると、松葉杖の老人は辛抱強く待っていた。三人兄弟の祖父だという老人によれば、この地方では家族計画政策はあまり強制されなかった。「罰金を払えば、何人でも子供が産めた」と老人は笑いながら言っていた。私が何者で何をしているか、気にかける様子はみじんもなかった。北部の村人たちは、およそ人を疑わない。よそ者の私をお茶や食事に招くのはごく普通のことだった。私は農村の暮らしの過酷さについてはよく知っているつもりだ。平和部隊《ピースコー》の活動に参加した経験から、貧困を美化してはいけないことも学んでいる。それでも滅びゆく村々を通り過ぎるたびに心が痛んだ。田舎町や農村の子供や、兄弟姉妹が一緒に育つ家庭さえも、目にするのはこれが最後かもしれない。信頼と正直さという農村の伝統は、変化の激しい都会生活の中で生きながらえることはできないだろう。ふらりと立ち寄ったよそ者が歓迎され、子供たちを託される――そんなところは世界でも珍しい。安寺村を去るのは悲しかった。

その後一週間ほどかけて長城沿いに走り、オルドス地方のいちばん端に到達した。そこから泥造りの長城は北西へ延び、テンゲル砂漠へと入っていく。この砂漠は砂粒の細かいことで有名だ。砂丘が優雅な曲線を描きながらどこまでも続いている。ここは遊牧民でさえ住まない、正真正銘の砂漠だ。夕暮れになると、私は車を止めてテントを張った。天気さえよければ、砂の上ほど寝心地のいいベッドはない。私は春の好天に恵まれていた。夜空は澄みわたり、月明かりに照らされて青白く光る砂丘は美しい。

私は、どこでも町に行き当たれば、そこで食事をとり、洗髪してもらった。見捨てられた遠隔の地の、奇妙な感じのする町々だった。住民は国の経済発展のおこぼれに、ほんのわずかしか与っていない。よく反射するからと、CD盤をバイクの泥よけに取りつけている人をよく見かけた。興武営《シンウーイン》というところでは、人びとは携帯電話を受信するために長城に上っていた。明王朝が建て、「富める基地」という意味の興武営と名づけたこの地は、いまや貧しく辺鄙な田舎だ。だが長城はいまだに利用されていた。城壁の上で携帯電話を耳に押しあてている人たちを、デジタル時代の歩哨とでも呼ぼうか。万里の長城が携帯電話を使うときの必需品となり、CD盤が反射鏡に使われている。これをどう理解したらいいのだろう。ここでは進歩と臨機応変の才とが混然一体となっていた。

塩池《イエンチー》の町で洗髪をしてもらってから、大通りをぶらぶら歩いてみた。ここは長城の内側に九キロほど入った「塩の池」だ。歩いているとそばをバイクがゆっくりと通り過ぎた。と、バイクは縁石にぶつかり、ドライバーが放り出されるのが見えた。人が集まってきたが、男は身動きもしない。「この人、酔っぱらいだ」と誰かが言った。みんなが見守るなか、男はごろりと寝返りをうった。ものも言えないほど酔っている。誰かが男を助け起こした。男はバイクに乗ろうとする。「バイクは無理だよ」と誰かが優しく言い聞かせ、やめさせようとしたが、男は聞かない。やがて三〇人ほどの人だかりができた。

中国の群衆は予想もできない行動に出ることがある。とくに塩池のような過疎地ではそうだ。人びとはあまりすることがないから、ちょっとした事故でもすぐに集まってくる。たいていの人は、少なくとも初めのうちはおとなしく見ているが、人の群れは大きくなると勝手に動き出す。群衆の動き一つで、単なる意見の相違が本格的なけんかになったり、一人が突然の攻撃の矢面に立たされたりする。結局どうなるか、予想はできない。すべては群衆の中から支配的な人物が出てくるかどうかにかかっている。そんな人が一人いれば、群衆を駆りたてて事態を動かすことができるのだ。

塩池のこの事故の場合も、誰か一人が酔っている男を叱ったり注意したりしていれば、ほかのみんなもそれに倣っただろう。だが、あのなかでもっとも積極的なのは、泥酔してもバイクに乗りたいと言い張るこの男だった。口もきけず、一人で立つこともできないくせに、男は引き戻そうとする人たちを乱暴に振り払い、バイクに向かって進んでいく。男の強い意志力に群衆は圧倒されたようだった。もう誰も男を引き留める人はいない。それどころか男に手を貸す人まで現れた。一人が男に手を貸してバイクに乗せ、もう一人がエンジンをスタートさせた。三人目がバイクを押す。よろよろと走り出したバイクは突然Uターンしたが（見物人たちが息をのむなか）、なんとかバランスを立て直し、夜の闇へと消えていった。群衆は三〇秒ほど耳をすましていたが、衝突音は聞こえてこない。しばらくすると人びとは、楽しげにしゃべりながら何か別のおもしろそうなことを探しに散っていった。

砂漠にいると感覚が研ぎ澄まされる。砂漠の茫漠とした景色の中ではあらゆるものがはっきりと見える。ある日の午後、内モンゴルと寧夏回族自治区の境界沿いでのことだった。荒涼とした砂丘を抜けて走っていると、男の姿が目に入った。たった一人で道端を歩いている。私は車を寄せて呼びかけた。「どこへ行くんですか」

「おたくこそ、どこ行くんですか」男が訊き返した。

どちらもばかげた質問だった。この先六〇キロばかりわき道がないのだから。乗っていくかと訊くと、男は肩をすくめ、乗り込んできた。男は年のころ二十五歳、口の上には、まるでそこでうっかり筆を滑らせたような、薄くゆがんだひげが生えている。ブルーのボタンダウンシャツをきちんと着ていた。寧夏の中心都市、銀川《インチユアン》に住んでいるという。途中で事故にでも遭ったのかと私は訊いた。

「いや、自分は毎月、散歩しにここに来てるんだ。一日三回、路線バスが通る。九時半、一二時半、二時半。自分は早朝のバスで来て散歩し、次か次のバスで銀川に帰る」

ぎこちない奇妙な話し方だった。男は、まるでまわりの空間を急いで埋めたいとでも言うように、ぎくしゃくした文の一語一語を早口でしゃべった。名字はチェンとだけ言い、フルネームは言わなかった。ところが、テンゲル砂漠になぜ来るのかということになると、途端に饒舌になった。

「自分は軍隊におったんです。九〇年代、兵士として陝西省秦嶺《チンリン》山脈の駐屯地にいて、自然の中で暮らしました。いまはそれが懐かしいです。うまく言えないが、あのときはよかったです。仕事はつらかったけど、名誉や誇りを感じてました。当時は部隊がすべてで、自分より部隊が大事だった。仲間同士で頼り合って、自分一人のことなんかどうでもいいと思ってた。だから、こうして毎月ここに来るんです。ここは何もない砂漠で、ここにいると当時を思い出しますから」

チェンはアメリカが好きではないと正直に言った。とくに、一九九九年にベオグラード市内の中国大使館がNATO軍に爆撃されたのは、アメリカ人のせいだと言った。軍役を終えてから、チェンは銀川の穀物会社の仕事を政府から与えられた。独身だが、結婚するつもりはない。

「一つには金が問題です。金がなければ結婚できない。だがそれよりも、団結が大事だからなんです。結婚するとばらばらになる。自分はよく部隊の仲間と集まって、昔のようにわいわいやります。結婚するとそうはいきません。家族と一緒にいることになって、仲間との一体感が味わえなくなる。それが嫌なんです」

テンゲル砂漠を散歩する以外に、何か趣味はあるのかと私が訊くと、チェンは答えた。

「車の運転が大好きです。早く免許を取りたいですよ」

チェンはすでに講習をほぼ終えていて、ゆくゆくはタクシー運転手になりたいそうだ。できれば自分の車を持ちたいが、いまのところは友達と練習している。チェンが私にいつ運転を習ったのかと訊くので、アメリカ人はたいてい十六歳で運転を始めると言うと驚いたようだ。中国では十八歳にならないと免許が取れない。だが、重要なのは年齢よりも経済状態だ。免許取得のための講習を受け、自動車を買おうと考え始めるころには、たいていの人は三十歳を超えている。

「ジープとサンタナでは運転の仕方が違うんですか」

「いや、五段変速だから基本的には同じだよ。サンタナが運転できれば、ジープも大丈夫」

「ジープを運転したことはありません。一度、運転してみたいですね」こう言うとチェンはしばらく黙って、去りゆく砂漠を見つめていた。左手に長城が見えたが、じきに砂丘のかなたに消えていった。「ちょっとだけ運転させてもらえますか」とついに言う。

私は車を止め、外に出て前を回った。チェンは運転席へと移り、ペダルを指して訊く。「これアクセルですよね。あっちがブレーキとクラッチかな」。どうして運転させる気になったのか、自分でもわからない。何日も砂漠で過ごし、空っぽの道路と茫漠とした風景を見続けていたからだろう。私は安全ベルトをきっちり締めた。シティ・スペシャルの助手席に座るのはこれが初めてだ。

チェンはエンジンをスタートし、何秒間かニュートラルに入れてから発進した。身を乗り出し、フロントガラスを一心に見つめている。ハンドルを握りしめている両手の指の節が白くなっていた。対向車が見えると、ぐっとスピードを落とす。三〇分間に五回、そんなことがあったが、そうでもなければ道路は空っぽで、どこまでも真っすぐ続いていた。まわりはどこを見ても荒野だ。やがて自信をつけたチェンは時速六〇キロに加速した。あのゆがんだ口ひげを生やした顔に、至福の表情が浮かんだ。曲がり角はどこにもないが、チェンはウィンカーを出してみる。右、左とつけて、どんな具合に動くのか調べている。ワイパーを試し、クラクションを二回鳴らした。音は空っぽの道路に吸い込まれていった。

その日の午後遅く、チェンをトラックステーションで降ろしてから、私は砂漠で道を見失った。地図は長城をはっきりと示していた。あのぎざぎざマークは砂漠を横切って西方へ延びているが、道はほとんどない。長城の北側へ出る細い道路をたどってみることにした。道路は舗装されていたが、ところどころ吹き寄せられた砂山に埋まって見えなくなっていた。砂山に行き当たるたびにスピードを上げ、抜け出してはまた進む。だが、ついに大きな砂丘にぶつかると、シティ・スペシャルは一回転し、止まってしまった。見ると、車輪がホイールキャップまで埋まっている。掘り出そうとしたがなかなかうまくいかない。ついに空気を抜いて引っ張ろうかと思ったとき、四輪駆動ジープが通りかかった。牽引してもらってから、私は来た道を引き返した。これ以上この道を進んでも仕方なかった。

日が暮れかかるころ、標識のない交差点に出た。道を尋ねようにも、あたりには誰もいない。私はコンパスに頼ることにして、南をめざした。五〇キロばかり進むと、小さな記念碑が見つかった。基部は砂に埋もれているが、碑文はまだはっきりと読める。

　工場の仲間たちは君をけっして忘れない

　一九九一年八月

　ほかには何も書いていない。どこの工場か、仲間って誰か、記念されているのは誰か、何もわからない。それからしばらく走ってから、私はわき道へそれ、砂漠の中でテントを張った。夕食はオレオクッキーとチョコレートバーとゲータレードだ。穏やかな天気だった。私はテントの入り口を開けたまま、天の川を仰ぎながら眠りについた。

　旅のその時点までに、私は自分がどこにいるかわからないまま、平気で眠れるようになっていた。朝になれば、たいてい居場所がわかるし、車が故障した場合に備えてボトルウォーターは十分にストックしておいた。携帯電話は、ほぼどこでも使うことができた。この産業を構成する一握りの国営企業は、驚くべき完璧さで通信タワー網を作り上げていたのだ。燃料産業も政府が牛耳っていて、そのため人里離れたところでもガソリンスタンドは簡単に見つかった。旅の途中で燃料切れが心配になったことは一度もないし、ガソリンは安く抑えられていた。二〇〇二年の春、価格は全国どこでも均一で、一ガロン〔約三・七リットル〕一〇元だった。セルフ式の給油所はない。内モンゴルからチベット平原に至る中国西部で五〇〇〇キロ近くを旅した間、私の車の燃料タンクキャップに男性が触れたことは一度たりともなかった。給油は、少なくとも西部では、女性の仕事だった。スタンドで働くのは、最近村を出たばかりの若い女性たちだ。たいていは十代で、真新しい制服を着込み、髪をこぎれいにカットして化粧もしている。垢抜けしたこの子たちは、出世への第一歩を踏み出したのだ。

　ガソリンスタンドで働く若い女性たちは気が利くし、礼儀正しく、にこやかだが、道順を教えるとなるとからきしだめだ。どこへ行ってもそうだった。道順をちゃんと教えてくれる人を探すだけで何時間もかかることもある。方言が聞き取れない場合もあるが、それよりも問題は、旅行などほとんど誰もしたことがないからだ。ましてや運転できる人は皆無に近い。道路のことになると自宅近くの道でも、ほとんど知らない。道順の説明となるとなお苦手だ。手っ取り早いのは、「これは中衛《チョンウェイ》へ行く道ですか」というふうに、イエスかノーで答えられる質問をすることだ。道を訊くときには絶対に地図を見せてはいけない。見せたら最後、みんな地図に夢中になるからだ。道を訊かれて困っても、地図を見るとぱっと顔を輝かせる人が多い。あちこちページをめくりながら地図上の道路を示してくれる。ドライブ旅行で私が最初に学んだのは、道順を訊くときは地図帳をしまっておくことだった。

村人なら地図が読めなくても当然だろうが、ある程度教育のある人も地図は苦手だ。何年も経験のあるプロの運転手でも、簡単な地図すら読めないことがある。要するに、地図は現代文化の一部ではないのだ。かつての中国人はすぐれた地図製作技術を誇っていた。知られている限りもっとも古い地図は紀元前二世紀にまでさかのぼる。湖南省の墓から発掘された絹の文書で、古代ギリシャの地図とほぼ同時代に描かれ、技術的にもかなり高い。当時の中国の地図は軍や政府のために描かれ、地形を鳥瞰的に描くなど、抽象的な技法を使っていた。縮尺も驚くほど正確だった。主だった事物には一貫して同じ記号を用い、川が次第に広がる様子も描いていた。部隊を渡河させたい司令官にとって、川幅は重要な情報だったのだ。三世紀になると、裴秀《ペイ・シウ》という名の文官が測量や地図作成についての原則をまとめ、地図製作のすぐれた技術的基盤ができあがった。

中国の初期の地図は非常にすぐれていたが、基本的なアプローチは科学的というよりも実用的であった。一方、古代ギリシャの地図製作技術は天文学から発達した。ギリシャ人は星の動きを追うことで得た基本原則を製図に応用し、ここから西洋人は、古代中国の地図にはない緯度や経度の概念を得たのだった。中国では何世紀かたつうちに、裴秀が打ち立てた原則さえもが次第に無視され、分析的というよりも説明的な地図が作られるようになった。こうした地図には記号よりも言葉による描写が主に使われた。また、作図にあたって重要だと見なされるものを大げさに描いたから、風景は正しく伝わらなかった。たとえば、明の時代の長城の地図には、切り立った山の頂に巨大な塔がそびえ、周囲の景色がかすんで見えるといった、イラスト風の図もある。その一六〇〇年も前に中国人が作った地図からは、大きく後退した作図であった。

中国の地図製作技術がなぜこのような道をたどったか、いつくか理由は挙げられる。なかでも、政府が探検や交易に関心を持たなかったということが大きな要素であろう。中国の皇帝たちが探検を奨励した例はほとんどない。官僚は商人階級を軽蔑していた。対照的に、西欧やアラブの地図の発達は交易と深く関係していた。十三世紀、もともとは中国人が発明した羅針盤を採用して、商人たちは地中海の精密な海図を作った。二〇〇年後、南回りの交易路を開こうとしたポルトガル人は、アフリカ海岸のきわめて正確な地図を作ったが、これには政府も民間人も大きな役割を果たしていた。ポルトガルの王たちは商人たちの取り組みを調整し、とりまとめたのだった。

中国の地図作製技術は、このような飛躍的発展を遂げる機会に恵まれたことがない。中国の地図は、まったく別の目的で、つまり軍隊の求めに応じるために描かれた。内陸部や沿海部の詳細な地図など、軍は作ろうとしなかった。戦闘は主に北部と西部の、万里の長城に沿った地域で起きた。広大だが、これといった特徴のないこの地域で軍が必要とするのは、全体の情勢図ではなく、特定の地点であった。中国の地図が主に記すのは主要な山岳路や要塞だ。結局のところ、どんな地図であれ、そこにはその地域の情報だけでなく、製作者の関心が表れるものだ。ポルトガル人がアフリカの黄金交易ルートを開発しようとしていた同じ時代に、中国は北の遊牧民の侵入を防ごうと腐心していた。こうして、まったく異なる目的から、まったく異なる世界図が生まれたのである。

中国では、地図は基本的に政府や軍の道具だったから、個人の使用を奨励する伝統はない。教育の場でも地図の役割は重視されていない。小学校の地理の教科書を開いてみると、そこにあるのは文字ばかりだ。生徒は自分の住むところについて作文を書かされるとしても、スケッチを描けとは言われない。ニューエコノミーの実用的な技能が学校のカリキュラムに含まれていないように、地図の読み取り方も教育の一部にはなっていない。何年も学校に通ったのに、地図一つ読めない人もいるのだ。たいていの中国人が初めて地図を開くのは、運転免許を取ってからだ。それに、詳しい地図が欲しいと思ってもなかなか手には入らない。政府が慎重なのだ。地図を軍事的関心に結びつける傾向が、西部ではとくに強く、チベットや新疆《シンチアン》の詳しい地図は手に入りにくい。政治的に安定した地域でさえも、地形図は機密扱いで市場に出ていない。私はこの長距離ドライブにGPS機器を持ってこなかった。よい地図がなければ役に立たないし、なによりも、西部地域を調べ回る怪しい外国人だと思われたくなかったからだ。

そういうわけで私の頼りは『中国地図帳』だった。出回っている地図のなかでは最良のものだ。版元は国営企業で、共産党政権誕生直後の一九五四年に設立され、その後数十年間というもの、政府と軍に仕えるという伝統的な役割を担ってきた。北京の中心部、天安門広場の近くにある本社を訪れたことがある。中の雰囲気は昔ながらの「単位《タンウェイ》（国営企業の作業単位）」そのものだ。廊下は薄暗く、広い会議室が並び、大勢の人がなんとなく歩き回っている。現在は四八〇人が働いているそうだが、人手は十分足りているに違いない。というのも、私の取材中ずっと廊下でピンポンをしている人たちがいたのだ。副編集長の徐根才《シュイ・ケンツアイ》は私をにこやかに迎え入れ、部下がお茶を出してくれた。茶碗を挟んで並んで座った私たちは、まるで毛主席とニクソンのようだった。部屋の外では白熱のゲームが展開中らしい。ボールの音の合間に、ときおり押し殺した歓声が聞こえてきた。

弊社にとって最大の課題は、わが国の急速な発展です、と徐根才は言った。いまでは北京の地図は三カ月ごとに改定しなければなりません。建設が進み、自動車ブームがこれまで存在しなかった個人消費者を生み出しているからです。九〇年代はドライバー用に簡単な道路地図を五種類作っていればよかったのに、いまでは二〇種類以上が必要です――というわけだ。われわれの目標市場はもはや政府や軍ではありませんとは言いながらも、この会社は個人消費者についてはいまだに独特の考え方をしていた。「経済成長に伴い、人びとが必要とするものの地図を作るつもりです」と徐根才は言う。本気で言っている。つまり、国民が買うものの地図を作ろうとしているのだ。「北京市内のレストラン地図や、観光客向けにバー街や秀水街を載せた地図を出しますよ」。

シルク製品の町として人気の高い秀水街は、最近別の場所に移されましたね、と私が言うと徐根才は勢い込んで言った。

「そうなんです！　また改定が必要になりました」

徐根才はさらに専門的な地図を次々と得意げに見せてくれた。『小店物語』はモールや商店街の地図だ。『北京学校地図』には首都にあるすべての教育機関が載っている。投資家のための『中国都市不動産地図』は、全国の都市のマンション価格が表になっている。すぐに時代遅れで使えなくなるものといったら、この不動産地図が代表格だろう。『北京医療地図』もある。何百という病院や診療所、薬局の所在地を示す地図だ。私が見るところ、何十年間も政府と軍に仕えてきたこの会社は、一個人がいかようにも使える便利なツールとしての地図を作ることは考えていないようだ。人民は指導しなければならない。詳しい地図を作っておけば、人びとは（レストランであれ、中古の不動産物件であれ）探したいものを自由に探せるのに、それでは指導不足なのだろう。一時間ほども話し続けた徐根才と私は同時に立ち上がり、外交交渉の締めくくりのような握手をした。お元気で、またいつでもお出かけください、と言う徐根才に見送られて廊下に出ると、あのピンポンの音がまだ響いていた。

　テンゲル砂漠から、私は甘粛省へ入った。国道に指定するまでもない狭い道路は、政府のインフラ整備政策のおかげで舗装され、トラックも通りはじめていた。道路わきに広告板が立ち並んでいる――「安全な旅こそ道路交通警察の願い」「道路パトロール隊はシルクロードの新しい顔だ」。とはいえ、道路に警官の姿はなく、例の警官人形が取り締まりをほのめかしているだけだった。紅水《ホンシュイ》村の近くで一台のトラックが故障して道路わきに止まっていた。そばには男が三人、切羽詰まった様子でヒッチハイクのサインを出している。乗用車やトラックが次々と通り過ぎていった。免許試験の問題にあるとおりだ。

問344　故障した車に出会い、助けを求めている人がいたら、

(1)かまわず通り過ぎる。

(2)車を止め、できるだけ手助けし、警察に連絡する。

(3)車を止め、謝礼がもらえるかどうかを確かめてから手助けする。

　車をわきに寄せてどうしたのかと訊くと、燃料ポンプが故障したという。止まっているのは「巨能王《チュイノンワン》」モデルとして知られている巨大な「解放《チエファン》」トラックだ。私が来る前にもう一時間半も乗せてくれる人を探していると、男たちは言っていた。鉄道の駅がある安元《アンユアン》の町まで一人乗せていってほしいと言う。いいですよ、と私が応じると、男たちは燃料タンクを黄麻の大袋に包んでシティ・スペシャルの後部に積み込んだ。

　そのトラック運転手は李長傑《リー・チャンチエ》といい、江蘇省の村の出身だ。妻はまだ農業をしているが、李は商売を始めようと村を出てきた。小柄でやせ形で目が鋭く、成長の波に乗って成功した元農民に共通する、やる気満々の表情を浮かべている。九三年、李は親類から借金して中古トラックを買い、運送業を始めた。徐々に車を買い換えて、去年は二六万元あまり（約三九〇万円）でいまのトラックを買ったのだった。中国では莫大な金額だ。李は燃料ポンプのことでかんかんに怒っていた。

「調べてみたら、このあたりには在庫がないんだよ。徐州市まで行かないと手に入らない。ここに届けてもら

おうにも、あてにはできないから、自分で取りに行かなきゃならない。徐州市に行くには列車で二日、帰りにもう二日かかるんだ。おたく、作家だって言ったね。そんなら『解放』トラックのこと、書いてくれよ。部品が手に入らないってことも。こりゃ、まったくばかげた話だ。それに中国製のものは品質が悪いってこと、これも書いてほしいね。この国で作られたものはなんでもすぐ壊れるんだ」

私は中国のトラック運転手たちと話すのが好きだ。彼らは中国の正真正銘の起業家と呼べるだろう。運転手たちはたいてい仲間とパートナーを組んでトラックを買う。運転も一人一組でする。そうすれば、一人が運転し、もう一人が休めるからだ。職業ドライバーのなかで、トラック運転手はもっともすぐれた技術を持っている。タクシー運転手は強引な運転をする。町なかの車の流れは遅いし、車をぶつけてもみんなあまり気にしないから、怖いものなしだ。いちばん質の悪いのは長距離バスのドライバーだ。彼らは自分の車を運転しているわけではなく、乗車券の売上の数パーセントが収入になるだけだから、とにかくスピードを上げたがる。とくに、広告板と警官人形だけが取り締まりにあたっている農村部では猛烈なスピードを出す。ひどい交通事故にはいつも長距離バスがからんでいた。

だが、トラックが危険だと思ったことはほとんどない。トラックはたいてい過積載だからスピードを出せないし、オーナー運転手は危険をおかさない。たいていは慣れたルートを通り、悪天候にどう対処するか知っている。ドライバーたちは話のおもしろい人たちだ。一度、東部の山東省でトラック運転手用の宿泊所に一泊したことがある。何を運んでいるのか、運転手たちに訊いてみた。一組は竹箒を満載していると言っていた。非鉄金属を降ろしたばかりだという。別の一組はカラーテレビを降ろして小麦の加工食品を積み込んだところだ。化学薬品からラジエーターへ、テニスシューズからダイナモへと、トラックの積み荷はしょっちゅう変わる。トラック運転手は、市場経済時代の錬金術師だ。中国の道路網のいたるところで行なわれる神秘的なやりとりの中心に、彼らはいる。コンピュータで動く麻雀セットの積み荷を降ろし、帰りに小学校の教科書を積んできた運転手もいれば、往路に合成皮革の靴を、復路に再生プラスチックを運ぶ人もいた。

同じ旅での出来事だが、天津市の近くの高速道路で、前を走っていたトラックの荷台の扉チェーンがはずれてしまった。積み荷は、リサイクル用にと中国に輸入された外国の書類だ。扉が開き、印刷物が高速道路いっぱいに散らばった。数え切れないほどのパンフレット類が路面すれすれに飛んでいく。瀕死の鳥のようだ。私は車をわきに寄せて一枚拾い上げた。英語の文書で、一四ページつづりのローン申込用紙だった。ケンタッキー州ダートフォード市にあるウールウィッチという金融会社のものだ。後日この会社に連絡してみたが、自社の書類がなぜ天津市の高速道路に行きついたのか、まったくわからないと言う。だが、これは先進国の消費者が買うほぼあらゆるものについていえることだ。おそらくは中国の道路を通って消費者の手に届いたものは、いずれはリサイクルのために中国の道路に戻ってくるのだ。

甘粛省で故障した李のトラックには綿花が積んであった。李は新疆から江蘇省まで、三〇〇〇キロ以上を走る。シルクロードとして知られる北西部の道をたどり、甘粛省の河西回廊やオアシスのある新疆中部の町々を通るルートだ。綿花を東部へ運び、工場のある都市で降ろし、帰りには衣料品を運ぶ。これが李の錬金術だった。「安物衣料だよ。中央アジアの貧しい国に輸出するんだ」。李は年に五万元近くも稼いだ。中国では申し分のない年収だ。最近は見習を一人雇い、三人一組で運転している。李が戻ってくるまでの四日間、ほかの二人は「巨能王」トラックに乗って待ち続けることになる。トラック運転手の最大の悩みは、警察に支払う罰金を別にすれば、盗難であろう。「あいつらは荷台に乗り込んできて、なんでも手当たり次第に盗んでいく。走っている最中だっておかまいなしだ。最悪なのは河南省で、泥棒を見つけて警察を呼んでも、来やしない。河南省は走りたくないね」

安遠駅で私は李と彼の燃料ポンプを降ろした。ポンプの油がシティ・スペシャルの床一面に漏れていた。李がしきりに謝るので、キャピタル・モーターズの王さんに電話すると「没問題《メイウエンティー》（大丈夫ですよ）」と言ってくれた。私は河西回廊へと旅を続けた。甘粛省のこの細長い一帯は、東は砂漠、西は山地に隣接している。回廊の中央部は西の高峰から流れてくる雪解け水のおかげで土地は肥沃だ。昔から人が住み、交易ルートが自然に開けていた。この地域一帯を隊商が通り、彼らの運んだ物品はやがて中東やヨーロッパまで行き着いた。十九世紀、西欧の地理学者や歴史家はこの地域の交易ルートをシルクロードと呼びはじめた。シルクロードとは、実際には網状につながる数十ものルートのことで、多くの地点を結び、さまざまな産物を運ぶネットワークなのだが、「シルクロード」という呼称は使われ続けた。これは、外国人が想像力を働かせて単純化した呼び方だ。多くの防壁がいまは単に「万里の長城」として知られるように、シルクロードという外国人の概念も中国で浸透し、いまでは「絲綢之路《スーチョウチールー》（絹の道）」という呼び方が一般的だ。

この二つの概念は甘粛省の三一二号線沿いで交わる。河西回廊の中心部を走る現代の自動車道を西北へ進むと、右側に明の時代の長城跡が見えはじめた。人の背丈ほどの高さの土盛の防壁が何キロも切れ目なく続いており、防壁に抱かれるようにして村が点在する。一度、幹線道路を下りて泥道をたどってみた。少し行くと下口《シアコウ》という村に行き当たった。ここでは長城はまだ村人の暮らしの役に立っている。長城に沿って羊小屋が並び、羊たちが明の遺物を前足でひっかいていた。町はずれの、水道の通っていない地区の住民は長城を掘り抜いて屋外トイレに使っていた。万里の長城の名声ももはやこれまでだ。下口村の長城は臭かった。

昔ここは軍の駐屯地だった。いまでもこの行政区の名は「老軍郷」だ。駐屯部隊はこのルートを通る商人を守っていたのだろう。「おれたちが子供のころ、まだラクダの隊商が通っていた。いまでも覚えてるよ。新疆に向かう人たちだった」と一人の老人が言えば、別の老人がうなずいて付け加えた。「商人一人につき、ラクダが一〇頭かそれ以上いたよ。みんなめいっぱい荷を積んでた。商人は大方が中国人だったが、なかにはウイグル人もいたよ。解放後はラクダもあまり来なくなった。そのころからトラックを使いはじめたんだ」

古代の塔のもと、十数人の男たちが日なたに座り「金城」タバコを吸っていた。塔は二層で、層ごとに四隅に飾りのついた屋根があり、彩色を施した庇《ひさし》が張り出ていた。かつては壮大な姿だったに違いない。上の方に流麗な書が掲げられていた。「力をもって天と地を支配せよ」と読める。ここは村の中央交差点、隊商が行き交う地点だった。いまでは、天気さえよければ老人たちがこの塔に集まってくるが、塔の姿は見る影もない。塗料ははげ落ち、木製の屋根のあちこちに穴があいている。基礎部分のれんがは地元の建築工事に使われてしまった。昔は入り口に巨大な鉄製の獅子が鎮座していたが、毛沢東の増産政策のもとでクズ鉄として溶かされてしまったと老人たちは言う。文革時代には鉄製の飾り鈴が供出された。「鈴は風に吹かれていい音を出していたよ。屋根の四隅に下がっていた飾り鈴だ。一層と二層に四つずつ、全部で八個あった」

老人たちは消えてしまったほかの建物について、名前やあった場所を思い出した。その多くはまだ宗教が一般的だった時代に建てられた寺院だが、文革時代の反迷信運動ですべて破壊されてしまった。「子供が欲しい人は子宝の女神の寺に行くし、老人は道教の寺で祈る。昔はそんなふうだった。学者なら科挙の前には学問の寺にお参りしたもんだ。農家の人なら龍王様の寺で雨乞いだ」

こうした寺はいまや記憶の中にしか存在しない。壊れかけた塔のあるこの交差点さえも、すでに役目は終えている。現代のシルクロードは下口村を通らないからだ。新しい三一二号線がこの村から西方に三キロ離れて建設されたことが、とどめの一撃となった。誰もこの村を通らなくなったのだ。村の人口はいまやわずか四〇〇人。改革開放政策の始まったときから半減したわけだ。若い人は中学校を終えると、さっさと村を出てしまう。ここでは、手入れの行き届いた唯一の建物といえば中学校だった。その夜どこか泊まれるところはないかと訊くと、村人たちは中学校に案内してくれた。

テントを張るには寒くて風も強かったし、次の町までドライブしても途中で日が暮れてしまうだろう。私は学校に泊めてもらうことにした。先生方は優しく迎え、四年生の教室に簡易ベッドをしつらえてくれた。長城遺跡を見に来た旅行者がときどき泊っていくという。中国のどの学校でもそうだが、教室は清潔だが、内装はごく簡素だった。がらんとした教室にいると自分は旅人なのだと、ひしひしと感じた。私はただここを通り過ぎるだけだ。教室の生徒たちも同じだ。新しいシルクロードがいずれ生徒たちをどこかへ連れて行くだろう。教室の壁には周恩来やカール・マルクスや朱徳らの言葉が掲げられていた。南部の工場町へと向かうことが決まっている子供たちに向けた感動的な言葉だ。

「祖国興隆のため勉学に励め」
「知識のある人は、頭が三つ、手が六本」
「人間は機械と同じ。動かし続けるかぎり錆びつかない」

地図帳のこの地域のページには軍に関連する地名がたくさんあった——龍首堡、老軍寨、大満堡などだ。また、下口村の西には馬に関係した地名が多い。馬蹄寺、大馬寨、軍馬一場、軍馬二場、軍馬三場。すべて長城のすぐそばの、チベット高原から続く台地に点在していた。私はその方面に回り道をすることにした。

河西回廊の東端の砂漠地帯はどこでもそうだが、下口村も乾燥した、砂だらけの村だった。しかし、西方へと進むにつれて風景が変わった。標高二〇〇〇メートルの、ほとんど何も生えない荒地から西へ一時間ほど走ると、緑豊かな台地に出る。標高三二〇〇メートルのこの地は、雪解け水の恩恵を受けているのだ。遠くにヒマラヤの山々の白い頂が見えた。単調な砂漠の光景は一変し、春の空はどこまでも青く、緑濃い草原のそこここで家畜が草を食んでいる。畑地のわきの小川は流れが速い。ここは牧場地だ。モンタナの平原のように広大で心地よい。

軍馬一場では牧童たちが何百頭もの馬を囲いに追い込んでいるところだった。ずんぐりとなで肩の、足の強そうな馬だ。ひずめの音があたりに雷鳴のようにとどろいていた。牧童たちはつばの小さな軍帽をかぶり、迷彩柄の戦闘服を着て、軍用ブーツを履いている。車を止めて外に出ると、馬上の一人が速足で近づき、名前を名乗った。分隊長の王家義《ワン・チアイー》という。私が馬のことを訊くと答えてくれた。

「この種類は山丹《シャンタン》馬と呼ばれています。背も低いし足も遅いんですが、持久力があり、よい荷役馬になります」

この近くに山丹の町がある。王分隊長の話によると、このあたりの軍用馬の飼育は二〇〇〇年以上も昔、漢の時代にさかのぼる。当時、漢の最大の敵は匈奴であった。匈奴とは何世代にもわたって中国を脅かした遊牧騎馬民族のことだ。匈奴を追い払うには騎馬戦法がもっとも効果的だったから、皇帝たちは河西回廊のこの地域に馬の飼育場を設けた。以前、この地は「皇家馬場《ホアンチアマーチャン》」と呼ばれていた。共産党政権はこれを番号付きの地名に変更したが、山丹馬の飼育は続けている。山丹馬は西部の山岳地帯でいまでも使われている。新疆ウイグル自治区の辺鄙な国境地帯では、騎馬パトロールが行なわれているくらいだ。地元の人の話によると、アフガニスタンでソ連軍とイスラム勢力との戦いが続いた一九八〇年代、中国は大量の山丹馬をアフガニスタンに送ってイスラム勢力を支援した。

人里離れたこの地方も改革開放と無縁ではない。「軍馬一場」の地名がそのまま残り、二〇〇〇頭以上もの馬が飼育されていることには変わりはないが、王分隊長は民営化が進んでいると言っていた。「われわれはもう軍の直属ではありません。二、三年前から軍から馬の注文はなくなりました。当分、馬は足りているんでしょう。その代わり、馬はほかの会社に売っています。とくに観光関連の会社に売ることが多いですね。上の人たちは、ここでも自分たちで観光事業を始めようと言っていますよ」

おそらく軍馬一場にとっては、それがいちばんいいようだ。いつか、この地は観光牧場になって都会人たちを大勢迎えるだろう。だが、いまはまだ軍の雰囲気が漂っている。軍服を着た人ばかりで、民間人は見かけない。私が本部を訪れると、所長は緊張しきった様子で、パスポートと記者証の提示を求めたが、それ以上どうすればいいかわからなかったらしく、私が車で走り去るのを黙認してくれた。

　最近、西部の辺境では地元当局が外国人に対して用心深くなってきたのがわかる。ある料金所で、警察官に停車を命じられた。警官はボンネットを開け、製造番号を控えた。なぜこんな用心が必要なのか、説明は一言もなかったが、この地域に軍施設があることを私は知っていた。民族間の緊張が高まっていたのかもしれない。甘粛省にはチベット族の大きなコミュニティーがある。

　ここは走り続けるに越したことはない。軍馬一場をあとにした私は、この地域から離れることにした。警察に通報されたら面倒なことになる。私は北へ走り続け、真夜中近くになってようやく高台《カオタイ》という集落にたどり着いた。三一二号線に沿って、修理店や食堂やトラック運転手用の宿泊所が集まっている。私は一泊一五元の宿を見つけてもぐり込んだ。こんな宿では料金さえ払えば、警察に提出する書類を書かなくても泊めてくれる。通された部屋にはベッドが四台と自動車道路を見下ろせる窓があった。壁にオランダの風車のポスターがかかっている。

　二台のベッドは四川省の内江《ネイチアン》市から来たトラック運転手二人に、すでに占領されていた。内江市といえば、平和部隊《ピースコー》にいたころから知っている町だ。二人は「解放」トラックでカザフスタンに輸出する子供服を運んでいたが、トラックの不具合を直すためにここに泊まったのだった。甘粛省で、故障した「巨能工」トラックに出会ったのはこれで二度目だ。私が部屋に入っていくと、二人は勢い込んで訊く。

「あの外人に会いに来たのかい」

「え？　外人って？」

「ロシア女さ」

「ロシア人の知り合いはいない。私はアメリカ人なんだ」

「なんだ、知り合いかと思ったよ。二階で働いている女さ」

「二階で何してるんだい？」

二人は笑い出した。「客を取ってるんだよ」

　やれやれ、と私は思った。甘粛の安宿でトラック運転手と相部屋になったうえ、ロシア人女性の嫌な話を聞かされるとは！

「上に行って会いたくないかい」

「いや、疲れてるんだ。五時間もずっと運転してきたんだよ」

「そんなこと言わずにさ、外人同士だろ、話ができるじゃないか」

たしかに波乱万丈の身の上話が聞けるだろう。おそらくウラジオストクに始まり、河西回廊で終わるその話は、ソ連版『シスター・キャリー』といったところか。だが、私はそんな気分には到底なれなかったし、その女に会いたいとも思わなかった。四川省の運転手はついにあきらめて静かになった。ちょっとの間、眠らせてくれ。一泊一五元の安宿にこれ以上は求めまい。


甘粛省でゲータレードのストックが底をついた。チョコバーは寧夏にいる間に食べ尽くしていたし、コカコーラはそのずっと前になくなっていた。田舎町ではこうした外国製品は売っていない。私はソフトドリンク類の補充にと、「中国自前のコーラ」という触れ込みの（誇りと教訓を含んだキャッチフレーズではないか）甘ったるい「非常可楽《フェイチャンコウルウ》」を買い込んだ。私はここ何週間も砂糖とカフェインで生きながらえ、西部をうろうろと走り回っていたのだが、ここ河西回廊で疲労のあまり現実に引き戻された。朝は疲れ果て、夜は目を開けていられない。体が汚れていた。洗髪してもらっても、汚れが落ちきらない。車のスターターを新しいものに変えたが、車内は砂だらけ、床には「巨能王」トラックのオイルポンプから漏れた油のシミが残っていた。ヒッチハイクで乗り込んでくる人たちがシートに寄りかからないのは当然だ。車はひどい状態だった。

車窓のすぐ外に万里の長城がまだ見えていた。長城は壮大だ。奥地へ行けばいくほど、私は長城の美しく、また粘り強い姿に心を打たれた。長城の壁はカメレオンのようだ。常に地形に溶け込み、山では尾根にしがみつき、色でさえ（年月を経て地元の建築に利用されて）土地の色に染まっている。河北省の長城は急峻で粗削りだ。自然の山と明の時代のれんがとは見分けがつかないこともある。黄土高原の長城はやせこけていた。無数の水溝に削られたこの台地の地形そのままである。オルドス地方の端にある長城は砂丘のように見える。ここ河西回廊で、明の時代の長城は、まるで陽光を浴びるヘビのようにだらりと延びていた。建設当初は周囲の地形を壊したかもしれない長城は、何世紀も経たいまとなっては自然の一部にさえ見える。万里の長城が月からさえも見えると言われたとは、信じがたい話だ。人工の建造物で周囲の自然環境にこれほど溶け込んだ例を、私はほかに知らない。長城の真上に立っていながら、それと気づかないこともよくあるのだ。

　万里の長城が持つ意味もまたカメレオンのようで、時代と背景によってさまざまに変わった。二十世紀初頭、革命家で愛国主義者であった孫文は、長城建設は中国史上最大の技術的快挙だったと絶賛した。毛沢東は現代の国家防衛構想の先触れとして喧伝した。一九二〇年代から三〇年代の偉大な作家、魯迅にとって長城は中国文化の悪い部分の象徴であった。魯迅は次のように書いている。「長城は驚異であり呪いでもある。四方から取り囲む長城の束縛を、私は常に感じてきた。古代のれんが壁はいまでも絶えず補強されている。古いものと新しいものが共謀して、私たちを閉じ込めているのだ」。第二次世界大戦中、日本が北部を占領したとき、侵攻軍は領土権の主張に正当性を持たせようと、長城のそばに立つ兵士たちの写真を好んで撮った。ホルヘ・ルイス・ボルヘスも、フランツ・カフカも長城をめぐる物語を書いた。長城は、外国人にとっては中国人の外国嫌いの象徴であったが、その一方で、中国人にとっては自分たちの文化的偉大さの証拠であった。政府系ジャーナル『チャイナ・トゥデー』にいたっては、他民族国家の統一の象徴として長城を描いている。「防壁というよりは川の流れのようなものだ」と。万里の長城の意味づけは実に流動的だ。実際のところ、万里の長城の意義はいかようにも（たとえば中国人とモンゴル人の協力関係を表すとさえ）考えられる。

　学術界では長城は防衛の失敗例であると考えるのが一般的だ。アメリカ人研究家アーサー・ウォルドロンは明の時代のある時期の長城を研究し、「最初に建てられたときから防壁としての用をなさなかった」と言っている。だが、ウォルドロンの研究は一時期に作られた長城の一部に限られているし、学者による長城の本格的な研究はいまだなされていない。現在、長城の重要な研究をするのは学界の外の人たちだ。彼らの背景は、私が山西省で出会った陳老《チエンラオ》のような村人から、大学院の学位をもつ外国人までさまざまだが、共通点がある。たいていは男性で、運動好きで頑健な人たちだ。伝統的な中国の知識人としては珍しいタイプだろうが、長城を追って全土を巡るにあたっては必要な資質だ。万里の長城の研究は、いったん始めると夢中になって止められなくなることがある。在野の研究家たちは粘り強く健脚でなければならない。また、研究を続けるための資金もなくてはならない。その意味で長城の研究はこの市場経済の時代に即していると言えるだろう。政府からも学界からも無視された長城研究は、個人に任されているのだ。いわば自由市場に出た歴史研究である。

研究者はみなやがて北京へたどり着く。一九八四年、董耀会《トン・ヤオホイ》というエンジニアが仕事を辞め、仲間二人とともに一六カ月にわたって中国を横断した。この経験を著作に著した董耀会はやがて北京へ移り住んで古典を学び、のちに中国長城協会の設立に一役買った。現在この協会は二種類の定期刊行物を発行し、長城の保全活動を推進している。もう一人、たたき上げの専門家に成大林《チョン・ターリン》がいる。成大林は体育専門学校で学び、写真家になった。頑健さを買われてしばしば長城の取材に派遣され、独学で明の歴史を学んだ。これまでに写真付きの研究論文を八冊の著作にまとめている。イギリス人地質学者でマラソン選手のウィリアム・リンゼーがふらりと北京にやってきたのは一九八六年のことだった。甘粛から沿海部まで、長城に沿って走ったりハイキングをしたりして九カ月も過ごしたリンゼーは、やがて北京に定住し、長城にまつわる著作を四冊刊行し、長城の保存を訴えて「長城の国際的友人たち」と称する団体を創設した。

中国でもっとも有名な教育機関である北京大学で、長城研究のトップに立つのは一人の警官だ。洪峰《ホン・フォン》という名のこの人物も、体育専門学校で学び、短距離と走り幅跳びが得意だったが、歴史を読むのも好きだったという。ぎりぎりの成績でどうにか大学に入り、警官になった洪峰はやがて北京大学の職場単位に配属されたのを機に、時間を見つけては図書館で明の歴史を学び、辺鄙な地方に足を運んで長城を研究するようになった。いまでは長城研究家向けのウェブサイトに論文を発表し、いくつか重要な成果を挙げている（たとえば、北京郊外の長城建設にあたって風水がどう影響したかを示す明の時代の文書を発見した）。洪峰を取材したとき、北京大学にいながらも長城研究について学者と話し合ったことは一度もないと言っていた。「考古学や歴史の先生方は、長城にはまったく関心を持っておられないのです」

長城をもっとも徹底的に調査したのはデイヴィッド・スピンドラーである。ほかの研究者と同じく、スピンドラーもスポーツマンだ。ダートマス大学ではボート部で大学代表チームのメンバーとして活躍し、クロスカントリーの選手でもあった。一九九〇年、歴史学の修士号を取るために北京大学に留学、前漢時代に活躍した哲学者について中国語で論文を書いた。その後、学界には残らないと決め、ハーバード大学ロースクールに進んだのち、中国を拠点にコンサルタント業を始めた。長城ハイキングが長年の趣味だったが、仕事を辞めてからは研究に専念することにした。スピンドラーは大きな目標を掲げた。北京地域にあるすべての長城跡を歩いて訪れ、防壁が建造された時代の文書をすべて読むというものだ。防資金はすべて講演や長城の観光ガイドをしながら自前でまかなった。

ほかの外国人研究者とは異なり、スピンドラーは明の時代の長城が実際に防壁として役立った例を見つけている。たとえば一五五五年のことだ。何万人ものモンゴル人が、北京西方の水頭村《シユイトウ》に押し寄せてきたが、補強されたばかりの防壁は堅固で侵入者たちを追い払った。長城はその後何年にもわたっていくたびも防衛に成功している。十六世紀末の文書には、戦いに勝った直後の様子を中国人将校が次のように記録している。

わが兵たちは討ち取った匈奴どもの首を棒に突き刺した。すると詹郁《チャン・ユイ》なる兵卒が匈奴の肉を一片そぎ取り、仲間に見せびらかして言った。「われらを襲う者には、この運命が待っている」。趙偏《チャオ・ビエン》という別の兵卒は、死んだ敵兵の首から肉を二片切り取り、生のまま食べながら言った。「われらが民を苦しめ、われらが兵にはむかう者どもが憎い。こうして食べてやる！」これほどの勇気と忠義を示す兵がいることは、司令官として喜びに堪えない。

万里の長城についてスピンドラーほど徹底的に知り尽くしている人は、世界中を探してもいないに違いない。私は一度、長城は中国について何を語っているのかと訊いてみた。「講演ではいつも同じことを訊かれます。中国がこのような防壁を建てたことから、何がわかるのか、とね。私の答えは基本的には、何もわからない、です。がっかりする答えでしょう。長城はただ、中国がしてきたことの一つであり、これが自国を守る彼らのやり方だったのです」

長城は象徴にあらず、というのがスピンドラーの持論だ。長城を何かの象徴と見なす安易な考え方が広がったため、人びとは長城の意味づけに走り、調査研究をなおざりにしてきた。長城という特定の建造物を使って複雑な中国文明を説明しようといっても、そんなやり方は通用しない。「私の見るところ、長城とは国境です。ここは度重なる攻撃を受けました。なんらかの国境防衛システムが必要であり、長城はその一つだった。外交や交易やモンゴル領への侵攻戦略など、さまざまな政策の一つだったのです」

明の時代、長城は複雑な多角的戦略の一部にすぎなかった。今日ではそうした背景まで深く考えながら長城を見る人はあまりいない。長城はそれだけで見ごたえのある建造物だし、観光客はその上を歩くこともできる。一方、明の外交政策の詳細がわかる古文書は、手に入れるのも、読み解くのも難しいのだ。

スピンドラーは続けて言った。「長城は無用の長物だったのではないかと、いまではよく訊かれます。でも、当時の人たちはそんなふうには考えなかったと思います。『この部分の領土はあきらめよう』とか、『住民と兵士〇〇人は犠牲にすることにした』とか、国家が言うわけはありません。当時の人たちはそんな考え方をしなかった。帝国とは常に自国を守ろうとするものです」

私は明の時代の長城に沿って北西に向かい、河西回廊の最西端の要塞、嘉峪関《チアユイクアン》まで行き、そこから敦煌へ向かった。敦煌《トウンホアン》は近郊の仏教遺跡や砂丘で有名だが、私は立ち寄らずに走り続けた。今回の旅もずいぶん長くなったので、観光地に立ち寄ってぐずぐずしてはいられなかった。粛北《スーベイ》という町に向かう途中、検問で止められた。青海省との境に近い辺鄙な交差点に、検問所が設けられていた。

「免許証」つっけんどんに言った警官は車内をのぞいて叫び声を上げた。「うぁっ、こりゃすごい！　どこから来たんですか」

「北京からです」

「いや、北京の人じゃありませんね」

「アメリカ人です。北京に住んでるんです」

「おい、ちょっと来いよ。この人、外国人だってさ」

警官は笑いながら仲間に呼びかけた。

三人がシティ・スペシャルを取り囲んだ。三人とも、まだ子供と呼んでもいい年齢だ。二十歳そこそこのやせこけた青年たちが、だぶだぶの制服を着ている。最初の警官が私の書類を点検した。「中国の免許証とそっくりだ」

「中国の免許証ですよ。アメリカの免許じゃ、この国では運転できませんから」

「アメリカの免許証も持ってるんですか」

私が免許証を手渡すと、警官たちは次々に見入っていた。ミズーリ州の運転免許証が甘粛省で点検されたのは、これが歴史上、初めてに違いない。「それで、なんでここに来たんですか」

「あちこち見物です。観光ですよ」

「中国語はどこで習いましたか」

「もう何年も中国に住んでいますから」

「あんた、スパイだろ」と警官は言い出した。ほかの二人も笑いながら歌うように繰り返した。「あいつはスパイだ！　あちこち車を乗り回してる！　中国語も話せる。スパイだ、スパイ、スパイ！」

体を震わせて笑いながら警官は免許証を二つとも返してくれた。私はしばらく声が出なかった。「行ってもいいんですか」

「もちろん！」

しばらく走ってからバックミラーを見た。道路わきでばか騒ぎしている警官が映っている。三人は大笑いしながら互いにパンチを食らわせ、「スパイ！　スパイ！」と叫んでいた。


粛北まで一時間以上かかった。途中で目にしたのは、モンゴル族やカザフ族の遊牧民が住む白いテントだけだ。粛北の町自体は、乾いた谷地を横切る低層の建物群だった。公衆便所に寄って出てくると、男が待っていた。「身分証を」と言う。

浅黒い肌の背の低い男で、薄い口ひげを生やしている。モンゴル族なのだろう。ここで身分証を求められるとは意外で、私は一瞬ためらった。男はさっとバッジを見せた。公安だった。男は私のパスポートを点検するとそのままポケットにしまい込んだ。「この地域は外国人立ち入り禁止です」

「ああ、知りませんでした。誰も教えてくれませんでした」

「誰かが教えようと教えまいと、関係ありません。立ち入り禁止です」

「ただ旅行しているだけです。いますぐここを出て行きますよ。問題を起こしたくありませんから」

「もう問題を起こしていますよ。署までご同行願います」

シティ・スペシャルを道路わきに止めて、署へ向かった。車が押収されるのではないか、悪い予感がした。立ち入り禁止区域に許可なく入り込んだ外国人はそんな憂き目に遭うことがある、と話は聞いていた。だが、身柄を拘束されたらどうなるか、予想はまったくつかない。すべては場所にもより、地元当局の判断によって変わるのだ。

署では女性の警察官が待ち受けていた。私は机の後ろに座らされた。男の警官が言う。「最近、外国人が拘留された。バスでここまで来た人だ」

「その人、どうなりましたか」

「法に従って処罰された」

「どんなふうに処罰されたんですか」

この質問は無視された。警官たちは二人でファイルキャビネットを探し回り、書類を取り出す。二人はてきぱきと動き回った。まるで毎日こんなことをしているようだ。私はなんとかお目こぼしを願おうと、最後の賭けに出た。「ここに来る途中、自動車道で検問がありました。警察の人が、私の書類をすべて調べましたよ。粛北が立ち入り禁止だなんて、言いませんでした。ここに来てもいいって言われたんです」

「そうでしょうとも」モンゴル族の警官が切り返した。「連中はなんにもわかっちゃいない。交通警察なんて、まったく役立たずなんだ」

これには反論できなかった。尋問が始まった。モンゴル族の警官が質問し、女性警官が記録する。今日はどこから出発したか、このパスポートは本物か、居住者証明はあるか、北京の住所はどこか、中国に住んで何年になるか、最終学歴は？　レンタカー会社はどこにあるか、昨夜はどこに泊まったか、宿泊にいくら払ったか、宿泊簿に記帳したか、所属する職場単位の名前は何か、名前の書き方はこれでいいか、博士号を持っているか、などなど。

なぜかわからないが、二人は私の学歴について何度も訊き返した。チベット高原のはずれの立ち入り禁止の町を歩き回ることと私の学位と、いったいどんな関係があるのだろうと不思議でならなかったが、やがて、はたと気づいた。彼らはただ必要事項を書き入れているだけなのだ。書類には無数の空欄があり、重複する質問も多かった。同じ質問に三度も答えることがあった。あまりに詳細で具体的な質問ばかりで、これでは効果的な尋問はできないだろう。警官は二人とも、私のことなどまったく疑っていないようだ。これからどこへ行くつもりか、遠くの国に来て何をしているのかなど、私が自由に答えられるような質問を、二人は何一つしなかったし、シティ・スペシャルを見ようともしなかった。二人がしているのは完全に事務手続きだ。しばらくすると二人は椅子に深く座り直した。ほっとしたようだった。

「あなたは中国における外国人に関する国内法に違反しました」と女性警官は宣告しながら、規則集を取り出して第四六条を指した。「違反には罰則が科されます」

「どんな罰則ですか」

「罰金です」と男性警官が言うと、二人とも笑顔になった。中国人がきまりの悪いときによく浮かべる笑顔だ。私も笑顔になっていた。

「法律では五〇〇元と定められていますが、今回は初犯ですから一〇〇元にしてあげましょう」

およそ一五〇〇円だ。私は礼を言ってテーブルの上に金を置いた。紙幣を見た途端、二人はそわそわしたが、どちらも金を触ろうとはしない。「ちょっと上司に相談しますから」と女性警官は言いながら部屋から出て行った。数分後に戻ったときには「現金は取り扱えません」と言う。

「なぜですか」

「汚職防止ですよ。現金だと金額の証明ができませんので、送金してもらうことになります」

中国共産党は汚職撲滅運動を周期的に展開する。そんな運動が効果を挙げたためしはないが、甘粛省の町の警官たちは本気だった。女性警官の案内で、道路の向かい側にある中国農業銀行に向かった。日曜日だったが、警官の連絡を受けた支店長がわざわざ店を開けてくれた。私は書類の空欄に警察署の住所と警官の氏名を書き込み、金を添えて渡した。「火曜までには入金されますよ」支店長は効率のよさに満足そうだ。この金はたった二日で、すぐそばに立っているこの警官の手に渡るのだそうだ！ 警官も満足した様子だ。彼女は私と握手し、よい旅をと言ってくれた。私はシティ・スペシャルをスタートさせ、Uターンしてあの検閲所へと向かった。交通係の警官たちはまだそこにいた。ぶかぶかの制服を着て、のんびり仕事をさぼっている。私が通り過ぎたとき、笑いながら大声で何か叫んでいた。


　それから細い道路をゴビ砂漠の方向に六〇キロほど進んだ。中国地図帳のなかでも、この地域のページはとくに空白が目立ち、地名がたった一〇か所しか記されていない。その一つの玉門関《ユイメンクアン》（翡翠《ひすい》の門）は漢の時代の軍施設だ。舗装道路はここで終わっていた。

　でこぼこの泥道が砂漠へとなお続いている。いまや私は地図にも載っていないところに来てしまった。シティ・スペシャルは石だらけの登り道をがたがた進んだ。一五キロほども行くと河倉城《フウツアンチヨン》遺跡に出た。泥道もそこで終わりだ。河倉城は要塞化された穀倉で、二〇〇〇年以上も昔の漢の時代、駐屯部隊のために建てられた。帝国の西端のこの砂漠地帯では、防壁ではなく要塞が建てられたのだ。ここは広大な地だった。五キロほど先の隣の要塞が見えるほど平らで、草一本ない地面がどこまでも続いていた。私はついに長城の端まで到達したのだ。防壁の連続はここで途絶え、要塞が点々と、まるで締めた蛇口からぽたりぽたりと漏れる水滴のように続いていた。

河倉城には人っ子一人いなかった。ここに舗装道路を通す計画もあるが、工事は始まっていないし、訪れる人もいない。古代の穀倉は巨大だ。幅六〇メートルはあるだろう。高さ三メートルほどの壁が、荒地の上にまっすぐに立っている。柱は固めた土でできていた。泥壁に大きな穴が開いていて、そこから空がのぞけた。壁の中に建設に使われた詰め藁《わら》が見えた。甘粛省のこの地域は空気が乾燥しているため、新しく見える藁も、実際には二〇〇〇年も昔のものだ。一九〇〇年代に、ハンガリー出身のイギリス人探検家で考古学者のオーレル・スタインが、この穀倉をはじめ地域一帯の要塞を調査した。スタインは河倉城を二度訪れている。ラクダの隊商とともに砂漠で何カ月も過ごしながらの調査であった。二度目の調査で以前と同じ行程をたどったが、途中で人間と犬の足跡を発見する。それは自分の足跡であった——七年前に愛犬ダッシュを連れて同じところを歩いたのだった。スタインは書いている。「乾ききったこの地では、時間は破壊する力をすべて失ってしまったようだ。吹きだまりも浸食も、ここには存在しない」

私は要塞の影にテントを張った。少し離れたところに湿地があり、小川が流れていた。乾いたこの地にしっかり結びつけられた細い緑のリボン飾りとでも呼ぼうか。空一面に雲がどんどん流れていた。真夜中、強い風で目が覚めた。風は砂漠を吹き渡り、ヒューヒューと遺跡の間を通り抜けた。その昔、漢の兵士たちが聞いたに違いない音を聞きながら、私はテントの中に横たわっていた。


河倉城を最後に、私は家路についた。二一五号線で甘粛省を南へ下り、青海省の境界まで来ると、標高三六〇〇メートルの山道に出た。そこからはチベット高原だ。要塞も狼煙台も長城の防壁も、もうどこにもない。すべて通り過ぎてしまったのだ。

この道路は新しかった。二車線の道で、周囲には岩と土の荒野が広がっている。単調な風景が途切れるのは、掲示板が現れるときだ。「危険！この坂では居眠り運転多し！」。あるところでは、道路のわきにつぶれたセダンがつるされていた。前部はひしゃげ、ドアがだらりとぶら下がるなど、車は原形をとどめないほど破損していた。後部には「四人死亡」と書いてある。無残な展示は細いポールで地上五メートルの高さに組み立てられていた。

次のカーブでは「五三人死亡」と表示されていた。スピードについてのメニューのような掲示板も立っていた。

時速四〇キロは安全運転
時速八〇キロは危険
時速一〇〇キロなら病院送り

途中、故障したトラックを二台見かけた。どちらも「巨能王」トラックだ。運転手が二人そばに立っていた。仲間が戻るのを待っていると言って、私の車には乗らなかった。一人はもう二日もそこにいるという。食べ物が何かあるかと訊かれたので、水のボトルを二本と残っていた最後のオレオクッキーをあげた。故障車以外には、道路には何もなかった。西方に雪をかぶった頂が見えた。五〇〇〇メートル級の山々だ。

それから二五〇キロほど走ったが、その間ずっと人の住んでいるしるしは何一つ見なかった。ガソリンスタンドもなければ店舗もない。不毛なこの地では、わざわざ山腹にプロパガンダを刻む人もいないらしい。最初に私が通り過ぎた集落は、取り壊されたばかりのようだった。どうやらここは軍施設だったらしい。きちんと並んだ建物がいくつも残っていた。おそらく数百人が住んでいたのだろうが、いまは誰もいない。屋根のはがれた建物の壁だけが、失われた帝国の寂寥感を漂わせながら、荒涼とした大地に残っていた。そこから少し先に進むと、本道から東西へ二本のわき道が分かれ出ている。誰も通らない未舗装の細道だ。道路標識には軍の関連施設らしい地名が書かれていた。東へ進めば「建設」、西へ進めば「統一」だという。私は大きく息を吸い込んで、まっすぐ前へと進んだ。

第2部

村

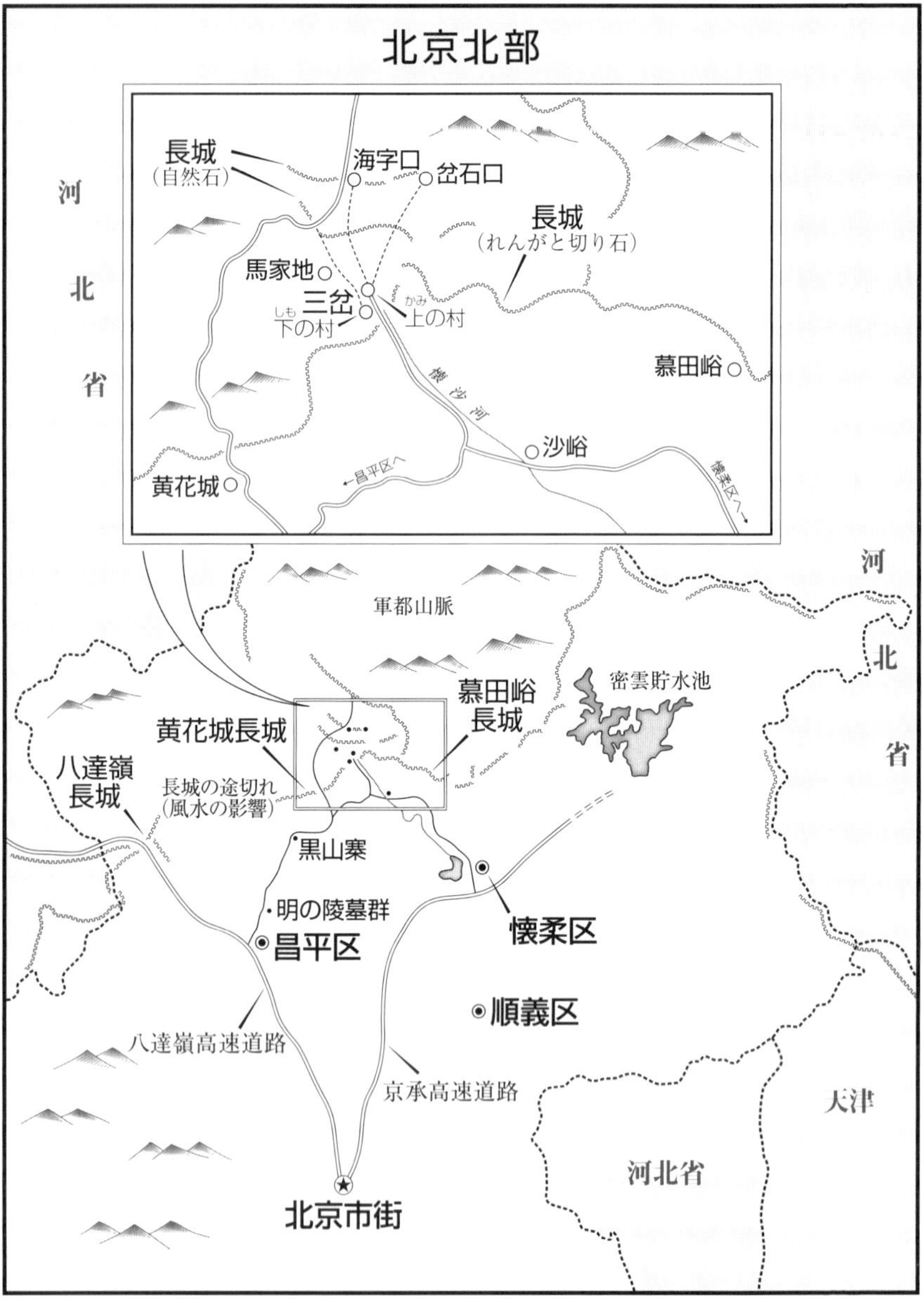

北京北部
長城
(自然石)
海字口
岔石口
長城
(れんがと切り石)
馬家地
三岔
下《しも》の村
上《かみ》の村
懐沙河
慕田峪
沙峪
←昌平区へ
懐柔区へ→
黄花城
河北省
軍都山脈
密雲貯水池
慕田峪長城
黄花城長城
八達嶺長城
長城の途切れ
(風水の影響)
黒山寨
明の陵墓群
昌平区
懐柔区
順義区
八達嶺高速道路
京承高速道路
北京市街
河北省
天津
河北省

1

北京の北方に広がる農村地帯に家を構えようと、私が物件を探しはじめたのは運転免許を取得した年だった。空き家探しは簡単だった。あちこちで廃村に行きあたったのだ。軍都《チユントウ》山脈に連なる山岳地帯のいたるところに、住民にすっかり見捨てられた村が長城の陰に隠れるようにひっそりと残っていた。このあたりは昔から農作が厳しかった。人びとは、移住に抑えがたい魅力を感じたのだろう。住民が大慌てで立ち去った村もある。石臼は横倒しになり、泥の床にはごみが散らばったままだ。泥壁は崩れはじめていて、残った枠組みは墓石のように何も語らない。こうした家々は明の時代に造られた要塞よりもぼろぼろになっていた。空っぽの村を見るたびに私は、もはや手遅れだと残念に思ったものだ。

　人びとが農作を続け、畑のリズムにあった暮らし方をしている——そんな村を私は探していた。作家の隠遁所のようなもの、都会を離れて静かに仕事ができる場所をイメージしていたのだ。密雲《ミーユン》貯水池の向こう側まで足を延ばし、河北省との境界あたりで家を探したこともある。このあたりは道がまだ舗装されていない。走っているのはトラクターくらいのものだ。車で行くことも、徒歩のこともあったが、私はテントと寝袋を携え、『中国地図帳』を頼りに、長城を示すぎざぎざの記号に沿って続く道をたどった。

　二〇〇二年の早春、アメリカ人の友人、ミミ・クオ-ディーマーとドライブしていたときのことだ。ミミも田舎で家を探していた。北京平野の北端にある懐柔《ホワイロウ》区の町を通り抜けると、そこはもう軍都山脈の山裾だ。田舎道でヒッチハイカーを一人拾った。軍の払い下げの上着を着た老人で、市場から家に帰る途中だという。このあたりでいちばんきれいな名所はどこかと聞くと、老人は迷わず答えた。

「天華洞《テイエンホアトン》。ぜひ行ってみてください」

　この地名は、石灰岩の崖にできた裂け目からつけられたということだった。そこには祠《ほこら》が設けられ、二体の仏像の前に線香と果物が供えられていた。供物の果物は腐りかけている。頭上に長城が高く延び、あたりでいちばん高い山頂にそびえる巨大な塔へと続いていた。ここは北京の北に連なる山々の一部で、平地からの高さは九〇〇メートル以上ある。この塔からの眺望はすばらしかった。こちらに霞のかかった畑が広がり、あちらに青灰色の峰が連なっている。だが、私たちの目を引いたのは、北東の方角にあるひとかたまりの低い家々だ。集落がぽつんと一つ、山の中腹にへばりついていた。あたり一帯、何キロにもわたってほかに村はない。

私たちは長城を下り、車に乗り込んだ。泥道をちょっと行くと目的の村はすぐに見つかった。村の名前は三《サン》岔《チャ》。一時間もたたないうちに、私たちは空き家を二軒見せてもらい、月末までにはそのうちの一軒の賃貸契約を結んでいた。家は三部屋で、薪を焚く炕《カン》があった。泥の壁には『人民日報』の古新聞が貼ってある。屋外トイレは家のそぐそばだ。電気も電話も使える。水は山の湧水が直接引き込まれていた。家賃は一カ月三六〇元。二人でシェアすれば一人当たり二七〇〇円の計算だ。家の入り口は広い土間の脱穀場になっていて、そこから長城が見えた。れんがの長城が谷底から這い上がり、幾重にも重なった峰々へとくねくねと延び、西の地平線のかなたに消えていく。遠く黄土高原やオルドス地方や河西回廊へと続いているのだ。以前なら長城を見るとすぐに旅をしたくなったものだ。だがいまは違う。三岔村で長城を目にした途端、ここに住んでみようと私は心を決めた。

もともと小さな村だった三岔村は、近年とくに人口が減った。一九七〇年代には三〇〇人ほどが住んでいたが、いま残っているのは一五〇人にも満たない。村人の大半は丘の下の集落に住んでいるが、くねくねした泥道を上っていくともう一つ集落がある。私たちが借りた家はこちら、上《かみ》の村にあった。正式な村名は水泉《シュイチュアン》溝というが　地元の人は上《かみ》の村と下《しも》の村を併せて三岔村と呼んでいた。この村はもう何十年もの間、消滅の一途をたどっている。村の寺や、丘のあちこちの祠は文化大革命で破壊され、それ以来誰も再建を試みた者はいない。九〇年代の初めには学校が閉校になった。村には車を持っている人は誰もいない。携帯電話も、誰も持っていない。ここにはレストランも店もない。金を使う場所はまったくないのだ。一週間に数回、コメや肉や日用品を積んだ行商トラックが谷の向こうから上がってくる。秋の収穫期には、買いつけのトラックが姿を現す。上《かみ》の村まで来た車はすべて、坂道の突き当たりの空き地に駐車した。ここは村の経済活動の場だった。駐車場経済とでも呼ぼうか。

村人の平均年収はおよそ二〇〇〇元（約三万円）。その大半は果樹園（山で育てるクルミやクリやアンズの実）の売り上げだ。木の実は売り物だが、畑作物は食用だ。村人たちはニワトリや豚を飼い、トウモロコシや大豆や野菜を育てていた。水の少ないこの地方では米作はできず、小麦もなかなか育たない。運がよければ山奥に仕掛けた罠にアナグマやキジがかかる。野生の豚もいた。牙が大きく毛むくじゃらの獰猛な動物だ。

北京はそれほど遠くはない。車でほんの二、三時間の距離だが、当時は都会人が農村を訪れることはめったになかった。自動車ブームはすでに始まっていた。二〇〇一年、北京市は三五万人に新たに運転免許証を交付した。前年比五〇パーセントの増加だ。だが、ドライブはまだレジャーではなかった。ごくたまに、冒険好きの人や昔のままの長城を歩きたいという研究熱心な一団が三岔村を訪れることもあったが、週末を村で過ごすよそ者といえば、ミミと私だけだった。私たちはいったい何者なのか、村人たちは不思議に思ったようだ。私が物書きで、中国に何年か住んでいること、ミミが中国系アメリカ人の写真家だということは知られていた。だが、田舎で週末を過ごしたい若い都会人なんて、これまで見たことがない。村人たちはふらりと来ては家の中を見て歩いた。田舎では、よその家に入る前にわざわざノックなどしない。ただ来て、脱穀場を点検し、窓からのぞき込み、家の中のものをいじるのだった。私が北京から乗ってきたレンタカーは注目の的で、駐車場に止めてある車のまわりに、二、三人が集まっている光景をよく目にした。みな穏やかな表情で手を背中で組み、祈るときのように頭を垂れて無邪気な熱心さでじっと車に見入っていた。まるでフォルクスワーゲン車に敬意を表しているように。

あるとき、私は一人で家にいて書き物をしていた。ふと誰かの視線を感じたので振り返ると、男が部屋の真ん中に立っているではないか。ギャーッと叫びそうになった。男は六十代の白髪頭、よく見ると近所の人だった。布の靴を履いているので、足音がしなかったのだ。男は穏やかな笑みを浮かべながら、まるでテレビ画面を見ているような目つきをしている。私が振り返ってもまばたき一つしなかった。実際、これだからこっちは気が楽だ。彼らは困った現場を押さえられても、気まずそうに目をそらすなんてことはしない。それに、これほど開けっ広げの好奇心を尊敬しないわけにはいかないだろう。しばらくの間、私たちは二人とも黙っていた。

「こんにちは」とついに私が口を切った。

「こんにちは」

「ご飯食べましたか」これは昔からの挨拶の言葉で、答えを求める質問ではない。

「ご飯食べましたか」と男も言った。「お国ではいま何時かね」

「夜ですよ。時差が一二時間ありますから」

男は顔を輝かせた。田舎の人は時差に大きな興味を示す。沈黙がしばらく続いてから、男は部屋の隅を指した。

「炕があるね」

「はい」

次に「机があるね」というので、私は立ち上がって家の中を案内した。男はいちいち満足げにコメントする（「台所があるね」「コンロがあるね」「テーブルがあるね」）。実のところ、ミミと私は引っ越してきてからほとんどこの家に手を加えていない。前の住人は若夫婦で、最近都会で仕事を見つけ、村を出て行ったのだった。家の壁には二人が残した飾りつけがそのまま残っている。夫婦は『環珠姫』というテレビ時代劇のファンだったらしく、清王朝のきらびやかな衣装を着た出演者のポスターが貼ってあった。別の壁には双子の男の子の写真がある。農村で、とくに新婚の家ではよく双子の写真を飾る。双子は当たりくじの象徴のようなものだ。一般的に中国では、双子の場合に限って息子を二人持つことが法的に許されるからだ。若夫婦は双子の幸運には恵まれなかったが、それでも元気な男の赤ちゃんが生まれたそうだ。それ以上を望むのは贅沢というものだろう。ポスターの赤ちゃんだって、本物の双子ではない。よく見ると、同じ赤ちゃんが二度使われているのがわかる。一人の赤ちゃんの写真を焼き増し、反転させただけのことだ。こうして私は、毎朝目を覚ましては、この写真を眺めることになった。名前も知らない赤ちゃんの修正写真、村を出た夫婦に置き去りにされたポスターである。

ミミと私は、少なくとも最初のうちは内装を変えずに使うことに決めていたので、このポスターも取りはずさなかった。床はむき出しのコンクリート、天井には穴があいている。外のトイレはしゃがみ式で、二枚のスレート板の間に細長い穴があいているだけだ。夜になると壁の中でネズミが騒ぐ音で目が覚めた。満月になるとネズミは活動的になる。そんなとき、クルミを転がして天井の隠し場所まで運んでいる音が聞こえた。家の中をそのままにしておいたのは、ミミも私も金持ちの外国人と見られるのが嫌だったからだ。できるだけ目立たないようにする、これが私たちの方針だった。だから、警察の車が泥道の突き当たりに初めて止まったとき、私たちはびっくりした。

制服の警官が二人だった。およそ九キロ離れた大きな村、紗峪《シャユィ》の警察署からやってきたという。何もなければ警察官が三岔村のような辺鄙なところに来るはずはない。この二人はどこへ行けばいいのかちゃんと心得ていて、まっすぐ私たちの家に来た。私たちのパスポートを点検し、北京での住所を書きとめてから、一人が困ったことを言い出した。

「ここで夜を過ごすことはできません。昼間ならいいんですが、夜は北京に帰らなければなりません」

「どうして夜はだめなのですか」ミミは訊いた。

「ご自身の安全のためです」

「でもここはとても安全ですよ。北京より安全です」

「何が起きるかわかりません。何かあれば、私たちの責任になるんです」

二人の警官は愛想はよかったが頑固だった。私たちはその夜、村から立ち去った。次に私たちが村に行くと同じことが起きた。家の賃貸契約を担当してくれたのは魏子淇《ウエイ・ツーチー》という村人だったが、その人がついに事の成り行きを説明してくれた。私たちが三岔村に行くたびに、村人の一人が警察に電話をするというのだ。

「初めてこの村に来たときのこと、覚えてるかい。家を二軒見ただろ。ここと、別の人の家をもう一軒。警察に通報するのはその家の人なんだ」

「でも、どうして?」

「あっちの家を借りなかったからだよ。怒ってるんだ」

村のこちら側に住んでいる人はたいてい親戚関係にある。その通報者も魏子淇と名字は同じで、高祖父でつながっているという。だが二人は親しくはない。どんな人柄なのかという私たちの質問に、魏子淇はすぐに答えた。「たとえばだがね、山には切り出して薪にしちゃいけない種類の木がある。たとえ枯れていても切っちゃだめなんだが、そんなの意味ない。だからおれたちみんな、切って薪に使ってる。だが、あいつはそんなことまで通報するんだ。そんなやつだよ、あいつは。面倒を起こすんだ」

薪を例にとった性格描写は初めて聞いた。だが、そんなタイプの人間を私はよく知っている。実際、彼の第一印象はよくなく、私たちは警戒心を抱いていた。彼は四十代後半のハンサムな男だが、目つきが落ち着かず、計算高さが感じられた。ほかの人たちのような無邪気な好奇心は持ち合わせていないらしい。たいていは一人きりでいるが、ときおり乱暴な口調で妻に話しかけていた。妻は不安げな表情の、神経質な感じのする人だ。道で会うといつも硬い笑顔を浮かべ、口ごもりながら何か言うが、私には聞き取れないことが多い。村人たちは、彼女は心が病んでいる、霊にとりつかれているなどと言っていた。ある夜、私が一人でいると、物音が聞こえたので外に出てみた。脱穀場の隅の暗がりで何かが動いている。懐中電灯を照らすと女の人が見えた。何やら支離滅裂なことを言いながら、慌てて暗がりへと走り去っていく。こんな反応を示したのはあとにも先にもこの人だけだ。たいていの人は、外国人の家を見たければ、おおっぴらにじろじろと見る。その夜、私はほぼ一晩中眠らずに、木々を吹き渡る風の音を聞きながら横たわっていた。だが、それ以来、家の近くで彼女を見かけたことは一度もない。

私たちはその男の家を借りることもできたし、結局はそのほうがよかったのかもしれない。だが、その家はぼろ家だった。床は地面がむき出しで壁はすすけて真っ黒だ。家賃は安かったから、金だけ払ってそこに住まないという手もあった。だがそんな前例を作りたくなかったし、問題の男とかかわるのも嫌だった。ミミと私は内緒でこの男に「へそ曲がり」というあだ名をつけた。なにかと文句をつけて事を起こすからだ。今回はわざわざ谷の下の町から警察を呼び込んだ。その後の一年間、私たちは警察の信用を得ようとできる限りのことをした。しょっちゅう警察署に立ち寄り、付け届けをした——仲秋節には月餅、春節には果物とタバコ、という具合だ。北京に住むミミの両親が村まで出てきて、警察署長ら幹部を接待したこともある。あるとき、弁護士をしている私の友人に相談すると、北京の新聞に出ていたよと言って記事を見せてくれた。外国人が（当局に届け出たうえで）農村に住む方法を紹介する記事だった。私はこれを警察の人に見せた。最終的に私たちは村にとどまってもよいことになったが、事前の届け出が毎回必要だと言われた。結局、必要なのは届け出、つまり規則が守られているという確認だけだった。中国の警察は厳しい面もあるが、たいていは一般国民と同じように、きわめて現実的でもある。彼らはまず、いかなる責任からも免れようとする。「へそ曲がり」は何カ月も繰り返し警察に電話したが、ついにいい加減にしろと言われた。

初めのうち、三岔村について私にいろいろ教えてくれたのは魏子淇だった。家主ではなかったが、家賃の支払いなどの面倒を見てくれた。家は魏子淇の若い甥のものだ。この甥は妻と一緒に都会へ引っ越してしまった。魏子淇の年代は村にほとんど残っていない。二十代、三十代はほぼみんな村を出て行った。村の貧困のなかで育ち、大きくなるにつれて改革開放による都市の変化を目にした人たちにとって、村を出るのは難しい選択ではない。魏子淇は、貧しかった子供のころによくニレの木の皮を食べたと言っていた。ニレの木の皮をトウモロコシに混ぜて麺にしたという。

一九八七年、一〇年間の学校生活にきりをつけた魏子淇は三岔村を出た。クラスメートもほとんどが村を出て行った。魏子淇は北京郊外の工場で仕事を見つけ、組立ラインでテレビのコンデンサーを作った。一年後、段ボール箱を作る工場に移った。魏子淇は工場の仕事が好きではなかったし、将来この仕事で成功するとも思えなかった。「毎日が同じことの繰り返しさ。工場ではいつも同じラインの同じところで働いてた。退屈だったよ」と魏子淇は言っていた。魏子淇は生まれつき頭が切れたが、正規の教育はあまり受けていない。そんな境遇の田舎の男がとるべき道は限られていた。女なら選択肢が広がったかもしれない。女性の場合、教育がなくても才覚があれば、経理や秘書の仕事を足がかりに出世の階段を上ることもできる。だが男性となると、組立ラインか工事現場で働くか、ガードマンにでもなるしかない。やがて魏子淇は別の工場のガードマンになったが、二、三年も働くと限界が見えてきた。

おそらく魏子淇の外見も就職には不利に働いたのだろう。中国では、学歴が問われない職場では身体的条件がとくに重要だった。一定の身長に達した人だけを募集する求人も珍しくはない。優良企業のガードマンなら、身長が少なくとも一七二センチはなければならない。魏子淇の身長は一六七センチそこそこだったし、容貌もいかにも農民然としていた。胸幅の広いがっしりした体格で、両脚はずんぐりして頑丈だ。両手には畑仕事でできた無数の傷痕がある。魏子淇は一目瞭然、三岔村の住人だった。だからこの村へ帰ってきた。都会で九年間を過ごしたあとの一九九六年のことだ。魏子淇は放棄農地の使用権を取得した。いまではクルミとクリを二〇〇本ほど育て、山のあちこちにアンズ果樹園を持っている。家族は妻と子供、それに知的障害のある長兄が一緒に住んでいた。四人家族の年収は一六〇〇元に満たない。ミミと私がやってきたからといって、魏子淇の家計が潤うわけではない。家賃は都会にいる甥の懐に入るのだ。

魏子淇の同年輩の人は、ほとんどみな村を出てしまった。子供のころ通った学校は閉鎖され、同じ組の一一人のうち村に残っているのは三人だけだ。魏子淇には元気な兄と姉が二人ずついるが、四人とも村を出て行った。魏子淇はほかの人とは異なる選択をしたが、それが後退だったとは考えていない。村の運命は閉ざされたなどとは思っていないのだ。村に残ったことで運が開ける日がきっと来るだろう。畑仕事のほかに何か事業をしてみたいと、魏子淇はいつも思っていた。懐柔区という近くの町に住む親類を訪れるたびに、魏子淇は何か起業のアイディアはないか注意深くアンテナを張っていた。

懐柔区のような小都市のいたるところに、起業の機会は転がっていた。起業家はたいてい農村の出身だ。街路では訪問販売の売り込みパンフレットが配られ、ビルの壁には商品や研修講座や一攫千金の儲け話の広告が貼ってある。テレビでさえ、起業のアイディアを提供していた。魏子淇は懐柔区に行くときはいつも、ケーブルテレビのある親類の家に泊まって、中国中央電視台（CCTV）の7チャンネルを見た。転業を考えている農民向けの番組もあり、成功談もしばしば放映された。ある日、魏子淇はこの7チャンネルでヒルの養殖の番組を見た。しびれや麻痺の治療に使われるヒルを養殖し、漢方薬会社に売っている河北省の農家がインタビューを受けていた。ヒルの養殖で年に二万五〇〇〇元近く稼ぐ人もいるそうだ。番組が終わると、魏子淇はテレビ局に電話をしてさらに情報を得た。

二〇〇二年、魏子淇は初めて事業に乗り出した。まず、懐柔区近辺のヒル養殖業者を何軒か訪ねて話を聞き、甥や近所の人から資金をかき集め、その一部で家のそばに小さな池を造り、セメントで固めた。それから一人で唐県《タンシエン》へ行った。バスで四時間もかかった。三岔村からこんなに遠いところまで来たのは初めてだ。唐県の大手ヒル養殖業者から魏子淇は若いヒル二〇〇〇匹を二〇〇〇元で買い入れ、水を張った二本の樽に入れてバスに乗り、長い家路についた。

その月の間ずっと、私が村に行くたびに、魏子淇はいつもヒルの世話で忙しそうにしていた。セメントを流し込んだ池のあちこちに手を加え、水をかき回し、小さな生き物たちを点検した。ちっぽけで細筆の走り書きのようにしか見えないヒルは、初めのうちは水面近くに群がっていた。魏子淇は毎日、ニワトリや羊や豚の新鮮な血を餌に与えた。いずれは（昔から製薬がさかんな）安国《アンクオ》の製薬工場に売るつもりだと魏子淇は言っていたが、二週間たつと池のヒルは減りはじめた。魏子淇にも理由はわからない。水温が低すぎるのか、池が深すぎるのか。やがてヒルは全部死んでしまい、投資金は消え去った。魏子淇のヒル養殖業はこうして幕を閉じた。

ヒルの次はアムウェイだった。中国の小都市で広がりつつあったアムウェイのパンフレットを懐柔区で手にした魏子淇は、一時期は真剣にアムウェイのことを考えた。だが、やがて三岔村はこの種の商売には小さすぎると気がついた。ワールドネットと称する中国の会社に興味を持った時期もある。魏子淇は町で手に入れたチラシを私に見せて、意見を聞いた。私は本当のことを言った。まさにマルチ商法だよ、と。

やがて魏子淇はしきりに観光業を口にするようになった。北京のマイカー族で田舎に遊びに来たいという人はまだあまりいないが、八達嶺《パーターリン》や慕田峪《ムーティエンユイ》といった長城の名所には人が来るではないか。マイカー族が増えれば、三岔村のような辺鄙な村まで遠出をする人も出てくるだろう。彼の考えでは三岔村はなんらかの特色が必要だった。魏子淇は暇を見つけては、あれこれと浮かんだ考えをノートに書きつけた。「消息《シアオシ》」と題をつけたこのノートには、地元の主だった山の名や標高や年間の気温など、基本的な情報が記されていた。魏子淇は長城の簡単な地図も加えた。中国の農村部で自分の環境をこれほど熱心に調べる人に、私はそれまで出会ったことはなかった。いや、ほかにたった一人いた。山西省のはずれで出会った陳という老人が、長城を調べ、地図を作っていたのを思い出す。だが、魏子淇の関心は歴史ではなく、事業にあった。魏子淇はノートの一ページに、民宿を始めるとしたらどんな名前をつけるか、リストアップしていた。

(1) 農家のレジャーガーデン
(2) 平和と幸福の山村
(3) 三岔農場パラダイス
(4) 湧水園ヴィラ
(5) 大自然山村ヴィラ
(6) 三岔村植物庭園
(7) 三岔村大自然レジャーパラダイス
(8) 自然とエコのレジャーヴィラ
(9) 自然とエコの植物パラダイス
(10) 自然エコ村

リストに続いて事業計画のあらましが記されていた。

各戸からそれぞれ少額でも投資を募り、わが家の庭に観光客を迎えるのはどうだろう。大きな開発業者に投資してもらえれば、村全体がパラダイスになる。観光客はこの村に来て、あちこち見物し、自然を楽しめる。長城のハイキング、農家の家庭料理、山菜摘みもいい。

だが、三岔村でビジネスパートナーを見つけるのは難しそうだった。そんな意欲のある人は残っていない。多少なりともやる気のある人はみな村を出て行ってしまった。魏子淇の野心にはどこか孤独感が漂っていた。ミミと私が大都会からやってきたので、魏子淇は大喜びしている。私たちが物書きや写真家だということも、魏子淇は気に入ったようだ。村の外の世界について訊きたがり、ほかの村人とは違って内容のある質問をした。よく持ち出される時差の問題も、魏子淇の取り組みは一味違っていた。ある日、魏子淇はアメリカ時間について細かく訊いてきた。私は北京からロサンゼルスに直行便で飛ぶと、日付変更線の関係で出発日よりも一日早く到着するのだと言った。魏子淇はしばらく黙っていたが、やおら紙片を取り出して何本か縦線を書き、それから横線を一本引いた。しばらく眺めていた魏子淇はやがてぱっと顔を輝かせた。それ以後、魏子淇が村人たちに直行便について説明するのを何回も耳にしたが、わかった人は誰もいないようで、村人たちはボーとした目つきで、ただうなずいているだけだった。

　魏子淇はまた、村でもっとも教養のある人物だった。出稼ぎから戻ってしばらくたった一九九八年、魏子淇は通信教育で法律を勉強した。本だって三〇冊以上も持っている。『経済法』『国際法』『中国憲法研究』『身近な法律・法令集』などといった題名の本で、改革開放政策に関する法律の解説書も多い。どれも新しいこれらの本は、中国農村の伝統を反映している。はるか昔の十七世紀から、中国の村には印刷された本があった。字の読める農民たちは法律のガイド本を持っていて、簡単な法的取り決めを記すときの参考にした。ミミと私が三岔村で賃貸契約を結んだとき、魏子淇は『現代経済法』という本を参考にした。これは安いペーパーバックで、表紙の写真には香港の高層ビルとEUの旗が写っている。魏子淇はこの本を参照しながら、正式な法律用語を使った全一一条の契約書を作成した。「甲は乙に対し、懐柔区渤《ボー》海《ハイ》鎮三岔村水泉溝に位置する複数の部屋（台所を含む）を提供する」。契約書はこの取り決めが「相互利益の方針に基づくもの」であるとうたっていた。また第六条は、とくに「禁制の引火性物品および爆発物を保管するためにこの家を使うことを禁じる」とあった。

　村中で魏子淇ほど遠くまで旅行したことのある人はいない。三岔村はどこへ行くにも交通の便が悪い。路線バスは通っておらず、山道で自転車を漕ぐのは一苦労だ。町に出なければならないとき、村人は五キロほど離れた洞台《トンタイ》まで歩き、そこからミニバスに乗る。洞台から懐柔区までは四五分、そこから北京に行くにはもう一時間かかる。一度も首都を見たことがない人たちが村にはいた。纏足《てんそく》の女性も何人かいた。子供のころに両足の発育を妨げられた不幸な時代の人たちだ。あるとき、ミミと私はそんな女性の一人と話をしたことがある。八十二歳のこの女性は靴を脱ぎ炕《カン》の上で横になっていた。ナイロンの靴下を通して、変形した足が透けて見えた。指が足底の方へ折り曲げられ、足はまるで怒りを表すこぶしのようにきっちりと固まっている。この人は八〇年も生きてきたが、北京に行ったことは一度もないと言っていた。行ってみたいかと訊くと、老女はうなずいた。

「でも、私は行かれないよ。車酔いしてしまうんでね」

最近、懐柔区の親類を訪問したときは、酔い止めの薬を飲んだと言っていた。初めて見た都会の感想は？　と私が訊くと、老女は「たいしたことなかったね」と片づけた。老女が育ったのは山を越えた別の村だ。三岔村からは丸一日歩かなければ行かれない。昔の三岔村の様子を訊いても、答えは素っ気ない。「ここはつまらないところですよ。山あいのこんな村にはなんにもありゃしません」。老女が関心を示す唯一の話題は、子供たちと彼らに対する不満だ。あの子たちはみんな三岔から出て行って、たまにしか帰ってこない。このごろの若い人たちはみんなそうだ。自分のことばかり考えて、老人はほったらかしだ。とはいえ、不平を言うことで老女は満足したようだ。変形した足を投げ出して炕に横たわり、若い人たちの身勝手さをあげつらううちに、老女の表情は次第に穏やかになっていった。

三岔村の人たちは長距離を（とりわけ北に向かうときは）いまだに徒歩で移動することがある。ロバに乗ることもある。三岔とは「三分岐」の意味だ。三本の谷がこの集落地で合流し、北へと広がっている。谷にはそれぞれ峠へとつながる細い道がある。一本は岔石口《チャシーコウ》の村に、もう一本は海字口《ハイツーコウ》に通じ、三番目の道をたどっていくと黄花鎮《ホアンホアチエン》に出る。道は三本とも、自然石を積み上げただけのごく古い長城をまたいでいる。このあたりの長城にはれんがもモルタルも使われておらず、建てられた年代はわからない。明の時代の文書では単に「老長城」と呼ばれている。要塞化された峠を越えて北へ数キロ下った海字口と岔石口の谷にも、さらに石造りの防壁がある。ここは防壁で幾重にも守られた地域なのだ。並行して走る三本の長城は互いに八キロほどしか離れていない。三岔村はそれらの真ん中に位置し、南に一本、北に二本の長城に囲まれている。

魏子淇の親類が、岔石口の第二の防壁の向こう側に住んでいた。そこに行くには、朝早く出発し、歩いて峠を越える。荷物が多いときはロバを使うのだった。村の家で一日分の書き仕事を終えた午後、私はよく山道をハイキングしたものだ。岩だらけの道は、果樹園の間をくねくねと続き、見捨てられた居住地跡を通過していた。海字口へ行く道の途中には、人が住まなくなって一〇年以上もたつ集落跡がある。家々の石造りの基礎部分は、生い茂るクルミの若木に隠れていた。道端の草むらに石臼が転がっている。かつてこの地を支えた労働の、最後の痕跡だった。

　黄花鎮へと続く道の途中にも集落跡があり、いまだに男が一人住んでいた。この道は人通りがまれで、夏になって草木が茂ると見つけるのさえ難しくなる。一九九〇年代まで、このあたりには小集落が二つあり、住民の姓から、一つは「馬家地《マーチアティー》」、もう一つは「李家地《リーチアティー》」と呼ばれていた。私が三岔村に住みはじめたころ、李家地はまったくの廃墟になっていた。数軒残った家は空っぽで、破れた障子が風に揺れていたのを思い出す。だがもう一方の集落には馬玉発《マー・ユイファ》という名の男がまだ住んでいた。役所からは谷の下の高齢者施設に入るように勧められているが、馬玉発は聞き入れない。高齢だが、まだ畑仕事を続けていて、畑に出られなくなったら家の炕に横になって死を待つだけさ、と言っているという。

　ある朝、道を上っていくと馬玉発がロバに水を飲ませていた。二月のことで、老人は万全の寒さ対策をしていた。軍払い下げの綿入れのズボンを履き、あちこち継ぎの当たった、これも払い下げの上着を着ている。布靴は何回も縫い直したようで、ぼろぼろの軍服は脱走兵を思わせた。終戦を知らないまま、何十年も密林に隠れていた元兵士といった格好だ。だが、その容貌は驚くほどハンサムだった。肌は風雨にさらされてクルミのようだが、眉毛は太く濃い。自分はもう七十を超えたと言っていた。私が生まれ年を訊くと、「そんなこと誰も知らないよ」と鼻先で笑う。

　家に寄って茶を一杯飲んでいけと誘われたので、私はあとについて行った。老人は草木に覆われた二軒の住居跡を指して言う。「あそこに馬家が住んでいた。こっちは趙家だ。みんな一〇年前に出て行った」。別の廃屋に差しかかると「この家にも馬家の者が住んでいた。おれのおじだ」と言う。馬玉発の兄弟の家はまだ残っていたが、もう誰も住んではいない。入り口に手彫りの棺が置いてある。「あいつが死んだら、あそこに入れるんだ」

馬玉発は泥壁の二部屋に住んでいた。電話も冷蔵庫もない。毎日、毎食、トウモロコシの粥と小麦粉の餅を食べるという。「若いときは肉を食べなきゃいけないよ。でもおれみたいな年寄りは肉はいらない」。ここからもっとも近く、買い物ができる町といえば懐柔区だが、そこへ行くには峠越えの道を四時間は歩かなければならない。馬玉発が最後に懐柔区へ行ったのは二カ月前の十二月で、四月になるまではどこにも出かけるつもりはないと言っていた。必要なものもあまりない。一年に数回、トウモロコシと小麦粉を買えばそれで事足りる。秋になればクルミを売る。こうした簡単な取引の相手以外、馬玉発は誰とも付き合いがない。年収は一六〇〇元に満たない。かたちのうえでは、馬玉発は北京の住民だ。首都の行政区域には広範な農村地帯が含まれているのだ。中国のほかの都市も、この点では同じである。人口一三〇〇万の都市に住みながら、どれほど他人と隔絶した暮らしができるものか、私は馬玉発に会って初めて知った。

私たちは炕の上に座ってお茶を飲んだ。馬玉発は昔の話をしていた。共産党が勝利した一九四九年のことは覚えている。だが、それで村の生活が変わったとは思えない。「おれたちはひどく貧乏だったし、政治のことはどうでもよかった」。馬玉発は一日たりとも学校に通ったことはないし、字も読めない。結婚したこともない。「こんなところに来てくれる嫁なんか、いやしないさ」。馬玉発の家にはラジオが一台と、安物のパラボラアンテナの付いたテレビが一台あったが、ニュース番組は見ないようだ。私が中国でいちばん偉い人は誰かと訊くと、しばらく黙って考えてから、「胡耀邦がこの国の指導者だ」と言う。実のところ、胡耀邦は一九八一年に中国共産党中央委員会主席にまで上り詰めたものの、中国の最高指導者になったことはなく、八七年には失脚し、その二年後に死去した。その死は、天安門広場における学生たちの抗議デモの契機となったという。こうした事件は世界を揺るがしたかもしれないが、馬家地にはまったく関係のない出来事だった。

馬玉発がよく気をつけていることはただ一つ、時間のようだった。部屋にはカレンダーが三つもかかっている。二つは日めくりで、日付はちゃんと合っていた。馬玉発は破り取った日めくりを捨てたりはしない。四角い紙片を浅鍋の中にきちんと積み重ねておいた。馬玉発の目覚まし時計の長針がチクタクと大きな音を立てている。炕に長時間座っていると、時計の音がだんだん大きくなるようだ。私は居心地が悪くなり、お茶の礼を言っていとまを告げた。家の外に出ると山々は静まり返っていた。広い空を見上げると、なんだかほっとした気分になった。

　家で窓際の机の前に座ると谷間が見渡せる。西の山を這い上がっていく長城も見える。ここは私の避難所だった。都会を離れて書き物をしたくなると、私はいつもここへ来た。私は村の物音が好きだった。静かな村ではどんな音でもはっきりと聞こえる。家の外にある大きなクルミの葉の間を風がさわさわと吹き抜けていく。ときどきロバの鳴き声が聞こえる。一日に三度、朝と昼と夕方に、村の宣伝スピーカーが鳴り響いた。地元のお知らせや全国ニュースや国家行事などをすべてごちゃ混ぜにした放送だが、党の発表は深い谷間にこだましてよく聞き取れない。行商人のトラックがやってくると、村人たちが坂道の突き当たりの即席市場に集まっておしゃべりするのが聞こえる。それ以外に、人間の声を聞くことはめったにない。子供たちの遊ぶ声も聞いたことがなかった。

　上《かみ》の村には、子供はたった一人しかいない。私の家の近所には家が一五軒あるが、子供のいる若夫婦はほとんどみな村を出てしまい、子育てをしているのは魏子淇と曹春梅《ツアオ・チユンメイ》の夫婦だけだ。魏嘉《ウエイ・チア》という名のその子は、私がそれまで出会ったなかでいちばん小柄な五歳児だった。体重はたった一三キロほどしかない。小食なので、母親はいつもこの子の健康を気遣っていた。だが、魏嘉の体は都会の子供と違って針金のように強かった。なにしろ四歳のときから自由に村中を歩き回り、山の中の道も知っている。魏嘉の平衡感覚は抜群だ。際限もなくばか騒ぎをする子で、けっして疲れることがない。泣くこともほとんどなかった。九歳児並みの強靭さと機敏性が、三歳児の体に押し込まれているようだ。私はこの子を見るといつも追いかけ回し、捕まえては、高く抱き上げてやった。そうせずにはいられなかった。魏嘉は私のことを「魔鬼《モークイ》（モンスター）」と呼んでいたが、あるとき両親から、大人にはちゃんと敬称を使わなければいけないと注意された。こうして私は「魔鬼おじさん」になった。

　魏嘉はよく私の家に遊びに来た。私は、魔鬼おじさんが書き物をしているときはおとなしく遊んで、邪魔をしてはいけないと言い聞かせておいた。魏嘉は村でただ一人の子供だったから、一人遊びに慣れている。私は一時間も書き物に熱中して、子供がまだいるのを忘れてしまうこともあった。おもちゃらしきものは何も持っていない魏子淇は、錆びついた熊手や割れた皿など、なんでもそのへんにあるもので遊んだ。わが家の脱穀場で古い手押し車と空のビール瓶を見つけ、午前中いっぱい行商人ごっこをしていたこともある。ミミと私はときどき北京から友達を招いたが、なかには魏嘉におもちゃをプレゼントする人もいた。魏嘉の父親は「そんなの無駄だ」と言う。「すぐ壊しちゃうんだから」。本当だった。もらったおもちゃを踏みつける、パキッと折れるほどねじ曲げる――そんなことはざらだった。おもちゃが壊れても平気だ。この子にとっておもちゃは非耐久財なのだ。運よく手に入ったら、できるだけ早くとことん遊んでしまうに限る。

魏嘉の顔は完璧なたまご形だった。黒い髪を短く刈り込み、細長の目を輝かせて笑う男の子だ。耳のかたちもすばらしい。中国の幼い子供たちの外見でもっともかわいいのは耳だろう。突き出た耳のおかげで、男の子たちはいつもびっくりした表情をしている。魏嘉の両親はとくに美形というわけではなかったが、この子は容姿が整っていた。私はよく魏嘉を褒め上げてミミをいらいらさせた。

「魏嘉はハンサムだね」と私が言うと、即座に母親が答える。

「そんな、不細工よ」

「頭もいいし」

「ばかよ」母親は打ち消す。「頭はちっともよくないわ」

ここでミミが「もうそのへんでやめてよ！」と英語で言う。私はおかまいなしに続ける。「すばらしい子だ、あの子は」

「いや、悪い子よ」

農村の昔風の親はおだてられまいとする。母親の言葉は口からまったく自動的に出たもので、膝をゴムハンマーでトントンとたたくようなものだ。母親は子供を甘やかしたくなかった。同時に彼女の言葉には、うぬぼれは不幸を招くという中国の迷信の影響が表れていた。魏嘉を褒めるとき、両親はたった一つの形容詞しか使わない。「老実《ラオシ》（おとなしい）」がそれだ。「老実」は辞書では「正直」と定義されているが、正確に訳すのは難しい。「従順な」という意味にもなるし、地方の人に特有の一種の礼儀正しさを表す言葉でもある。「この子はおとなしい」と魏嘉の両親はよく言った。これが彼らの精いっぱいの息子自慢だった。

二〇〇二年秋、魏嘉は学校生活を始めることになっていた。家から三〇キロ以上も離れた、母親が育った村の学校の幼児クラスに入るのだ。家に帰るのは週末だけだ。中国の農村部は交通が不便なため、小さな子供たちが寄宿するのも珍しいことではない。魏嘉が入学する前の日、ミミと私は北京から車を走らせて村に来た。翌日、車で送っていこうと思ったのだ。夕食は魏一家と食べた。「わくわくしてる?」と私は魏嘉に声をかけた。

ご飯を食べていた魏嘉は、茶碗から目を上げようともしない。

「魔鬼おじさんにちゃんと答えなさい」母親が厳しく言った。普段ならおしゃべりで、猛烈な早口でまくし立てる魏嘉だが、この夜は口を開かない。黙ってご飯茶碗を見つめている。この子は村の外に出たことがないんだ、とそのとき私は気づいて言った。

「いいんだよ、答えなくてもかまわないよ」

私たちは夕食を終え、両親は魏嘉が学校に着ていく新しい服やバックパックを用意した。子供は黙ったまま寝床に入った。その夜ずっと、魏嘉は学校のことには一言も触れなかった。


魏嘉は、代々三岔村に住んでいる魏家の、わかっている限りでは六代目にあたる。上《かみ》の村に住むほぼすべての男性は名字が同じだ。魏家の人たちはみななんらかの親戚関係にあった。女性の名字は曹《ツアオ》、李《リー》、趙《チャオ》、韓《ハン》、袁《ユアン》などさまざまだ。女性はたいてい北京に近いあちこちの村で育った。これが中国の農村で昔から続いてきた伝統だ。男性は家の土地を継ぎ、女性はほかの村から嫁に来る。


三岔村の確かな起源は誰も知らない。昔、たいていの村人は読み書きができなかったし、村に史的資料はほとんど残っていない。村の最古の記録は、長城を三〇〇メートルも上ったところにある石板の文字だ。長城のこの部分はれんがと切り石でできており、このあたりではほかにない構造だ。れんが造りの要塞のあちらこちらに、昔は文字を刻んだ石板があったが、多くは盗まれたり壊されたりして、今日残っているのは、北京周辺では二〇カ所に満たない。三岔村の上方に石板が残っているのは、そこが辺鄙な場所で、険しい山道を二時間も上らなくてはならないからだ。石板に刻まれた文字は、西暦一六一五年、兵士二四〇〇人の作業隊によって長城のこの部分が建設され、その長さは五八丈五寸に及ぶという内容である。ここに明朝の官僚文書に特有の几帳面さが表れている。寸とは長さの単位で、一寸はわずか二、三センチだ。要するに、このときの工事で長さ約一九四メートルの長城が建造され、工事期間は三カ月だったということだ。兵士たちは東部の山東省から徴用された人たちだった。

村人のなかには、自分たちは徴用兵士の子孫なのだと言う人がいる。別の話を信じている人もいる。それによれば、明朝の初め、皇帝の暗殺計画があったが失敗し、お尋ね者たちが山奥に逃げ込んだ。一味はやがて三本の谷が合流するこの地に住みつき、それが三岔村になったというのだ。また別の伝説もある。こちらのほうは閻《イエン》という后妃にまつわる話だ。農村を見たいと願った后妃は、紫禁城から輿に乗ってこの地にやってきた。山々を見てたいそう喜んだ后妃は、この土地を輿舁《こしか》きたちに与えたという。輿舁きたちは后妃の徳を記念して、その名を姓にいただいた。今日に至るまで、下の村には閻という姓の人がたくさんいる。

こうした物語は珍しくもないし、どこかうさんくさい。村人たちがよく見るテレビの時代劇の筋書きにそっくりなのだ。宮廷の複雑な陰謀を描くこうしたドラマから歴史を学んでいる農村の人たちが、自分たちの村の歴史に物語を多少取り入れたとしても不思議ではない。暗殺未遂事件の容疑者や后妃の輿舁きたちが、実際にこの村の先祖だとは信じられないだろう。長城の建設工事のためにここに来た兵士たちも、おそらくこの村には住みつかなかったろう。明の時代、工事が終われば兵士たちは故郷に帰ったのだ。

魏子淇は、一家の起源についてもっと合理的な説を信じていた。魏家の先祖は十九世紀の終わりごろ、山西省の黄土高原から飢饉を逃れてここまでやってきたという。魏子淇はそれが本当かどうか知らなかったし、自分の家の家系図など見たこともなかった。中国の家系図のなかには、何百年も前にさかのぼるものもある。文化大革命の間、そんなものは封建時代の名残だと非難されるのを恐れて、多くの人が家系図を隠していた。三岔村の魏家の家系図はそんな運命を免れたのだが、改革開放が始まると別のトラブルが持ち上がった。家系図が例の「へそ曲がり」の手に渡ったのだ。

「あいつは家系図を誰にも見せないんだ」と魏子淇は訴えた。「どこかに隠してるんだが、その場所さえわからない」

家系図で何をするつもりなのだろう、と私は不思議に思った。

「べつに何も――」と魏子淇は答える。「持っててもどうってことないんだがね。見せたくないだけさ」

先祖たちの署名があるぼろぼろの契約書が数通残っていて、魏子淇にとっては、これが家族史のすべてだ。契約文書に法的拘束力はもうないから、これはただの記念品にすぎなかった。魏子淇は先祖や両親の話をしたがらない。歴史に興味がないのは、ほかの村人たちも同じだった。魏子淇が子供のころは、明の遺跡に興味を示す人など、村に一人もいなかったという。当時、地元の人たちは「長城」という呼び方さえ用いず、ただ「辺墻《ビエンチアン》」と呼んでいた。辺境の防壁という意味で、明の時代からの呼び名だった。魏子淇は子供のころ、長城のれんがを焼いた窯跡で友達とよく遊んだが、使われなかったれんがなどの遺物が、ときおり窯跡から見つかったという。やがて村は大きくなり窯跡の上にも家が建った。七〇年代になると、村人たちは大通りに面した巨大な要塞門をばらばらにした。要塞門の大石は家を建てたり道路を造ったりするのに再利用された。いまではこれを後悔する向きもある。門を残しておけば、観光客の呼び込みに役立ったかもしれないからだ。

　村人たちはいまでは都会の人と同じように、この遺跡を「長城」と呼ぶ。ハイキングや散策をしている間に遺跡から何か見つけて、家に持ち帰る人もいる。魏子淇は明の時代の信号砲を二門見つけ、家に置いてある。石を筒状に彫り、一方の端を開けただけの簡単な砲で、サイズは大きな植木鉢ほど、底に導火線を通す切り込みが入っている。昔の兵隊はこれに火薬を詰め、導火線に火をつけて、爆発の音で信号を送ったのだ。私が村に住みはじめたころ、魏子淇は四〇〇年前のこの遺物を格別大事にしているようには見えなかった。ほこりだらけの棚に置きっぱなしにしていたのだ。一度、信号砲をアメリカに持ち帰りたいかと訊かれたことがある。魏子淇にとって、歴史それ自体は研究するに値しないものだった。その目は常に将来に向けられていたからだ。魏子淇は法律の勉強は実利的だから好きだと言っていた。「消息」という表題のついた彼のノートも実際に役立つものだった。魏子淇はこのノートに長城の地図も描いている。観光業はきっと金儲けにつながると信じていたからだ。

　村で過去がしのばれるのは、墓の掃除をする年一回の清明節のときだ。「すがすがしく明るい日」を意味するこの祭りは、中国全土で四月の第一週に祝われる。私が二年間住んだ南西部の四川省では、家族みんなで祝っていた。一族が先祖の墓に詣で、供え物をささげ、にぎやかなピクニックをゆっくりと楽しむ。だが、三岔村では墓参りをするのは男性だけだった。それぞれシャベルを肩に夜明け前に家を出て、村の裏山の急な坂道を上っていく。坂は途中で平らになり、そこにはトウモロコシ畑が広がっていた。畑の奥が三岔村の墓地だ。一メートル弱の高さに盛り土をしただけ、墓標もない墓が整然と列になっていた。一列が一つの世代を表している。きちんと四列に並んだ墓に、一〇〇年間続いた魏家の人びとが眠っていた。

　私が初めて三岔村で清明節を迎えたときは、アンズの花が満開だった。丘一面に白い花が舞うその情景は、まるで春の雪嵐のようだったのを覚えている。朝の六時半には、村の男たちが全員、墓地に集まっていた。魏子淇に「へそ曲がり」に党書記の夫、谷の下のほうに住むいとこたちもいる。ミミも一緒に来た。よそ者だったから、女人禁制のルールは該当しなかったのだ。子供は一人もいない。魏嘉はまだ幼くて行事には参加できなかった。何年も前から懐柔区に移り住んでいる老人も来ていた。魏明和《ウエイ・ミンフウ》という名のこの人は、両親の墓に土をかけ、穀物アルコールを一本、墓前に注いだ。「盛り土は家を表しています。このあたりでは、日の出前に墓参りをするのが習わしです。日の出前に墓に土をかければ、来世では瓦屋根の家に住めるんです。日が昇ってからでは、草ぶき屋根ですよ」

　それぞれが両親、祖父母、おじなど、近い身内の墓に詣でた。酒の小瓶やタバコなど、故人が好きだったものを供える人もいた。それから各世代の墓を回り、雑草を抜いたり土を盛ったりする。世代がさかのぼるにつれて、誰の墓かわからなくなる。最後の列の墓掃除は共同作業だ。誰が眠っているかわからない墓にみんなが詣でた。そこには盛り土が一カ所しかない。魏子淇に誰の墓かと訊いてみた。

「老祖《ラオツー》（ご先祖様）の墓だよ」。この村に最初に移り住んだ人については、名前しかわかっていない。そのほかのことは、家系図とともに失われてしまった。

　その日の午後、ミミと私は魏明和を車で家まで送っていった。老人はいまではたまにしか三岔村に帰ってこない。墓参りなどの行事がなければ、村に帰ってもすることがないと言っていた。家は懐柔区の郊外にあった。北京へと通じる道路に沿ってれんが造りの家が並ぶ一画だ。村から出てきた人たちは、たいていこういった地区に住み着いた。同じような安普請の家が無計画に並ぶ、工場の作業場のように殺風景な地区だ。私は墓に土をかけたときに魏明和が言った、瓦屋根と草ぶき屋根の話を思い出した。ご先祖様たちは抽象的な存在だが、人びとは実際に具体的な選択をしなければならない。魏明和は一つの道を選んだのだった。懐柔区のことを話したとき、魏明和はここでついに温かい家に住めるようになったと言っていた。

　初めて学校に行く日、魏嘉はカーキ色の新しいズボンを履き赤いTシャツを着た。どちらもごわごわして着心地が悪そうだ。夏の間ずっとこの子は薄汚れたタンクトップとパンツ一枚で、村中を遊び回っていたのだ。入学祝に私がプレゼントしたミッキーマウス柄のバックパックのポケットに、母親は新しい筆箱を入れた。筆箱の中には、削ったばかりの鉛筆が一本入っている。

魏嘉はまだ口数が少なく、黙りこくったまま道に出た。ミミはこの日のために親からフォルクスワーゲン・サンタナを借りていた。みんな言葉少なに車に乗り込む。私は魏嘉を膝に乗せて助手席に座った。両親は後部座席だ。見ると、二人の間にシャーズ（傻子）が座っていた。シャーズは「ばか」という意味だ。

一度、曹春梅にシャーズの本名は何かと尋ねたことがあるが、知らないと言われた。シャーズは魏子淇の長兄だ。共産党政権が権力を握る前の年、一九四八年に生まれた。中国北部ではまだ国共内戦の嵐が吹き荒れていた年だ。苦しい時代だった。その障害は貧困ゆえの、おそらくはヨウ素不足によるものだろう。ヨウ素不足の妊婦からは知的障害を持つ子供が生まれる危険性があるといわれ、いまでは政府は農村部にヨウ素入りの塩を配給している。先天性障害を持つ赤ちゃんは少なくなった。前世代の障害者たちは、この国の最近までの貧しさを思い出させてくれる。私は北部のドライブ旅行で、こうした人たちをよく見かけた。農村にはたいてい知的障害者が一人か二人はいて、ただ「シャーズ」と呼ばれている。

三岔村のシャーズは魏家で暮らし、世話をしてもらっている。簡単な仕事を手伝うこともある。床の掃き掃除やクルミの皮むき、薪集めなどだ。だが、シャーズは刈り入れの手伝いもできなければ、自分で食事を用意することもできない。耳が聞こえず、口も利けない。シャーズは何か人に伝えたいことがあると、思い切り顔をゆがめる。まるでたったいま、口が開かなくなってどうしたらよいかわからないと言わんばかりに激しくゆがめるが、実はこれまで口を利いたことはない。村人たちはその顔を見ないようにした。また、成人に呼びかけるときに普通は使う「おじさん」「兄さん」などの尊称を、彼に対しては用いず、ただシャーズと呼んだ。シャーズは行き届いた介護を受けていたが、一人前の人間として扱われたことはない。村でシャーズとまともに付き合っていたのは、まだ幼くて自分のおじに障害があることがわからない魏嘉だけだった。この子と遊ぶとき、シャーズの顔は喜びに輝く。ミミと私はよくシャーズに話しかけたが、村の人たちに言わせれば、そんなことをしても無駄だった。「話しかけても一言もわからないんだよ」と魏子淇はいつも言うのだった。

入学の日、シャーズがついてくるというので私は驚いた。何か困ったことでも起きたのかと魏子淇に訊くと

「いや、ちょっと役所に用事があるんだ」と言う。

車は村を出た。魏嘉は両手をダッシュボードに置き、身を乗り出して前を見ている。この子は車に夢中だった。車はたまにしか見ないし、車に乗るなんてめったにないことだ。魏嘉はカーブのたびに身を乗り出してはフロントガラスに顔をつけて外を眺め、下り坂では前のめりになり、停車すると後ろにぐっと寄りかかった。子供は後部座席に乗せるべきだった、と私は後悔した。膝の上に乗せるなんていけないことだとわかってはいたが、中国では誰もチャイルドシートを使わない。後部座席に乗せたら、がっかりしただろう。私は魏嘉をしっかり抱え、ミミは安全運転を心がけた。こうして私たち六人は、懐沙河《ホアイシャ》の谷間を下っていった。

クルミの刈り入れが始まっていて、農作業に向かう人たちの往来で道路はにぎやかだ。長さが三メートル以上もある、まっすぐな細い竿を手にした人が何人もいる。長い竿を持って自転車に乗っている人もいた。バランスのとり方は、まるで槍試合に臨む中世の騎士のようだ。竿はクルミの実を落とす道具だった。道路にクルミの殻が散乱しており、次々にタイヤの下ではじけた。これも一種のドライブスルー式脱穀作業だろうか。

谷を下ると子供の一団が歩いていた。みな新しい服を着てバックパックを背負っている。「ほらね、あの子たちもパックパックを背負ってるよ。おまえと同じよ、学校に行くのよ」曹春梅が息子に声をかけた。

農薬の入った箱を背負った男が歩いていた。かたわらを通り過ぎながら「ほら、あの人もバックパックをしょって学校に行くんだろ」と私が言うと、すぐさま魏嘉の反論が返ってきた。「違うよ！　あれはバックパックじゃないよ」魏嘉が口を開いたのは、村を出てからこれが初めてだ。両腕をこわばらせ、ダッシュボードにもたれている。一瞬、農薬の臭いが鼻をついたが、甘くきつい臭いは、次の瞬間にはもう消えていた。

渤海鎮の近くに来ると、魏子淇は役場に寄ってくれないかとミミに頼んだ。なぜシャーズを連れてきたのか、魏子淇がようやく説明しはじめたのは、役場の車寄せに入ってからだ。

「おれたち、シャーズの介護費用の一部を政府から毎月支給されることになってるんだ。法律でそう決まってるから、三岔村の党書記に申請したんだが、何もしてくれない。直接ここに来るほか、おれたち、どうしようもない。払ってくれと鎮の役所に頼んでみるよ。もしだめだと言われたら、シャーズをここに残していく。これは役所の責任なんだから」

「シャーズをここに置いていくつもりなの？」ミミが訊いた。

「そうだよ。役人に話を聞いてもらうには、そうするしかないんだから」

月額いくらもらえるの、とミミは訊いた。

「少なくとも五〇元」が答えだった。およそ七五〇円だ。

私たちが口を開く前に、魏子淇はもう兄を車から降ろし、手を取って正面広場を歩きはじめていた。広場には巨大な彫刻が飾ってあった。ぴかぴか光る鋼鉄の球体にねじれた棒が巻きついた、抽象的な作品だ。中国の公共の建物でよく見かけるタイプで、現代性と繁栄を表すスローガンが添えられていることが多い。渤海鎮のスローガンは「世紀の星」だった。魏子淇は兄を連れて彫刻のそばを通り、開いている玄関から中へ入った。シャーズはまったく無表情だ。車に乗り込んでからずっと静かだった。

待っている間、魏嘉はじれったそうにダッシュボードに両手をかけていた。五分後、魏子淇が戻ってきた。一人きりだ。私たちはそのまま走り続けた。


北京平原に近づくにつれて、畑の作物の種類が変わる。このあたりではトウモロコシや小麦が多く、早くも収穫が始まっていて、クルミはすでに採り尽くされていた。道端の村は次第に大きくなり、バスや自家用車やミニバンの交通量が増えた。店もあった。やがて、大きな村のいたるところに文字が目立ちはじめた。政府の家族計画スローガンだ。あちこちの壁に掲げられている。「女の子も子孫」「計画出産は国を富ませる」などといった標語は抑圧的だと、私はいつも感じてきた。だが、大きな村で目立つこうしたスローガンからは、ある種の安心感が得られるともいえた。こんな標語は三岔村では絶対に見ない。これこそ、村が消滅の途上にあるという、はっきりした証拠なのだ。

実は、もし若い夫婦が三岔村に残ったとしたら、一人しか子供を持てないとは限らない。第一子が女の子の場合、二人を限度として次の子を産むことが許される。三岔村がこうした権利を与えられているのは、辺鄙な場所にあるためだが、その背景には畑仕事を手伝える男の子が欲しいという昔ながらの願望もある。ところが、三岔村からほんの一五、六キロしか離れていない北京平原では別の規則があり、一家族の子供は性別にかかわらず一人と決められていた。

中国の家族計画政策はかなり幅がある。地方によって、またそこに住む民族によって、適用の仕方がまちまちなのだ。施行には途方もない官僚機構が必要だ。農村地域で強制的に施行された形跡を私は見ている。あるとき北部をドライブ旅行中に、甘粛省で真新しいバンを見かけた。イタリアの大手メーカー、イヴェコの車だ。サイドに「家族計画サービス車」と書いてあり、赤色灯とスピーカーとガソリン発電機を搭載している。後部扉が開いていて、車内に流し台と病院用ベッドが二台見えた。運転手から話を聞くと、この車で辺鄙な村へ行き、そこで手術を行なうと言う。もっとも一般的な手術は何かと尋ねると、運転手は私のノートに二つの単語を、こともなげに書き記した。「中絶」と「卵管結紮《けっさつ》」だった。その地方では、子供の数は民族ごとに制限されていた。漢族の家は一人、都市在住のモンゴル族は二人、地方のモンゴル族は三人というふうに。

三岔村では、第一子が女の子なら二人まで子供を産んでもよいことになっていた。例外規定はほかにもいろいろある。たとえば魏家はシャーズの介護をしているので、もう一人子供を持てた。だが、子供が二人もいれば、どうしようもないほど金がかかると考えた魏子淇はもう欲しくなかった。上昇志向の中国人はよくそんなふうに考える。とくに都会人はその傾向が強い。政府の呼びかけで、人びとは一人っ子のほうが豊かな暮らしができると確信するようになったのだ。中国の都会人で、一人っ子政策に不満を持つ人はほんの一握りしかいない。それどころか、子供をもっと欲しいという地方の人を白い目で見る風潮さえある。一人っ子政策がもたらした意外な結果の一つに、性別の際立った偏りがある。正確な統計を手に入れるのは難しいが（地方には自分の子供を登録しない人もいるから）、もっとも信頼できるデータによれば女の子一〇〇人に対し一一八人の男の子が生まれるという。これが問題であることは政府でさえも認めている。国家人口計画生育委員会は、二〇二〇年までに結婚適齢期の男性は女性を三〇〇〇万人上回ることになると報告している。二〇三〇年といえば、魏嘉が二十三歳になる年だ。

中国では医師が胎児の性別を妊婦に告げるのは違法だ。だが、贈賄はいたるところにはびこっている。一度、魏家の人たちと懐柔区の病院に行ったことがあるが、そこには超音波診断設備がそろっていて、かたわらの壁には中国語と英語の文字が大きく躍っていた。英語のほうは書き方が少々おかしかったが、その意味は明らかだった。

女の子でも男の子でも、受け入れよう。

私たちは新営《シンイン》小学校の裏口に車を止めた。先生が案内に出てきて、中へ招じ入れてくれる。魏嘉は無表情のまま教室に入り、黒板のそばで立ち止まると大声で叫んだ。「こんなとこ、嫌だよ」

魏嘉はつかまえようとする両親から身をよじって逃げ、教室の外へ飛び出し、泣きながら車のほうへ走っていく。「家に帰るんだ！　帰りたいよー！　こんなとこ大嫌いだ」

母親が追いかけ、私たちは教室に残っていた。魏嘉の言い分はもっともだ。北京の近くでこんなひどい学校は見たことがない。天井には大きな穴が開き、教室は汚れ放題、窓には鉄格子がはまっている。黒板はところどころ欠けていて、傷だらけだった。飾りといえば、動物のかたちに切り抜いた発泡スチロールが十数個、壁にかかっているだけ。急いで切り抜いたものらしく、何の動物か見分けるのも難しい。ゆがんだゾウやねじ曲がったサルや不細工なネズミといった具合だ。

ほかの生徒たちはすでに机に向かって席につき、レゴに似た積み木で静かに遊んでいた。生徒は全部で二〇人、女の子は三人だけだ。一人はかわいい顔立ちをしたおさげ髪の五歳児、もう一人は髪を男の子のように短く刈っていた。三人目は大きな黒い目の小柄な子だ。教師はこの子は「弱智《ルオチー》」だとその場で言った。弱智とは障害を持つ人という意味だ。教師のこの言葉を聞くと女の子は目を上げた。明らかに聞き慣れた言葉なのだ。

校舎の外では、魏嘉が車のそばのほこりの中に立っていた。なおも激しく泣きじゃくり、教室に連れ戻そうとする人には誰であれ、激しく抵抗する。まず母親が言い聞かせ、次に父親と交代した。魏子淇は普段は息子に厳しいが、このときばかりは同情したらしく、「みんな学校へ行くもんだ」と優しく言い聞かせていた。「母さんだって行った。ミミおばさんも、魔鬼おじさんも行ったんだ」

魔鬼おじさんが学校へ通ったと聞いても、魏嘉が安心するはずはなかった。校庭では一日一回の国旗掲揚が始まっている。スピーカーが鳴り、国歌が斉唱される。少年先鋒隊の赤いスカーフを首に巻いて行進する子供たちを見て、魏嘉は恐怖で顔をゆがめていた。一カ所にこれほどたくさんの子供が集まっているのを見たことがないのだ。魏嘉は頑として口を閉じ、誰かが連れて行こうとするたびに必死で車にしがみついた。

魏嘉をなだめるのに四五分もかかった。ついに父親が抱きかかえて教室に連れて行き、母親が机の前に座らせた。ほかの子供たちはみな振り返ってじっと見つめている。弱智と呼ばれた女の子はくるりと後ろ向きになり、目を輝かせていた。しゃくり上げ、涙で頰を濡らした魏嘉は一〇分後にもう一度脱走を企てたが、今度はつかまってしまった。魏嘉は最後にもう一度大泣きしたが、しばらくすると疲れ果てて静かになった。眉をひそめる老人のように、額にあきらめのしわを寄せている。

私たちはできるだけそっとその場を立ち去った。魏子淇にトイレの場所を尋ねると、外へ出たら塀のところで、と言う。私は子供たちが話したり笑ったり暗唱したりする声を聞きながら、雑草が茂る中で用を足した。シャーズも子供もいなくなった帰りの車は、妙にがらんとしていた。

その日、シャーズは役場から二度も抜け出していた。初めは門を出たところで役人たちにつかまった。二度目は渤海鎮の町中まで出て行くことができた。役人たちがシャーズの居場所を突き止めるのにしばらくかかった。

役場の人たちは魏子淇に電話をかけてきて、兄を連れて帰るように言った。魏子淇は支給金の支払いを求めた。どちらも譲らず、その日も遅くなってから役人たちはシャーズを車に乗せ、山地まで連れてきて、三岔村から三キロほど離れた地点で車から降ろした。シャーズが家からこれほど遠くまで来たのは初めてだったが、ちゃんと帰り道を見つけた。坂を上がっていけばいいと、本能的にわかったのだろう。

こうした経緯を私はずっとあとになってから魏子淇から聞いた。兄は疲れて、怖がっていたけど元気だったよ、役人から不当な扱いを受けた様子はなかったと、魏子淇は言っていた。ことの成り行きに彼なりに満足しているような口ぶりだった。これであいつらも、この自分が本気だとわかっただろう。上級の県の政府に支給金の申請を出しておくと、ついにあいつらは約束した。支給金はたぶんもらえるだろう。結局、こうするのがいちばんよかったんだ。役人ときたら、とかく見て見ぬふりをする。あいつらに仕事をさせるには、たまには強引に出なくちゃならない。

この事件に関して、私は良心の痛みを感じていた。とはいえ、あれ以外に自分が何をすべきだったのかはわからない。それに事件の渦中にあるときは、事情がよくのみ込めなかったのだ。中国ではよくこんなふうに感じる。中国に来てから頭の回転が鈍くなってしまったようだ。物書きとしては、それがプラスに働くこともある。何年も中国にいたおかげで私は忍耐を身につけたし、アメリカにいたときよりも心が広くなったと思う。だが、私がぼんやりしている間に、物事はどんどん進んでしまうことが多い。ともかく、中国の生活は複雑で、どんなに頭の回転が速い人でも解決できない問題が起きる。そんなとき、中国人はみんな「没辦法《メイバンファ》」と言う。「どうしようもない」という意味だ。

中国で暮らす苦労も私には楽しいものだった。それに、外国人としての孤立に一種の魅力を感じてもいた。私はそんな私を三岔村の人たちは、受け入れてくれた。私は変わり者で、長い時間を一人きりで過ごしたが、それで非難されることはなかった。村の人たちは私に対して、ごく大まかな関心しか抱かなかった。アメリカではいま何時かと、よく訊かれた。これにいくら払ったか、という質問もよく受けた。私が何を食べ、何を食べないかも知りたがった。でも、どんな本を書いているかとか、私生活については訊かれたことがない。これも、三岔村の居心地がよかった理由の一つだ。ミミを私の妻だと勘違いした人もいたが、私はあえて訂正はしなかった。実際、ミミと私は以前に付き合ったことがある。だがこのセカンドハウスは互いに友人同士として借りたものだ。その後、それぞれ別の人と付き合うようになったが、村の家は共有し続けた。ときには新しいパートナーと一緒に来た。村人たちはそんな私たちを気にもとめない。彼らと私たちの世界はそれほどかけ離れていたのだ。

シャーズの事件の一週間後、私はまた三岔村へ出かけた。シャーズは私を待っていたようだ。坂道を上り切ったところで満面の笑みを浮かべて私を出迎え、駐車した私の車をしきりに指さした。こんなに生き生きとした表情のシャーズは見たことがない。しきりに何か言っている。谷を下ってドライブしたときのことを話しているんだ、と私はようやく気がついた。「そうだったね、車で行ったことは覚えているよ」と私は話しかけながら、謝ろうと思った。自分は状況がよくわからなかったこと、何もできなかったことを伝えたかった。どうしようもなかったのだと。だが、私の後悔の気持ちを伝えるすべはなかった。シャーズは相変わらず、笑いながらやたらに手を振り回している。また私に会えて喜んでいるようだった。

十月、魏嘉の学校は初めての休みに入った。この時期に国の祝日があり、中国の学校はすべて一週間休みになる。魏嘉は村に戻ってきた。成績表には、魏嘉はまだ教室になじんでいないと書かれていた。教師の言葉によれば魏嘉は「怖いもの知らず」だという。魏嘉はばか騒ぎが好きな子だったから、初めのうち両親は子供の背中一面に無数のあざがあっても、べつに気にもとめなかった。

村ではトウモロコシの収穫が始まったところで、魏子淇が刈り取った三〇〇キロほどのトウモロコシが家のそばに積まれていた。鮮やかな黄色のトウモロコシの山を登っては滑り下りて、魏嘉は午前中ずっと遊んでいたが、やがて脚にあざができているのを母親が見つけた。くっきりした紫色の染みが点々と皮膚に広がっている。魏嘉は、気分は悪くないと言っていたが、顔色は悪かった。私たちはミミの家の車を借りてきていたので、その車で懐柔区の病院に連れて行こうと、魏子淇に申し出た。

それは国民の祝日、中華人民共和国建国五三周年を祝う日の午後で、懐柔区までの道路はがらがらだった。市の中央病院では、看護師に指示書を書いてもらい、血液検査室へ向かった。その部屋の光景は、まるでアメリカ禁酒法時代のもぐりの酒場だった。大勢の患者が壁に開いた穴に向かって腕を差し出し、壁の向こうでは姿の見えない検査技師が、注射器を手に待ち構えているのだ。初め魏嘉は抵抗したが、「おとなしくしなさい!」と父親が厳しい口調で言いきかせた。子供は顔をしかめたものの、泣き出しはしなかった。その後間もなく、看護師がコンピュータから出た検査結果を親に渡して、血小板の数値が低いと告げた。私は中国語の意味がよくわからず、あいにく辞書も持っていなかったが、看護師の顔つきから事態は深刻だとわかった。

「数値はわずか一万七〇〇〇しかありません。一五万以上はなくてはね」と言いながら、すぐにも北京の中心部にある小児病院で精密検査を受けるように勧めた。

北京市内の病院で生まれた魏嘉が、市内へ戻ってきたのはこれが初めてだ。いつも車に乗ると、ひっきりなしに質問を浴びせる魏嘉が、今日は静かだった。教えられた小児病院に着いた途端、私は後悔した。ひどいところだ。子供たちは泣き叫び、親たちは子供を追いかけ、スタッフはいら立っている。魏子淇は茫然としていた。院内に入るなり、廊下の真ん中で立ち止まってしまったのだ。都会風の人が後ろからどんどんと突き当たり、ぶつぶつ(「邪魔なんだよ」と)言いながら急いで通り過ぎていった。魏子淇が身につけていた軍や公安の払い下げの迷彩服は、都会では実際にカモフラージュになるのかもしれない。そこにいるのが見えないのか、人びとは魏子淇を押しのけ、肘で小突き、無視した。魏子淇が病院の職員に案内を頼んでも、ただ追い払われるだけだった。農民の格好をしたまま都会に出てくると、そんな目に遭うのだ。

ついに私は魏嘉を抱き上げて総合受付に向かった。受付係はしゃんと背筋を伸ばし、私の質問にすべてきちんと答えた。農民ではなく、外国人を見れば態度をがらりと変えるのだ。血液検査を受ける場所がわかったので、私たちは二〇元ほどの手数料を払い順番を待った。検査室の壁には「われわれは経験を生かし、大事なお子さま方の治療にあたっています。親御さんのご協力をお願いします」と書かれていた。

順番を待つ「大事なお子さま方」はもう二〇人を超えていた。一人につき少なくとも大人が二人付き添っている。両親と両家の祖父母に囲まれた子供もいた。中国の都会の子供には異常なまでの引力がある。子供が幼ければ幼いほど、大人たちは離れようとしない。まるで小さな重い星の軌道から離れられない巨大な惑星のようだ。だが、このように大人がいつも付きっきりでも、しつけが行き届くわけではない。待合室には叫び声とわめき声が鳴り響いていた。大事なお子さま方は追いかけっこをしたり、順番待ちの列に出たり入ったりしている。私たちが待合室に入って五分もたたないうちに、一人のお子さまが床に嘔吐した。別の女の子が制止を振り切って検査室に入り込み、試験管ラックに手を伸ばすと、看護師はその手をぴしゃりとたたき、「やめなさい！」と叫んだ。

ほかの子と比べると、魏嘉の身なりはひどくみすぼらしかった。汚れたグリーンのトレーナーは首のまわりに泥がこびりつき、布の靴には穴が開いている。だが、ありがたいことに魏嘉はおとなしかった。順番が来ると顔をゆがめたが、父親に「じっとしていなさい」と言われ、あっという間に検査は終わった。

休日に小児病院になど行くものではないと知ったのは、あとになってからだ。当直の医師は、とにかく病院を空《から》にすることしか考えていない。魏嘉の検査結果を見た医師は処方箋を書き、子供を休ませるように言った。処方されたのは、ビタミンCの錠剤が一瓶だ。帰り道は新しい八達嶺高速道路を通るよと私が言うと、親子は顔を輝かせた。「ほら、高速道路だぞ。こんなに広い。だからスピードを上げられるんだ」魏子淇はしきりに説明していた。軍都山脈に入ると、魏子淇は眠り込んでいた子供を揺り起こし、生まれて初めて通るトンネルを見せた。三岔村に着くころは暗くなっていたが、曹春梅とミミは懐中電灯を手に道に出て待っていた。母親はあれからずっと「白血球の病気」のことを心配していたという。魏子淇は医師の言葉を繰り返して、心配することはないとなだめ、子供を休ませた。その夜、私は眠れなかった。同じこと（白血病）が心配だったのだ。

私も子供のころは病気と縁が切れなかった。ぜんそくや肺炎で入院したこともあるし、怪我もよくした。両親がしょっちゅう緊急電話で骨折やら怪我やらを知らされる。私はそんな子供だった。問題は体格にもあった。私は常にクラスでいちばん小さいほうで、一九七四年に五歳児だった私の体重は一五キロほどしかなかった。魏嘉と似たり寄ったりだ。保育園の先生は、留年して成長を待ったらどうかと勧めてくれた。

魏子淇と私は年齢がほとんど同じだ。私は魏子淇の二週間前、一九六九年六月に生まれた。互いに学校の話をして、進級した年を話し合ったこともある。あるとき、魏子淇は鋭い目つきで「落第したのかい」と訊いてきた。

アメリカの学校では私は常にクラスメートより一歳年上だったが、誰からもそんなふうに訊かれたことはない。一九七四年の当時、両親はこのことについて「もう一年」という言い方をして、私の頭が悪かったわけではなく、小柄だったのだと力を込めた。しかし、中国の農村の言語にはそんな婉曲表現は存在しない。

「そうなんだ。保育園で落第したんだ」

「一年遅れたんだろ」

魏子淇はにやりと笑いながら言った。自分も落第したんだと言う。五年生を繰り返したそうだ。魏子淇も年のわりには小柄だったからだ。

思春期までに私は丈夫になっていた。だが、病院の恐怖はいまだにこの身に沁みついている。魏嘉を北京の病院に連れて行くのは苦行だった。幼いころの自分を思い出してしまうからだ。血液検査の翌日、私は北京の自宅に帰り、「血小板」について調べはじめた。ところが、「血小板数値、あざ」でネット検索すると、毎回のように「白血病」に行き当たるではないか。私はパニック状態でアメリカにいる友人の医師三人にメールを送り、魏嘉の検査結果のコピーを添付した。北京の時間で夜遅く送信したメールに、朝方までには三人とも返事をくれた。それぞれサンフランシスコ、ミズーリ州、ニュージャージー州に住んでいる。三人ともおそらく白血病ではないだろうと言い、生体検査を受けるように勧めていた。三人が三人とも、免疫性血小板減少性紫斑病（ＩＴＰ）という疾患を疑っていた。ＩＴＰは原因不明だが、子供によくある病気だった。休養と栄養を十分にとれば、たいていは二カ月ほどで状態は改善し、めったに慢性化はしない。ただし、魏嘉の数値はひどく低いので、血液が固まらないおそれがある。とくに脳内出血の危険があった。「私ならステロイドか免疫グロブリンを投与するだろう」と一人は書いていた。友人のアイリーン・キャヴェノーはニュージャージー州の医科大学を終えるところだったが、「いちばん気にかかるのは、医師が子供を入院させて調べようとしなかったこと」だと指摘していた。

三岔村に電話すると曹春梅が出た。「魏嘉は元気になったわ。ちょっと鼻血を出したけど、たいしたことないと思う」

「危ないことは絶対にさせてはだめだよ」と私は言った。「遊んだり走ったりさせないように。これからどうするか決まるまで、とにかくベッドで休ませておかなくちゃならない。安静にしているように。これは大事なことなんだ」

私はミミに電話して相談した。村にはオートバイ以外、交通手段はいっさいない。ミミの家の車を借りることはできたが、魏嘉をどこに連れて行けばいいのかわからない。小児病院にまた行こうかと考えていると、携帯が鳴った。

「鼻血が止まらないの」曹春梅はうろたえていた。代わって夫が電話口に出た。「横になっていればいいんだが、起き上がるとまた出血するんだ」

「入院させなきゃ」と私は言った。「あの医者は間違ってたんだ。いまはとにかく寝かせておいて。できるだけ早くそっちに行くから」

車のキーを受け取りに行くと、ミミはもうあちこちに電話して病院探しを始めていた。私はサンタナのエンジンをかけ、北をめざした。市内の混雑が恨めしい。これでは三岔村まで二時間はかかるだろう。

曹春梅が生まれ育ったのは、れんがと石でできた長城を越えたところにある村だ。谷あいの下のほうに位置し、三岔村より恵まれている村で、曹春梅の家も魏子淇の家ほど貧しくはなかったが、子供時代の暮らしは質素だった。学用品はニワトリのたまごと交換して手に入れた。当時、現金はほとんど使われなかった。二週間に一度、兄や妹と一緒に八キロの道のりを歩いて祖母の家へ行った。途中、箭扣《チエンコウ》の高い山道を越えなければならない。箭扣は長城のなかでもとりわけ勾配がきつい部分だ。この堂々としたれんがの要塞は十七世紀の初め、明代の末に完成した。だが、こうした史実も若い曹春梅にとってはどうでもいいことだった。若い女の子にとって長城とは、ただ二つの世界を（学校と家を、普通の日と週末を）区切るものにすぎなかった。崩れかかったれんが壁の敷居を、曹春梅はこれまで何百回となく越えてきた。

曹春梅は学校に八年間通ってから退学し、すでに姉が働いていた近くの衣料工場で仕事を見つけた。工場で作るのは支給品のシャツやジャケット、農民もよく着ているような衣類だ。組立ラインで曹春梅は襟から始め、カフスへと移り、ついにボタン付けに昇進した。曹春梅は実家で両親と一緒に暮らし、職場に通った。通勤は自転車で三〇分もかからなかった。両親は余裕があったから、曹春梅はもらった給料を自由に使えた。あの時期は生涯でもっとも幸せだったと、のちに曹春梅は述懐している。

組立ラインの同僚に三岔村の人がいた。ある日、この若い女性に、付き合っている人はいるの、と訊かれた。いるよ、と曹春梅は答えたが、それでも同僚はおかまいなしに「私のおじさんに会ってみてよ」と言う。このおじさんは自分とあまり年が違わず、結婚していないのだそうだ。

「会ってみよう、と思ったの」何年もたってから曹春梅は当時を思い出して語った。「あのとき付き合っていたボーイフレンドは若かったし、すぐ近くの町の人だった。どうしてだかわからないけど、私は近くの町の人と結婚するのは嫌だった」

あとからわかったことだが、この若い同僚は例の「へそ曲がり」の娘だった。「へそ曲がり」とは、魏子淇と曹春梅の曾祖父の父親でつながった遠縁で、魏子淇と曹春梅のお見合いの段取りをつけたのはその娘だったのだ。農村の人たちは見合いの相手をすばやく、厳しく評価する。しかも、こうした評価は、年月を経て思い出のヴェールに包まれることもない。一〇年以上たっても曹春梅はそのときの印象をはっきりと覚えていた。「背が低くて、色が黒いなというのが第一印象だったわ。肌の色がとても浅黒かったけど、話はおもしろかったの。ユーモアがあったし、話し方が普通の人と違っていた。ときどきまずいことも口にしたりして、この人楽しいなと思ったわ」

八カ月後の一九九三年正月、二人は結婚した。結婚式は廟城《ミアオチヨン》の町のレストランで挙げた。一五年もたったいまでは、曹春梅はそのレストランの名前からメニューや来客リストまで、アメリカの女性なら永遠に覚えているはずの細部をすべて忘れている。ただし、金の出入りだけはきちんと記憶していた。披露宴の費用は六九〇元（約九〇〇〇円）で、結婚祝いは中国の習わしに従って現金でもらった。一〇〇元も包んでくれた人がいたが、これが祝い金の最高額だった。結局、結婚式の収支は一三〇〇元のプラスになった。曹春梅は自分の結婚式を、まるで会計士のように語った。

結婚して二年間、二人は懐柔区に住み、曹春梅は料理人の仕事を見つけたが、都会は住み心地が悪かった。

「人が多すぎて、緊張してしまうの。村は静かだし、のんびり暮らせるわ。仕事が終わればゆっくりして、散歩にだって行けるもの」

魏子淇も同じ考えだったから、曹春梅が妊娠すると、二人は長城を越えて三岔村へ戻ってきた。若夫婦は魏子淇の両親の家に住んだ。床も壁もコーリャンの茎を混ぜた泥で造った家だった。住環境は前よりずっと悪くなったが、曹春梅は気にしなかった。静かな村では、貧しくとも穏やかな暮らしができそうだと、初めのうち曹春梅は幸せだった。

だが月日がたつにつれて、三岔村に対する曹春梅の考え方は変わっていった。九七年に魏嘉が生まれた。その後一年足らずのうちに、舅と姑が相次いで他界した。曹春梅は村のほかの女性たちと親しくなった。たいていはよその村から嫁いできた人たちだ。次第に噂話が耳に入ってきた。こそこそとささやかれる話を、初めは信じられないと思った。ある女性は夫の親戚と不倫関係を一〇年以上も続けている。相手の子供まで産んでいるが、みんな夫の子供だと信じるふりをしていた。三人とも父親が違う子供を産んだ女性もいる。出稼ぎをすればこれができる。計画出産を避けて通るにはこれがいちばんの近道だった。この女性はときどき新興の都市に出稼ぎに行き、そこで新しい相手を見つけて子供を産む。一方、女性の夫は村に残り、隣の家の奥さんと不倫関係を続けている。これも公然の秘密だった。隣の家では、夫が畑仕事に出ると別の男が裏口から入り込んでくるという。

「そんなこと、ここではよくあるのよ」友達になってかなりたってから曹春梅は私に打ち明けた。村で不倫は珍しくないし、近親相姦の噂さえ聞くことがあるという。「この村の環境のせいかもしれない。ここは辺鄙なところだから、ある意味で大目に見られているのかもしれない。実家の村ではあまり聞いたことがないわ。あっちの村には二〇〇世帯も住んでいるけど、ここはほんの数世帯しかいないでしょ」

「この村に来たとき、ここはちゃんとした村で、みんなちゃんとした人だと思ってた。でも二年目になると、不倫とか悪い噂が聞こえてきたわ。そんな話、うちの人からはいっさい聞いていなかった。村の人たちはたいてい親戚だから、大っぴらにはできないのよ」。不倫が暴力沙汰に発展することもあるという。そんなとき、やられるのはきまって女性だ。「妻を殴る夫はいるけど、男同士は絶対にけんかしないわ」

三岔村に来て一〇年間というもの、曹春梅は一度も長城に行っていない。長城は、彼女にとっては祖母の家まで歩いて通った子供時代の思い出の一つにすぎない。三岔村にいるいま、二時間もかかる長城ハイキングをしようとは思わない。曹春梅はがっしりした体格の丸顔の女性で、白髪があった。白髪は十代のころから目立ちはじめたという。いまは髪を黒く染めているが、それでも毛根のあたりは白っぽい。左の目はブルー、右目は茶色だ。その顔にはすぐに優しい笑みが浮かぶ。魏嘉と一緒にいるときは、実に幸せそうな表情になる。だが、釣り合いのとれないその両の目は、否定しようもない悲しみをたたえていた。曹春梅は静かな村の暮らしが蜃気楼のように消えていくのを目の当たりにした。それに、村で最後の子供を育てるのは容易ではないことを、曹春梅は知っているのだ。

私はいつものように道路の行き止まりに駐車した。魏嘉は炕の上に横になっていた。顔色が青白く、鼻のまわりに乾いた血が少しこびりついている。私がその額にそっと触れても、子供は無言だった。

「ご面倒かけます」曹春梅が言った。

「なんでもないよ」と答えながら、額に触ってみると、火のように熱い。魏嘉は怖がっているようだが、まだ無言のままだった。

「昼ごはん食べますか」曹春梅が礼儀正しく訊く。

「いや、ぼくはもうすませた。さあ、行かなくちゃ」

相談した末に、魏嘉が入院先で落ち着くまで曹春梅が家に残ることになった。曹春梅は子供の着替えとトイレットペーパー一ロールをミッキーマウス柄のバックパックに詰め込んだ。魏嘉は父親に抱き上げられて車に運ばれ、後部座席で父親の膝を枕に横になった。

村からは急なジグザグ道が続いている。車が揺れないように、私はゆっくり運転した。一〇分ほど行くと、魏嘉は気持ちが悪いと言い出した。路肩に寄せると、後ろから苦しそうな音が聞こえる。見ると、魏嘉の鼻から血が二本の筋になって流れ落ちていた。父親がトイレットペーパーで鼻血をそっと押さえる。子供の顔色はいっそう青白く見えた。私たちはすぐに道に戻った。

秋は中国北部でもっとも気持ちのいい季節だ。その日もすばらしい天気だった。畑では農家の人たちがその年最後の刈り入れをしていた。大豆の収穫だ。短い柄の鎌を手に、修道僧のように頭を深く垂れた男たちが列になって刈っていく。干し草のような茎から実を採る作業風景が、道路沿いに続いていた。八達嶺高速道路に乗るまでに、一時間ほどもこの急な山道を走らなければならない。私はあたりの田園風景に神経を集中させることにした。寧沙河の渓谷を抜け、トンネルを通り、就渡河へと下る。淀んで暗い川と、そこに架かる橋のオレンジ色に塗られた欄干、そして両岸のポプラの白い幹が目に飛び込んできた。私は思わず鮮やかな色に目を奪われた。黒《ヘイ》山寨《シャンチャイ》で、もう一度車を止めることになった。今度は、魏嘉は嘔吐した。鼻血がたらたらと流れている。父親はロールから新たに紙をちぎり、子供の鼻に詰めた。

　道はまた上り坂になった。クルミの木立の間を急カーブしながら走る道だ。しばらく行くと、最後の峠に差しかかった。そこから一気に下り、明の皇帝たちが埋葬されている谷に出る。平原に点在する皇帝たちの墓はみな南向きに建てられていて、金色の屋根瓦が十月の陽光にまぶしく光っていた。私たちは明の第五代皇帝、宣徳帝の陵墓を通り過ぎた。言い伝えによると、自分の矢でモンゴルの兵を三人射止めた皇帝だ。次に差しかかったのは宣徳帝の祖父、永楽帝の墓だ。一四二一年に北京を首都に定めた偉大な皇帝だ。通り過ぎたところで魏嘉が車を止めてくれと言った。

　小声でトイレに行きたいと言う。父親が子供のズボンを下げてみると、下痢だった。顔は青ざめ、目はうつろだ。私たちは高速道路に出るまで一〇分とかからないところにいた。

「このまま進んだほうがいいよ」私は言った。

「ちょっと待ってくれ」と魏子淇が頼んだ。

　車はリンゴ畑の排水溝のそばに止まっていた。畑は収穫直後のようだ。車道を観光バスがひっきりなしに通り過ぎていく。明朝の陵墓群へ向かうバスだ。観光客のなかで見た人はいるだろうか——ライトを点滅しながら停車している一台の車と、息子を抱えて排水溝にかがみ込む父親の姿を。収穫が終わったリンゴ畑では、実も葉も落とした枝々が秋の光を浴びていた。

　ミミは、北京大学医学部付属第三病院の小児病棟にベッドを確保してくれた。この病院には優秀な血液学専門家がそろっているそうだ。入院手続きを終え、ベッドに横になった魏嘉はいくらか血色を取り戻したが、おびえきっていて、白衣の人間と見れば誰彼かまわず抵抗した。採血のときは一人の看護師にかみつき、もう一人に殴りかかったので、父親と私は子供をベッドに押さえつけなければならなかった。採血がすむと魏嘉は少し落ち着いた。看護師は血小板の数値を注意深く見守ると約束し、今夜の付き添いは誰かと訊いた。

「私です」魏子淇が答える。

「だめです」と看護師はぴしゃりと言う。「病院での宿泊が認められるのは女性の同志のみです」

「母親は明日出てきます。一晩だけ私が泊まってはいけませんか」

「絶対にだめです。女性の同志のみです」

「この人たち、二時間もかけてきたんです」とミミが口を挟んだ。「申し訳ないですけど、今日は父親しかいないんです」

「父親は泊まれません。女性の同志のみです。あなたが泊まってもいいんですよ。父親はだめですけど」

この看護師は五十代の恰幅のいい女性で、魏嘉のベッドの前にどっしりと立ち、「女性の同志のみ」を繰り返した。聞けば聞くほどおかしな響きのする言葉だった。「同志」などという古い共産党用語を使う人はもう誰もいない。魏嘉はまた泣き出した。恐怖で顔をゆがめている。「一人じゃ嫌だよ。嫌だよ、一人じゃ」

「大丈夫よ、一人になんかしないから」ミミがなだめた。私は看護師に向かって「ちょっと、部屋の外でお話ししたいんですが」と言った。

農村から出てきた人たちが、病院でひどい扱いを受けるのは誰でも知っている。だからといって私は腹を立てるつもりはなかったから、できるだけ冷静に事情を説明した。ミミは例外を認めてくださいと頼んだ。だが看護師は断固としていた。中国の官僚、とくに中年の人によくあるタイプだ。文化大革命の混乱期に教育を受け、成人してからは中華人民共和国の職場単位システムのもとで生活した人たち、つまりは改革の波に取り残されたこの人たちは、若い世代ではごく当たり前になっている柔軟性や現実主義とは無縁であった。看護師が頑として譲らないので、結局は私が三岔村に戻り、曹春梅を連れてくることになった。

「一〇時までには戻ってください。遅れたら病院の中に入れません。夜間は出入り口を閉めます。それが規則ですから」看護師はのたまった。

私は曹春梅に電話して状況を話し、誰かのオートバイに乗せてもらって谷の下まで出てきてくれと言った。少しでも時間を節約したかったのだ。ところが三〇分もたってから、それは無理だと返事がきた。バイクの持ち主が今夜は酔っていて、とても運転はできないそうだ。そんなわけで、私がいつもどおり道路の突き当たりに車を止めたとき、あたりはもう真っ暗だった。いろいろ詰め込んだバッグを手に、曹春梅は私を待っていた。バッグの中には、村の湧水を入れたボトルが何本も入っていた。三岔村の水は都会の水より体にいいと、たいていの村人は信じている。

「ご面倒かけます」と言いながら曹春梅は車に乗り込んだ。

「面倒なんかじゃないよ。必要なもの全部そろった？」

「ええ」と言ってから曹春梅は「ご飯は食べましたか」と挨拶した。

「はい、もうすませました」と私は返した。実は朝から食事をしていなかったのだが。こうした礼儀正しい言葉のやりとりには、どこか人を安心させるものがあった。中国の農村には、どんなに張りつめた雰囲気のなかでも必ず成り立つある種の会話がある。曹春梅の挨拶の言葉で私は心が落ち着いた。スピードを上げて山道を走ると、窓外には懐沙河《ホアイシヤフウ》、就渡河《チウトウフウ》、黒山寨など、見慣れた道標が闇の中からぼっと現れては消えていく。ここを通るのは今朝からこれで四度目だ。明朝の陵墓群の屋根は闇の中で気味悪い光を放っていた。高速道路はがらがらで、私たちは門限三〇分前に病院に到着した。魏嘉はもうぐっすりと眠っていて、私が両親に別れを告げても目を覚ます気配はなかった。

その週の間ずっと、魏嘉は熱があった。入院から五日目には四〇度の高熱を出し、血小板の数値も一万五〇〇〇以下に落ち込んでしまった。さらに低下すれば脳出血が心配だ。

ミミと私は毎日見舞いに行った。私は毎晩、アメリカにいる友人の医者たちにメールで相談した。よく休んで体によい食事をすれば症状は落ち着くはずだと、彼らは言ったが、魏嘉の場合、免疫性血小板減少性紫斑症（ＩＰＴ）という診断が正しいかどうかも確信が持てない。こうした場合、アメリカの病院なら輸血をするところだが、中国の医者たちはまだ輸血のことには触れていない。輸血は最後の手段にすべきだと、私は両親にアドバイスしていた。中国の輸血用血液は安全ではない。献血者が不足し、血液供給システムは主に売血に依存しているからだ。魏嘉が病気になった当時、専門家の推計によれば中国のＨＩＶ感染者は一〇〇万人を超えていた。ＨＩＶの流行は北京の南隣りの河南省でとくに深刻で、非衛生的な採血方法がその一因と考えられた。大都市はどこも問題を抱えていた。知り合いの中国系アメリカ人記者は、北京市内のある献血センターで、偽の身分証を使って売血するように持ちかけられたそうだ。きちんとした病院でも、普通は血液分析といえば抗体検査しか行なわない。抗体検査は安上がりだが、先進国で一般的な分子診断ほどの信頼性はない。

七日目、魏嘉は歯茎から出血した。医師たちはその朝、白血病の骨髄検査を行ない、ついに輸血が必要だとの結論を出していた。魏子淇は私に電話をかけてきて、八〇〇〇元ほど貸してくれと言った。中国には国家的な医療保険制度はない。都市住民はたいてい職場単位の保険に頼れるが、農村の人はまったく自力でやりくりしなければならない。農家の人が熱心に貯金するのは、このためでもある。緊急の場合でも治療費は現金で支払わなければならないから、農村出身者は病院でひどい扱いを受けることになる。未払いの請求書などという厄介事に巻き込まれたくない医者から、あからさまに前払いを求められるのだ。なんらかの国民皆保険制度をつくろうと中央政府が一歩動き出したのは、ようやく二〇〇九年になってからだが、その範囲がどの程度のものになるかは、まだはっきりしていない。

魏嘉が病気になった当時、農村家庭が利用できるのは民間の医療保険に限られていた。そして、農村の人にしては珍しく、魏子淇は息子のために医療保険に入っていた。これは実に賢い選択だった。今回の治療費も、大方は保険の適用範囲なのだが、病院は保険金の支払いを待たずに現金を要求した。こんなとき、頼りになるのは親戚だ。だが、親戚から金をかき集めるには何日もかかることがある。

ミミは仕事でヨーロッパに行く支度で忙しかったので、私は一人で病院に行った。魏嘉はうつらうつらしていた。鎮静剤を投与されたという。口のまわりに乾いた血がこびりついていた。まだ歯茎から血が滲み出ているようだ。私は魏子淇と一緒に担当の趙先生に会いに行き、自己紹介した。部屋には医師がもう一人と看護師が三人いた。輸血は絶対に必要かと私は訊いた。

「この人は誰?」厳しい口調で先生は魏子淇に訊く。「この人はなぜここにいるんですか。いろいろ質問するのはどういうわけ?」

「この人は作家なんです」魏子淇は誇らしげに答える。

「いま申し上げましたように、私は一家の友人です」私は急いで付け加えた。「子供を病院に連れてきたのは私です。今後のことについて、簡単なことをうかがいたいだけです」

「この人には関係ないことですよ」趙先生は魏子淇に

向かって言う。「親はあなたでしょ。責任はあなたにあるんです。この人には関係ありません」

「でも、この子のことが心配なんです。なんとか力になりたいと思って。正しいやり方を決めたいだけです」

「やり方はもう決まっていますよ！」と言ったきり、先生はくるりと私に背を向けた。一瞬、私は言葉を失い、立ち尽くしてしまった。これまで知り合いになった中国人は、みな寛容だった。とかく中国語を話す外国人は、過度に尊敬される。そして、尊敬は便宜につながることが多い。長期滞在者のご多分にもれず、私は人びとの尊敬を都合よく利用することを覚えた。ただし、尊敬が実は何を意味するかについて幻想を抱いたことはない。尊敬の根っこの部分に自信のなさがあった。心の奥底で人びとは、とくに教育程度の高い人は、自分の国が外国人の目にどう映るかを、少し恥じていた。趙先生は私のことを、病気の子供を気にかける一人の人間としては見なかった。彼女にとって私は、医師としての彼女の力量を信じない外国人でしかなかったのだ。

それに、魏子淇が私の判断を信用しているのも、趙先生は気に入らない。私たち二人は、この都会人女性の最悪の側面を引き出してしまったらしい。趙先生は、農民には傲慢な態度をとり、外国人には自信のなさを露呈したのだった。私は部屋の中にいるほかの三人の女性たちに問いかけた。「このことで、どなたかとお話したいんですが」みんな知らんぷりだ。私は質問を繰り返した。沈黙が続く。看護師の一人が小声で何かつぶやいた。私には聞き取れなかったが、ほかの二人は笑い出した。私はかっとして顔が赤くなるのがわかった。堪忍袋の緒が切れた。子供が病室で苦しんでいるというのに、看護師の笑い声をこれ以上我慢することはない。

「簡単なことですよ。治療費を払うのは私です。金を払う前に、なぜいま輸血が必要か説明してください。私に答えないなら金は払いません」

趙先生は振り返って私を見た。顔が怒りでひきつっている。「あの子には免疫グロブリンが必要です。脳がやられる危険がありますから。すでに口の中で出血が起きています。私たちは治療法を知っています。あなたは何もわかっていないんですよ」

「わかろうとしているんですよ、できるだけ。ゆっくり話してくださいませんか。あの子のことが心配だから、いろいろうかがっているんです。それだけです」

「心配しているなら、輸血をさせてください」

「ほかの医者とも話してみたんですが、輸血しなくてもいい場合もあるそうです。普通は組織検査の結果を待ってから決めるそうですが」

「どれくらい待つんですか」趙先生は大声を出した。

「いつまでかかるかわかりません。一週間かもしれない。そんなに待てません」

「ウイルスによる熱かどうか、検査していないのはなぜですか」

「血小板の値が低いんです。これを第一に考えなくてはなりません」

「肝炎の検査はしましたか」

「肝炎じゃありませんよ」

「でも、検査しましたか。その可能性もあるでしょう」

「肝炎検査は必要ありません。そんな心配はありません」

「ガンマグロブリン投与の場合ですが、血液製剤が何か病気を運ぶ危険がありますか」

「もちろん危険はあります」趙先生は吐き捨てるように言った。「HIVとか、肝炎とかほかの病気とか」

「検査はしないんですか」

「検査は完全ではありませんから」

「完全な検査もあるでしょう」

「あり得ませんね」

もううんざりだったが、私はもう一つ、別の方向から訊いてみることにした。「その血液製剤はどこから来るんですか」

「私が知っているわけないでしょ」趙先生は、いまや大声で怒鳴っていた。私は魏子淇とともにすごすごと引き下がり、部屋を出た。血液製剤の供給元が問題なのだと私が説明すると、魏子淇は静かにうなずいていた。私は北京市内の医療技術会社で働いているアメリカ人と知り合いだったので、携帯で相談してみた。彼女によれば、その会社は血液に関しては国際基準に従っているという。そのうえ、ガンマグロブリンを調達できるか調べてくれるとも言った。すぐに返事が来た。

「すぐにも納品できるそうよ。一ユニット三七八ドルかかるけど。五歳の子供なら一ユニットで十分でしょう。体格が大きくなければ」

「小柄な子だよ」

「それなら一ユニットでいいでしょ。すぐにも届けられるけど、それには病院が受け取りに同意しなければならないわ」

こうした企業から血液製剤を買うのは、本来なら違法だった。だが、中国では物事がこんなふうに運ぶことがよくある。私は覚悟を決めて趙先生のところに戻った。

「もし、私が安全な血液製剤を買ったら、それを使っていただけますか」

「安全が保証された血液製剤なんか、北京中探してもありませんよ」

「ありますよ」と私は言って、会社の名を挙げた。「あそこの製品は安全です」

「そうとも言えません。すべてを検査することなんかできません」

「ＨＩＶと肝炎については安全です」

「無理です！ そんな検査はありません」

「検査のことはさておくとしましょう」と私は切り返した。「問題はですね、あの会社から血液製剤を手に入れた場合、それを使って治療してくれるかということです」

「そんなことは無理です。あそこからは買えません」

「いや、もう話はついています。売ってくれるそうです」

「承諾しかねます。病院の方針に反することですから。あなた、どうしてこんなこと訊くんです？ そんなこと、どうして考えつくんです？ いったい何様のつもりなんですか」

「血液製剤がどこのものかも、安全かどうかも先生は教えてくださらない。私はただ、安全な供給元を探しているだけです。それでうかがっているんです」

「北京に安全な血液製剤はありません。この場合も、当病院にある製剤を使うことになります。ほかに方法はありません。たしかにリスクはありますが、ガンマグロブリンを投与しない場合、リスクは拡大します。さあ、どうしますか。いますぐに決めてください」

　部屋を出たとき、私は怒りに身を震わせていた。私は医療技術会社の友達にもう一度電話して、事情を説明した。「こうしたらどうかしら」と彼女は言ってくれた。「前にその病院で働いていた中国人の先生たちを知っているわ。だから、血液製剤の供給元を教えてもらうの。そうすれば信頼できるところかどうかがわかるでしょ。調べてまた連絡するわ」

　私は魏嘉の病室で、両親と一緒に返事を待った。この一週間というもの、二人は冷静な態度をまったく崩していない。涙も見せず、おろおろすることもなく、声を上げもしない。彼らはたくましかった。それに「没辦法《メイバンファ》（どうしようもない）」の意味をよく理解していた。私が趙先生と言い争っている間、魏子淇は静かに後ろに控えていた。その態度からは、彼が私の判断を尊敬し、会ったこともないアメリカ人の医者たちを信頼していることが明らかだった。教育のある中国人が感じる自信のなさなど、微塵も感じていない。魏子淇にとってことは至極簡単だ。自分は病気のことについては何も知らない。知るすべもない。だから、息子の健康については外国人の友人に任せる。私の反応はまったく逆だった。私だって病気のことはよくわからない。だが、状況があまりに深刻なので、自分の手で何かしたかった。しかし実際、私にできることといえば、正しい判断をするための情報収集だけだ。そしていまはただ、電話を待つだけだった。

魏嘉の病室にはほかに二人が入院していた。一人は心筋に炎症を起こした十二歳、もう一人は腎臓病の八歳の男の子だ。病室の壁は薄いピンク色で、室内の唯一の飾りはミッキーマウスの時計だった。一方の壁には物干しロープが張られている。息子と一緒に病室に泊まり込んでいる母親たちが使うのだ。

八歳のこの子は北東部の吉林省から、両親に連れられて治療のために北京に出てきたという。これが二度目の入院だった。六月から大量のホルモン剤投与を受けていて、この三カ月で体重が五割も増えた。この子の体はどこもかしこも（大きなお腹、ソーセージのようにぱんぱんの脚、真ん丸の顔）ふくらんでいた。子供はひっきりなしに食べ、母親は子供の食べ物についてひっきりなしにしゃべっていた。中国人は食べ物の話題が好きだ。とくに病室での何よりの楽しみは、食べ物と子供たちを話題におしゃべりすることだ。母親たちはこの数日間ですっかり仲よくなっていた。中国人は生まれつき社交的な人が多く、張りつめた雰囲気のなかでも、何人か集まれば延々と会話を続ける。私は携帯を片手に、母親たちのおしゃべりを聞いていた。

「この子、ホルモン剤を始めるまではこんなに太っていなかったわ。いまじゃ四六時中食べてるけど、果物は食べないの」

「うちの子も果物は食べない」と魏嘉の母親が応じた。寝ている子供のベッドのかたわらに座っている。

「果物、たまご、ミルク。体にいいものは食べないよ」

腎臓病の子供の母親が嘆く。

「うちの子も同じ」

「おたくのお子さん、体が小さいね。ホルモン剤の治療をすれば大きくなるよ、きっと」

十二歳の男の子はヘッドフォンをつけてCDを聴いていた。背がひょろりと高い思春期のこの子は、母親たちの絶え間ないおしゃべりに囲まれながら、もう一週間もこの部屋にいるのだ。CDの音量をいっぱいに上げていた。付き添いは祖母だった。河北の村から出てきた六十八歳の祖母は、大人たちのなかでいちばんのおしゃべりだ。曹春梅に説教までしていた。

「何よりも大事なのはお子さんの健康ですよ。元気でさえいれば、働いて食べていくことができる。次に大事なのは教育。私が若いころは学校になんか行けなかった。だからいまだに字が読めないんです。小さいころ、おばの一人が父に言った言葉は忘れられませんね。『この子の教育に金を払うなんて！　どうせ嫁に行ってしまんでしょ。よその家のために金を使うの？』そういうわけで、私は学校に行かせてもらえなかった。だから、教育は大事だと言うんですよ」

「お腹すいたよ」太った子供が訴えた。

「ほう、またお腹がすいたのか」魏子淇が笑いながら言った。

「いつもお腹すいてるのね」曹春梅は感心していた。

「それであんなに太ったの」

「さっき食べたばかりでしょ」母親にたしなめられると、男の子は泣かんばかりに声を上げた。

「お腹すいた！　お腹すいたよー！」

実際、この子はよく泣いた。めそめそ泣いて欲しいものを手に入れる都会っ子のやり方を身につけている。母親はベッドわきの木製の戸棚を開けて、食べかけの豚肉とご飯が載った病院のトレーを取り出した。子供は猛然と食べはじめた。魏嘉はまだ眠り続けている。私の携帯が鳴った。

「いいニュースよ」電話の向こうから、友人の明るい声が聞こえた。自分の会社とこの病院は同じ血液バンクを利用していることがわかったと言う。ただ一つの違いは、病院では徹底的な検査が行なわれていないことだ。

「それでね、そこの病院の先生方と話してみたんだけど、ＨＩＶ陽性のケースはいまだかつてないそうよ。これまでのところ、その血液バンクは安全だというわけ」

私は礼を言って電話を切った。それから衝動的にテッド・スコットに電話した。テッドはサンフランシスコにいる友人の医師だ。留守電の明るいメッセージが聞こえてきた。「ただいま電話に出られません……」。アメリカがいま何時なのか、考えもしなかった。後日、テッドから聞いたところでは、あのときは救急医療室で夜勤をしていたらしい。ほかに誰に相談できるだろう、私は携帯を見つめながら考えた。できるだけのことはした、万事うまくいくよ、と誰かに言ってもらいたかっただけだ。

「没辦法《メイバンファ》（どうしようもない）」だ。私は意を決して魏子淇に告げた。

「大丈夫だと思う」

私たちは階下の会計室へ下りていった。銀行のような窓口の向こう側に出納係が座っている。いたるところに現金があった。札束が引き出しの中やテーブルのあちらこちらに無造作に置かれ、紙幣計数機が回転していた。中国で高額紙幣といえば、一〇〇元紙幣しかない。およそ一五〇〇円だ。だから、大きな買い物をすれば分厚い札束が必要になる。私は八〇〇〇元を持ち込んでいたが、その札束ときたらまるで小説一冊分の原稿ほどの厚さがあった。私がバッグの中から金を取り出して渡すと、出納係は黙って紙幣計数機に放り込んだ。

病室で領収証を看護師に渡すと、輸血の準備が始まった。私がいては医師たちの邪魔になるのは明らかだ。魏嘉は目を覚ましていた。顔色は青白いが、私を見て微笑んだ。治ったら動物園に行こう、と言い置いて私は病室をあとにした。タクシーで家に帰り、シャワーを浴びて、一人きりの夕食に向かった。夕方になって感覚が戻ってきた。がらんとしたマンションに一人で座っていると、急に無力感に襲われた。息苦しくなるほどの無力感だった。

輸血をしたら魏嘉の熱は下がった。二日後には血小板数値が正常に戻り、その週の間ずっと安定していた。骨髄検査の結果、白血病ではないことが明らかになった。この病気は実際にＩＴＰだと医師たちは診断を下した。最大の危機は過ぎ去ったのだ。

週末になると、親戚の一団が見舞いにやってきた。魏嘉の母方の祖父、大おじ、おじ、それに遠戚にあたる李自文《リー・ツーウエン》という人だ。この人以外の三人はみな、緑や紺の農民服を着たままで、七十一歳になる大おじは、北京に来たのは三〇年ぶりだと言っていた。そのなかで李自文はただ一人の都市住民だ。三岔村から峠を越えたところにある海字口の出身だが、若くして軍隊に入り、一〇年ほど軍人として働いた。除隊後は北京で政府の仕事をし、いまでは下級ながら官僚だ。李自文はプレイボーイのロゴが入った黒革のローファーを履き、胸にウルジーのマーク付きのセーターを着ていた。ぶよぶよした役人腹がベルトからはみ出ているその体は、地方人の引き締まった体形とは比ぶべくもない。

見舞客たちは病室に入り、ベッドを取り囲んだ。魏嘉はベッドの上に座って絵本を読んでいたところだ。祖父の曹吉付《ツアオ・チーフー》が子供の背中をなでながら優しく話しかけた。魏嘉は急にみんなの注目を浴びて恥ずかしがり、うつむいている。シーツはもう一週間以上も交換されておらず、あちこちに血液検査の名残の赤茶色の染みがついていた。

やがて、誰かが昼食をと言い出した。都会人の李自文はポケットから札束を取り出して、ベッドにポンと投げ出した。一〇〇元札ばかりだ。

「ほんの見舞いだ」

魏子淇は札束を返そうとしたが、李自文は聞き入れない。二人はしばらく押し問答をしていたが、ついに魏子淇がうなずいて礼を言った。するとおじが進み出て、もう一束の紙幣をベッドの上に置いた。次は祖父だった。最後は大おじだ。ほかの人より暮らし向きが苦しいらしく、札束には一〇元札や二〇元札が混じっていた。四束の紙幣が、染みだらけのシーツの上に並んだ。しばらく気まずい沈黙が続く。曹春梅が札束を子供の枕の下に押し込んで見えなくした。誰かがまた、昼飯はどうかねと言い出した。

曹春梅が魏嘉と病室に残ることになり、男たちは道を隔てたレストランへと向かった。個室を借りて中へ入ると、席をめぐってちょっとした議論が起きたが、結局、正面の上座には祖父が座った。魏子淇はゆっくりメニューを調べ、おもむろに料理を注文する。ウェイトレスがアルコール約六〇度の穀物酒を一本持ってきた。魏子淇がラベルシールを点検して訊く。「偽物じゃないってたしかに言えるかね」。ウェイトレスはびっくりしたようだ。「本物だと思いますけど……」。たしかにそうとは言い切れないかもしれません」

李自文が酒を手にとり、キャップを指でなぞった。

「わからんね。いまじゃ偽の白酒《バイチウ》が出回っとる。偽物は体に悪い」

本物だって体に悪い、と私は思った。魏子淇は酒瓶を突き返した。次に持ってきた酒瓶も返した。ついにウェイトレスは「紅星二鍋頭酒《ホンシンアルクオトウチウ》」を持ってきて言った。「これは確かです」

魏子淇は酒をそれぞれのショットグラスに注いだ。料理が運ばれた。一皿ごとに解説や批評が始まる。中国の宴会で会話が途切れることはない。食べるものがありさえすれば、話題には困らないのだ。

「魚風味のこの豚肉はこの前食べたのよりうまいな。だが、牛肉の鉄板焼きはそれほどでもない」と魏子淇がコメントする。

「ちょっと塩辛いな」

「この豆料理はまあまあだ」

干牛肉の料理が運ばれると、魏子淇は味見をして言った。

「変な味だな」

男たちは一人ずつ味見をする。

「たしかにおかしな味だ」

「古いんじゃないか」

「食べたら腹こわすぞ」

魏子淇はウェイトレスを呼びつけた。「この料理はだめだ。下げてくれ」

皿が片づけられた。次の料理が運ばれたとき、魏子淇はスープに鴨頭が入っていなかったと文句をつけた。「わざわざこっちが言わなくても、ちゃんと入れてくれなきゃ困るな」。魏子淇の口調は厳しかった。レストランで酒瓶を点検し、料理を批評し、すばやい判断を下す魏子淇は別人のようだった。病院で息子の治療について医者と言い合いになったときは、黙って控えていたのに。だが、それも当然だ。血小板や生体検査については何一つ知らないとしても、食べ物となれば魏子淇の得意分野なのだ。レストランで魏子淇は専門家だった。それに、魏子淇は自分があれこれ指図するところをみんなに見てもらいたかったのかもしれない。

男たちはどんどん酒を飲んだ。まず顔が真っ赤になったのは祖父だ。老人は立ち上がって私のために乾杯した。「何偉《フウウエイ》さん、魏嘉の力になってくれて感謝しています」

みんなが杯を掲げ、飲み干した。「何偉はアメリカに医者の友達がたくさんいるんだ。その人たちにも力になってもらったんだよ」と魏子淇が言った。

誰かが魏嘉の血小板の数値はどうかと訊いた。輸血してからずっとよくなったと魏子淇は答えた。それから、北京へ車で来たあの夜、魏嘉が鼻血を出していたこと、山道で何度も車を止めなければならなかったことなどを詳しく話した。男たちは魏嘉の健康を話題にいつまでも話していたが、魏子淇は私のほうへ向いてささやいた。「実はおれ、車の中で怖くてたまらなかった」

ぼくもだ、と私は答えた。

男たちはみな顔を赤くして、次から次へと乾杯する。都会人の李自文は老人とさかんに杯を交わしていた。「君と飲むのは二度目だったね」老人が言うと、李自文は笑った。「最初は魏嘉が生まれたときでしたよ。あのときはまだ軍隊にいましたが、二日間の休暇をもらったのを覚えています」

「あのときもよく飲んだなあ」と言いながら老人が杯を掲げると李自文が応じ、二人は魏嘉の誕生の思い出に杯を干した。

2

三岔村《サンチヤ》では冬がもっとも静かな季節だ。畑には何も植わっていない。ときたま枝下ろしや接ぎ木をするほかは、果樹園の仕事もない。男たちは薪拾いをする。獲物を追って山に入ることもある。罠を仕掛ければアナグマや野生の豚がかかるかもしれない。だが、村の人たちはたいてい家の中で過ごした。空気が乾いているので雪はめったに降らないが、気温は氷点下のことが多い。屋内の唯一の暖房は炕《カン》だ。日常生活の多くはこの広いれんが造りのベッドの上で営まれた。朝の九時に人の家を訪ねても、家族はたいていまだ蒲団にくるまっているだろう。食事の回数も減る。一日三食ではなく二食にするのだ。夜は九時間か一〇時間も睡眠をとり、そのうえ昼寝もする。村の朝は静まり返っている。寒い冬の日はあまりに静かなので、住民たちは冬眠しているようだ。

魏嘉《ウエイ・チア》は二〇〇二年の十一月に退院した。それから二カ月、小学校の幼児クラスには行かずに家からほとんど出ない日が続いた。両親は医者から処方されたステロイド剤の投与をきちんと続けていた。魏嘉がすぐに泣き出したりぐずったりする時期もあった。病院で同室だった泣き虫の子供を見ていて、そんな手を覚えたのだ。だが、そのたびに両親は子供をからかった。「サルみたいだぞ」と、魏子淇《ウエイ・ツーチー》は泣いている息子に笑いながらよく言っていた。「泣け、泣け、おサルちゃん」。母親もおもしろがって笑っていたので、子供はじきに泣かなくなった。冬の間に魏嘉は四キロも体重が増えた。魏子淇は息子に簡単な漢字の書き方を教え、二人で一緒に英語学習のテープを聴いた。

私は冬の村が大好きになった。夏の間は茂みに覆われてしまう山の小道も、冬になれば簡単に通ることができる。私は長城をたどって何時間もハイキングをした。山の景色は穏やかで、村はのんびりと開放的だった。夜になると村人たちはよく誰かの家に集まり、白酒《バイチウ》を飲んだりカード遊びをしたりする。ある夜、私たちが魏子淇の甥（名前は魏全友《ウエイ・チユアンヨウ》）と食事をしていたとき、話は車のことになった。いつか運転免許を取るつもりだと魏子淇は言う。実際、魏子淇はしょっちゅうこの計画を口にしていた。

「何偉《フウエイ》は運転が上手だ」と魏子淇は褒める。
「それほどでもないさ」
「ほんと、うまいよ。運転しはじめて何年になる?」
「十六のときから。アメリカ人はたいてい十六歳で免許を取るんだ」
「もう二〇年近くじゃないか」
「まだそんなにはならないよ」
「何偉は病気の魏嘉を乗せて運転してくれたんだよ、北京まで」と魏子淇はあの夜の話をもう一度語って聞かせた。甥の魏全友はじっと耳を傾けていたが、この話をすでに何度も聞いたことがあるのは確かだ。あの夜の話は村中に知れ渡っていた。病気になれば互いに助け合うのが村の伝統だった。誰かが病院に行けば、村人は見舞金を持ち寄る。農村部の健康保険制度が整っていないこの国で、村人たちはこうして支え合いながら治療費を捻出するのだ。病人が回復すれば、その家は感謝の宴会を開く。魏嘉の病気を契機に、ミミと私は本当の意味で村の暮らしに参画できるようになった。私たちがしたことが、地元の人びとに受け入れられたのだ。村人たちは以前よりも心のこもった挨拶をするようになった。私も、去年のあの事件以来、三岔村に対して別の気持ちを感じるようになった。初めのうち、三岔村は私にとって一種の避難所で、静かに散歩したり書き物に専念したりするところだった。だがいまは違う。私は三岔村を中国のふるさとだと思うようになっていた。

その夜、お礼のしるしに私を食事に招いてくれた魏全友は、身長一五〇センチそこそこの小柄な人で、笑顔がすばらしかった。口数が少なく、いつもほかの人の話に耳を傾けている。住んでいる家は粗末な造りで、壁は古新聞で覆われていた。唯一の装飾品といえば安物の中国全国地図が一枚。各都市に手書きの番号が振ってあった。一番の北京から三四番のマカオまで、上海、天津、西安、ラサ、ウルムチと続いている。

「こういう都市に全部行ったのですか」食事を始めて間もなく、私は訊いた。

「とんでもない！　行ったことのあるのはせいぜい北京までですよ」

「どうして番号を?」

「中国中央電視台(CCTV)の天気予報が、いつもこの順番なんです」。毎晩天気予報を見るので、北京に始まりマカオで終わる各都市の予報の順番を覚えてしまい、地図に番号を記したのだという。

私はちょっと戸惑った。「番号を振る、何か特別の理由でも?」

「べつに何も」と魏全友は笑いながら答えた。一月の三岔村でほかに何をすればいいんだろ、とでも言うように。

だが、魏子淇はいつもと違う冬を迎えていた。半年前の二〇〇二年夏、上《かみ》の村へ通じる泥道が舗装された。すると丘の上の空き地に車が何台もやってくるようになった。首都で自動車ブームが高まっていた。その年、北京住民が購入した車の台数は二五〇万台あまり。車がこんなに増えたのは史上初めてだ。農村地帯にまで足を延ばす人たちも増えた。夏の間、魏子淇と曹春梅《ツアオ・チユンメイ》は家で食堂を開き、一人前二〇元の簡単な料理を出した。商売はうまくいっていた。

魏子淇は本格的なレストランと民宿を冬の間に拡張することにした。冬眠同然の村人たちをよそに魏子淇は忙しく働いて、家の前の脱穀場にセメントを打ち、厨房を新しく建てた。しょっちゅう懐柔区《ホアイロウ》まで出かけて行き、セメントなど資材を買ってくる。懐柔区で使うからと、携帯電話も持つようになった。ただし、三岔村ではまだ受信できない。それに、以前は同じ服を着てどこへでも行ったものだが、いまは町に行くときに作業着は着ない。北京の病院で得た教訓だ。魏子淇は軍服風の作業衣の代わりにと、都会風の上下と靴を一足買った。この靴は三〇元以上もする黒のローファーで、ブランド名は「意大利《イーターリー》（イタリア）」だ。魏子淇は靴箱を家の目立つところに置いていた。村ではみなと同じように迷彩柄のスニーカーを履き、懐柔区に出るときは意大利印の靴に履き替えるのだ。

懐柔区は北京と三岔村のちょうど中間に位置する。この中間という表現には、地理上の位置だけでなく、社会的な意味も含まれている。懐柔区を形容するのは難しい。市でもなく、村でもないからだ。一五年前、懐柔区はもっとずっと村に近かった。一九九五年、第四回世界女性会議が北京で開かれたとき、中国政府はヒラリー・クリントンはじめ政治的意識の高い外国人女性が五〇〇〇人も首都の地に降り立つのはまずいと考えた。そこで女性たちを懐柔区に送り込んだ。一種の追放措置だった。当時の懐柔区には、首都ではすでに時代遅れになったタイプの、がっしりした三、四階建のビルが立ち並び、道路は広く、車は少なかった。懐柔区は流謫《るたく》の地だった。追放処分にでもならない限り、北京からこの町にやってくる人はいなかった。

やがて懐柔区は、反対方向から出てくる人たちにとって、別の意味を持つ町になった。この町は北京平野の北端に位置し、ここを起点に何本もの道が山岳地帯へと広がっている。必然的に、山あいの村から出てくる人びとは、まずは懐柔区をめざすことになる。北京は広すぎてまとまりがないが、ここ懐柔区でなら地方出身者でもなんとかやっていける。世界女性会議から一〇年で懐柔区は急成長を遂げ、いまや市内の人口は一〇万人に近い。都市でも村でもない懐柔区は、実際は都市でもあり村でもある。つまり、村人たちの都市だ。住民の大部分はほんの一世代前まで畑仕事をしていた人たちで、地元企業は農村地帯をあちこち移動する人たちに支えられている。

中国の新しい町はたいていそうだが、懐柔区も混沌の町だ。ポカンと口を開けている人、ただぶらぶら歩き回る人、まごまごしている人が目につく。七階建てのビルやショーウィンドウに見入る人、ふらりと車道に出てくる人もいる。誰でも懐柔区で運転すれば、いやでも注意深くなる。晴れた日には、女性会議の会場跡地に人が集まる。いまではここにケンタッキー・フライドチキンとマクドナルドの店が建っている。ファストフード店はいつも満員だ。町に一軒しかない百貨店も混雑している。「大世界《ターシーチエ》」と称するこの百貨店は五階建てで、家庭用品や衣料品からおもちゃや本まで、懐柔区の人が欲しいと思うものが何から何までそろっている。エスカレーターに乗るためだけにこの店にやってくる人たちもいる。そんなお上りさんは、エスカレーターの前で立ち止まり、最初のステップを踏み出す瞬間を待ち構える。首尾よく乗れたら手すりベルトをしっかりつかむ。まるで平行棒に挑む体操選手だ。最後にぴょんと跳んでエスカレーターから降り、そこでまた立ち止まる。今度は審判の採点を待つ選手といったところだ。店内は押し合いへし合いの混雑で、どこへ行くにも、人ごみをかき分けなければ前へ進めない。中央の吹き抜け広場で何かに見とれて立ち止まりでもしたら、すぐに足を踏まれてしまう。大世界百貨店の内装のテーマは単純だが、その出来栄えは複雑だ。テーマとは、光と騒音だ。鏡やガラスの手すり、磨き上げたスチールの柱列が光を放ち、照明器具がビープ音を出しながら点滅し、拡声器が鳴り響いている。店内のどこもかしこもミラーボールのようにぴかぴかだ。まったく、静かな山村とこれほどかけ離れた場所はほかにない。だが、村の人たちは「大世界」が大好きだ。エスカレーターに乗り、まぶしいライトを浴びてうれしそうにまばたきする。懐柔区の魅力はこれだった。ここは変身の町なのだ。ここで人は、簡単に別の誰かになることができる。なにしろ、「イタリア」印のローファーを履けば農民も都会人になれるのだ。

魏子淇は、懐柔区に住んでいる兄やいとこたちから機械設備の店を紹介してもらい、店の改装に必要な資材をそろえた。魏子淇が信用できる実業家仲間と出会ったのは、二〇〇三年の初めのことである。これは新しい人間関係だった。村では純粋に経済的なつながりというものはない。中国の都会人たちはこうした付き合いを「関係《クアンシ》（コネ）」と言い表す。そして、ビジネスマンは「拉関《ラークアン》係《シ》」することを学んでいく。これは文字どおりには「コネを自分の方へ引き寄せる」という意味だ。言い得て妙である。「関係」は努力を伴うものだからだ。魏子淇は、コネをつけたい人たちをレストランに招いては白酒をふるまい、タバコを配った。自分でも喫煙を始めた。タバコは体に悪いし、金の無駄遣いだと以前は言っていたのだが、中国のビジネスマンにとってタバコのやりとりは「拉関係」に不可欠なのだ。魏子淇は懐柔区に行くとき、いつも紅梅《ホンメイ》タバコを何箱も持っていった。

　冬の終わり、脱穀場にセメントを打ち、厨房を新しくした魏子淇は養殖池も作った。初めて起業したときのヒルの養殖池はそのまま残っている。新しい池は大きさがその四倍もあった。ニジマスを飼うのだという。広告用にと、魏子淇はどこかからトラックのボンネットを拾ってきて、かたちもわからないほどへこんだこの金属板に青いペンキを塗り、大きな赤い字で店の名前を書いて村はずれの道端の岩に立てかけた。懐柔区の印刷屋に注文した名刺も刷り上がっている。レストランの名前には苦心した。三岔農場パラダイス、湧水園ヴィラ、三岔村大自然レジャーパラダイスなどが候補に挙がったが、結局「長城駅桟《チャンチョンイーチャン》」という簡単な名前にした。都会人のコネを求めていた魏子淇だが、昔ながらの田舎の素朴さこそ最大の売りになることを本能的に知っていたのだ。魏子淇の名刺には、三岔村で楽しめる素朴なレジャー活動が紹介されていた。

　山歩きや長城探索ができます。野草を愛で、山の泉の水を飲んでください。炭火料理や五穀の味をお楽しみください。温かい炕《カン》の上でお休みになれます。質素で素朴な暮らし、昔ながらの田舎暮らしを存分に味わってください。

中国の都会人が懐かしいと思うもの、それは農村であろう。近代化への道を邁進する都市では、古い街並みや建物はみな壊されてしまった。都会人には過去を振り返る時間的ゆとりもあまりない。それに歴史とは、（古代王朝や長城のように）自分たちとはまったく無関係のもの、あるいは（文化大革命のように）ひどくつらい感情を引き起こすものだ。だが、田舎の暮らしには心地よい距離感がある。田舎とは、都会の人びとが置き去りにしてきたものだ。たいていの人にとって、村に由来する家族史は日常とはかけ離れたものだ。より豊かになった中産階級の人びとは車を買い、田舎を旅行する楽しみも知った。旅先で一泊したら、次の日には現代世界へと戻っていく都会人にとって、村とは気の向くままに出し入れできる過去の断片なのだ。

だが実は、中国で農村ほど過去にとらわれているところはほかにない。少なくとも政策についてはそれがいえる。三岔村の人たちはめったに過去のことを話さないが、彼らと農地との関係には過去から続く根本的な問題がある。かれこれ一世紀以上も解決されないままの問題だ。魏子淇のように、農地の歴史が記された文書を未整理のまま保管している人もいた。家系図こそなかったが、魏子淇の家にはぼろぼろになった土地契約書が代々伝わっていた。文化大革命の間、魏子淇の父親は文書を天井裏に隠していたという。魏子淇はそれほど用心深くはない。古文書の束は赤い布にくるまれて、引き出しの底に置きっぱなしになっていた。

もっとも古い文書は清の第十三代光緒帝の時代、一八八七年のもので、于満江《ユィ・マンチアン》という名の男に土地一筆を貸与するための契約書だ。金銭のやり取りは行なわれず、借り手はわずか一斗《トウ》、およそ一〇リットルの穀物を毎年納めるだけでよかった。だが、農業はうまくいかなかったらしい。というのも、次の契約書には于満江は「金が足りなくなったため」土地を質入れしたとあるからだ。一九〇六年のこの文書で、魏家の先祖が初めて法律文書に登場する。魏子淇の祖父の父、魏永亮《ウェイ・ヨンリアン》が、使用料一五〇吊《ティアオ》を払って土地を耕すことに同意したと記されているのだ。その四年後、魏永亮は三五六吊でこの土地を買い取った。

この「吊」とは一連の銅銭のことで、魏家の契約書に記された金額はわずかなものだ。土地の賃貸しや質入れは当時ごく一般的に行なわれていた。王朝時代、村を支配していたのは大地主だ。三岔村でもっとも裕福だったのは閻家《イエン》だった。貧しい住人はこの一族から畑を借りた。土地持ちの家でさえも生活は苦しかった。魏家の契約書のなかには兄弟間の土地の分割方法を示すものもある。ある文書には、父親の葬式費用を兄弟二人で分担する取り決めが記されていた。契約書はすべて代書屋のおる粗末な筆によるもので、そこに署名を残した農民は明らかに読み書きのできない人たちだった。

一九一二年、清朝が崩壊し中華民国が成立したが、農村では何一つ変わらなかった。戦争がうち続いた一九三〇年代から四〇年代、とりわけ北部の農村の状況は悪化したが、魏家の文書はこれを反映している。困窮ぶりをもっとも如実に語るのは一九四六年の文書だ。およそ五〇リットルのトウモロコシと引き換えに土地一筆を質入れすることに同意すると書かれた文書で、署名欄には魏明月《ウエイ・ミンユエ》とある。あの「へそ曲がり」の父親だ。「来年、春穀物を入手したのちに返金する。そのとき土地は返還される」。契約の相手方の名は魏有坦《ウエイ・ヨウタン》、つまり魏子淇の祖父だった。記録にない詳しい事情はよくわからないが、村人同士の緊張関係は実に根が深いのだ。魏子淇は昔の字体で書かれた文書を読めず、土地の質入れの一件も、私が話すまで知らなかった。「へそ曲がり」とはどんな関係かと私が尋ねても、魏子淇は「いろいろあってね」と言うだけだった。いずれにせよ、古い契約書からは困窮ぶりがうかがえる。魏子淇の祖父には穀物の余裕があり、土地を担保に取って「へそ曲がり」の父親に貸すことができた。だが、それでも健康な家族を維持するには十分でなかった。この契約が交わされた四六年の二年後にシャーズが生まれている。シャーズは食生活が貧しい地域に特有の障害を持って生まれたのだった。

　当時、共産党はすでに中国北部を支配下に収めていた。陝西省の黄土高原の丘陵地を本拠に力をつけた共産党を中心となって支えたのは、貧しい農民たちだ。毛沢東がもっとも重視した政策の一つは、地主支配を撤廃し、実際に畑仕事をする人たちに土地を所有させることだった。共産党は支配地域を広げながら、この改革を並はずれたスピードで実行に移していった。それができたのは、暴力も辞さなかったからだ。四〇年代から五〇年代にかけて、数え切れないほどの地主が無残にも命を奪われた。農地は小作人に与えられた。さらに、貧しい五〇〇〇万世帯に不動産所有権証書が新たに与えられた。そのほとんどは、これまでいかなる法的所有権とも無縁だった人たちだ。自分の名前も満足に書けない人も多かった。

　魏家の文書についていえば、この歴史的大変革は一九四九年九月付の契約書に表れている。中華人民共和国の正式な誕生の、わずか一カ月前である。契約書は見事なイラストつきだ。よく実った赤トウモロコシの柄の縁飾りが施され、下端には穏やかな日差しのもとで種まきや刈り入れにいそしむ農民たちが描かれている。最上部にあるのは、きまじめな顔をした毛沢東の写真だ。文書には、魏家の家族五人は土地七筆の所有権を有するとある。広さがそれぞれ八〇から八〇〇平方メートルほどの、わずかばかりの土地である。家族の分をすべて合わせても二〇アールにも満たない農地だが、それまで魏家はこんなに広い土地を持ったことは一度もなかった。この農地の一部は、「へそ曲がり」の父親が持っていた（土地を質入れしたあと、買い戻すことができなかったらしい）地所だったが、それ以外の土地について以前の所有者は記載されていなかった。魏子淇によれば、大方の農地は閻家の所有地だったという。村の大地主の閻一族がその後どうなったか、魏子淇は知らない。ただ、「あの人たちはつるし上げを食った」と言い、それきり口をつぐんだ。魏子淇の父親は昔のことは多くを語らなかったのだ。

　共産党政権によるこの初期の農地改革は、中国のいたるところで効果を発揮した。農民の当事者意識は労働意欲を高め、五〇年代に農村の生産性は上昇し、それとともに生活水準も上がった。だが、こうした向上は長続きしなかった。毛沢東が革命をより徹底的に進めようとしたからだ。五〇年代後半、毛沢東はふたたび農地改革を命じた。今度は人民公社への再編だ。農民は取得したばかりの農地の所有権を失い、個人的に儲けを出すこともできなくなった。すべては（土地も労働も収穫も）共同で分け合うものになったのだ。これは悲劇的な結果を生んだ。一九五八年から六一年の大躍進時代、毛沢東は農民も工業の進展に尽くすようにと指導した。人民公社は鉄鋼の生産割り当てをこなさなければならず、農具や料理道具までが溶解されることになった。各地で穀物生産がストップした。中国全土に食糧不足が広がり、数千万人が餓死した。

　魏子淇の父親は、この時期についても詳しい話はしなかった。農村の人たちのご多分にもれず、嫌な記憶は思い出したくなかったのだろう。魏家の文書は人民公社時代で事実上終わっている。集団化の開始を記す文書も、大躍進政策がついに放棄された六一年の文書も残っていない。その後も人民公社のシステムはしばらく続いた。この時代の契約書があったとしても、魏家には何も残っていない。ただ一枚だけ、「労働証」がある。おそらく六〇年代後半のものだろう。そこには、七月の間に「魏明元《ウエイ・ミンユアン》の妻」が人民公社のために何日間労働したかが記録されていた。だが、この女性は名前さえ記されていない。男性中心の集団労働の世界では、そんな瑣末なことはどうでもよかったのだ。人民公社のシステムは成功しなかった。個人の利益が見込まれなければ労働意欲は上がらない。七〇年代になっても農村には貧困が蔓延していた。魏子淇が育ったのはこの時代だ。魏子淇は子供のころ、ニレの木の皮が入った麵をよく食べたという。

七八年に鄧小平が実権を握ると、改革派はある種の土地所有権を個人に与えようとした。だが、これはきわめてデリケートな問題だった。共産党政権下の中国で、とりわけ農村部で、土地の個人所有を認めれば、それは革命の失敗を認めることに等しかった。そこで指導部は「生産責任制」なるシステムを開発した。農民は村から農地を借り受けて耕作し、毎年一定の割当分を現金か農作物で納め、剰余分を自分のものにできるようになった。つまり、革命以前の小作制度の変形だ。いまや国家が地主になったのだ。

この政策は全国で採用され、土地の私有に代わる次善の方法だと見なされるようになった。生産意欲が戻り、七九年から八四年に農家の平均純収入は一一パーセント増えた。当時、都会の住民はこの点で後れをとっていた。都市の平均収入は八・七パーセントしか伸びなかったのだ。だが、この国にはまだ二つの経済が存在し、地方と都市は別々の法則で動いていた。八〇年代半ばになると、輸出経済を伸ばしたい政府は、都市開発を促す政策を打ち出した。都市部でインフラの整備が進み、深圳など各地に経済特区ができた。もっとも重要なのは、九〇年代に都市部の土地関連法が改正されたことだ。都市部では、土地は法的にはいまだに政府のものだったが、住居については個人の売買権が認められたのだ。個人は土地こそ所有できなかったものの、土地の上の建物や集合住宅を売買したり、抵当に入れたりすることができるようになった。この改革は絶大な効果を生んだ。中産階級が新たに生まれたのだ。今日、中国の都市部で個人のもっとも貴重な財産といえば、住んでいるマンションの居室である。

地方の住民は、こうした変化とは無縁だった。農村では、個人は農地の売買ができない。抵当に入れることもできない。住んでいる家を担保に融資を受けることもできない。できることといえば、せいぜい農地の長期賃貸契約を結ぶことだろう。農地はいまだに村の共同所有だ。それに、村に開発業者が来たとしても、農民には交渉する権限がない。個人は、土地の売却に反対することも、値段の交渉をすることもできない。市や鎮は「公共の利益」のためなら、周辺の土地をいくらでも取得することができた。ただし、公共の利益とは何かが、きちんと定義されたことはない。結果として、都市部は自由自在に広がった。市による農地の買取価格は、わざと低く設定されている。こうした取引は普通、村政府が取り扱い、村政府は農地を失った農民に補償金を支払うことになっている。だが、腐敗が蔓延し、資金の流用はざらだった。九〇年代の初めから、都市部の急速な拡大に伴い、こうした土地の収奪がますます多く見られるようになった。九〇年から二〇〇二年までの間に、六六〇〇万人の農民が農地を失ったといわれている。農村部の仕組みは新旧（共産主義と資本主義）が入り混じったきわめて不公平なものになった。利益は個人のもの、リスクは共同で負うものになったのだ。土地の売却で役人たちが利益を得る一方で、農民はその結果に苦しんだ。革命から半世紀、農地改革は当初の目的とは正反対の結果を生んだのだった。

最近になって政府は、こうした農村の状況の改善に乗り出した。道路建設計画を支援し、農作物の供出や農業税を廃止した。だが、基本的な問題は土地をめぐる法制度であり、農民人口の多さである。二〇〇五年の政府調査によれば、農民人口はいまだに八億を超え、平均四・五五人の世帯が一エーカー（約四〇アール）に満たない農地を耕作している。これは西欧人の目から見ればごくわずかな農地だが、中国人の一世帯を維持するには十分であり、余剰産物を売ることさえできる。出稼ぎがこれほど広がっているのだから農地整理が必要なのだが、人びとは往々にして村を出たあとも農地の使用権を保持したがる。それも当然だろう。なにしろ、農地を売ることはできないのだから。出稼ぎに行く人はたいてい親戚や隣人に農地を貸して村を出る。借りた人は、自分の農地を耕作するときほどの生産意欲は持たないだろう。私が三岔村で借りた家は、懐柔区に移り住んだ若い夫婦のものだった。家の売却は認められていなかったので、次善の策として私たちと長期賃貸契約を結んだのだ。契約とはいえ、これには法的な効力がなく、すべては「関係」に基づいている。私が魏家とよい関係を保つ限り、契約は信用できたが、これは法的根拠のない契約だ。私にとっては不公平な取り決めだったが、村人にとってもいいところはない。私が借りても家の資産価値が高まるわけではなく、大家の若夫婦が家を売ってまとまった資金を手にすることもない。

三岔村のようなところで権力を握っているのは共産党員だった。私が村に住みはじめたとき、党員は七人いて、重要な取り決めはすべてこの人たちが行なっていた。彼らは土地争いを仲裁し、公金を管理し、村で最高位の役職である党書記を選出し、入党資格についての判断を下した。彼らの承諾がなければ、誰も党員になれなかった。彼らはあらゆることを議題に会議を開いた。ミミと私が初めて村に来たとき、共産党員たちはその是非について話し合ったそうだ。私たちを村に滞在させるかどうかで意見が分かれたと、あとで知った。反対派を率いたのは誰か、私にはわかっていた。あの「へそ曲がり」も党員だったのだ。

だが、いちばんの権力者は党書記で、名前を劉秀英《リユウ・シウイン》といった。この人は、村で生まれ育ち、結婚しても村にとどまった数少ない女性の一人だった。七〇年代に中学校を終えた劉秀英は、村を出てさらに上の学校に進んだ。当時としてはめったにない機会を得たわけである。やがて医療補助員として教育を受け、地元三岔村に赴任した。文化大革命の時代、貧しく辺鄙な村は通常の医療サービスが受けられず、村の医療を支えたのは医療補助員であった。劉秀英は三岔村で働き、結婚し、農業も営んだ。九八年に党書記に選ばれ、三年後に再選されている。劉秀英は県内にほんの五、六人しかいない女性党書記の一人であり、渤海鎮の管轄下にある二三カ村では、女性の党書記は彼女しかいない。

一般論からすれば劉秀英の立場はきわめて異例だったが、その人となりを見れば意外な感じはしない。がっしりとした体格で肩幅が広く、両の手は太くごつごつしていた。動作には独特のたくましさがあった。これほど存在感のある女性は、中国では珍しい。都市部では想像もできないタイプだろう。都市部で「小姐《シアオチエ》」と呼ばれる若い女性たちは独特の「か弱さ」を身につけている。大げさに腕を振り回し、ちゃらちゃらした服を着て、先のとがったハイヒールを履き、しなを作って歩く。すべては歓心を買うためだ。小姐が走ってタクシーを拾う場面ほど人目を引く見世物は、この世にないだろう。けばけばしく着飾り、やたらに動き回る小姐たちのオーバーな身振りは、まるでクジャクの求愛ダンスといったところだ。

三岔村の党書記は小姐とはまったく異なる世界の人だ。党書記が動けば物事は解決する。しかも、すぐにだ。党書記は男たちと一緒に畑仕事も道路工事もする。休憩時間に男たちが白酒を飲みカード遊びをすれば、党書記も同じことをする。劉秀英は四十代の後半、黒い髪はショートカット、きりっとした顔立ちでえらが張っている。背は高くないが堂々としている。大きなどら声なので、電話の話し声が私の家にまで届いた。私が村に行くたびに、党書記は挨拶の言葉をかけてくる。「こんにちは！　いま着いたんですか」その言い方は、友好的でもあり無愛想でもあった。私には党書記のどっちつかずの気持ちがわかっていた。外国人の滞在が議題になったいた。党集会で、彼女がどっちつかずの立場をとったことだけは確かだった。党書記は「へそ曲がり」よりも抜け目がない。「へそ曲がり」はすぐに旗色を明らかにし、私たちは村を出て行くべきだと主張した。だが、私たちの滞在はついに認められ、「へそ曲がり」はこの件で何一つ得ることがなかった。対照的に党書記は自分の意見をはっきり言わなかったが、中国では、これは様子見をしていることだ。三岔村に住みはじめて一年が過ぎたとき、ミミと私は善意のしるしとして八〇〇元分のセメントを村に寄付した。その際、新しい村道に必要な改修工事のためにと、寄付の趣旨を明確にしておいた。党書記は私たちからのプレゼントを受け取り、それで自宅に通じる歩道をきれいに舗装した。いまではバイクを玄関先まで乗りつけている。

魏子淇と女性党書記との間柄は（村人は「関係」という言葉で表すが）きわめて不安定なものだった。党書記の夫は魏一族の人で、魏子淇や「へそ曲がり」とは高祖父（祖父母の祖父）でつながっていた。魏子淇は女性党書記の能力を高く買っている。とくに偉い役人とかけ合うときは抜群の能力を発揮するそうだ。村人の多くもこの能力を高く評価していた。国の補助金で村に新しい舗装道路ができたのも、党書記のお手柄だった。だが、私は魏子淇の言葉の端々に、ある種の警戒心を感じ取った。それが潜在的ライバルとしての用心深さだったことに、私はやがて気づくことになる。二人が村でもっとも有能な人物であることは疑いようもなかった。

魏子淇は共産党員ではなかった。知り合ってまだ間もないころ、魏子淇はそんなことに興味はないと言っていた。それに、魏子淇は村の党員たちよりずっと若かった。党員といえばみな中年以上の人たちだったのだ。一人息子が病気になったとき、魏子淇は懐柔区の占い師に手相を見てもらい、何があっても政治にだけは手を出すなと言われたという。だが、三岔村のような小さな村で政治に無関心でいれば、不利な立場に立たされる。新規事業を始めたい場合はなおさらだ。村の指導部が起業を邪魔しようとすれば、方法は無数にあるからだ。融資に関してはとくにそれがいえる。中国の農民は農地を抵当に入れることができず、融資の申し込みには村の後ろ盾が必要なのだ。

兄のシャーズを鎮の役所に置き去りにしたあの日まで、魏子淇が党書記に表立って盾突いたことは一度もない。障害者への支援金は党書記の職責で支給されるものだが、彼女は魏子淇のたび重なる請求を無視したのだった。鎮の役所に直接訴えた魏子淇は、党書記の頭越しに行動し、その怠慢を暴いた。二〇〇三年、支援金の支給が始まった。一カ月五〇元だ。春節にあたって、政府は料理用油一瓶、小麦粉約二〇キログラム、大袋入りのコメを支給し、障害者とその家族に対する配慮を表した。

魏子淇がシャーズを連れ出したのは、ただ支援金が欲しいからだと私は思っていたが、やがてそこには政治的な意思表明があったのだと知った。魏子淇はあのとき、村の役人に頼らなくても自分でできることがあると示したのだ。党書記はかんかんだったよ。でも、何もできやしない。法律はこっちの味方なんだから、と魏子淇はこんなふうに言った。党書記を怒らせたことが得意だったのだろう。「おれみたいな目に遭っている人、たくさんいるよ。でもみんな気が小さいから何もしない。おれは出かけて行って、やり遂げた。党書記はおもしろくないだろうが、おれができるやつだってことを、これで思い知っただろうよ」

魏子淇の力ではどうしようもないことが、村にはたくさんあった。魏子淇は自分の新しいレストランにどんな客が来るのか、見当すらつけられないのだった。北京の中産階級とはほとんど接触がないからだ。魏子淇の事業計画は、基本的には当て推量だった。とはいえ、起業のタイミングは絶好だった。魏子淇がレストランを拡張した二〇〇三年はまさに「車の年」、中国で自動車ブームが花開いた年であった。

自動車ブームはあらゆる方角からやってきた。インフラ整備も生産戦略も消費者行動も、すべてのタイミングがぴたりと合ったのだ。感染症への恐怖さえブームに火をつけるのに一役買った。〇三年から政府の地方道路整備二カ年計画が始まり、一九万キロに及ぶ道路が造られた。この二年間で中国は、それ以前の半世紀の間に造ったよりも多くの舗装道路を建設したことになる。同時に消費者の行動も、ときに思いがけない事情で変化していた。〇三年の春、SARS（重症急性呼吸器症候群）感染の恐怖が全国に広がった。大都市の住民は何週間も人混みや公共交通機関を避けて暮らした。地下鉄やバスはがらがらになり、タクシーも感染の危険が多いといわれた。結局、感染リスクは大きく誇張されていたことがわかったが、SARS危機は中産階級の考え方に恒久的な影響を残した。人びとは車の運転を習いはじめたのだ。同年、北京では約五〇万人が新たに運転免許証を取得した。一日平均一三〇〇人である。

それと同時に、自動車市場にも変化が起きた。〇三年までに、トヨタや日産やヒュンダイといったアジアの主要メーカーが中国で生産を始めていたが、中国メーカーも成長を遂げ、アジア勢の手ごわいライバルになってい た。〇三年六月、奇瑞《チールイ》汽車（私にテストドライブを見学させてくれたメーカー）が新型サブコンパクトカーQQを発表した。全長一二フィート（三・六五メートル）と、ミニクーパーよりもさらに小型で、〇・八リッターエンジンを搭載したQQは、ゼネラルモーターズ（GM）が年末に発表を予定していたシボレースパークにそっくりだった。実のところ、この二つはドアを交換できるほどよく似ていた。中国企業が外国製品の類似品を造るのはよくあることだが、この場合は順序が逆だった。奇瑞は、本物が市場に出もしないうちから、スパークにそっくりの車を造ったのだ。憶測が広がった。奇瑞はなんらかの手を使って、おそらくは産業スパイから、スパークの設計図を手に入れたのだろう。だが、誰も証明できなかった（GMは提訴したが、のちに和解に応じた）。結局、ものを言ったのは価格である。新登場のQQはおよそ五万元と、GMの車より二五パーセントも安かったから、たいていの消費者は迷わず安い車を選んだ。その年、奇瑞汽車の販売台数は前の年の倍になった。奇瑞は自動車市場に革命を起こしたのだ。メーカー各社は価格を下げざるをえなくなった。〇三年四月からの一二カ月間に、自動車の平均卸価格は八・八パーセント下落した。また同年、中国の乗用車販売台数は八〇パーセントも増え、北京だけでも新たに三三万九二四四台の車が道路に繰り出した。

必然の成り行きとして、そのうちの何台かは三岔村の坂道を上り、行き止まりの空き地にやってきた。週末になると観光客でにぎわうようになったこの村に、都会の投資家が目をつけた。北京のある実業家は黄花鎮《ホアンホーチエン》へと続く道路の一部を舗装し、三岔貯水池のかたわらにレストランと宿泊施設を建てた。店内に一二テーブル、屋外にグリルとニジマスの大きな養殖池のある店だ。村で初めての本格的なレストランだった。見渡すと、そびえ立つ長城の岩壁と静かな貯水池が目に入る。まさに絶景だった。北京の人たちはここが大好きだ。村に車を乗り入れたその瞬間にストレスが消えていくのを、ここを訪れる人びとの表情からうかがうことができた。貯水池からもう三〇分ほど山道を上ると、馬玉発《マー・ユィファ》の家に出る。この人は村の世捨て人で、チクタクと時を刻む時計のある家に一人きりで住んでいる。開発業者はそのあたりの土地にも目をつけているらしい。村は何十年もの間、北京から隔絶され、死にかけていた。それがいま、都市生活はその触手を、この高地の谷あいにまで伸ばしてきている。

魏子淇と曹春梅は夏の間中ずっと働きどおしだった。下の村に本格的レストランができても二人は慌てない。農村にあこがれ、本物の農家で本物の田舎料理を食べたいという都会人は必ずいるものだ。ただし、彼らとてニレの木の皮入りのうどんを食べることになったら、田舎料理はごめんだと言うだろう。実のところ、都会人がよく村で食べるのはスイス原種のニジマスだ。最近、町の大手養殖業者が輸入したこの外国種は、週末の観光客向けの定番料理に使われるようになった。レストランを開業する農家はほぼ例外なく「ニジマス料理」の看板を掲げている。中国料理の新料理法《ヌーベルキユイジーヌ》には、この種の外来食材と作り話がたっぷり含まれている。北京の上流階級に人気があるのは、各地の「本物の」郷土料理店だ。首都には雲南料理レストランもあれば客家料理や貴州料理の専門店もあるが、本場の人が食べたら、首をかしげたくなるような料理が出ることも多い。私は、四川省に住んだ二年間に一度も口にしたことがない料理を、北京の四川料理店で食べたことがある。生活水準が急上昇する国では、これは仕方のないことかもしれない。市場は新たな伝統を求めている。村の質素な伝統でさえ需要があるのだ。魏子淇が子供のころは見たこともなかったニジマスは、(ヨーロッパ生まれの鳩時計と同じ道をたどって)いまや中国の地場産業の主役となった。

生きたニジマスはトラックで山道を運ばれ、魏子淇のような零細実業家のもとに届けられる。魏子淇はセメントで固めた池を造り、湧水で満たした。ニジマスの生簀飼いは以前に手を出したヒルの養殖とは比べものにならないほどうまくいった。ニジマス料理といえば、一皿三二元の直火焼きだ。新しい厨房で曹春梅は料理に追われていた。トマト味の炒りたまごやピーマンと豚肉の炒めもの、小麦粉のパンケーキなど、曹春梅が作る料理はすばらしい味で、客のなかにはリピーターも多かった。

二〇〇三年、魏家は農業とレストランから三万元の収入を得た。前年比五割増である。夏の間にもリピート客は増え、事業は成功間違いなしと思われた。それなのに曹春梅は疲れ切り、魏子淇は浮かぬ顔をしている。事業を始めたばかりのころ、魏子淇が紅梅タバコに火をつけるのはほんのときたま、取引相手に初めて会うときに限られていたが、いまではチェーンスモーカーだ。夜は夜で、白酒を飲みながら夜更かしをすることが多い。週末旅行で村に来た都会人のストレスが、そっくりそのまま魏子淇の心へと移し替えられたようなものだ。私は心配になって、どうしたのかと訊いてみた。「心配事が多いんだ。いつも緊張してる」

「くよくよするなよ」と私は言った。「自分の事業を起こすのは長年の夢だっただろ。スタートは大成功だったじゃないか」。だが、魏子淇は始終金のことを気にかけていた。親戚からの借金が残っていた。自分の身内から一万三〇〇〇元あまり、妻の姉から八〇〇〇元ほど借りている。私は、数年分の家賃を前金で払い、家を長期的に借りることに同意していた。この金は厳密には魏子淇のものではなく、甥のものだ。つまり、魏子淇は甥から別のかたちで借金したわけだ。金額は二万元近い。魏子淇は借りた金をすべて店の改装に使ってしまった。そのうえ、来年の民宿開業のために銀行にローンを申し込む準備を進めていた。

中国には一民間人が信用取引を利用する伝統はない。借金は人を不安にするものなのだ。クレジットカードも銀行ローンも、利用する人はめったにいない。二〇〇三年に新たに車を買った人たちは、ほとんどみな現金で支払い、ローンを利用した人は五人に一人もいなかった。中国人はたいてい何年も貯金してから大きな買い物をする。資金が必要なときは親戚から借りるが、そうすると新たなタイプの「関係」が生まれるのだ。こうして魏子淇は、村の政治力学に始まり懐柔区でのビジネスチャンスや親戚との関係まで、もろもろの問題を抱え込んでいた。一年前、息子の命が危ぶまれたとき、魏子淇はまったく冷静だった。そんな事態をよく目にしていたからだ。貧しいなかで病気や死と闘うとはどんなことか、三岔村の住民はみなよく知っている。難しいのはむしろ成功したときだ。起業家として成功した魏子淇は、まったく未知の世界に足を踏み入れたのだった。

その夏、魏嘉は六歳になった。誕生日祝いの特別メニューは、目玉焼き入りのインスタント麺、珍しいごちそうだ。それまで魏嘉は、袋詰めの加工食品をめったに食べたことがない。魏嘉は北京で定期的に血液検査を受けているが、結果はずっと正常だ。体も大きくなり、胸幅も父親に似てがっしりしてきた。ときどき、簡単な掃除など家事の手伝いをする。このごろではもう、ほかの大人たちと同じようにシャーズを無視するようになった。幼いころは障害のあるおじと一緒に、顔をしかめたり、身振り手振りで話したりして遊んだものだが、やがておじにはどこかおかしなところがあるとわかったのだろう。こうしてシャーズはとうとう一人きりになった。村で最後の子供が大きくなり、もう誰にも相手にされなくなったのだ。

夏の終わり、魏嘉の両親は息子を学校に入れる準備をした。魏嘉は幼児クラスをほとんど休んでしまった。あの学校にはもう行かないことになった。教育環境が最低だったからだ。今年魏嘉は、九キロほど離れた沙峪《シャユイ》村の学校の一年生になる。そこでほかの子供たちと一緒に寄宿舎に入るのだ。夏の最後の数週間、両親は魏嘉にベッドに一人で寝る練習をさせた。普通、地方の家では家族はみな一緒に炕《カン》の上で寝るのだが、この時期に魏嘉の両親はわきの小部屋にベッドを置き、そこに息子を寝かせた。初めのうちは不満を言い、よく眠れなかった魏嘉も、やがて慣れていった。

学校が始まる前の週、私はジェッタをレンタルして村へ出かけた。必要なら学校まで車を出すよと曹春梅に申し出ると、手続きは日曜日か月曜日のどちらかだと言う。「まだアナウンスがないのでわからないの」村で毎日聞こえるプロパガンダ放送のことだ。

「村で学校に行く子はほかにいないんでしょ?」

「いないわ、あの子だけよ」

「一人きりでもアナウンスがあるのかな」

「そうよ、アナウンスはあるわ」

電話で訊いたほうがいいんじゃないか、と私は思ったが、これが村のやり方だ。情報は待っていればやってくる。案の定、金曜日の正午になると、スピーカーが鳴りはじめた。女性の甲高い声が谷あいに鳴り響き、崖にこだまし、高い峰々にとどろいて、関係者全員の注意を促した。

「お知らせします。小学一年生は全員、日曜日午前八時に沙峪小学校に登校してください」

「お知らせします。小学一年生は全員、日曜日午前八時に沙峪小学校に登校してください」

「お知らせします。小学校一年生は……」

日曜日の朝早く、村の一年生は一人残らず私のジェッタに乗り込み曹春梅の膝の上に座って、学校へと出発した。魏子淇は午後に来客の予定があったので家に残ることにした。魏嘉は前の晩に風呂に入り、自分で清潔な服を選んで用意したという。青いズボンを履き、猫のアニメと英文字の柄の入った似合いのシャツを着ていた。去年使ったミッキーマウスのバックパックをまだ使っている。

「去年のこと覚えてるね?」と曹春梅は子供に話しかけた。

「うん」

「また泣く?」

「泣かない」

「泣いちゃだめよ。今年はもう立派な一年生なんだからね。泣いたらたたくよ」

魏嘉はにっこり笑った。こんな会話がもう一週間以上も繰り返されている。谷を下る間、魏嘉は身を乗り出して外を眺めていた。今年もクルミの収穫が始まっている。私たちは、長い竿を手にした男たちを何人も追い越した。素晴らしい朝だった。晴れて暖かく、東の峰から日が昇りはじめていた。こざっぱりとした服装の子供たちが、新しいバックパックを背負い、沙峪へ向かっている。私たちはまず寄宿舎に立ち寄った。魏嘉が割り当てられたのは第四号室、第二号ベッドだ。一部屋にベッドが八台並んでいる。金属枠に木の板を渡し、その上に薄いマットレスを敷いただけの簡単なベッドだった。窓には鉄格子がはめてある。まるで兵舎のような寮なので私はがっかりしたが、魏嘉は気にしていない。鍵付きの鉄製ロッカーを割り当てられて喜んでいた。

魏嘉のクラスメートにはまだ一人も会っていないが、子供たちが校庭に集まって登録していたので、私たちもそちらに向かった。校門に近づくと曹春梅が立ち止まって言った。「子供がたくさんいるからって、また泣き出しちゃだめだよ」

「泣かないよ」と魏嘉。

「去年とは違うね」

「違うよ」

校庭では楊《ヤン》という名の先生が子供たちを並ばせていた。男の子と女の子は別々の列だ。子供たちはみなおとなしく、先生の説明を熱心に聞いている。楊先生は生徒一人ひとりに言葉をかけていたが、魏嘉にも近づいて「おはようございます。お名前は?」と訊いた。

「魏嘉」と言ってから、子供は英語で「グッドモーニング、ティーチャー」と付け加えた。

「あら、よくできましたね。どなたから習ったのですか」

「魔鬼おじさん」

「え? どなたですって?」

「魔鬼おじさんだよ」

魏嘉があまりまじめな顔で言うので、楊先生は思わず吹き出した。その場に魏嘉を置いて、私たちは帰ってきた。魏嘉は校庭に並んだ小学一年生のなかでいちばん小柄な子供だった。

学校が始まって六週間で、魏嘉は、英語が好きで、ものに動じない子、しかもじっと座っていることができない子だという評判をとった。中国の教室では集団がすべての基本になる。子供は集団のなかの自分の地位をよくわきまえている。教師から正式に与えられる地位もある。宿題委員は宿題を集め、風紀委員は生徒が悪いことをしないか目を光らせる。学級委員は先生を助けてクラスをまとめる。寄宿舎では一部屋に一人ずつ室長と副室長がいて、毎日きちんと掃除をさせる。仲間による統制が効いていた。悪いことをすればみんなの前に立たされる。ほかの生徒は教師と一緒に罪人を批判する。初めのうち、魏嘉は臆する様子を微塵も見せなかった。幼児クラスをほとんど休んだので、学校生活の日常がどんなものか、考えも及ばなかったのだ。魏嘉は勝手にしゃべりり、机の上で鉛筆をおもちゃにし、宿題をなくし、宿題をするのを忘れ、授業中に教室を歩き回った。ある日の朝礼で全校生徒が校長先生の訓示を聞いていたときだ。生徒たちは気をつけの姿勢で（両膝を突っ張らせ、頭をそらし、両腕をわきにきちんとそろえて）聞くようにと命じられていた。みんなおとなしく従ったが、一人だけ例外がいた。魏嘉だ。校長の話に飽きた魏嘉はしゃがみ込み、小石で遊びはじめた。

こうした規律違反は、ほかの数多の違反行為とともに、最初の保護者会で報告された。中国の学校の保護者会は集団で行なわれる。親たちは一同に集まり、教師がクラスの生徒を一人ひとり評価するのを聞くのである。よい生徒は褒められ、悪い生徒はけなされる。聞いている親たちは、子供たちと同じ方法で（つまり集団の力によって）社会化された。みんなの前で自分の子供は成績が悪いと言われるほど恥ずかしいことはない。悪い子ほどみんなの関心を集めた。沙峪小学校の最初の保護者会では数人の子供が槍玉に挙げられた。チャン・ヤンはいじめっ子だ。ワン・ウェイはふざけてばかりいる。リー・シアオメイはおねしょをした（その後何度も同じ話が出たので、気の毒なこの女の子の母親は「家ではしたことありませんよ！」と叫んだそうだ）。魏嘉は落ち着きのない子だと言われた。教室を歩き回り、校長先生の訓示の最中に小石で遊んだのだ。魏嘉の父親はこうした違反行為をうんざりするほど詳しく聞かされて、村に帰ってきた。

保護者会の夜、私は魏家で食事をした。魏子淇は口数が少なく、そそくさと食べ、誰とも目を合わせようとしない。激しい気性の魏子淇は、怒りを爆発させる前はたいてい無口になる。嵐の前の静けさだ。このパターンを誰よりも知っているのは魏嘉なのだが、今夜の魏嘉は気づかないふりをし、夕食がすむと炕の上に座って絵本を広げた。魏子淇はしばらくじっと子供を見つめている。子供はちらちらと横目で父親の様子をうかがった。ついに父親が口を開いた。

「何してるんだ、おまえ」

「本読んでる」

「宿題はどうした?」

「カバンの中」

「出しなさい、いますぐ」

寄宿生活に向いている六歳児など珍しいだろうが、魏嘉はとくに整理整頓が苦手だった。私はよく金曜の午後になると、村に行くついでに魏嘉の学校に立ち寄り、連れて帰ってきたものだ。学校を出るとき、必要な本はみなかばんに入れたかと念を押すのだが、ミッキーマウスのバックパックに何が入っているかは、開けてみてのお楽しみだ。何が飛び出してくるか、魏嘉は自分でもわからない。今夜は教科書四冊と鉛筆が数本、くしゃくしゃになったプリント類が何枚か出てきた。父親は一枚をすばやく手に取った。

「これは何だい? 宿題じゃないか。こんなにくしゃくしゃだ、どうするんだ」

魏嘉は炕を見つめている。

「算数の教科書はどこだ?」

魏嘉は慌ててバックパックの中を探したが、もう何も出てこない。

「算数の教科書はどこかと訊いてるんだぞ」

「学校に忘れてきた」魏嘉は小さな声で答える。

「教科書なしで、どうやって宿題やるんだ?」父親の声がとげとげしくなった。「今日、楊先生に、父さんがなんて言われたか知ってるか。おまえはいつも宿題を忘れる。授業もよく聞いていない。ちゃんと勉強しないでどうするんだ」

魏嘉は絵本のほうへ目をやったが、父親は本を取り上げた。「それに、おまえは校長先生の話もよく聞かないそうだな。みんなきちんと立っていたのに、おまえだけはしゃがんだそうじゃないか。いったいどうしたんだ。ほら、ちゃんと父さんの目を見なさい!」

だが、魏嘉は目を合わそうとしなかった。口をへの字にむすんだままだ。父親が頭に平手打ちを食わすと、わっと泣き崩れた。「楊先生の言うことを聞かなきゃだめだぞ!」魏子淇は怒鳴った。「おまえは勝手に教室を歩き回るんだろ。そんなことしちゃだめだ。それに、おまえは寮の食事も残すそうじゃないか」

ここで曹春梅が口を挟んだ。「ちゃんと食べないとどうなるか、知ってるでしょ。また病気になるよ。また病院に行きたいの？」

突然、魏子淇は子供のズボンを膝までたくし上げ、脚を指して大声を出した。「あんなあざがまた出てきたらどうするんだ！」

曹春梅が駆け寄って子供の体を点検した。「ちゃんと食べなきゃ病気になるよ。また病気になったら困るじゃない」

親たちの声はますます甲高くなる。もうほとんどパニック状態だ。だが、両親のしぐさは急に優しくなった。二人で子供の脚にあざがないか調べている。去年の危機で味わった、言葉にならない不安がよみがえったのだろう。炕の上で三人はしっかりと身を寄せ合った。子供は泣き続けた。頭を後ろにそらせ、ワーワーと大声で。

曹春梅は、夫よりもはるかに根深い不安を抱いていた。魏子淇の生き方の根幹は現実的なもので、心配事といえば、借金、村の政治力学、息子の健康や教育といった具体的な問題だ。新事業もプレッシャーになっていたが、一生懸命に働けばなんとかなるとも思っている。また、レストランの客を注意深く観察し、都会人からさまざまなヒントを得てもいた。懐柔区に出るときはきちんと身なりを整えたが、家では農民の服を着て客を迎えた。都会人のまねをする農民に会おうとして、わざわざ村に来る人はいない。三岔村と懐柔区が求める二役を、魏子淇は見事にこなしていた。

だが、曹春梅にとって外界との交流は神経をすり減らすだけだった。曹春梅は厨房の仕事に追われ、実質的には村から出られない。資金繰りや買い入れの仕事はしていないから、懐柔区や北京に出かける用事もなかった。客を迎えるのが彼女の仕事だったが、都会の人と会うと、自分が恥ずかしくなることがある。一度など、北京から来た客が厨房に入ってくるなり、「あら、手が真っ黒」と思わず口を滑らせた。その人は農家の人がどんなふうに料理をするか見たかっただけで悪気はなかったが、曹春梅は傷ついた。それからは、客を迎える前にいつも手をごしごし洗うようになった。身なりも整えた。スパンコールのついた絹のブラウスを買い、週末になるとよくそれを着ていた。

曹春梅の変わり方は夫と同じではない。魏子淇の変化は計算づくのところがあった。新しい洋服を着るのも、タバコを吸うのも田舎風が恥ずかしいからだけではなく、そうすれば事業に有利だと考えたからだ。自分が田舎者だということに、ある種の満足感があったのだろう。結局、魏子淇の店は田舎風が売りなのだ。だが、曹春梅は三岔村に完全に溶け込んではいなかった。そのうえ、事業に成功したとて、自分の世界は村の外へと広がらないことを彼女は知っていた。

曹春梅は長い間、外の世界と心の触れ合う交流を持ちたいと感じていた。これは三岔村の若い人に共通する思いだった。近所の人や友達がみな出て行った村で暮らすのはつらい。九〇年代半ば、村の雰囲気はどん底だった。人口が急減し、残った人たちは不倫や不祥事など噂話に明け暮れていた。ところが、数人の村人が法輪功を始めてから、変化が現れた。法輪功とは呼吸法を兼ねた簡単な健康体操で、その魅力は新しいものと古いものを同時に感じられる点にあった。創始者は李洪志《リー・ホンチー》という東北部出身の人だ。道教と仏教と太極拳の教えを取り入れた法輪功を定義するのは難しい。一つの宗教、あるいは哲学とも呼べるが、同時に基礎的な運動法でもあった。こうした要素が一体となった法輪功は絶大な人気を集め、とくに北部の経済的に苦しい地域で広がった。三岔村で法輪功を始めた人たちは、生活の新たな仕組みを整えたいと思っていたのだ。じきに、ほかの村人たちも加わった。九〇年代末までには、村の住民は毎朝、坂道の突き当たりの空き地で顔を合わせるようになっていた。曹春梅と魏子淇も法輪功の実践者になった。何年もたってから曹春梅は当時を懐かしんで言っていた。「健康にいいのよ、あれは。あのころ、うちの人は酒もタバコも飲まなかった。法輪功に禁じられていたから。それに怒りっぽくもなかった。村はなごやかになった。毎朝みんなひとときを一緒に過ごしたの」

法輪功の影響力の大きさは一般の人にとっては魅力的だったが、簡単に定義できないことが政治的な弱点となった。政府に認められている宗教といえば、仏教、道教、イスラム教、カトリック、プロテスタントの五つだけだ。宗教団体はすべて政府機関に監視され、独自に指導者を立てることは許されない。たとえば中国のカトリック信者は、ローマ法王を認めることは許されていない。こうした立場からすると、李洪志は厄介な存在だった。とりわけ、アメリカへ移住したとなればなおさらだ。法輪功の人気が高まれば高まるほど、支持者も批判者も増えた。あんなものは迷信にすぎないと批判する中国人ジャーナリストもいた。九九年四月、ある批判記事に触発された一万人以上の信者が北京中心部に集まり、政府中枢機関が集まる区域を静かに包囲した。なんらかのかたちで政府に認めてもらおうとしたのだ。たしかに政府は注目した。そしてこれを、八九年に天安門広場で起きた学生デモ以来の最大の抗議運動ととらえた。数カ月もたたないうちに、党は法輪功を禁止した。抗議運動の組織者たちは収容所に送られて再教育を受けることになった。

三岔村からは誰も北京の抗議運動に参加しなかったが、間もなく弾圧が始まった。村の共産党員たち（そのなかには法輪功の熱心な実践者もいた）は法輪功の批判会議を開いた。坂道の上の空き地で行なわれていた毎朝の集会は、突然中止になった。中国ではこうした政治運動は全国いっせいに実施される。これこそ共産党の強みだ。共産党は、もはや斬新な思想の源泉ではないかもしれないが、いまだに信じられないほどよく組織され、まとまっている。そして党は、農民が人口の大部分を占める国家において、村の権力機構がどれほど重要かもよく理解している。北京から発令された命令はまたたく間に国中の村々に届く。地方に住む人なら誰でも地元権力機構とは無関係でいられない。三岔村の隠遁者、馬玉発は国の指導者が誰か知らなかったが、村の党書記ならば知っていたし、書記長の夫が魏家とどんな親戚関係にあるかを私に教えてもくれた。中国の村で重要な政治問題といえば、そういうことだった。そして九九年以降、村は法輪功に背を向けた。

中国各地で、しばしば暴力的な弾圧が行なわれた。何百人もの信者が拘留中に死亡したと、複数の人権保護団体が報告している。多くの場合、地元警察が暴力に訴えて改宗や教えの断念を迫った結果であろう。また何千人かは収容所に送られた。だが、何千万人にも達していた法輪功実践者の大多数は、もう参加しないとあっさり決心したのだった。三岔村に一人だけ、教えを簡単にはあきらめなかった人がいたそうだが、この人も懐柔区の刑務所で一週間を過ごしてからは気が変わった。宗教に関してさえ、中国人は実利的になれる。教えを信じたいとは思うが、政府が本格的に圧力をかけてくるなら、先のない信仰にしがみつくことはない。往々にして、宗教を求める人たちは何よりも社会とのつながりを求めているのだ。急速な変化のなかで多くの人は空しさを感じている。共産主義イデオロギーはもはや信じられないし、出稼ぎ労働や都市化によって社会は激変してしまった。富を追求する新しい生き方は空しく、疲れるだけだ。他人ともっと意味のあるかかわり方をしたいと多くの人が望んでいる。そんななかで、神とかかわりを求めてというよりも、隣人や友人と何かを分かち合いたいと宗教に向かう人もいるだろう。法輪功の弾圧が成功した一因はここにある。法輪功の共同体が壊滅したあと、多くの人はもはやこの教えを信じる理由はないと感じたのだろう。

五〇年間続いた共産党政権から、人びとは忍耐を学んできた。いずれまた、別の何かが出てくることを、人びとは知っていた。

魏家の店が繁盛しはじめた二〇〇三年のことだ。曹春梅が法輪功をあきらめてから四年近くが過ぎていた。曹春梅はその間も、とくに店で客を迎えるようになってからは、新しい考え方を取り入れようといつもアンテナを張っていた。ある週末、北京からきた女性観光客の一団が仏教の話をしているのが曹春梅の耳に入った。中流階級の、ともすれば農民を見下すタイプに見えたが、この人たちは違っていた。女性たちは曹春梅に礼儀正しく接し、感じのよい話し方をした。「よく仏様のことを話題にしていたわ。いろんな状況下で人はどう行動したらいいかという話だった。何か面倒なことが起きるたびに、仏様のことを考えるって言っていた。私、感心したの。人はどう生きるべきかを、あの人たちは考えていたわ」

曹春梅は勇気を振り絞って女性の一人にそっと声をかけてみた。「仏教はその人の暮らしにどう影響したのかと訊いてみたの。困ったときに役に立つんですかって。するとその人は、仏様を信じる理由はそれだけではないと言ったの。とくに何かの役に立つから信じるんじゃないって。仏教はすぐに答えを出してはくれない。それより大切なのは、いろんな状況で何をすればいいか、私たちに正しい道を示してくれることだ、と」

曹春梅はその女性の言おうとしていることがよくわかった。自分も、ありふれた日常の雑事を超えたレベルの何かを求めている。都会から来た客と心が通ったと感じたのは、これが初めてだった。数週間後、ふたたび三岔を訪れたこの女性は、本を二冊持ってきてくれた。『第三世代カルマ』と『地蔵と菩薩』だった。曹春梅はじっくりと読んだ。すると心が落ち着いてきた。その後間もなく、曹春梅は家の居間に祀り棚を設えた。壁際にテーブルを置いて黄色い絹地で覆い、そこにプラスチック製の大きな像を置いた。慈悲の女神の観音と、富を守る財神の像だ。曹春梅は毎朝、像の前に供え物をささげ、香を焚いた。供え物はミカン三個、リンゴ五個、白酒三杯、というふうに、必ず奇数にする。祀り棚は南部の、とくに商家で一般的だが、北京界隈では珍しい。祀り棚の像を初めて見たとき、誰が用意したのかと私は訊いた。

「私よ」と曹春梅は得意気だ。

私は続けて訊いてしまった（つい口を滑らせたのだ。きっと中国に長居をしすぎたせいだろう）。「いくらだった？」と。曹春梅は穏やかな口調で私をたしなめてくれた。

「こういうものを『買う』とは言わないの。『招来する』と言うのよ。仏様が家族を救ってくださると思ったから、私がお願いして家に来ていただいたの」

三岔村の二〇〇四年は「建設の年」だった。現代中国では時はこんなふうに流れていく。昔の十二支に基づく暦では、年は申《さる》、酉《とり》、戌《いぬ》と干支で表された。だが、いま重要なのは開発の中身だ。午年《うま》(〇二年)は三岔村の道路が舗装された記念すべき年だった。次の未年《ひつじ》は「新車の年」、その次の申年は「建設の年」となった。十二支のパターンとは異なり、道路舗装―新車―建設へという現代的な時の流れはまったく理にかなっている。道路が新たにできて車が村にやってきた。新たに来た人たちは新たな金を持ってきた。その金が建設に使われた、というわけだ。開発は村に新しい音ももたらした。ハンマーやドリルやのこぎりの音が一年中響き渡るようになったのだ。

村の経済的変化の先駆けとなった魏子淇は、建築発注でも先頭を切った。まず、自宅の内装を変えた。次に小規模な宿泊施設を建てた。六部屋が並ぶ低いコンクリートの建物だ。自分でデザインし、工事も監督したが、実際の作業には近所の人や親類を、日当二五元で雇った。建築主が官であれ民であれ、三岔村の建築工事としては標準的な日当だ。中国の地方では、普通は地元の人が労働力を提供する。〇三年から〇四年、政府は道路建設推進運動を展開したが、その意義はここにあった。道路建設は地方の輸送システムを改善しただけでなく、することがない農民に仕事を与えたのだ。

三岔村の一帯では万里の長城の現代版ともいうべき公共工事が始まった。県の幹部が北京の自動車ブームの影響に目をつけたのだ。観光客はますます増えるだろう。当地の主な観光スポットといえば明の遺跡ではないか。ここは一つうまい演出方法を考えよう。というわけで、道路沿いに長城の上部に似せた建造物を置くべしという命令が、すべての集落に下った。偽の長城は赤れんがをセメントで固め、灰色に塗ったものだ。十七世紀の胸壁そっくりの銃眼まで描かれていた。防衛の観点から見れば、あまり役に立たない代物だろう。なにしろ高さが七〇センチほどしかないのだ。モンゴル騎兵が闇夜に全速力で南下してきたら、たぶん馬の蹄をこの壁にひっかけるにちがいない。だが、これはマイカー時代に建てられた壁だ。左右にこの壁が並んだ道をドライブすると、万里の長城のてっぺんを走っているような気分になる。一九二〇年代のことだが、万里の長城を高速道路に改造すれば「商業がさかんになるだろう」との論調が有力になった時期がある。当時の人びとが抱いた夢は、こうして実現したわけだ。

たしかに、この壁の工事のおかげで農民の懐は暖かくなった。工事に参加した人はみな二五元の日当をもらったのだ。村人たちは仕事があるので大喜びで新しい長城を造り、魏子淇の家と宿泊施設を建て、道路を補修した。日当を貯蓄に回した人たちは、今度はわが家の改修を始めた。坂道の突き当たりの空き地は建築資材置き場になり、私は村に行くたびに砂袋やれんがの山の間に駐車する羽目になった。昔の静けさが懐かしかった。この村に来はじめたころ、道路はまだ舗装されておらず、耳に入る音といえばクルミの木の間を吹き渡る風の音だけだった。あれはほんの〇一年のことだったのに、もう何十年も過ぎた感じがする。あれが静寂の最終年だった。

だが、何事も同じ状態は続かないものだ。中国に長く住んでいると、それも仕方がないと思うようになる。ついに私はこの波に乗って、家の改築に踏み切った。家は村の標準的レベルで維持していくというのが、ミミと私の方針だったが、〇四年には村の標準が変わりはじめたのだ。私たちが雇った地元の作業班は、改築を終えたばかりの魏子淇の家とそっくり同じ内装工事をした。魏子淇の家の改装は最大規模だった。天井に新しく漆喰を塗り、床に木目柄のリノリウムを貼り、壁には（古い『人民日報』ではなく）白いペンキを塗った。党書記は、新装の家を見るやいなや、自宅の改装を発注したという。魏子淇には負けられない。やがて、大方の人が同じことをした。作業班は家から家へと村中を回った。道路沿いに新しい長城を次から次へと建てていったのと同じ着実なやり方で、作業班はすべての家をモダンに仕上げていった。天井は漆喰、床はリノリウム貼りで壁にはペンキを塗ったのだ。

魏子淇が共産党に入党し、運転免許を取ったのもあの年だった。魏子淇はそれまで政治の話は一度もしなかったし、懐柔区の占い師からは政治問題にかかわるなと警告されていた。中国では、平の党員になるのも煩雑な手続きが必要だ。申し込めば誰でも党員になれるアメリカのようなわけにはいかない。まず正式な申請書を提出し、それから面接や検討会議を経なければ共産党員にはなれない。地元党員から不適格と見なされれば、申請は却下される。党員の数は少なく、全国で七〇〇〇万人、つまり人口のおよそ五パーセントしかいない。

二〇〇四年、三岔村には一七人の共産党員がいた。ほとんどが五十歳を超えており、三十歳以下の人は一人もいない。やる気のある若者が入党することはめったになかった。若い人は村に残っていないからだ。それだから当然、三岔村の指導部は保守的だった。新しい経済の仕組みは受け入れがたいとさえ考える党員もいたし、満足に読み書きができない人もいた。女性は三人しかいない。それぞれ家族がなんらかのかたちで党とつながっている人たちだ。党書記の母親は村の女性党員第一号で、革命以前から共産党員として活動し、娘にも政治の世界に入るよう勧めた。村の第三の女性党員は、地元の役人の妻だ。三岔村の党員はみなビジネスとは無縁の人たちだった。入党を申し込んだ魏子淇は、まったく別のタイプの人間だ。党員候補としてはもっとも若く、成功した起業家だったのだ。

魏子淇は入党の動機について詳しく語らなかった。こうした問題について、中国人は口が堅い。何年来の親しい友人にさえ、党のことは語らない人もいる。魏子淇の入党は申請から六カ月かかった。その間、魏子淇は村の党員会議で何回も審査を受けた。自己批判をしたこともあるという。中国ではよくあることだ。そんなとき、何と言うのか私は尋ねた。

「自分は肉体労働に関して熱心さに欠けていた、と言ったよ」

「それってどういう意味?」と私。

「村中で一緒にする仕事があるだろ。そんなとき積極的にやらなかった。そう言って自己批判したのさ」

なぜ入党したいのかと、何回訊いても魏子淇からは同じ答えが返ってきた。「国に貢献したいんだ。村のためにも働きたい。入党するのがいちばんいいんだ」。いつもそれ以上は言わなかった。つまり個人的利益にはけっして触れなかった。だが、村の中で「関係（コネ）」をしっかり固めるのがねらいだと、私にはわかっていた。事業に成功してからというもの、魏子淇の村での立場は不安定になった。〇四年、魏子淇の年収は村で最高額を記録したが、さらに事業を広げたいと中国農業銀行から二万五〇〇〇元に近い融資を受けていた。地方では農民が個人的にローンを組む場合、村の承認が必要だ。私の察するところ、魏子淇の場合は入党申請したことで万事都合よく運んだのではないか。いずれにせよ、彼の入党に反対した党員はわずか三人だった。この反対派閥を率いたのはあの「へそ曲がり」だ。魏子淇は必要な賛成票をやすやすと獲得し、中国共産党が結党八三周年を迎えた〇四年七月一日、正式に党員となった。

魏子淇が運転免許証を取得するにはさらに五カ月かか

った。刈り入れ期と秋の観光シーズンが終わるのを待って、魏子淇は懐柔区の近くにある順義区《シュンイー》の教習所に申し込んだ。講習料は高額だし（四〇〇〇元近い）、そこで教え込まれている運転技術は共産党入党手続きに負けず劣らず不可解きわまるものだった。たとえば、ここの受講生は、あらゆる操作はセカンドギアで始めるものだと教えられる。この点で教官は絶対に譲らなかった。「なぜセカンドが重要なんだろ」と私は魏子淇に訊いた。

「セカンドだと難しいから、クラッチ操作が上手になるって、教官は言うんだ」

魏子淇が運転免許を取って間もないある日、私は借り物のジェッタを駆って村へ出かけた。駐車して一時間ほどもすると、魏子淇が家に来て車を移動してくれと言う。セメントを混ぜるスペースが必要になったとのことだった。このごろ、坂の上の空き地ではいつも誰かが何かをしていて、私はしょっちゅう車を動かさなければならない。三岔村で駐車に苦労するなど、以前は想像もできないことだった。

私が執筆の最中だったので、魏子淇が私の代わりにジェッタを動かしてくれると言う。それまでにも、魏子淇は私の車を運転したことがときどきある。ただし、いつも助手席に私がいた。だが、今回は大丈夫だろう。ほんの数センチ動かすだけだ。私は魏子淇にキーを預け、そのまま仕事に戻った。

三〇分後、魏子淇が戻ってきた。無言のまま戸口のそばに立っているので、私のほうから、うまくいったかいと声をかけた。

「ちょっと、車がね」とおもむろに口を開いた魏子淇は笑顔だった。バツの悪いときに中国人がよく浮かべる笑顔だ。そんな笑顔を見ると胸がドキドキしてくる。

「車がどうかしたの」

「ちょっと来て見たほうがいい」

空き地では車のまわりに人だかりがしていた。みんな例の笑顔だ。前のバンパーが完全にはずれ、地面に転がっていた。ジェッタのフロント部分がむき出しになっている。まるで小さな子どもが、乳歯が三本抜けた口を開けて笑っているみたいだ。それにしても、なぜみんなうれしそうなんだ？

「ボンネットのこと忘れてた」と魏子淇が説明する。

「え？ どういう意味？」

「おれ、前に出っ張りのある車に慣れてないんだ。教習所では『解放《チエファン》』トラックで練習しただけだから。あれはフロントが平らなんだ」

私が、空き地の隅の偽の長城に沿って駐車しておいたジェッタは、魏子淇がバックしてハンドルを回した途端に急に向きを変え、ボンネットが偽の長城に突っ込んだのだという。去年、偽の長城ができたとき、私はばかげた建物だと思った。だが、防衛の点から見ると、たった一つ役に立つ点があった。フォルクスワーゲン・ジェッタのバンパーを引きはがすには、もってこいの高さだったのだ。私は地面に膝をついてバンパーを調べた。どうしようもないほど曲がっていた。

「レンタカー会社の人、なんて言うだろう」魏子淇は心配していた。

「さあね。こんなこと、いままでしたことないからわからないよ」

私はまだキャピタル・モータースの王さんから車をレンタルしていた。私はずいぶんひどい客だが、王さんが堪忍袋の緒を切らしたことは一度もない。ジェッタで泥道を走ったりジープを川床に入れたりと、私はレンタカー会社の規則をほぼすべて破ってきた。ドアをへこませ、タイヤに傷をつけ、内モンゴルではスターターを壊してしまった。規則では北京市外での走行は禁止されているのに、チベット高原まで行ってしまった。私の規則破りが明らかになるたびに、いつも王さんは「心配ありませんよ」と愛想よく言ってくれる。「お得意さまですから」。王さんは私との「関係」に誇りを持っている。それを思うと、私は心がうずき、罪の意識に駆られた。まったく、こんなにひどい客はいない。

今度は、フロントバンパーがはずれた車を返すことになった。魏子淇は弁償したいと何度も申し出たが、私はいいよと言った。そもそも彼に運転させた私が悪いのだ。二日間というもの、ジェッタはバンパーがはずれたまま、村の空き地に止まっていた。いよいよ私が北京に帰る日になって、魏子淇は古い針金でバンパーを取りつけた。それで私は、ぶら下がったバンパーがはずれないように、高速道路をゆっくりと運転する羽目になった。レンタカー会社の王さんは、車を見るなり目を丸くした。

「わあ、すごい。どうしたんですか、いったい」

「私じゃないんだ。実はほかの人に運転させてしまった。申し訳ない。後悔しています」。私は、フロントが張り出した車を運転したことのない魏子淇のことを説明した。だが、王さんはわけがわからないようだ。説明すればするほど、腑に落ちない表情になる。これでは「解放」トラックだの、順義教習所だのと細かな説明をしても無駄だろう。私は説明をあきらめて、バンパーの代金を払わせてほしいと言った。

「ご心配なく」王さんは笑顔で言った。「保険に入っていますから。事故の報告書だけ書いてください。印鑑お持ちですか」

彼の言う印鑑とは、会社の登録印だ。私は正式には『ニューヨーカー』誌北京支局の名前で登録されていた（実際は、私と山積みの書類のほかは何もない事務所だ）。私は登録印をほとんど使ったことがないのだが、王さんには印鑑は家に置いてきたと言った。

「かまいませんよ、次回持ってきてください」と言いながら、王さんは机の引き出しから書類を一束取り出した。どの書類も文字は何もなく、赤い印鑑が押してあるだけだ。王さんは一枚を選んで私の前に広げる。「米中トラクター協会」と読める印鑑が押してある。

「これ、なんですか」

「問題ありませんよ。この人たちも事故ったんですが、印鑑を持ち合わせていなかった。それで、ほかの人のを使ったんです。そのあとで、自分の印鑑を押したこの一枚を持ってきてくれましたがね。さあ、このページに事故の報告をしてください。でも、次においでのときは、お宅の印鑑を押した紙を一枚持ってきてくださいね。そうすれば次の人が使えますから。おわかりですか」

私はわからなかった。王さんに三回も説明を繰り返してもらって、ようやく事態が呑み込めた。つまり、バンパーが壊れたのは私のせいではなかったし、ある意味では（車のことをよく知らなかったのだから）魏子淇のせいでもなかったが、いまや米中トラック協会の責任ということになったのだ。「ただし、事故が地方で起きたとは言っちゃいけませんよ。事が面倒になりますから。わが社の駐車場で起きたことにしてください」

私は言われたとおりにした。つまり、三岔村のことにも偽の長城のことにも触れず、ただ米中トラクター協会の仕事でキャピタル・モーターズの駐車場内を運転していた際にバンパーを痛めたとだけ書き、最後にトラック協会の印鑑のそばに中国名で署名した。それを見て顔を輝かせ、タバコに火をつけた王さんを残して、私は事務所を出た。王さんの頭の上の壁に、例の評価表が見えた。

顧客満足度	九〇点
能率	九七点
顧客に対する言葉遣い	九八点
態度	九九点

四年も住んでみると、三岔村はどこよりも落ち着けるところになった。大人になってから、とくに最近の一〇年間、私は遊牧民のように旅ばかり続けていた。それは

それで楽しかったが、三岔村で私は別の暮らし方に出会った。ここには決まりきった日常がある。季節ごと、日ごとに何が起きるか予想がついた。夜が明けると村の放送で目が覚める。午前中はずっと書き物をし、夜は魏家で食事をする。暑い日は貯め池で水浴びをし、冬は峠越えの長いハイキングに出かける。私はあちこちの山道を覚え、近辺の村々を歩いて訪ねた。黄花鎮、海字口《ハイツーコウ》、岔《チャ》石口《シーコウ》、四海《スーハイ》、郭家湾《クオチアワン》と、いずれも静かな小村だったが、変化はどこでも始まり、どんな田舎にも新しいレストランや民宿ができていた。それに、踏みならされた山道が、年ごとに見つけにくくなっていくのに私は気づいた。農民や、ロバに乗った行商人が通っていた山道は、あと一〇年もすれば消えてしまうだろう。隣村に行くのに、いまではみんなバスや車を使うからだ。

　三岔村に長く滞在すればするほど、私は農村生活のリズムが好きになった。村の暮らしは季節のサイクルに組み込まれている。私は北部をドライブ旅行したとき、中国農村部は全般的に崩壊へと向かっていると感じた。消えゆく村々で、地域生活が崩壊していくさまを垣間見たからだ。しかし、三岔村では別のものを目にした。村は前進しはじめていた。毎年、村では何か大きな変化が起き、時の流れの勢いが感じられた。一方で、季節は毎年きちんとめぐりくる。その規則性は私に安定感を与えてくれた。私がとくに村で過ごしたいと思った季節は、四月の数週間、アンズの花が咲き乱れるころだ。九月の忙しい刈り入れ期も好きだ。冬の静かな日々も捨てがたい。村の春節も楽しい。村人たちは真夜中まで起きていて、各家で花火を上げる。私は村の時の流れに注意を払い、いくつかの祭りや季節行事には必ず参加するようになった。

　二〇〇五年四月の清明節に、魏子淇と私は朝の五時半に起きて裏山へ向かった。魏子淇は籠とシャベルを手に、畑仕事用の迷彩服を着ている。谷間の下のほうではアンズの花が開きはじめ、早朝の薄明かりの中で、白いつぼみが輝いていた。山道を上るにつれて気温が下がり、アンズのつぼみも数少なくなる。

　今年、墓参りに来たのはたったの七人だ。男たちは絶えず手を動かし、墓の上に土を盛っていく。その間ものんびりした会話が続いた。

「ここはおれのじいさんの墓だ」

「そうじゃないだろ」

「いや、そうだと思うよ」

「でたらめ言うなよ。これはおじさんの墓だよ」

故人は名前では呼ばれないし、思い出が語られることもない。故人は姻戚の一人でしかないのだ。朝日が東の空に輝きはじめるころ、私は墓の一カ所に供物を焼いた跡を見つけた。二、三日前のものだろう。去年のいまごろ、村の宣伝スピーカーが「墓前の焚き火は政府により禁止されました」とさかんにアナウンスしていたのを思い出す。規則は守られていない。

　私たちが到着する前に、もうお参りがすんだ墓もあった。土が高く盛られ、「奠《ティエン》（死者への供物）」と書かれた紙製の白い花輪が三基設けられ、近くのポプラの木には白い輪飾りがピンで留められていた。盛り土の上には飾り文字のついたろうそくが一本立っている。これほど立派に飾った墓は、三岔村では珍しい。新しい墓なのだろう。誰が葬られたのか、と魏子淇に訊いた。

「魏明和《ウェイ・メンフウ》だ。懐柔区の近くに住んでた人だ。毎年、墓参りに来てたんだがね。ほら、君が家まで車で送っていった人だ」

　私は気さくな老人を覚えていた。親の墓に白酒を注いでいたのを思い出す。都会に移ってやっと温かい家に住めるようになったと言っていた。いつ亡くなったのだろう。

「去年だよ、何月か覚えていないけど」

　誰かが言った。「この墓に来たのは今日が初めてだ」

　別の人が言った。「去年はおれたちが土をかけてた人がなあ。今年はおれたちが土をかけてる」

　私はシャベルで土をすくい、墓にかけた。魏子淇はお供え用の紙幣を一束取り出して火をつけた。炎がまたたく間に紙幣をのみ込んだ。別の人が紅梅タバコに火をつけ、魏明和の盛り土の上に立てた。タバコは線香のようにまっすぐに立っている。男たちは盛り土を見つめていた。

「この人、紅梅タバコは吸わなかったんじゃないか」

「そうだ、紅梅は高すぎる。吸ってたのは黒菊だ」

「いまじゃ、もう手に入らない。あれは八〇年代によく売れたタバコだ」

　故人の具体的な思い出を聞いたのは、これが初めてだった。みんなしばらく黙って墓前に立っていたが、やがて魏子淇が「さてと、そろそろ行こうか」と言った。

　墓を立ち去る前に、一人が振り返った。「あのタバコ、大丈夫だよね」

「心配ないよ」

　墓に供えたタバコから細い煙が空に向かって立ち上っていた。私たちは一団となって山道を下り、アンズのつぼみがちらほらと見える谷あいへと下っていった。村に入った途端、墓前での焚き火は禁止されていますという、例年どおりのアナウンスが聞こえてきた。まだ朝の六時半だ。男たちは持っていた籠とシャベルを片づけ、畑仕事に戻った。それから二カ月というもの、山あいの村は春の労働で忙しかった。

私は、夏休みに入ったら北京見物に連れて行くと魏嘉に約束していた。その日、村に迎えに行くと、魏嘉はTシャツと短パン姿で私を待っていた。荷物は何もない。手提げ袋もバックパックも見あたらない。着替えも歯ブラシもなく、一文なしだった。母親は店に客がいたので料理に忙しい。魏嘉に何か必要なものがあれば持っていくよと声をかけたが、返事はノーだった。「たった三日間だから、何もいらないわ」

アメリカの親なら、子供がたった五ブロック先に泊りに行くときでさえ、ミニバン一台ほどの荷物を用意するだろう。だが、ここ中国の農村では事情が違う。私は魏嘉には何か食べてはいけないものがあるかと確かめた。

「冷たいものは飲ませないで。アイスクリームもだめ。きっと食べたがるわ。でも食べさせないでね」

中国の伝統医学によれば、なんであれ冷たいものは飲食すべきでないとされている。

「ぼくがアイスクリームを食べるところを、魏嘉が見るだけならいいのかい?」私は訊いた。

「いいわよ」曹春梅は笑いながら答えた。

北京に着いて私のマンションに案内すると、魏嘉は本がたくさんあると、しきりに感心した。

「これ全部書いたの?」

棚には一〇〇冊以上が並んでいる。「いや、誰かほかの人が書いた本だよ」

「全部?」

「そう、全部」

「これはどう? 自分で書いたの?」魏嘉は、山と積んである雑誌を指して訊いた。

「いや、書いたのはほかの人たちだ」

魏嘉はなんとなくがっかりしたようだった。この種の話をするときはいつもそうだ。魏嘉は村の家によく遊びに来ては、私が読んでいる本を指して「これ、おじさんが書いたの?」と訊いた。私がこれまでに書いたのは一冊だけで、いまは二冊目を書いているんだと、何回説明してもよくわからない。なぜそんなに長くかかるのか? いつまでたっても自分で書いた本を読めないんなら、作家になる意味がないではないか!

魏嘉は完璧な来客だった。一度も不平を口にしなかったし、家から何も持ってこなかったので、なくすこともない。魏嘉は都市生活のあらゆる点が（不愉快なことでさえ）気に入った。すし詰めの地下鉄に乗ればわくわくし、渋滞に巻き込まれれば、まわりの車をゆっくり観察できると喜んだ。マンションの近くにある后海《ホウハイ》の湖でボートに乗ったときは、海ってこれより広いのと訊いた。魏嘉はタクシーに夢中になった。子供の目から見れば、これは都市生活の奇跡だった。軽く手を挙げれば、すぐに赤い車が止まってくれる。二日目には、魏嘉の挙動に気をつけなければならなくなった。ちょっと目を放すと、すぐに手を挙げるのだ。一度など、私のマンションのすぐ近くで勝手にタクシーを止めてしまった。その運転手には気の毒なことになった。魏嘉と私、この二人がどういう関係なのか、誰もわからないようだ。一度、タクシーの運転手にやんわりと尋ねられたことがある。「この人、ぼくのおじさんなんだ」魏嘉は誰にでもこう言っていた。私たちは北京近郊の石景山《シーチンシャン》遊園地にも行った。フランシスとアリスという友達も一緒だった。フランシスは私の親友の妻で中国人、アリスは別のアメリカ人の友達のお嬢さんで、中国語を話し、年齢も魏嘉に近い。ブロンドで陶器のような白い肌をした子だ。この多人種家族は一体どういう人たちだろうと、私たちは人びとの好奇の的だった。この子は白人だが、あの子は農家の子のようだ。アメリカ人と中国人の間には、きっといろんな人種の子が生まれるんだろう。

たった一つ、ピザにはがっかりだった。魏嘉の英語の教科書には、なぜか最初にピザの話が出てくる。子供たちがモッキーという名のサルと一緒にピザを食べに行くエピソードだ。なぜピザを、なぜサルを取り上げるのか、と疑問は尽きないが、ともかく魏嘉は前からピザを食べてみたいと言っていた。ある日、私たちは北京のピザハットでミミと落ち合い、ここで魏嘉はついに念願を果たし、「チーズ」なるものに出会った。中国の農村では誰も食べない代物だ。魏嘉は一口食べると顔をしかめて口から吐き出した。次にピザからチーズのトッピングをはがし、クラストだけ食べた。それから毎年、夏になって魏嘉が北京に遊びに来るたびに、私たちは数え切れないほど何回もタクシーに乗り、遊園地もたびたび訪れた。だが、ピザだけは二度と食べなかった。魏嘉に言わせれば、あんなものはサルの餌だった。

魏嘉が幸先のよい学校生活のスタートを切ったとは到底いえない。小学校の幼児クラスは病気でほぼ一年間欠席し、次の年に一年生になったが、初めての保護者会では父親が散々な目に遭った。あの日、槍玉に挙げられた生徒はみなその後も苦労した。おねしょが問題だったりー・シアオメイはその年は落第、いじめっ子のチャン・ヤンは翌年留年処分となった。だが、魏嘉は進級した。それどころか、順風満帆だった。父親は二度と保護者会で恥をかかされなかった。一年生を終えるころには、魏嘉は算数の成績でクラスのトップになっていた。ほかの科目の成績も常に上位だった。

学期末になると、魏嘉は成績表を家に持ち帰った。成績表の冒頭には「小学校日常生活の規則」と題する二〇項目が載っている。(1)国家行事に関心を持ち、国旗、国章を尊敬し、国歌を覚えること(2)集団の名誉を重んじ、集団の責任ある一員になること(3)正しい姿勢を保とう。ところが、学業についてとなると第五項に簡単な規則があるだけ、(6)には「眼球運動に熱心に取り組もう」とあった。(10)何か借りたら返すこと。人のものを壊したら弁償を申し出ること――なるほど、実にありがたい説教だ。生徒は爪を切り、定期的に風呂に入らなければならない。つばを吐いてはいけない。火遊びは禁止。公道や鉄道線路の上で遊んではならない。波止場や桟橋に近づいてはならない。電気ショックを受けないように、溺れないように注意せよ。高齢者を敬え。公共バスの車内では妊婦に席を譲らなければならない。文化遺産保護に貢献せよ。肉体労働の実りを尊重せよ。「封建的、迷信的活動」に近づくべからず。うるさくしてはいけない。危険なゲームはするな。全項目中、学業に触れているのはたったの一項目しかない。「不(〜するな)」の文字が全体で二八回も使われていた。

成績表は三〇ページ以上もあり、生徒の学業をはじめ体力や態度まで評価する。あるページは「心の健康」という見出しだ(二年生の魏嘉は、楽観的で自制心があり、「環境に適応することができる」と評価されていた)。評価を行なうのは主に教師だが、両親や友達の意見も記される。そのうえ、生徒自身も自己評価しなければならない。項目ごとの評価欄には未完成の顔のイラストがあり、子供はそこに自己評価を口のかたち(笑っている口、一文字に閉じた口、への字に結んだ口)で描き入れる。二年生の魏嘉は心得たものだ。「几帳面で自分のことは自分でできる」の項と「共同の道具を使うことができる」の項には笑っている口を、「集団のための労働に参加する」には一文字に閉じた口を、「肉体労働の実りを大切にする」にはへの字に結んだ口を大きく描いた。

学期ごとに身体測定が行なわれ、全国標準値と比較された。成績表には身長、体重、胸囲、視力、聴力、肺活量(四年生時で一四〇〇ミリリットルだった)が記録された。魏子淇はときどき巻き尺を取り出しては息子のサイズを測り、成績表に記された数字を確かめた。魏嘉は身体的にはすべての点で平均以下だった（成績表によれば、四年生男子の標準肺活量は二一二三ミリリットルだそうだ）。

最終項に教師の個人的なコメントが書かれていなければ、この成績表はただ恐ろしいものでしかなかっただろう。二年生の魏嘉について劉先生はこう書いた。「魏嘉君はみんなに好かれています。頭の回転が速く、教師からもほかの生徒からも尊敬されています。この鋭敏さに努力が加われば、いっそうの向上と成績のさらなる伸びが期待できます。ほかの人から推されるのを待ってはいけません。積極的になりましょう。そしてしっかり勉強してください。がんばりましょう」

これが中国の教育のいいところだ。みんな本気で教育に取り組み、学習の力を深く信頼している。薄給にもかかわらず献身的な教師が多い。親たちも（自分の教育水準はどうであれ）熱心だ。三岔村では、これまでに大学に進んだ人は三人しかいない。魏嘉の両親は二人とも第一〇学年までしか学校に行っていないが、世の中は急激に変わっているから、息子はチャンスをつかめるかもしれない。親たちは子供を励まして努力させた。これは中国全土どこでも共通する親の心理だ。儒教の寺こそずっと前になくなってしまったが、中国には教育に重きを置く伝統がいまだに残っている。もっとも貧しい人でさえ書物を大切にする。子供の教育に熱心でない親は、私が知る限り中国にいなかった。これがアメリカと違うところだ。アメリカでは親が満足に学校を出ていない場合、その子供の学習もうまくいかないことが多い。こうして、正規の教育から実質的に切り離された人びとの集団が生まれてしまう。

中国の教育の強みが人びとの善意と意欲にあるとすれば、その弱みは細部にあった。魏嘉の勉強の中身にはまったく驚いた。相互関係のない事実と体系的でない知識が、肺活量一四〇〇ミリリットルのこの子供の頭にこれほど詰め込まれるとは信じられなかった。外国からの教材も多く使われていた。『小学生のための五輪読本』というタイトルの教科書は、二〇〇八年に北京での開催が決まったオリンピックがテーマだ。ここ、中国の万里の長城のふところに抱かれた農村で、子供たちは古代ギリシャの裸の競技者や、一八九六年にオリンピックを復活させたフランス人、クーベルタン男爵について学んでいた。『環境と持続可能な開発』というタイトルの教科書もあった。きっと外国のNGOが善意で作った本だろう、「五つのR」論を説いていた。ごみを減らし(reduce)、使い道を再考して(re-evaluate)、再利用(reuse)や再生利用(recycle)し、野生生物を救う(rescue wildlife)の頭の文字をとった五つのRだというが、中国語訳ではピンとこない。五年生の教科書のなかには、マイクロソフト・フロントページの使い方を教えるものもあった。ある金曜日の午後、魏嘉を学校に迎えに行くと、今日はグーグルを勉強したんだよと言う。「アメリカ人の兄と妹が始めたんだろ。二人で会社を作って金持ちになったんだ」これがグーグル神話の中国地方版だった。事実とはちょっと違うかもしれないが、少なくとも家族の大切さを訴えている。その同じ週末、魏嘉は『老子道徳経』を暗唱していた。

道可道非常道　　道の道とすべきは常の道に非ず
名可名非常名　　名の名とすべきは常の名に非ず

十九世紀以来、中国の教育者たちは、新旧の価値観や自国と外国の異なる伝統の間でバランスをとろうと苦労してきた。魏嘉の学校もそうだが、教育の現場ではいまだにその模索が続いている。新たな題材を教える方法は見つかっていても、基本的な学習方法や学級の仕組みは変わっていない。昔の教育の土台だった暗記と繰り返しは、いまだにすべての中心である。こうした伝統は、一部には漢字の難しさから生まれたともいえよう。漢字は何回も何回も練習して覚えるものだ。魏嘉の学校で、子供たちはこつこつと習字をし、その同じ方法をほかの教科にも当てはめ、算数では素晴らしい結果を出した。この学校の生徒たちは、アメリカの同年輩の小学生よりもはるかに難しい算数の教科書を使っている。

だがそれ以外の教科はどうだろう。教え方に分析力や創造性への配慮は見られなかった。『老子道徳経』を朗誦していた魏嘉は、文章の意味はまったく知らないという。週末になると魏嘉はよく炕《カン》の上に座って何時間も習字をした。同じ語句を何回も何回も練習する。「長く、細く、細く」「太く、柔らかに」「優しく、なめらかに、そっと」と筆使いの注意点をつぶやきながら。やがて魏子淇は作文にも取り組むようになった。「自分の照明器具について書きなさい」などといった宿題がよく出て、四苦八苦したものだ(「私の電気スタンドはとても明るいです」と書いたきり、その後三〇分も紙とにらめっこしていた)。地理の授業でも地図を描いたことはない。どんな教科でもほとんどの授業は、生徒の個性や事物の背景説明にはおかまいなしで進められた。そこは、統計や数値や事実だけが構成する世界であった。魏嘉が三年生のときだ。楽山《ロウシャン》市の大仏について習ったという魏嘉は、すべての細目を知っていた。楽山市は四川にあり、大仏は高さ七一メートルの巨大なもので、足の指に子供が四人座ることができる。四川ってどこにあるの、と私は訊いてみた。

「中国？」と魏嘉が訊き返す。

「そうだよ。四川は省だ。省ってなんだかわかるかい」

魏嘉はわからなかった。次に私はラサってどこの国にあるかと訊いた。

「アメリカ」

「じゃあ、サンフランシスコはどこにあるの？」

「中国」

魏嘉の地理の教科書には地図はほとんど載っていない。地図といえばどれも同じ、中国全土の簡単な略図だ。国内の省も都市も記さず、外国も含まない地図だ。歴史の授業の目的は、共産党の偉大さの証明に絞られている。昔の革命家を神のように褒めたたえる授業だ。中国のいまのリーダーは誰かと魏嘉に訊くと、「毛主席」という答えが返ってきた。二年生の魏嘉は少年先鋒隊に入隊した。みんなそうするのだ。同級生はすべて一緒に行動し、集団としての自覚が常に強調された。能力別のクラス分けも、科目ごとのグループ分けもない。できる子はほかの子が追いつくまで待つことを学び、できない子は恥に耐えた。一人の成績不振はみんなが知るところとなった。悪い子はみんなの前に立たされ、教師だけでなくクラスのみんなから欠点を指摘された。成績表には必ず、無作為に選ばれた級友からのなんらかの批判が含まれていた。

二年生のとき、魏嘉が持ち帰った成績表にはチャオという少年のコメントが書かれていた。「魏嘉君は、字がもっと上手になればいいと思います」。君は誰のことを書いたのと私が聞くと、魏嘉は首をかしげた。

「ワン・ローかなあ。覚えてないよ」

「何を書いたか覚えてるかい？」

「忘れた」

「批判したのは態度のこと？　それとも勉強のこと？」

「わかんないよ」

批判に慣れきっていた魏嘉は平然としていた。そんなことはまったく気にしない。それに、中国の子供の常で自己批判が上手だった。適切な言葉遣いや口調や間のとり方から、頭の垂れ方や低い声の出し方まで、反省の仕方をすべて心得ている。的を絞ればやり方は簡単だ。魏嘉はたいてい、働き方が不十分だったと自己批判した。

だ。毎学期、成績表の肉体労働の項にしかめっ面を描いたの
三年生になると、魏嘉は風紀委員に抜擢された。学級委員に宿題委員、衛生委員など、学校は小さな役人予備軍であふれていた。風紀委員って何するの、と私は訊いた。

「いじめたり、けんかしたり、人をばかにしたり、悪い言葉を使ったりする子がいたら、マイナス点をつけて先生に報告するんだ」

「何点マイナスするの？」

「五点か一〇点」

「悪い言葉って、どんな言葉？」

「クソッとか、チクショーとか、バカとか」魏嘉はあっさりしたものだ。

「いままでいちばん多くて何点引いた？」

「知らないよ」

「いちばん問題を起こすのは誰？」

「知らない」

魏嘉は完全に興味を失っていたが、私はもう一度訊いてみた。「ワン・ウェイかな」。よく話題に上る子供だった。

「たぶんね。よくわかんない」

「つい最近、減点したのは誰か覚えてる？」

「覚えてない」

風紀委員としてはひどくぶっきらぼうで素っ気ない返事だ。だが、私は偉そうにそんなことを言う立場にはなかった。異国にいる外国人が文化の違いをもっとも強く感じるのは、その国の幼児教育に触れるときかもしれない。幼児教育は文化の基盤だ。すべては沙峪小学校のようなところから始まる。路上での人びとの振る舞いや村政府の機能の仕方から、共産党の権力構造に至るまで、教室はあらゆることを反映している。そんなことを考えると、私は気持が沈むこともあった。が、中国の学校教育は間違いなく機能的だった。魏嘉が学んでいたのは、必ずしもこの私が大切だと思うことではないかもしれないが、中国社会に出るために必要なことだったのは疑いようもない。

それに、魏嘉は学校を楽しんでいた。仲のよい友達も多く、成績も優秀だ。魏嘉は、学校のことで不平を言ったためしはなかった。殺風景な寄宿舎の部屋も気にしていない。窓に格子がはまった八人部屋で、錆びついたヒーターは十一月十五日までは岩のように冷たいままだった(暖房開始を含め、学校ではすべてが予定表で決まっていた)。子供は何にでも適応できるし、厳しい集団化の

なかにも個人のきらめきを垣間見ることはできる。魏嘉の少年先鋒隊の赤いスカーフは、いつもおかしな角度に曲がっていて、縁がほころびていた。魏嘉は英語が好きだ。ほかの子供よりも早く英語に触れたことを自慢に思っていたのだろう。発音もよかった。大きくなったら運転手かコンピュータ技師になるのが夢だ。

金曜日の午後、私はよく魏嘉を迎えに学校に行った。上《かみ》の村には車がほとんどなかったので、たいてい私は魏嘉を膝にのせたまま、つづら折りの道を運転した。月曜の朝、一緒に谷を下るときも、魏嘉はいつも機嫌がよかった。学校に戻るのは、週末に家に帰るのと同じくらい楽しいようだ。ある金曜日、迎えに行くと私に見せたいものがあると言う。そして、誰も見ていないのを確かめてから、マットレスをめくって宝物を見せてくれた。ウルトラマンカードや紙でできたおもちゃのピストルだ。しわくちゃの写真も出てきた。紅い武道衣を着た魏嘉が写っている。日本の偉い人が長城を訪れたとき、学校の代表に選ばれて迎えたのだ。説明を終えると、魏嘉は、誰も見ていないのをふたたび確かめてから、宝物をマットレスの下にそっと隠した。毎週末、魏嘉は秘密の宝物を寄宿舎に残して、私と一緒にくねくねと曲がる山道を上り、村に帰ってくるのだった。

3

　事業に導かれて入党した魏子淇《ウエイ・ツーチー》を、党はさらなる事業へと導いてくれた。よその町の党幹部がたびたび、とくに人目を避けたいときに魏子淇の店に来るようになったのだ。一時期、順義《シユンイー》から汚職役人のグループが高額の賭けマージャンをしに通ってきたことがある。三岔村《サンチヤ》は誰にも知られずギャンブルができる格好の場所だし、魏子淇は政治的に信用できる党員だったのだ。そんなとき魏嘉《ウエイ・チア》はよく店の手伝いに駆り出された。客にビールを運ぶ魏嘉を見て私は心配したものだ。まるで、マフィア映画に出てくる走り使いの少年みたいだ。客の会話を小耳に挟んで知恵をつけ、書記長の座までねらうような野心家にならないか。だが、高額の賭けマージャンは突然打ち切りになった。おそらく取り締まりが強化されたのだろう。順義の役人の足はぱったり途絶えてしまった。

　二〇〇五年、政府は「新農村開発」キャンペーンを立ち上げた。国の指導部の顔触れが変わっていた。二〇〇二年には江沢民に代わって胡錦濤が中国共産党総書記に就任していたのだ。江沢民は都市部優先政策をとり続けたが、胡錦濤は地方開発に力を入れはじめた。三岔村の宣伝スピーカーからは毎朝、開発のための運動や政策の報告が響き渡るようになった。やがて、資金が少しずつ町に流れ込んできた。その年、県は資金の一部を農村部の企業（その多くは、最近車でやってくる観光客相手の商売だ）の支援に使った。この政策の恩恵に与かろうと考えた魏子淇は申請書を提出し、厨房の改築費用の現金助成を受けた。これも共産党員の役得の一つだ。魏子淇は政府プログラムを利用するのがうまかった。

　厨房の改築に魏子淇は村の人を三人雇った。三岔村では作業員を雇ったら夕食をふるまう。ある日、私は工事グループの面々の食卓に加わった。なかの一人が、何か食べられないものはありますかと私に声をかけてきた。

「たまごは食べないんだ」私より先に、魏子淇が答えた。「腸とか臓物も食べない。骨付き肉も好きじゃない。味噌も苦手だ。魚や野菜は好きだがね」

　村人たちはよく何時間もかけて食べ物の話をする。そして、魏一家はここ何年間も私の食習慣の癖を観察していたのだ。その夜、男たちはしばらくの間出された料理を話題にしていたが、話は突然、国際問題に転じた。

「まったく日本ってのは、ちっぽけな国だ。日本のなかに北京がいくつ入ると思いますか」

さあ、いくつだろうか、と私は答えた。

「そんなにたくさんは入りっこない。こんなに小さな日本が、戦時中は中国の大部分を支配した。ほら、満州と比べたってちっぽけな国だ」

「日本人って、元来は中国人だったんだ」別の一人が口を挟んだ。この人はグループのなかでいちばん背が高い。まるで会話の一部を切り取ろうといわんばかりに、箸で宙を突きながら言葉に力を込める。「秦の始皇帝は海の向こうに兵を送った。長寿の秘訣を探ろうとしたんだ。それで日本は発見された。兵たちは帰らなかった。日本に住みついたのさ。だから日本人はもともと中国人だったといえる」

日本の北の島には、人種的に日本人とは異なるアイヌと呼ばれる人たちがいることに私は触れた。「アイヌこそ日本の原住民だと考える考古学者もいますよ」。男は一瞬、考え込むように箸を宙で止めたが、すぐに言葉を続けた。「秦の始皇帝は海の向こうに兵を送った。長寿の秘訣を探ろうとしていたんだ。そうやって日本は発見された。だから日本人はもともと中国人だったといえる」

お説ごもっとも。アイヌのことはこれ以上持ち出さないでおこう。男はふたたび箸を大きく振り回しながら、付け加えた。「朝鮮人も、もとは中国人だったんだ」

「清の時代、朝鮮はわが国の一部だった」と別の一人が言った。

「モンゴルもだ」

「ベトナムだってそうだ。もとは中国だった」

「日本は戦時中、朝鮮も支配した」

「あんな小さな国がさ」

のんびりした村人たちの会話がどこへ飛んでいくかは、まったく想像もつかない。話はたいてい日常のありふれたこと（食べ物や天気や物価など）から始まるが、話題は突如として成層圏にまで飛躍する。村人たちは大海原を渡り、大陸を越え、遠い昔の王朝から王朝へと自由に飛び回る。人びとは中国の昔日の偉大さを（とくに国の現状と比べながら）語るのが好きで、大胆な意見を熱っぽく語る。話題が外国に及ぶと、びっくりするような一般論が飛び出すことがある。村人に悪意があるわけではない。彼らは世界を知りたがっているし、外国とのつながりも求めている。だが、テーブル越しに交わされる会話の流れをつかむのは容易ではない。たとえば、こんなふうに話を始める人がいる。「歴史上、中国がもっとも偉大だったのは、間違いなく唐の時代だと思うよ」。理解するのに、優に三〇秒はかかる見解だ。だが、次の瞬間、その人はアフリカの売春婦を取り上げたテレビ番組の話をしているのだ。

改装工事グループの話題は、突如として朝鮮半島に飛んだ。誰かが言った。

「北朝鮮はまだ社会主義の国だ」

「もう五〇年間も分断されてる」

「北朝鮮は中国より貧しいんだ」

魏子淇が私のほうを向いた。「北朝鮮に行ったことあるかい」

一九九九年、私は中朝国境地帯に滞在したことがあるので、そのときの話をした。当時、北朝鮮では深刻な飢えが広がり、難民が川を渡って続々と流入していた。図《トゥ》們《メン》という国境の町で川岸を歩いていると、子供の姿が見えた。十歳くらいだろうか。後ろから声をかけ、振り返ったその顔を見て驚いた。年齢不詳だった。三十歳にも五十歳にも見える。子供の体に老人の頭が載っているのだ。食糧不足の犠牲者だと気づいた私は、その場に立ちつくしてしまった。

私が話し終えたその途端、テーブルのみんなはどっと笑い崩れた。

「やっぱり！　北朝鮮は中国より貧乏なんだ」

「子供みたいに背が低かったのか、その男」

「年寄りの顔だってさ」

「そんなやつが働けるものかね。一日と体がもたないだろ」

村人の会話に話のネタを持ち込むと、まったく予想もつかない展開になるのだった。男たちは白酒《パイチウ》を飲んでいたが、やがて魏子淇がジョニーウォーカーを戸棚から取り出した。何年か前に、私が空港で買ってプレゼントしたものだ。箱入りの小瓶二本で、透明のプラスチックのカバーで覆われている。魏子淇はいつもなら棚のいちばん目立つところにしまっておくのだが、今夜はテーブルのみんなに見せびらかした。

「これ、いくらだった？」魏子淇が訊く。

「よく覚えてないよ」

「二〇〇元以上はしただろうな」

「それくらいだったかな」

箸を振り回す男は感心していた。「そんなに高い酒なのか。二鍋頭酒《アルクオトウチウ》が一〇本は買えるよ」

男たちはジョニーウォーカーを順に回した。みんながとっくりと眺めたところで、魏子淇は箱を戸棚に戻した。以前、私はこのギフトのことで後悔したことがある。魏子淇は、深酒することがあるからだ。だが、やがて心配はいらないとわかった。こんなに高価な酒の封が切られることは絶対にないだろう。ジョニーウォーカーは飲むよりも見せびらかすほうが楽しい酒だった。

共産党は定期的に村の党員すべてにプレゼントを配った。中身はたいてい、何かの記念日や会議に関連したデザインの飾り物だ。新米党員の魏子淇は、地位の象徴である党からの下賜品を堂々と飾った。八月は人民解放軍の創設を記念する月なので、党は金メッキを施した戦車の写真を額に入れて三岔村のすべての党員に配った。新年には、国の主なインフラ事業をテーマにした写真集のカレンダーが配られた。中国のお役所でよく見かける類の、立派な橋や道路や立体交差路の写真だ。たいていエアブラシで修正され光り輝いている。開発の、どぎついともいえる宣伝広告だろう。

魏子淇のインフラ事業カレンダーには、写真に加えて番号付きの党員心得が記されていて、十一月のページには次のように書いてあった。

党員心得（第七）　大衆に親しく溶け込み、党の方針を大衆に広め、大衆の助言を求め、大衆の考えや要求を速やかに党に伝達し、大衆の利益を守ること。

共産党が三岔村の党員に配ったなかで、もっとも見事なプレゼントは「コンピュータ制御デジタル情報カレンダー」なるものだ。幅九〇センチほどのプラスチックフレームに名も知れぬ外国の町の写真が収まっていた。フレームには気温と時間、西暦と陰暦の日付がデジタル表示されている。この外国の町がどこかはわからないが、中規模の高層ビル群が写っていた。人工的な修正がかかっていて、全体に気味悪いほど明るい写真だ。前方に鉄橋が見える。たぶん編集ミスだろう、鉄橋は少し錆びている。アメリカ中西部のどこかの古い町の写真だろうか。

魏子淇はこの写真を、テーブルの上座の背後の壁に飾った。曹春梅がしつらえた仏壇のすぐそばだ。初めて写真を目にしたとき、私は魏子淇にどこの町かと訊いた。

「知らないな。どこか外国だろ」

私はクリーブランドかデトロイトだと見当をつけていたが、あるときアメリカから来た友達が、これはコロラド州のデンバーだと言った。中国で開発宣伝のピンナップ写真に使われたのはデンバーだったのだ。

この高層ビル群の写真カレンダーが三岔村のすべての党員に配られた二〇〇五年、「発展を維持する」と題する一連の会議が開かれた。これは国の政策変更を反映していた。共産党支配下の中国で新しい指導者が登場すると、スローガンを掲げた学習キャンペーンが始まる。キャンペーンは新指導者の権力基盤強化の一手段なのだ。「発展を維持する」で胡錦濤は理論実践の第一歩を踏み出した。キャッチフレーズの正確な意味は例によって曖昧だ。草の根の運動に見せかけてはいるが、中央トップがすべてを指示し、学習教材を提供したことはいうまでもない。党は明らかに地方基盤の弱体化を危惧していて、農村への資金供給を増やしはじめた。学習キャンペーンの実務担当者、欧陽淞《オウヤン・ソン》副部長が記者たちに語ったところによれば、出稼ぎで多くが村を去ったため、いまや地方では党員候補の若者が足りなくなっているそうだ。

　魏子淇はじめ三岔村の党員たちはまじめに学習会に出席し、党規約と毛沢東や鄧小平による歴史的演説を学習した。こうした文書はすべて音読される。退屈このうえない作業だ。なにしろ党規約は一万七〇〇〇字もあるのだ。魏子淇はいちばん若手で教養もあったから、音読する役目が割り当てられた。学習キャンペーンのさなかのある日、村を訪ねると、魏子淇が一人で白酒を飲んでいた。浮かない様子で、顔の左半分を手で押さえている。頬が腫れているようだ。どうしたのかと私は訊いた。

「歯を傷めたんだ」

「どうしてそんなことに?」

「ビール瓶を開けようとしてさ」。酒を飲んで歯を痛めるのも、中国の農村ではよくあることだ。栓抜きを使うのが面倒だとばかり、歯でふたを開ける人が多いのだ。次の学習キャンペーンのテーマはこうしたらどうか――新しい村を建設しよう、発展を維持し、瓶のふたを開けるときは歯を使わないようにしよう。

　歯医者に行くつもりかと尋ねると、魏子淇は首を横に振った。治療と名のつくものはなんであれ、魏子淇は避けたがる。あるときアナグマにかまれた。退屈しのぎとばかり、竿一本を手にアナグマを追い詰めて、結局はたたき殺したのだが、指をひどくかまれた。懐柔区の医者に診てもらえと私は勧めたが、「アナグマから狂犬病はうつらないさ」と取り合わない。この説は間違っていることがネット情報でわかったが、魏子淇は気にしなかった。歯の損傷でもアナグマのかみ傷でも、同じ治療法が採用された。二鍋頭酒を何杯もあおるのだ。

　私は白酒療法を続けている魏子淇のそばに座った。その日は午前中いっぱい党の学習会が続き、そのせいで歯の痛みがひどくなったのだった。五時間も続いた会合は、自己批判の段階に到達したという。どんな欠点を自己批判したのかと尋ねてみた。

「労働さ。村で道路改修工事があったとき、十分に協力しなかったと自己批判した」

「ほかの人からは何と批判されたんだい」

「同じことだ。労働への協力が十分でないと言われた」

「党書記は何と自己批判したの？」

「短気なこと」

党書記と魏子淇との葛藤は一時的に棚上げされてい た。魏子淇は入党してからずっとよくやってきた。夏の間は、選ばれて懐柔区共産党幹部養成校で一週間の講習を受けたほどである。これはつまり、魏子淇には役職に就く可能性があり、そのための訓練を受けているということだった。幹部養成校で魏子淇は村の政治状況を再考し、党関連の本を山と抱えて村に帰ってきた。その一冊は『地方の都市化についての教科書』というタイトルで、主に懐柔区近辺の道路整備を紹介する魅力的な写真をたくさん載せていた。市中心部の広い交差点や昌平《チャンピン》区へと通じる真新しい道路、それにもうすぐ北京につながる高速道路の写真だ。第一章は「懐柔区の経済的・社会的発展のためには、さらなる都市化こそが当然の選択である」とうたっていた。「一九五〇年代の人びとの欲求は、二階建ての家に住み、電灯や電話のある暮らしをすることだった。当時はこれが現代的生活だと考えられていたのだ。今日、よく考えてみると、こうした欲求は表面的で浅薄に思われる」。別の章では懐柔区のような半農業地域で党が直面する課題を論じていた。


封建時代の農民の生活習慣が何千年も続いたため、人びとの暮らし方や習わしや文化水準に、小作農的思考への傾倒が顕著に認められる。農村のあらゆる習慣が人びとの間に深く根を張り、この事実が都市化と進歩への欲求の前に立ちはだかるのである。

党が農村地帯で掲げる目標の一つに、人びとを外の世界に触れさせることがあった。毎夏、三岔村の党員はただで休暇旅行が楽しめる。二〇〇五年には有名なビーチリゾートの北戴河《ベイタイフウ》へ行った。生まれて初めて海を見た魏子淇は、そのあと何週間も旅の話をしていた。自分の店の用事やら党の仕事やらで、魏子淇が懐柔区に出かける日が増えていった。いまでも魏子淇は町と村で身なりを変える。町用の靴は上等なものに買い替え、ブルージーンズと黒い合成皮革のジャケットも新調した。町と村では、吸うタバコの銘柄も違う。村で吸うのは「紅梅《ホンメイ》」の白箱で、これは三元もしない。しかし懐柔区では、農民だと見下されないようにもっと高い紅箱や黄箱を吸った。ときどき、羽振りのいい宿泊客が最高級のタバコを箱ごと置いていくと、魏子淇はそれをとっておいて、大切な商談のときに使うのだった。

　中国の男性にとって、タバコほど「関係《クアンシ》（コネ）」の機微を正確に表すものはない。タバコは一種の信号なのだ。多くが語られない世界で、タバコをめぐるあらゆる動作に意味が含まれている。相手に一本勧めたり勧められたりのやりとりで、一定のコミュニケーションが成り立つ。タバコの交換をしないことで、他人との境界を表すこともできる。田舎者と付き合うつもりのない都会人は、タバコを勧められても受け取らない。商談で勧められたタバコを断れば、自分の優位性を示すことができる。相手よりも高価なタバコを持っていればなおさらだ。そんなこんなで、中国で販売されているタバコの銘柄は四〇〇種を超える。それぞれ独自性と固有の意味合いを持つ銘柄だ。北京の近辺では、農民は「紅梅」の白箱を吸う。「紅塔山《ホンターシャン》」は平均的な都会人が吸うタバコだ。ほどほどに成功した起業家は「中南海《チョンナンハイ》ライト」、外国好きの実業家は「ステートエクスプレス５５５」、にわか成り金は「中華《チョンホア》」をスパスパといった具合だ。もっとも高価なのは「熊猫《ションマオ》」だ。鄧小平が好んだこの銘柄は政府による割当制度があり、なかなか手に入らないうえに、一パックが一〇〇元は下らない。「熊猫」なんかを持っている人は、ただの見栄っ張りに違いない。

　タバコは健康に悪いといわれても、たいていの人は気にしない。私が南部の温州《ウエンチョウ》市で会った三十代のビジネスマンは、喫煙を職業活動の一つと見なしていた。禁煙するつもりがあるかと訊くと、とんでもないと答えた。

「お断りですよ。タバコが体に悪いとは知っています。でもまだ若いから、どうということもありません。タバコは仕事に不可欠なんです。誰かと『関係』をつけたければ、食事に誘って、一緒に酒を飲みタバコを吸わなくてはなりません」

　中国政府も同様の論理で動いている。タバコ会社はすべて国営だ。この産業はかなりの収入をもたらすうえ、なにしろ五〇万人以上を雇用しているのだ。政府から見ればタバコは経済的、社会的安定のために不可欠な商品だ。政府奨励金付きのタバコさえある。一パック二・五元以下のいちばん安い銘柄だ。タバコも買えないとなると、農民は不満を募らせるだろうと役人たちは心配しているのだ。健康問題はまた別の話というわけだ。二〇〇〇年に中国疾病対策予防センターが委託したある調査によれば、喫煙の健康関連コストは利益を上回るという。

だが、こんな計算は誰の目にも止まらない。何はさておき重要なのは誰が何を支払うかということだ。いままで、全国的な健康保険制度はなかったから、政府は懐をいっさい痛めることなくタバコの収益を手にしてきた。毎年、一〇〇万人以上の中国人が喫煙関連の病気で亡くなっており、この数は二〇二五年までに倍増すると見られている。中国政府はいま、なんらかの国民皆保険制度をつくろうとしているから、将来はタバコに対する考え方を変えるかもしれない。ただ、いまのところタバコは収入源なのだ。

魏子淇は一日一パック以上吸っていた。体に悪いことは知っていて、やめようと思ったことも何回かある。だが、魏子淇を惹きつけていたのはニコチンよりも社会的地位だった。あるとき、こんなことを言った。「こないだ懐柔区で夕飯食ったんだ。政府の役人やほかの村の党員たちと一緒にだ。おれ、ちょうど『中華』を一パック持ってたんだが、気分よかったなあ。お客からもらったんだけどね。『紅塔山』とか『ステートエクスプレス555』を吸ってた人もいたが、おれのがいちばん高級だった」

「テーブルにいたのは偉い人ばっかりだった」魏子淇は思い出しては顔をほころばせた。「みんないつか役に立つ人たちだ。おれ、宿のほうにソーラー温水器を取りつけたいんだが、政府が補助金を出す計画があるそうだ。一緒のテーブルにいた人がその担当だった。もしかしたら、ただで設置できるかもしれない」

刈り入れの季節になると村の昔の習慣がよみがえる。この時期、党は地方では集会を開かない。魏子淇のような党員も、懐柔区に出かけることはない。すべてが作物の刈り入れに集中するのだ。何よりも優先されるのはクルミの収穫だ。クルミはすぐに熟すので、収穫は集団作業で行なう。八、九人で一つのグループになり、次から次へと果樹園を巡って実を採り入れる。利益は木の所有者のものになるが、収穫作業とその間の食事は分け合う。毎夜、グループはその日に働いた家で食事をする。村の人たちは二週間かけて、果樹園から果樹園へ、家から家へと村中を巡った。

二〇〇五年九月、魏子淇の果樹園の収穫が始まる日に私は作業グループに加わった。メンバーは九人で、主に親類ばかりだ。このグループはもう一週間も一緒に働いていた。私たちは七時半に作業を始めたが、九時を回るころにはもう暑い。九月半ばの日差しはまだ強く、木々の葉を通して地面にまだらの陰をつくっている。クルミの木は石壁に囲われた階段状の果樹園に植えられていて、実が落ちて地面のあちこちに散らばっていた。

収穫の道具といえばたった一つ、先をとがらせた三メートル丈の細い竿だ。背の低い木の場合は、地面に立ってこの竿を使えばいい。収穫はいつもこのやり方で始まった。作業グループが木を取り囲んで頭上に目を凝らし、くす玉割りのように竿で枝をたたくのだ。誰かの竿がうまく当たると、ぴしゃりと大きな音がして、実が数個ばらばらと落ちる。葉っぱや小枝も日差しを浴びてきらきら光りながら、はらはらと落ちてくる。みんなが作業を始めると森の静寂が突然破られる。竿の鳴るヒューという音、空を舞いながら散ってくる木の葉、ばらばらと地に落ちるクルミの実。こうした音や光の変化には独特の美しさがあった。作業が終わるとクルミの木はため息をつくようだ。竿で打たれた枝々が低い音を立てて揺れ続けていた。

クルミの木も高いものは丈が一五メートルもあるが、そんな木は登らなければ収穫ができない。魏子淇にとっては朝飯前の作業だ。樹皮の裂け目に指をしっかりかけて体をひょいと持ち上げる。底の柔らかい軍用スニーカー（懐柔区に行くときは避けたい代物）を履き、足を器用に枝にかけながらバランスをとる。長い竿を両手で持ち、一歩一歩、太い大枝へと移っていく。背後にちょうどよい枝があれば支えにするが、たいていは自分でバランスをとりながら進む。はしごもロープも固定ベルトも、安全装置はいっさい使わずに、魏子淇は高い木の上で軽々と動く。手脚が短く筋肉質で、筋力と平衡感覚が適切に組み合わさったその体形は、この仕事にまさにぴったりだった。

収穫の初日、私が見ていると魏子淇は高い木のあちこちの枝に登り、やがて下りてきた。木から落ちたことはないのかと私が訊くと、彼は首を横に振った。

「いままで落ちた人はいないの？」

「ほとんどいないけど、二、三年前、近所の人が落ちて肩の骨を折ったよ」

私たちは次の高木に進んだ。魏子淇はあっという間にてっぺんまで登ってしまう。その姿を眺めながら私は気がついた。困った立場に置かれた魏子淇なら、これまでに何度も見てきた。北京の小児病院で、懐柔区の店先で、不慣れな車の運転席で魏子淇は困っていた。わずか数年のうちに農業から事業へと転じ、農村から都市へと生活の場を移してきた魏子淇の変化も見てきた。だが、果樹園で働く魏子淇の姿はこれまで見たことがなかった。いま、高い木の上で魏子淇は完全にリラックスしていた。

　三岔村では収穫は圧倒的に男性の仕事だ。木登りをする女性は一人しかいない。あの党書記だ。もっともきつい肉体労働もこなせるほど頑健な女性だ。ほかの女たちは落ちた実を拾ったり殻から出したりといった軽い仕事をする。夕方になると、作業グループみんなのための食事の準備だ。こうした農作業の分業は、村の基準に照らしてさえ、きわめて男性中心的な村の文化をかたちづくっていた。党書記は例外にしても、力を振るうのは男性だった。墓の清掃のように、伝統的に男性に限られている仕事もある。以前に住んでいた南部では、性別による分業はこれほど広がっていなかった。だが南部の主な作物といえばコメだ。コメ作りは大変に手間がかかるがそれほどの力仕事ではなく、女性は男性と同じように田んぼで働く。

　私を入れて一〇人の作業グループのうち、女性は二人だけだった。女性たちと、手伝いに来た曹春梅の父親と私は地上に残った。女性、高齢者、外国人と、それぞれ木登りをしない理由がある私たちは、落ちた実を拾い集める仕事を受け持った。クルミは高い枝から落ちて岩だらけの斜面を転がり、低木の茂みや草むらに入り込んでしまう。じきに、両腕がかゆくなった。背中も痛いし、クルミに触れた両手は真っ黒だ。ほかの人たちはみな、のんびりしゃべりながら働いていた。気楽な集まりに出たときのように、食べ物やお金やクルミの価格を話題に会話を楽しんでいる。村の人たちは、秋になると巡回してくるバイヤーにクルミを売った。ここ数年、価格は一シーズンを通して安定していたが、今年は変動が激しいそうだ。一日のうちに一〇パーセントも上下することがある。それもこれもすべては新しい道路ができたからだ。村へのアクセスが簡単になり、バイヤーの仲間入りをする人が増え、競争が価格戦争を引き起こしたのだ。どのタイミングで売るか、農家は自分で決めなければならない。下生えに入り込んだクルミを探しながら、村人たちはそんなことを話し合っていた。

　食べ物のこと、物価のこと、あるいは食べ物の値段のことをしゃべっていないとき、村人たちは食べていた。枝から落ちて砕けた実を、人びとはさっと口に入れる。みんなものすごいスピードで食べた。クルミをかむ音が、木の枝がさわさわと揺れる音とともに絶えず耳に入ってくる。曹春梅の父親が、食べませんかと一個勧めてくれたが、私は丁寧に断った。この暑い日にきつい労働をしながら、生のクルミを食べたいとは思わなかった。

「何偉《フウウエイ》はクルミが好きじゃないらしい」と老人が言っ

た。

「なぜだい」

「外国人は食べ物の好みが違うんだろ」

頭上一〇メートルの木の上にいる魏子淇の姿は見えなかったが、声が聞こえてきた。「たまごも食べないよ。骨付き肉もだめだ。味噌も苦手だな……」

クルミの木のざらざらした冷たい樹皮を触り、手についた木の香りを嗅ぎながら、私は子どものころを思い出していた。実家のあるミズーリ州の町では、いたるところにクルミの木があった。落ちたクルミは道路のあちこちに転がり、芝刈り機に引っかかる。クルミの実を通りがかりの車に投げつける悪ガキもいた。クルミは厄介な木だと思われていた。あるとき、母が耳寄りな話を聞きつけた。隣町にはクルミをまとめて買い上げる店があるという。私は姉や妹たちと少人数だがやる気満々の作業班を立ち上げ、一週間というもの働いた。近所の家のベルを鳴らしては許可をもらい、庭のクルミを拾い集めたのだ。何袋も集めたところで、すべて家の車（アメリカン・モーターズ社製のホーネットという車種だった）に詰め込み、意気揚々と隣町へ売りに出かけた。私たちの収穫物を店の人が電動式の殻むき機兼グラインダーに放り込むと、やがて機械から黒い果肉が出てきた。凝縮されてたった一袋になっている。店員は袋を秤《はかり》にかけ、値段表を調べて一ドル七〇セントの小切手を渡してくれた。それから何カ月も、わが家のホーネットの車内はクルミの匂いが充満していた。小切手をもらった途端、母が思わず噴き出したのはなぜか、わかったのはそれから何年もたってからだ。

三岔村の果樹園で、私はこの思い出を語った。魏子淇が関心を寄せたのは、アメリカ人がクルミを道路に放置して腐らせてしまうことだった。魏子淇は大きなクルミを一個拾い上げて、これなら一角（約一円五〇銭）で売れると言った。その年、クルミ相場は好調で、さらに上がりそうだ。ディーラーは二、三日置きに買値を上げていた。

夜になると作業グループは魏子淇の家で夕食をご馳走になった。曹春梅が午後いっぱいかけて用意した料理が並ぶ――ジャガイモ、豆腐、豚肉、採れたての豆、トウモロコシの揚げ餅、それに養殖池から釣ったばかりのマスの直火焼だ。曹春梅は私たち男性陣のテーブルには座らない。村の会食はたいてい男女別々だった。一緒に作業をした二人の女性でさえ、別室の小さなテーブルに追いやられていた。

メインテーブルに集まった男性たちは、しばらく席順でもめていた。結局は曹春梅の父親がしぶしぶ上座に着いたが、これは彼が五十八歳でグループ最年長だったからだ。上座の背後の壁にはあのデンバーの高層ビルの写真が掲げられている。デジタル計測器は室内の気温が摂氏二〇度だと示していた。

作業グループの一人は名を魏宗発《ウェイ・ツォンファ》といった。魏子淇のいとこにあたり、少し耳が遠い。初めて見るデンバーの写真をいぶかしげに見ながら訊いた。「これって、この町の気温なのかい」

「この部屋の気温だよ」誰かが説明する。

だが、このいとこはよく聞こえない。「え？ どこだって？」

「こ・の・へ・や」

「ここ、家の中だって？」

「部屋だよ！」

「それじゃ、あの町の写真は何なんだ？」

私の隣に座っているのは閻克軍《イエン・コウチュン》、下《しも》の村に住んでいる三十代の男性で、村の切れ者の一人、つまりニュースをよく見るタイプの人だ。私に出会うといつもアメリカについて質問する。ここ数カ月はハリケーン・カトリーナ〔二〇〇五年八月にアメリカ南東部を襲った大型のハリケーン〕のニュースを集中的に見ていた。二、三日前、私たちが別の家で収穫後の夕食を囲んでいたときも、ニューオーリンズの被害が話題になった。

「ちょっと言いたいんだけど」と閻克軍が口火を切った。「アメリカであういうことが起きると、大事件になるだろ。人口が少ないから、数百人、いや数千人でも、人が死ねばみんな大騒ぎするんだよ」

こう言って閻克軍は白酒を一口すすった。「ひどい言い方かもしれないけど、中国じゃあ一億人死んだってべつにかまわないさ。おそらく国のためにはそのほうがいいかもしれないんだ」

アメリカで起きた大災害に、世界各国の人が大きな衝撃を受けていた。だが、ここ中国の村では、こんな結論を出す人もいるのだ。もしこの国で起きていたら、国のためになったかもしれない、と。答えに窮したが、私が言葉を探しているうちに話題が変わり、会話はいつもどおりまったく別の方向へと流れて行った。

デンバーの高層ビル群の写真の下で、男たちは白酒を酌み交わした。曹春梅の父親の顔が真っ先に赤くなる。乾杯が続き、しまいにはみんな酔っぱらってしまった。翌朝七時半、男たちは果樹園に戻り収穫作業を始めたが、私は北京へ戻った。あの日一日中、かがみ込んでクルミを探したせいで、その後何日も足が痛かった。それに手の汚れは一週間というものとれなかった。結局、あの九月の暑い日、私たち一〇人は一一時間働いて約一六〇〇キロを収穫したのだった。収穫物は、ドルに換算しておよそ四〇〇ドルで売られた。

私が住んでいたころ、三岔村に野生化した豚が出没しはじめた。地元の人たちは「イノシシ」と呼んでいたが、おそらく家畜の豚が逃げ出して、山中で子孫を増やしたのだろう。いったん餌をあさって生き延びた豚は、体形が変わる。肩幅が広くなり、長い剛毛が体を覆い、口の両端から牙が突き出るのだ。一昔前なら農民は主に山地で暮らしていたから、こうした動物をすぐに仕留めていただろう。ところがいまでは、出稼ぎで多くが村を去ったうえ、残った人たちの生活も昔と同じではない。現代の村人は、農業のかたわら建設工事に出たり事業を始めたりする。人びとの関心がますます都市へと向かうなか、村の周囲は荒れていった。三岔村では段々畑の最上段が放棄され、ここで野生化した豚が繁殖し、谷を下りて作物を荒らしはじめた。

冬の間に何人かが罠を仕掛け、二月には魏子淇が四〇キロ以上もある一頭を捕らえた。海字口《ハイツーコウ》の近くに仕掛けた魏子淇の罠は、環状の針金を木に取りつけただけの簡単な作りだったが、一頭がまんまとはまったのだ。針金がしっかり獲物を捕らえていた。魏子淇が近所の人と罠を点検に来たとき、イノシシはまだ罠の中で暴れていた。二人は近くの木から枝を二本切り取り、それで獲物を殴り殺した。翌日、私は魏嘉を連れて現場を見に行った。獲物はのたうちまわったのだろう、下生えがなぎ倒され、地面に血の跡が残っていた。血の跡は点々と村まで三キロ以上も続き、男たちが獲物を運んだ道筋を示していた。

それから何週間も、魏家の人たちは毎日夕食にその肉を食べた。イノシシ肉は豚肉よりも脂が少なく、色が濃くてにおいがきつい。曹春梅はイノシシ肉を玉ねぎと炒めるなど料理はしたが、屠殺・解体は罰当たりだといって、いっさいかかわらなかった。その仕事は魏子淇に任せたのだ。魏子淇はといえば、たとえ殺生の報いが気になったとしても、雄々しく弱気に打ち勝った。解体したイノシシが妊娠していたことがわかると、胎児を取り出し、白酒の瓶に漬けたのだ。透明な液体に漬かった胎児は、プラスチックのおもちゃのように真っ白で小さかった。最初に瓶を見たとき、私はショックのあまり、目をそらすことすらできなかった。しばらくして魏子淇に訊いた。「どうしてこんなことを?」

「薬になるのさ」。中国人はよく薬用酒を作る。アルコールに薬草や爬虫類などを漬けるのだ。ヘビ酒はとくに人気が高い。だが、それまで私は、白酒漬けの動物は見たことがなかった。これが何に効くのか、魏子淇は詳しい説明ができず、「気にいいんだ」とぼやかしていた。「気」とはエネルギーのことだ。だが、やがて私は、魏子淇を含め誰もこの薬用酒にはけっして手を触れないことに気づいた。村人が尻込みするような畜産物を見たのは、これが初めてだった。

瓶は魏家の母屋の居間に堂々と置かれていた。最近この部屋は拡張されたのだが、それ以来、魏家の持ち物は増える一方だ。部屋は「矛盾の研究室」とでも呼べるだろう。イノシシの胎児の瓶詰から数十センチ離れたところに仏壇がある。デンバーの写真と人民解放軍戦車の写真が向かい合わせに飾られ、二本のジョニーウォーカーの横には、魏子淇が長城から拾ってきた明時代の信号砲が置いてある。カレンダーの写真は懐柔区のインフラ整備を写したものだ。魏家の食卓に座って室内を見回しながら、私はよく思ったものだ。いやはや、このちぐはぐな世界をどう理解すればいいんだ！

一家に起きた変化にとくに苦しんだのは曹春梅だった。初めのうちローンや資金の問題で頭を悩ましていた魏子淇は、この二年間で事業が軌道に乗ったことから、いまや自分の出世に鼻高々だ。新たな自信をつけたことが、態度や歩き方からわかる。だが、三岔村の女性はそんな役割とは無縁だ。忙しい週末になると、曹春梅はほとんど厨房から出られない。朝起きれば、昨夜からの汚れた皿が流しに山積みになっている。収入が増えたからといって、曹春梅の楽しみが増えるわけではなく、外の世界とはほんの束の間の接触しか持てなかった。曹春梅が外から学んだもっとも大事なことは宗教だが、その仏教でさえ確かな癒しは与えてくれない。曹春梅は食材の魚や家畜を殺すのがつくづく嫌だった。以前は気にならなかったが、仏教の教えを読めば読むほど、殺生を厭う気持ちが強くなっていく。魏子淇が家にいれば、この仕事を引き受ける。だが、魏子淇は用事でしょっちゅう懐柔区に出かけていた。

曹春梅は毎朝仏壇にお供えをするときに、殺生の許しを願うのだと言っていた。一家のなかで一人だけ曹春梅は党の指導による自己批判をしていない。労働を十分にしなかったなどと、適当な自己批判ですませることは曹春梅にはできなかった。彼女の自己批判は心からのもので、自分が客に出す料理のことで深い罪の意識にさいなまれていた。「魚とかニワトリをどうしても殺さなくてはならないときは、祈りながらするの」と曹春梅は打ち明けた。「何の罪もない動物を、元気なのに殺すんだもの。動物の霊が苦界から放たれますようにと祈るの。そうしないと、霊がこの世に戻ってきて、私のこと苦しめるかもしれないから」

また、曹春梅は家のまわりにいるほかの霊のことも気にしていた。大昔から農村に伝わる霊信仰は、近年の仏教再興運動よりも、一時期はやった法輪功よりも、さらには共産党革命よりもずっと古い歴史を持つ。村人たちは、ヘビやキツネからウサギやイタチまで、さまざまな動物の霊がいると信じている。霊は家に住みつき、その家運を左右すると信じられていた。霊の世界を理解する力を持つ人もいて、村人たちから「明白人《ミンバイレン》」、つまり透視者と呼ばれていた。以前、三岔村に有名な透視者がいて、遠方から大勢の相談者が訪ねてきたことがあった。透視者は訪問者の手首に触れて脈をとり、問題を起こしている動物の霊について事細かく説明するのだった。あの「へそ曲がり」は子供のころ、この偉大な透視者の家の近くに住んでいて、よくお茶くみなどの手伝いをしていたという。だが文化大革命ですべては終わった。共産党が宗教弾圧を強めたのだ。やがて、この透視者は亡くなり、いまでは三岔村に透視者はいない。

だが、改革開放時代に宗教は(ほかの一部の伝統もそうだが)息を吹き返した。たいていの場合、共産党は個人が信仰を求めることを容認している。法輪功の弾圧は例外で、これは政府が法輪功の組織を政治的脅威と見なしたために起きた事件だった。九〇年代の末から二〇〇〇年代の初めにかけて、宗教を求める風潮がいっそうさかんになると、透視者たちが静かに姿を現しはじめた。三岔村にさえ現れた。一部の村人たちが「へそ曲がり」にその力があると信じたのだ——子供のころ、あの偉大な透視者のそば近くにいたから、力を分けてもらったのだと。彼のもとに相談に来る人もいたが、曹春梅が頼ったのは懐柔区の有名な透視者だ。二〇〇六年の初め、曹春梅が相談したこの透視者は、魏家でキツネの霊が騒いでいると告げ、祀り棚を設けるようにと助言した。それで魏家の居間には二体の仏像、イノシシの胎児の瓶詰、ジョニーウォーカー、党支給のカレンダー、明時代の砲のかけら、デンバーの写真に加えて、線香を焚く棚が新たに設けられた。

キツネの霊は一家に不幸をもたらすことがある。たしかに、魏子淇と曹春梅はこのごろしょっちゅうけんかをするようになった。二人は事業の責任を分かち合っていたが、共同経営者ではなかった。重要な決断をし、利益のほとんどを得るのが夫であることは、疑いようもなかった。魏子洪は党務や事業に深入りすればするほど、家庭を顧みなくなった。客の来ない時期には、懐柔区に出かけて何日も帰ってこない。深夜、ぐでんぐでんに酔って帰ることもある。曹春梅にとっていちばん簡単な解決法は、問題を無視することだった。「私にはどうしようもない。うちの人が外で何をしてるか知らないし、私には関係ないことだわ」

曹春梅はよそよそしい態度をとった。あきらめの態度だったとさえいえる。一見、俗世から距離を置いた、仏教徒にふさわしい態度だ。しかし、心の底には欲求不満が渦巻いていて、それをかなり屈折したかたちで表した。魏嘉が言うことを聞かないと、曹春梅は自分の無力さを大げさに嘆いた。「私の言うことなんか聞かないわ。もうあの子はどうしようもない」。私が村の政治について尋ねても、手を振って知らないと言うばかりだ。「私とは関係がないことよ」。あるとき私が魏嘉の教材を調べながら、いまの主席は誰かと曹春梅に訊くと「江沢民だったかしら」という答えが返ってきた。もう何年も前に退いた政治家だ。「政治のことはよく知らない」という言葉は本当かもしれない。村の人は中央の政治には無関心だ。とはいえ、いまの主席の胡錦濤の名前は日に三度、三岔村のスピーカーから響き渡っているのだ。あのとき曹春梅は自分の生き方を、自らのコントロールが及ばないことからは距離を置く姿勢を、強く主張していたのだと私は思う。曹春梅にとって信仰はある意味で逃避だった。物質主義と発展への道を村中が突っ走るなか、曹春梅のようにほかの方向へ、古い伝統的な信仰へと向かう人たちもいたのだ。

だが、このような反応はけっして単純ではない。曹春梅には積極的に行動したいと望む別の一面があった。夫の新しい生き方がどれほど気に入らなかったとしても、自由と起業家としての地位はうらやましかった。自分で事業を立ち上げようとしたこともある。曹春梅は料理が上手だったので、都会の中流階級が気に入りそうなトウモロコシ麺を作り、「有機麺」と銘打った。「有機」という言葉が北京で広まりつつあった。食物に対する欧米の考え方は、北京の一流レストランさえも変えていた。曹春梅はサンプルを作り、北京のあちこちのレストランに売り込んだ。この製品はたしかに本物だった。だが、曹春梅は男性の商売道具(「中華」銘柄のタバコやら白酒の乾杯やら)を持ち合わせていなかった。結局、定期的な注文はとれず、曹春梅は事業をあきらめた。

曹春梅は外見を変えようとした。髪を染め、服を新調し、ダイエットに励んだ。体重が一カ月で九キロも激減したことがある。懐柔区で見つけたサプリメントを飲んだからだ。中国では、減量をめざす女性が食事をとらずに、こうした薬剤に頼ることがよくある。薬は基本的にはアンフェタミン剤だ。店がとくに忙しい時期にこの薬を飲んでいた曹春梅は、厨房で話しかけてもいつもぼうっとしていた。だが、やがて曹春梅の体重は減量時と同じくあっという間にもとに戻ってしまった。

魏家の生活水準は急激に上向いた。だが、予想に反する結果も出た。収入が増えれば増えるほど、家族全員が明らかに不健康になったのだ。もっとも大きな変化は魏嘉に現れた。とりわけ、三岔村が「ケーブルテレビ年」を迎えた二〇〇五年以降の変化は激しかった。それまでは七つのチャンネルしか映らなかった三岔村で、年間一六〇元ほどの料金を払えば五〇以上ものチャンネルが見られるようになり、魏家が新しく買った二九インチのテレビはいつもオンになっていた。週末、魏嘉は宿題を終えると、炕《カン》の上に座りアニメ番組を見る。学校が長い休みに入ると、それ以外のことは何もしなくなった。都会の客は袋菓子を持ってきて、帰るときに残りものを置いていく。じきに魏嘉はジャンクフードばかり食べるようになった。食べたいときに袋入りのチップスやインスタント麵を勝手に食べ、食事になると腹がすいていないと言う。「この子は袋入りのものならなんでも好き。私が作ったものより好きよ。ほかは何も食べないわ」と母親はこぼしていた。

栄養をとるという点に関しては、しつけの概念は存在しなかった。最近まで極貧だった村で、人びとは食べられるときに食べていたのだ。親の役目は子供にできるだけたくさん食べさせることだった。一五年前なら、母親が子供にわざと食べ物を与えないなど、想像もできなかっただろう。変化があまりに速すぎて、人びとは適応しきれずにいた。私は曹春梅と魏子淇に、これはアメリカの家庭でも起きている問題で、賢い親ならテレビと袋入りスナックは制限すべきだと進言した。魏嘉の病歴を考えれば、食習慣にはいっそう気を配らなければならない。だが、村の考え方は根強かった。子供が食べるのはいいことだ。それに、見ないなら、せっかく新しいテレビを買った意味がないじゃないか。

学校が長い休みに入ると魏嘉は見る見るうちに変身する。学校では菓子は手に入らないし、給食には太るような食べ物は出なかったが、家ではスナックとテレビ漬けの毎日だから、腹はたるみ、頰は丸くなり、脚は弱くなる。魏嘉は早くも九歳で肥満だった。ときどき、私に無理やり連れ出されてサッカーをしても、五分で息が切れてしまう。以前は、驚くほど頑健な子だった。七歳のときは私と一緒に長城ハイキングに出かけ、不平一つ言わずに五時間も歩いたのに、いまではウォーキングに連れ出すとすぐに息を切らし、長い休憩をとりたがる。すらりとした鋭敏な子は、いつしか飼いならされた動物のように、しまりのない体になってしまった。つまりは野生化した豚の反対方向に進んだわけだ。「この子はもう農家の子には見えないわ」母親は得意そうだった。彼女にすれば、魏嘉が都会っ子に似てきたのは喜ばしいことだったのだ。

家族のなかで体重が増えなかったのは魏子淇だけだ。まだ、さかんに肉体労働をしていたし、春と秋はとくに忙しい。それに酒の量が増え、絶えずタバコを吸っていた。魏子淇はときおり禁煙に挑戦した。中国でよく出回っているインチキ薬に頼るのだ。あるとき、「EXX Cig: The Cocktail Treatment」と横文字の商品名の薬を北京で手に入れた。三〇〇元近くもする高価な薬だ。パッケージにはアメリカの一時停止標識と、禁煙に成功したらしい笑顔の外国人の写真が載っている。成分リストにはビタミンCとコエンザイムQ10、それに「ブルサルファー酸」なるものが入っていた。効能は「喫煙気分を維持する」とある。そのとおりだった。二週間もたたないうちに魏子淇は紅梅タバコに戻っていた。

魏子淇はよく北京に出てくるようになった。何の用事かはわからない。あらかじめの連絡もなかった。私の仕事があいているかどうか、前もって電話で確かめるのは彼の流儀ではない。私が受話器を取るといつも、いまマンションのすぐ先の交差点にいるよ、と言うのだった。魏子淇にとって首都は、ただサイズが大きいだけの村だったようだ。都会では事前に電話もせずに友人を訪ねる人など、あまりいないことを魏子淇は知らなかったのだろう。ともかく、魏子淇は自分の予定を話したがらなかった。事業に成功してビジネスマンのやり方を身につけても、将来の計画はめったに口にしない。この点で魏子淇は農民であり続け、寡黙だった。

二〇〇五年十二月のある朝、魏子淇が、いま交道口《チャオタオコウ》交差点にいるよと電話してきた。会いに出て行くと、おしゃれをした魏子淇がすぐ目に入った。町着にしているブルージーンズを履き、真新しい黒のパーカーを羽織っている。よそゆきの靴をぴかぴかに磨き上げ、髪にきちんと櫛を入れ、いかにも中国の男性起業家らしく、偽皮のブリーフケースを提げている。ただ一点、魏子淇がほかの人と違うのは、油断のないその態度だ。魏子淇は北京に出てくるときはいつも、ぜったいに隙を見せなかった。だまされるのではないかと用心していたのだ。

その日、魏子淇は「中国長城協会」に入会するために出てきたのだった。去年ゲストハウスに泊まったハイカーから、この協会のことを教えてもらったという。協会のメンバーだというその客は、長城にハイキングに行くと言っていた。「その人が入会を勧めてくれたんだ。会費もたいした額じゃない」。宿泊客との会話はときとして魏子淇に大きな影響を与えた。魏子淇は都会人の客の言葉に耳を傾け、客たちの名刺を特別の箱に入れて居間のデンバーの写真の近くにしまっておいた。今日は、あの客の名前と協会の住所をメモした紙を持って北京に出てきたのだった。

中国長城協会の事務所は私のマンションから遠くなかったので、私はついて行くことにした。入会申し込みは簡単で、会費（約四〇元）を払い、パスポートサイズの写真を二枚提出すれば終わりだ。だが、申込書の「経歴」の項で、魏子淇は行き詰まってしまった。

「ここには何も書かなくていいですか」

経歴は会員のみなさまに書いていただいておりますと、係の人は説明した。しばらく考えた末に魏子淇は次のように書いた。

一九六九～一九七六　村に生まれ育つ
一九七六～一九八八　学校に通う
一九八九～一九九一　ガードマンとして勤務
一九九一～現在　村で農業を営む

店のことに言及するのは恥ずかしかったようだ。係の人は書類に一通り目を通し、「政治的立場」の項を指して言った。

「党員ですね」

「はい」魏子淇は恥ずかしそうに言う。「それはプラスなんでしょうか」

「もちろんです」係の人は笑いながら答えた。「私なんか、学生時代に共青団（中国共産主義青年団）に入っていただけですよ」そう言いながら魏子淇の写真をＩＤカードに貼りつけ、印鑑を押す。これで終わりだ。魏子淇は正式に中国長城協会のメンバーになった。

私は魏子淇を誘って四川料理レストランに昼食に行った。見ると、魏子淇は党からの新しいプレゼントを持っている。ステンレスの魔法瓶で、「渤海地区党員高等教育活動記念」の文字が浮き出ている。二〇日間にわたる研修がふたたび開催され、魔法瓶はその記念品だった。

魏子淇によると、党員は最近、江沢民や胡錦濤の講話を勉強しているそうだ。魏子淇は村の出来事もあれこれ話してくれた。自分は養殖池を拡張し、宿泊施設を改造する計画を立てている。下《しも》の村では最近、町の投資家が土地をもう一カ所、取得した。丘へと通じる小道を造成する計画もあるという。食事も終わろうとするころ、魏子淇は唐突に言った。「おれ、いつか党書記になるかもしれないって言われてる」

これは初耳だ。いつなるのかと私は訊いた。

「すぐじゃない。いまの党書記が引退したらの話だ」

「それっていつ?」

「いろいろ条件があってね。問題はいまの党書記がもう一期やるかどうかだ」と言ってしばらくして、魏子淇は付け加えた。「こんなこと自分で話すことじゃない。党書記になるとかなんとか言っちゃいけない。まわりの党員が話すことなんだ」

いまの研修が今月末に終わったら、少しは時間の余裕ができるのかと、私は訊いた。

「いや、別の会合がある」

「今度は何の会合?」

「自分たちの問題さ、自己批判とか」

「いつ始まるの?」

「来月」

どんな自己批判をするか、もう考えているのかと尋ねると、魏子淇は素っ気なかった。

「いや、まだだ」

何年も付き合っているうちに、私は魏子淇がいつも目的を持って行動することに気づいていた。これは農村の人に共通する特質だと私は思う。村の人はすべてを効率的にやり遂げる。のんびりとおしゃべりを楽しむときでさえ、外国のことや昔の出来事はさかんに話すが、個人的な話になると口が堅いのだ。それに、一途な人が多い。魏子淇は何カ月もの間、誰にも言わずに計画を立て、静かに準備を進め、突如として行動に出る。そして、何事もやり遂げた。そんなわけで、村に滞在していたある日、車に乗せてくれないかと魏子淇に頼まれたときもべつに驚かなかった。自分と兄のシャーズを乗せて沙峪《シャユィ》あいの町まで行ってくれと言う。沙峪の警察署に行きたいそうだ。

「用事がすんだら車に乗せて帰ってくるんだろうね」

私は念を押した。

「うん、政府発行の身分証が必要になったんだ。行くのはそのためだよ」

ミミと私が最後にシャーズを車に乗せて谷あいを下ってから、もう四年がたっていた。この間に、シャーズの暮らしは大きく変わった。村のすべてが変わったのだ。こうした変化をこの人はどう感じているのだろうか。シャーズはいまでは宿泊施設の隅に自分用の部屋をあてがわれている。魏家は豊かになり、家も広くなったので、シャーズを隔離できるようになった。以前は冬になると、家族と一緒に炕《カン》に座っていたシャーズは、いまは一人で部屋にいる。店に客が来る週末になると、シャーズは新しい服を着せられた。客に少しでもよい印象を与えるためだ。ある日、魏子淇と曹春梅が二人とも店の用事で家をあけたことがある。それまで一人で残されたことがないシャーズはパニックに陥り、村の道路を駆け出した。シャーズは数時間後、三岔村から数キロ離れた天華洞《ティエンホアトン》の近くにいるところを発見された。その短期間の逃避行を除けば、シャーズは二〇〇二年以来、村から一歩も出ていない。

その日、駐車場でシャーズは魏子淇のかたわらに無言で立ち、私を待っていた。私がレンタカーのジェッタの後部ドアを開けると、シャーズは静かに乗り込み、谷を下って走る間はずっと窓ガラスに顔を寄せて外を眺めていた。魏子淇の説明によると、シャーズにはいまだに正式の身分証がないが、政府の支援制度を利用し続けるには身分証が必要だ。あの事件以来、党書記は毎月の支援金が魏家に必ず届くように気をつけている。春節には一〇〇元の特別手当と食用油とコメか小麦粉一袋が支給された。

沙峪の警察署では、若い女性係官が白い垂れ幕の前にシャーズを案内し、スツールに座るように言った。シャーズは緊張した子供のようにスツールに両手をつき、脚をぶらぶらさせている。係官がデジタルカメラを取り出してシャッターを切った途端、シャーズの緊張が解けたようだ。歯のない口を大きく開けて笑った。

別室で警官が書類を整えた。「この人は聾唖《ロンヤア》ですね」と念を押す。

「そのとおりです」魏子淇が答える。

警官はてきぱきと書式に必要事項を書き込み、書類を魏子淇に渡した。「党書記にこれを提出してください。鎮の役場に回してくれるはずです。一カ月後には身分証が出ますよ」

帰り道、シャーズは旅をとことん味わいたいとでもいうように、窓の外をじっと眺めていた。私が次に村に行ったとき、シャーズは駐車場のジェッタを指しながら、温かく迎えてくれた。それ以後シャーズが自動車に乗ったところを、私は一度も見たことがない。正式に身分を認められたいま、シャーズはもうどこへも行く必要がなくなった。私が一緒だったあの二回の旅が、シャーズにとっては生涯でもっとも遠出した経験であった。

きっかり一カ月後、海信《ハイシン》集団有限公司ブランドの二一インチカラーテレビがシャーズのもとに届いた。政府が新たに打ち出した障害者のためのプログラムの一環だという。魏子淇はテレビのことは一言も言わなかったが、あの日シャーズを登録することが、なぜあれほど重要だったかがこれでわかった。魏家にはすでに大型テレビがあったので、政府からもらったテレビは親戚に回された。どうせシャーズはテレビを見ない。音が聞こえないのだ。夕方になるとシャーズは一人で自分の部屋で座っていた。魏子淇は親戚からテレビの代金を受け取ろうとはしなかった。だが、いつか必ず、村の複雑な関係を通してお返しが来るだろう。これも村のやり方だ。村の住民は無駄なことはしない。

シャーズの新しい身分証には生年月日と名前が記されている。シャーズが本当は誰なのか、これで明らかになった。シャーズは一九四八年十二月十一日生まれ、本名を魏宗漏《ウエイ・ツオンロウ》という。身分証の写真のシャーズは、猫背で不安げな表情をし、老けて見える。係官がもう一秒あとでシャッターを切っていたら、優しい笑顔が写っただろうに。名前にある「宗」という字は「先祖」を意味し、兄弟全員の名前に使われて、その世代のしるしとなっていた。

三岔村の二〇〇六年は「ごみの年」であった。この五年間の村の変化を考えれば、来るべくして来た年である。新しい道路ができ、車がやってきて、建設が進んだ。ケーブルテレビや携帯電話を使えるようになった。だが村の繁栄をもっとも如実に物語るのは、ごみの量だ。私が三岔村に来たばかりのころ、ごみは丘の下にある、一年中ほとんど水の枯れている川に捨てられていた。ごみの量もそれほど多くはなかった。村人たちはあらゆるものを再利用したし、加工食品は食べなかったからだ。だが、商業や観光事業がすべてを変えた。インスタント麺や菓子の袋がたまり、じきに川床は発泡スチロールやプラスチックでいっぱいになった。一時、ミミが清掃を呼びかけたが、県政府がごみの定期的収集制度を設けたのはようやく二〇〇六年になってからだ。そのころからトラックに乗った回収業者が姿を現しはじめた。瓶、缶、古新聞など、リサイクル資源を買い取っていく。わざわざ三岔村までごみを買いに来るなんて、一昔前は考えもつかないことだった。

やがて都会の人たちが村に住みはじめたのも当然の成り行きだ。北京の中・上流階級の間で、田舎のセカンドハウス生活がはやりはじめていた。村ごとそっくりよそ者の手に渡ることもあった。三岔村から遠くない谷あいの鉄鉱峪《ティエクアンユイ》というところがいい例だ。その地の一部が買い取られ、地元の生活はほんの数カ月で崩壊した。住民は出て行き、家々は解体され、コンクリートとガラスでできた新しいマンションが果樹園の上方に姿を現した。三岔村では、人びとが空き家を長期で貸し出そうと、借り手探しに走った。政府の許可がなければ、新しい建物は建てられない。村中の空き家ほぼすべてに借り手がつくのに時間はかからなかった。あの「へそ曲がり」でさえ、北京の人と契約を結び、契約が完了すると、家の大がかりな改築工事を始めた。そして工事半ば、新しいれんが壁が四メートルほどの高さまで積み上がったところで、急に値をつり上げた。こうした取り決めに法的根拠は何もない。村人は個人として家を売ることはできないし、長期賃貸契約も誠意と信用だけに基づいている。契約書は取り交わされるが、効力はない。だからこの場合、北京の人は言い値を払うか契約を破棄するしか方法はなかった。意外なことに、この人は話し合いを打ち切った。そしてこのとき、「へそ曲がり」は自分が文無しだと気づいたのだった。

その後、工事半ばの家の骨組みはいつまでもそのまま残った。工事を終えることができたら、別の借り手が見つかったかもしれない。だが、農村の人が資金を調達する方法は限られていて、この場合も例外ではなかった。昔なら、農地を質に入れることができただろう。実際、一九四六年には「へそ曲がり」の父親がこの方法に訴えて、農地を魏子淇の祖父の手に渡している。だが、いまではそれもできず、銀行から直接借りることもできない。ローンには村の認可が必要だが、「へそ曲がり」の申請は却下された。党書記がノーと言ったのだ。この二人は長年反目し合っていた。党員同士で、しかも姻戚関係にあった二人だが折り合いが悪いのだ。そんなわけで「へそ曲がり」夫婦は、むき出しの土の床の掘っ立て小屋で暮らすことになった。以前、ミミと私に貸そうとしたあの小屋だ。狭い小屋に収納しきれない家財道具が外に山と積まれ、それにビニールシートがかかっていた。自動車ブームが始まってから暮らし向きが悪くなったのは、村中でこの家だけだ。夕暮れどき、未完の工事現場を歩き回る「へそ曲がり」の姿をよく見かけた。いまでは彼も、私に会えばきちんと挨拶する。もう私は憎む相手ではないようだ。もっと大物が相手になったのだ。

党書記をめぐる噂が飛び交っていた。以前、党書記の評判はよかった。有能で、政府の補助金を獲得するのが上手だと尊敬されていたのだが、村に民間資金がどっと流入したことで、人びとの考え方は変わったようだ。村では最近、北京の実業家がからむ大きな土地取引が三件あった。観光開発を進める計画があるらしい。計画のうち二件は谷あいの無人地区が対象だが、取り決めの詳細は公表されなかった。いくら支払われたか、投資家は誰か、開発をどのように進めるのか、誰も何も知らなかった。

こうした透明性の欠如は中国で、とくに農村部では、よくあることだ。党書記がこれらの取引で利益を得ていたとしても、金を見せびらかすようなばかではない。党書記は上《かみ》の村でいちばん立派な家に住んでいるが、贅沢ではなかったし、身なりにも変化は見られない。「こんにちは！　いま着いたんですか」私を見かけるたびに、彼女はいつも同じぶっきらぼうな口調ながら親しげに挨拶する。彼女が懐柔区の銀行に金を隠しているとの噂もあった。最近、党書記の息子は懐柔区で新しいマンションを買ったそうだ。やがて、噂話は別の話題で持ちきりになった。今度の村の選挙の話だ。

中国の農村でもっとも重要な役職は二つ、党書記と村長だ。村長はすべての住民が参加する無記名投票によって直接選ばれる。村長選の候補者は党員でなくてもよいが、最高職である党書記になれるのは党員だけだ。三岔村の劉秀英《リウ・シウイン》はまず村長として出世の階段を上りはじめた。初めて村長に選ばれたのは一九九三年、その五年後に党書記に選出され、それ以来二つの職を兼任している。こうした兼任のケースは農村で増えており、行革につながると政府も推奨している。だが、兼任は権力強化にもつながるのだ。

これまで三岔村の党書記は揺らぐことのない権威を保ってきた。だが、二〇〇六年には事情が変わった。原因は金だ。〇一年、私が三岔村に引っ越してきたころ、村の一人当たりの年収は約二〇〇〇元だった。それが五年間で六五〇〇元にまで急増したのだ。〇二年に一五元だった労働者の日当は、いまや五〇元だ。村にはすばらしい道路や携帯電話やケーブルテレビがある。そのうえ、売り物になるガラクタさえある。すべて党書記の功績に数えられてよいだろう。村は彼女の指導のもとで繁栄してきたのだから。とはいえ、見方によって評価はがらりと変わるものだ。三岔村の人たちはいまの生活を、昔とではなく、外の世界と比較しはじめた。それに、都会人が村に入ってくるからには、不動産取引が行なわれたに違いない。自分たちは分け前にあずかれないのか。村の住民たちはいっせいに疑念を抱いた。

ほかに党書記になり得る人として、地元でもっとも成功した実業家に人びとが目を向けたのは、自然の成り行きだ。あの「へそ曲がり」が、夕方暗くなると魏子淇を訪ねてくるようになった。私がいると、彼は軽くうなずいてテーブルから離れたところに座る。話の輪にはけっして入らず、私が立ち去るまで待っている。彼が来ると、それは私が家に帰る合図のようになった。あの人はなぜしょっちゅう来るのと私が訊くと、魏子淇は肩をすくめて「たいしたことじゃないよ」と言い、それきり口をつぐんでしまう。

村の政治運動が始まったことに私が気づいたのは、ずっとあとになってからだ。「へそ曲がり」の訪問が何週間も続いたあとで魏子淇はようやくこの話題を持ち出した。〇七年の初めに選挙があり、党書記に立候補してほしいと言われているという。

「立候補するつもり?」

「いや、面倒だからね」というその口調は、どこか曖昧さが残っていた。誰に推薦されたのかと訊くと、「へそ曲がり」の名を言った。

「あの人、君の入党に反対したんだろ?」

「そうなんだ」

「それなのに、いまどうして党書記にならせたいのかな」

「ちょっと複雑なんだ」

あの人のことを信用しているのかと尋ねると、魏子淇はにやりとした。

「あいつなりの目的があるんだ。みんなそれぞれ目的がある」

「へそ曲がり」の動機は、未完成の家壁のように見え透いたものだ。ふさわしい候補として魏子淇が選ばれた理由も明らかだ。魏子淇は党と懐柔区のビジネス界という二つの世界でうまく泳ぐ方法を知っていたし、誰よりも成功している。〇三年、魏家の事業収入はおよそ二万八〇〇〇元だった。〇六年にはそれが六万五〇〇〇元を超えた。一度、私が事業収入のことを訊いたら、魏子淇から意味ありげな返事が返ってきた。「知られている限りでは、おれの収入は三岔村で最高だ。もっと金持ちはいるかもしれないが公表されていないんだ。農作と事業について言えば、おれがいちばん稼ぐ」

〇六年六月、地元の政治活動が本格化するなか、村の党員たちは例年の視察旅行で承得《チヨントウ》市へ行った。北西部のこの都市は、清の時代は満州族の支配者たちの避暑地であり、皇帝のご猟場があった。シカやイノシシが放たれていたかつてのご猟場は、いまや一般に開かれたいくつもの公園になっていて、観光客は往時の満州族の邸宅や寺を見物できる。三岔村の一団は名跡をすべて見て回り、夜はホテルで宴会を開いた。旅行から帰った魏子淇に写真を見せてもらったが、以前の視察旅行の写真と見分けがつかない。三岔村の共産党員はどの写真でも一列に並び、カメラを凝視している。服装はカジュアルだが、笑顔は見えず、休暇を楽しんでいるようではない。互いの関係もよくわからない。職場の同僚か近所の人か、それとも拡大家族なのか。写真には、共産党員同士の親密感と距離感がはっきり表れていた。党員たちは互いに親しいわけでも、自発的に一緒に行動しているわけでもない。むしろ、互いに毛嫌いしているかもしれない。だが、それでもかなりの時間をともに過ごしていることが、写真からはくみとれる。

八月のある朝、魏子淇から電話があった。近くの交差点にいるという、また突然の連絡だった。だが、今回は上京してきた理由に察しがついた。魏子淇はかれこれ一年半も、車を買う計画を立てていたのだ。

上《かみ》の村では、まだ誰も車を所有している人はいない。オートバイのほうが一般的だったし、運搬用の三輪ミニトラックを持っている人も何人かいた。ロシア製のセダンを中古で買った人もいたが、魏子淇に言わせれば、そんなのは車のうちに入らなかった。このロシア車は運転できないほどおんぼろで、すぐに処分されたという。三岔村の坂道の突き当たりの駐車場には、村人が所有する車はまだ一台も止まっていない。

運転免許を取ってからずっと、魏子淇は金を貯めてきた。懐柔区に出てくるたびに、よい中古車ディーラーを知らないかと方々に声をかけて、コネも広げてきた。あるとき、幸運が訪れた。北京から中古車セールスマンがやってきて民宿に泊まったのだ。魏子淇はその人の名刺を大事に取っておき、金が貯まるとさっそく電話した。今日の昼過ぎに北京中古自動車取引市場で会うことになっているという。

魏子淇と私はタクシーで中古車市場へ向かった。行き先を告げた途端、運転手はがぜん興味を示した。「車買うんですね。予算はいくら?」

魏子淇は、一万五〇〇〇元以下に抑えたい、と恥ずかしそうに答えた。およそ二二万円だ。

「それじゃ夏利《シアリー》がいいですよ。燃費もいいし、修理もしやすい。いまは中古の買いどきです。古い夏利は未登録の車が多いから、警察が目をつけてしょっちゅうチェックする。厄介なことに巻き込まれたくない人は夏利を買わない。だから値が下がっているんです」

中国の市場はこんなふうに変動するわけだ。警察が動きを強めると、値が下がる。夏利は北京でよく見る車の典型で、オーナーはたいてい同じタイプ（収入が低めの、押しの強いチェーンスモーカー）の人たちだ。二〇〇〇年までもっとも人気の高かった夏利は、シャレードというぱっとしない名前のついたダイハツのコンパクトカーをモデルにした車だ。箱形でダサいが、耐久性はある。運転手は、三年前に未登録の夏利を一万四〇〇〇元で買ったと言っていた。「タクシーとして一年間乗り回してから、一万一〇〇〇元で手放しました。罰金は一度も払わなかった」。第四環状道路を走りながら、運転手は夏利を指しては、「あれは九八年型！」などと教えてくれた。シトロエンは絶対やめておけ（ガソリンを食う）、吉利《チーリー》かスズキのほうがいい（燃費がいいから）とも言った。地方でよく見る「パンケース（ミニバン）」より夏利のほうが安全かと魏子淇が訊くと、運転手は笑って答えた。「もちろんですよ。パンケースなんかで六〇キロ出して衝突したら、中にいる人間は全員死んじゃいますよ。間違いなく！」

知り合いの営業マンが来るまでの間、魏子淇と私は北京市旧機動車交易市場を見て回った。北京の南端、安アパート群に囲まれたほこりっぽい一画にあるこの市場は、北京最大の中古車取引所だ。常に二万台もの車が売りに出されている。いくつかの常設ディーラーショップが高級車のストックを置いているが、売り手の多くは個人オーナーだ。一時間二元払えば、この未舗装の用地に駐車できる。ボール紙に走り書きした宣伝文句が並んでいた。「二〇〇三年型・ワンオーナー・正規登録」。書類が整っているのは重要なセールスポイントだ。買い手は車検を心配しているからだ。売り手は車の年式を（まるで赤ん坊の月齢を数えるように）月で表す。「これは九八年十二月です」と赤い夏利を売っている女性が言った。「だから、九九年と同じようなものですよ」。中国人は型式よりも使用状況を重視するから、製造月まで言うのだ。

あれは暑い日で、場内はほこりっぽかった。洗車のことなど誰の頭にもないようで、どの車にも泥がこびりついている。それに、シートカバーはひどく悪趣味なものばかりだ。車のそばを離れられない売り手たちは、退屈しのぎにカード遊びをしたり将棋を指したりしていた。

後部座席に寝転がって眠り込んでいる人もいた。値段はどこにも表示されていない。こちらから訊くと、必ず「いくら払うつもりですか」と訊き返される。スペアタイヤとジャッキをつけるというのも、大きなセールスポイントだった。また「コンパートメント三つ！」という宣伝文句もよく耳にした。意味がわからないので魏子淇に訊くと、「車にフロントドアとバックドアとトランクがあるってことだよ」と言う。

「そんなの当たり前じゃないか。どうしてそれが売り文句になるんだ？」

だが、すぐ私も気がついた。誰も何もわかっちゃいなかったのだ。車を買ったり売ったりした経験のある人が、中国にいったい何人いるのだろう。みんな、わかりもしないで適当にやっている。そんななかで魏子淇はなんとかいい買い物をしようと必死になっていた。夏利を何台か見たが、怖気づいて売値は訊き出せないでいる。シトロエンが目に入ると顔を輝かせて「燃費が悪い車だ」とつぶやいた。知り合いの営業マンが現れたときは、心底ほっとしたようだ。

営業マンの名前は苑暁春《ユアン・シアオチユン》、白いタンクトップにカーキ色のショーツ、カジュアルな革靴に、黒い膝丈ソックスといういでたちだ。片手に偽皮の財布、もう片方に薄汚れた白いタオルを持ち、真夏の暑さに息を切らしていた。太鼓腹を支える短い足はＯ脚で、いまにも折れそうだ。タオルでしきりに首筋の汗を拭いている。営業マンの姿を見た途端、魏子淇は紅梅タバコ（都会でだけ吸う赤箱）を取り出して、一本どうぞと勧めた。男は軽蔑したように首を横に振り、タオルで首筋をぬぐい、おもむろに中南海ライトのパックを取り出す。だが、どうぞとは言わない。かたわらに立っている私を見ると、親指で指して訊いた。「この外人は？」

私が物書きだとわかると、苑氏は愛想がよくなった。出版社に知り合いがいるという。「あなたの本を中国語に訳せるかもしれませんよ」と言いながら、必要ならいつかコンタクトしてみてくださいと、「寧夏《ニンシア》人民出版社」の電話番号をくれた。寧夏回教自治区は遠い西方の省だ。私はそこで何年か前、運転していたレンタカーが砂丘にはまり込み、動きがとれなくなったことがある。苑氏は北京の南東の郊外で、タバコと白酒を売る店を経営していた。副業に中古車セールスを始めてからもう一〇年になるという。苑氏はなんと（ガソリンを食う）シトロエンに乗っていた。車の後部にアメリカの老舗メーカー、ルイヴィル・スラッガーのバットが置いてある。アルミ製のモデルＦＰ29の赤で、グリップテープもちゃんと巻いてある。北京で本物のソフトボールのバットを目にしたのはこれが初めてだった。プレーするのかと私が訊くと、「なに、護身用ですよ」と面倒くさそうに答えた。

今日のところは出物がないので、車探しのお手伝いをしましょうと言って、苑氏は場内を案内してくれた。歩きながら汗拭きタオルを振り回し、魏子淇の予算に文句をつける。「一万五〇〇〇元で買おうなんて無理ですよ。二〇〇〇年以降の車なら、最低でも二万元だな」。またときどき立ち止まっては、売りに出ている車にケチをつけた。「これは絶対に事故車だ。オーナーは嘘をついているんですよ」

苑氏はやがて白い夏利の前で立ち止まった。お役御免になったタクシーで、ルーフにはまだタクシーサインがついている。北京市の条例によれば、タクシーとして使われた夏利は、最長で六年間しか使えない。安全性と大気汚染防止の観点から定められたとはいえ、自動車業界にとってはありがたい条例だった。

白の夏利のオーナーは、製造から五年しかたっていない車だと言った。「あと一年は北京で運転できるし、そのあとは地方で使えます」

「事故は起こしていませんよね」魏子淇はこんな訊き方を苑氏から学んでいた。

「これはタクシーだった車ですよ！　無事故の車が欲しいんなら、タクシーは抜きにして探すんですな」男は首を横に振りながら言い、さらに続けた。「夏利のタクシーはほとんどが赤い車です。白は少ないから、警察の目も引かない。警官が呼び止めるのはいつも赤の夏利です。白は目立ちません」

だが、苑氏はこの目立たない白い夏利が気に入らなかった。もっといい出物があると言う。「北京郊外にいる知り合いで、倒産した国営企業の車を専門に扱っている人がいるから、問い合わせてみましょう。国営企業が登録した車なら、状態にかかわらず一五年間は使えますよ」。つまり、持ち主より長生きの車を見つければいいわけだが、ありがたいことに、改革開放の時代、数え切れないほどの国営企業が倒産していた。数日後、魏子淇と私はお買い得な「倒産夏利」を探しに出かけた。

取引はうまくいきそうだった。その最初の兆候は、苑氏が魏子淇のタバコを受け取るようになったことだ。魏子淇が差し出す紅梅タバコを初めは断っていたが、いまでは礼を言う。この取引には苑氏の利害もからんでいるようだった。苑氏の店（高級タバコや酒類を売っている）は、中古車ディーラー兼修理店と道一本を隔てて向かい合っている。私たちは北京中心街から南西へ二五キロ行った房山《ファンシャン》区というところにいた。ここには北京最大のセメント工場があるため、どこもかしこも白いほこりに覆われている。軽い粉雪のようなほこりだった。

売り物の車はディーラーの駐車場の前に止まっていた。赤い夏利、一九九八年十月に製造され、文句なしに合法的なナンバープレートがついている。厳密にいえば、この車はまだ「北京山乞立接送服務中心」という観光会社が保有しているのだが、会社は事実上倒産し、いまや書類の上でしか存在しない。車の書類はすべてグローブボックスの中にきちんと収まっていた。車は汚かった。ほかのあらゆるものと同じように、セメントの粉塵をかぶっている。ディーラーは雑巾でフロントガラスを拭いてから、まずトランクを開けて見せた。スペアタイヤとジャッキをちゃんとおつけしますよ。追加料金なしで、という意味だ。「事故は起こしていません」とディーラーは言うが、ボンネットには傷が、車体の下部には痘痕《あばた》のようなへこみが見える。では、テストドライブをどうぞと、ディーラーが魏子淇にキーを渡すと、魏子淇はちらっと私のほうを見た。

魏子淇が運転はからきしだめなことを、私は知っていた。以前に私のレンタカーを動かしてバンパーを壊したことがある。だが、今日のこの状況では、私がキーを受け取るわけにはいかない。第一に魏子淇の面子《メンツ》の問題がある。魏子淇は生まれて初めて車を買うのだし、駆け出しの事業家として、ベテランのディーラーと渡り合っているのだ。中国に住む外国人なら誰でも、面子の文化的重要性を、顔をつぶされるのが中国人にとっていかに苦痛かを知っている。しかし、よそ者は過剰反応することもあるのだ。実際のところ、魏子淇は自分の限界をよくわきまえていた。誇りは高いが愚かではなかったので、あのときは私に運転してくれと目で頼んでいたのだ。だが私は彼の信号を読み誤り、キーを受け取らなかった。

魏子淇は緊張した面持ちで運転席に座るなり、どのギアがリバースかとディーラーに訊き（不吉な前兆だ）、次にキーを回した。私たちが見守るなか、魏子淇はサイドブレーキをはずし、ギアを入れ、アクセルをめいっぱい踏み込み、クラッチをつないだ。エンストの心配はしたが、車があんなに速く動くとは思ってもいなかったのだろう。エンジンがうなり、タイヤが回転した。車はバックで水たまりに突っ込んでから、電柱へと突進した。セメントと同じ色の泥水が弧を描いて飛び散る。いまや魏子淇は進行方向を確かめるどころではなく、必死になってブレーキを探し、あわやのところで探し当てた。電柱のわずか一メートル手前だ。まったく心臓が止まるかと思った。私の顔（メンツ）は真っ青だった違いない。「オーケー、ぼくが運転するよ」やっと声が出るようになった私は言っていた。

助手席に魏子淇を乗せてのテストドライブになった。この車をどう評価したらいいか、基準をどこに置くべきか、私は迷った。所詮この車はシャレードというサブコンパクトカーの中国版なのだ。私が最後に中古車を買ったのは、ミズーリ州の高校に通っていたときだった。一九七四年型のダッジ・ダートに七〇〇ドル払ったのを思い出す。この夏利はいろいろな意味であのダートに似ている。パワーがないし、ブレーキは甘いし、ボディはダサい。だが、エンジンはまあまあだ。変な音もしない。スペアタイヤとジャッキもついている。数キロ走ってから私は魏子淇に告げた。「いいんじゃないか、この車」――その昔の一九八六年に、ダッジ・ダートを試運転した父親がこれと同じことを言った。

ガレージに戻ると、魏子淇はみんなに紅梅タバコを勧めた。タバコをもらってすっかり気をよくしたディーラーは、汗染みのついた竹製シートカバーをただでおつけしますと言った。「この車、普通なら一万六〇〇〇元は頂戴するところですがね、苑さんのご紹介となれば一万五〇〇〇にしておきましょう」

「もう少し負けてくれませんか。二〇〇元くらい」

ディーラーは承諾した。三〇〇〇円安くなったのだ。「ほかにどこを点検すればいい？」魏子淇は私に訊く。

「走行距離は？」と私が訊くと、ディーラーは肩をすくめた。「どうぞお調べください」。窓から首を突っ込んで計器を見ると、一万四二五五キロだった。オドメーターの表示は五桁までだから、これまで何回巻き戻しされたのかわかったものではない。積算走行距離は本当に一万四二五五キロかもしれないが一一万四二五五キロかもしれない。一〇一万四二五五キロの可能性だってある。修理記録もなければ認定書もない。この車がこれまでどのように使われてきたか、「北京山乞立接送服務中心」という会社の倒産にどのようにかかわったのか、知るすべはなかった。ディーラーは契約書さえ書かなかった。

「私は字が下手なんでね、苑さんにお願いしましょう」

苑氏は「契約書」と表題のついた用紙に売り手と買い手の名前や日付などを記入したが、途中で自分も字が下手だと言い出した。結局、魏子淇が残りを引き受けることになった。値段は空欄にしておいてください、とディーラーは言う（「そのほうが簡単です」）。そのうえ、署名もしない（「ほんと、まずい字なんでね、代わりに書いておいてくださいよ」）。魏子淇はためらったが、結局両方の署名欄に書き入れた。書類仕事と金の受け渡しがすむと、ディーラーは紅金龍《ホンチンロン》タバコをみんなに回した。契約完了のしるしだ。

私は夏利を運転して市内に戻った。走り出してすぐガソリンスタンドに寄らなければならなかった。前の持ち主は、タンクが空っぽになるのを待ってから手放したのだろう。ディーラーは契約書を書くのをなぜあんなに嫌がったのだろうと、私は魏子淇に訊いてみた。

「わからない。ちょっと変だったね」

「問題が起きたらどうするつもり？」

「苑さんに相談するよ」

北京からは別の友人が同乗して魏子淇の運転を手伝った。夕方になって、私がレンタカーで村に行くと、魏子淇は駐車場に一本だけある木の陰に夏利を止め、せっせと汚れを拭き取っていた。ぼこぼこのボンネットが輝くばかりにきれいになっている。魏子淇自身も輝いていた。長い間待ち焦がれていた至福のときだ。そのあとで曹春梅に車の感想を訊くと、首を横に振りながら「ひどい車！」と片づけた。

車を買うなんて、と曹春梅は初めから反対していた。車なんか必要ないし、高すぎる。銀行や親戚からの借金がまだ残っているではないか。だが、彼女が反対した本当の理由は、車が自由の象徴だったからだ。「あの人、懐柔区へ行って友達とお酒飲んで、いまだって好き勝手にしてる。車を持ったら、もっとやりたい放題になるわ」。魏子淇が党書記選に立候補するという噂にも、曹春梅は同じような反応を示した。「党書記にはならないでほしい。いまの党書記を見ていればわかるけど、忙しい仕事よ。村の仕事がいまより増えたら、家のことはほったらかしになるわ」

政治は嫌いと言いながら、曹春梅は自分も共産党に入りたいと言い出した。これにはちょっと驚いた。仏教の信仰は、宗教を否定する共産主義に矛盾しないのか。だが、曹春梅を党に惹きつけたのは哲学でも政治でもない。彼女はただ、人と付き合いたい、どこか旅行に行きたいと思っただけなのだ。「党員になれば、夏にいろんなところに旅行できる。プレゼントももらえる。党に入れば楽しそう」。家業がうまくいけばいくほど、曹春梅の孤独感は深まった。店の仕事はほとんど一人きりでこなさなければならない。仏教から慰めを得るといっても、それは一人きりで味わう慰めだった。その反対に魏子供は一歩一歩「関係《クアンシ》（コネ）」を広げ、村の中で次第に力をつけて、外の世界との接触を増やしていった。

魏子淇は家の中でも大きな力を握ろうとした。曹春梅から入党の意図を聞いたときは、にべもなく「その必要はない」と言い渡した。妻に説明する気は毛頭ないようだし、何事も計画は自分一人の胸にしまっておく。政治をめぐる村の噂について私が尋ねると、曹春梅はいつも何も知らないと答えるのだった。「あの人は私には何も言わないの。自分がやりたいことをするだけ。私にはどうしようもないわ」。あの有機麺の事業計画を断念したように、曹春梅は入党の夢も黙ってあきらめた。

数カ月して新しい車に慣れると、魏子淇は車で懐柔区へ行き、息子の改名手続きをした。例によってこの計画も、ことが終わるまでは誰にも明かさなかった。ある金曜日の午後、魏子淇は学校に息子を迎えに行き、今日からはおまえの名前は魏小淞《ウエイ・シアオソン》だと言い渡したのだった。

中国で改名は珍しいことではない。とくに子供や若い人は名前を変えることがよくある。魏子淇自身も若いころ改名した。旧名は魏宗国《ウエイ・ツオンクオ》という、いささか愛国的な名前だった。文革時代に生まれた農村の子供は、「国」の字の入った名前が多い。改名したのは一九九三年、都会に住んでいたころだ。農民以上の何かになろうとするその意欲が、この新しい名前には込められていた。魏子淇がそのころ読んだ『名前と人生』という本に、この名前の人は「レベルが高く安定した職業」で成功すると書いてあった。

もっと深刻な事情から子供の名前を変える例もあった。縁起の悪い名前は不幸を招くと信じられていて、病気の子供は改名すれば元気になるかもしれないと考える親もいる。私が四川省で教師をしていたころ、同僚のお嬢さんが小児がんになった。何年も治療を続けた末、両親は病気の娘に新しい名前をつけた。また、同じころ、もう一人子供を産む許可を、地元の計画出産局から取りつけた。第一子に深刻な疾患がある場合は、例外として第二子の出産が認められるのだ。病気の娘は学齢（自分の改名や母親の妊娠が持つ意味が十分にわかる年齢）に達していた。改名から数カ月後、この子は亡くなった。人生の最後の日々をなじみのない名前で過ごしたこの子が、私はかわいそうでならなかった。誰か別人としてこの世を去るなんて、ひどい話ではないか。

魏嘉の「嘉」は「よい」という単純な意味の字だ。ところがこの字は一四画で、中国では不吉な数とされる。それにこの子はあまり丈夫ではない。もう血液に問題はなくなったが、しょっちゅう腹痛を訴えるし、風邪もひきやすい。初めのころ、私はそれが寄宿舎生活のせいだと思っていた。寮の生活環境はよくなかったし、魏嘉は出される食事を嫌がっていた。だが最近では、ジャンクフードと運動不足が大きな問題だ。両親は勉強に関しては厳しく、週末には必ず宿題をさせた。教育重視のこの姿勢は称賛すべきだが、子供が運動不足なのは明らかだった。それに中国古来の健康法には、逆効果を生じるものもある。たとえば、しょっちゅう咳をする魏嘉には、もっとミカンを食べさせたいと私は思う。だが魏嘉の母親は、冬の間は果物の食べすぎに注意すべきだと言う。「気」に悪いからだ。また大方の中国人の常で、魏嘉はあまり水を飲まない。古来の健康法にはわけのわからない言説もあり、一日のうちで水分をとってはいけない時間があるらしい。結局、人びとはあまり水を飲まなくなっている。以前、魏嘉が懐柔区で定期健診を受けたとき、極度の脱水状態で尿検査ができなかったほどだ。もっと水分と野菜・果物をとらせ、運動をさせてと私が言っても両親はなかなか実行しなかった。それどころか父親は子供の健康問題を、改名によって解決しようとしたのだ。いかにもやりそうなことだ。ときとして彼らは無意識に、新旧二つの世界から、それぞれ最悪のものを選んでしまう。現代の悪い食習慣と古来の迷信が、魏嘉の改名につながったのだった。

中国に長く住めば住むほど、私は人びとが急激な変化をどう受け入れていくかが心配になった。近代化が（少なくとも近代化自体が）問題だと言っているのではない。私は、発展に反対はしない。貧困から脱したいという人びとの気持ちはわかるし、努力して順応しようという中国人の意欲を深く尊敬している。だが、あまりに急激な変化は犠牲を伴うものだ。問題はとらえにくい場合が多い。外国人にはなかなか見えないのだ。西欧メディアは中国の政治や劇的な事件に関心を寄せ、農村暴動など不安定化のリスクをとくに大きく報道する。だが私の見るところ、個人の内面的な動揺こそ、もっとも深刻な問題ではないか。人びとは探し求めている。ある種の宗教的、哲学的真実を希求している。他人と意味のあるつながりを持ちたいと願っている。直面する問題の解決に、過去の経験をどう生かせばいいのか。いまや親と子は別の世界に住んでいるようであり、結婚も複雑だ。一緒にいて幸せそうな中国人夫婦を、私はめったに見かけなかった。これほどのスピードで変化する国で方向感覚を失わずに生きていくのは、不可能に近いかもしれない。

魏嘉の新しい名前はコンピュータが選んだものだとい

う。これは魏子淇にとっては重要なポイントだった。都市部ではコンピュータによる名づけが一般的になっているそうだ。懐柔区にコンピュータ命名の専門家がいて、相談に乗ってくれた。料金は一回五〇元（約七五〇円）だが、魏子淇はただにしてもらった。二人には共通の友人というコネがあったからだ。この男は、姓名判断の詳細な結果を一枚の紙にプリントアウトしてくれた。それによれば、魏小淞という名前は、子供に長寿と幸運と富と名誉をもたらすそうだ。自制心の強い、穏やかな性格になるともいう。コンピュータからはこの名前につながる性格特徴が、まるで株価リストのように次々とはじき出されていた――親愛の情が深い、穏やか、慎み深い、素直……。

さらにコンピュータは子供の生年月日から伝統的な五大元素を分析し、もっとも不足しているのは水だと結論づけた。そんなこと、機械に教えてもらわなくても私にはわかっていた。私の知っている中国人はたいてい脱水状態なんだから。ともあれ、それが理由で、コンピュータは名前に「淞」の字を使うことにした。上海の近くを流れる川からとった字だ。新しい名前は「小さな淞江」という意味だ。

曹春梅は、改名に自分はいっさいかかわりがないと言い切った。「私には関係ないことだわ。どうすることもできないの。新しい名前は気に入らないけど、私がしたことじゃない。うちの人がしたのよ」

改名のあった週末、私は魏家で食事をした。日曜の夜だったが、魏子淇はほかの党員と谷あいの町に出かけていた。何か選挙がらみの秘密の用事があるらしい。注意を引かないように、党員たちとの会合は村の外で行なっている。魏嘉は宿題を早々とすませ、午後は恐竜の本を読んで過ごした。四年生になった魏嘉は本をよく読み、相変わらず成績もいい。だが、誰かが自分の新しい名前について触れるたびに、奇妙に黙ってしまう。何回も繰り返して訊かなければ、気持ちを打ち明けてはもらえなかった。

「不好《ブーハオ》。よくないよ、この名前」魏嘉はついにつぶやいた。

どうしてと訊くと、蚊の鳴くような声で答えた。

「聞くと変な感じだ」

とポツリと言い、それ以上は言おうとしない。

魚と餃子の夕食の間、曹春梅は気もそぞろで、食事が終わるやいなやどこかに電話した。魏子淇の携帯にかけたらしいが、電話に出たのはよその人だ。曹春梅はちょっと聞いていたが、急にじれったそうに相手の話をさえぎった。「うちの人は酔っているんですね。今夜は帰ってくるでしょうか。明朝、懐柔区に行くことになってます。家に電話するように、本人に伝えてください」

曹春梅はテーブルに向かってその後一時間も考え込んでいたが、魏嘉は気づかない様子で、機嫌よく私とチェスゲームをした。ひどく咳をしていた。風邪をひいて一週間にもなるが、なかなか治らない。ついに電話が鳴った。曹春梅は隣室で受話器を取ったが、話し声は聞こえてきた。

「今晩は帰ってこなきゃだめよ」と厳しい声を出している。「明日は朝七時に村の会議があるでしょ。わかった？ 帰らなきゃだめよ！」

聞こえていたとしても、魏嘉は知らんぷりを決め込んでいた。私は魏嘉と一緒に子供の本を何冊か読み、それから「では明日の朝、また来るよ」と言っていとまを告げた。月曜の朝は魏嘉を学校まで送っていくことになっていたのだ。外に出ようとして、魏子淇が戻っているのに気づいた。真っ暗な表の部屋で座り込んでいる。明かりをつけると、泥酔しているのがわかった。

「大丈夫か」と訊いても答えられない。テーブルに突っ伏したまま、うつろな目を開けていた。曹春梅が入ってきたので、どうやって帰ってきたのだろうと訊いた。

「車を誰かに運転してもらったのよ、さっと。」

「彼、大丈夫かな」

「大丈夫よ」

翌朝、まだ暗いうちに魏嘉を迎えに行くと両親はまだ炕《カン》で寝ていて、魏嘉が一人で学校に行く準備をしていた。居間はめちゃめちゃに散らかっている。ヒマワリの種が袋ごとひっくり返り、床に散乱していた。何があったのと訊いた。

「パパが酔っぱらっちゃった」魏嘉はあっさりしたものだ。「水を飲もうとしたらこぼして、そうしたら怒って部屋中に種を放り出したんだ」

魏嘉はもう制服に着替え、学用品をバッグに詰めている。

「こんなことしょっちゅうあるのかい？」

「うん」と言いながら、目はじっとバッグを見つめたままだ。私は話題を変えた。

「赤いスカーフはどこ？」

「ここ」赤いスカーフは少年先鋒隊のシンボルで、学童はみんな首のまわりに巻く。

「じゃあ、スカーフ巻いて、さあ行こう」

魏嘉のスカーフは相変わらずよれよれで、端に裂け目、前に染みがある。少年先鋒隊員はきちんとした身だしなみの子が多いが、たまには前線兵士のような格好の子がいてもいいだろう。谷を下ったところで　私たちは朝ごはんを食べようと車を止めた。道端の飲食店の中は寒く、魏嘉はまだひどい咳をしていたが、背を丸めてどんぶりをかかえ込み、待ってましたとばかりワンタンを食べはじめた。

新しい名前はその後一カ月というもの、魏嘉の上に重くのしかかっていた。こういうことは親に任せろと父親は言う。改名するならいましかない。もう一年半もすれば、中学に進学する。そのときは魏小淞として登録される。いまのうちに慣れておいたほうがいい。慣れさえすれば、変な感じはしなくなる。

気が進まない理由を魏嘉はけっして言わなかった。なぜ前の名前がいいのか、新しい名前のどこが気に入らないか説明もせず、別の名前にしてくれとも頼まない。怒りもせず、以前のように母親に泣きつきもしなかった。実際のところ、魏嘉は何も言っていない。改名の話が出ると、ただ「不好（よくないよ）」と言うだけだ。ときどき、一人でこの言葉をつぶやいている。何回も繰り返すうちに、これは無気力と力強さが奇妙に入り混じった言葉になった。父親はこの「不好」が理解できず、いら立った。魏嘉はまるで小説に出てくるあのバートルビー氏〔『せずにすめばありがたいのですが』の一言でいっさいを拒否し続ける不可解な人物。米作家ハーマン・メルヴィルの小説『代書人バートルビー』に登場する〕のようだ。だが、「不好」という短い言葉の中には両親も含まれていたと私は思う。母親は自分のコントロールが及ばないことにかかわろうとしない——不好。父親は魏嘉の世界をなんとしてでも変えようとしている——不好。魏小淞という名前は、長寿と幸運と富と名誉と自制心と広い心をもたらすとコンピュータは約束している。だが、結局すべて「不好」なのだ。魏嘉はどうしても新しい名前を受け入れなかった。数週間後、父親はついにあきらめた。それ以降、改名のことは二度と口に出していない。魏嘉はずっと魏嘉のままだった。上《かみ》の村の最後の子供であり、実業家の家で育つ最初の子だ。これからもずっと魏嘉のままでいるだろう。

その冬、シャーズは政府の春節特別手当金がもらえなかった。コメと食用油の現物支給は例年どおりだったが、一〇〇元の現金が支給されなかったのだ。わざわざ申し立てるまでもないわずかな金額だが、その意味は明らかだった。党書記のメッセージだ。自分はまだ村の権力を握っていること、選挙の噂を不愉快に思っていることを、こうして伝えたのだ。

村はどこへ行っても選挙の話題で持ちきりだ。曹春梅でさえ無関心ではいられなくなった。「話といえば選挙のことばかり。みんな、党書記と副書記にこれ以上は続けさせたくないようよ。みんな悪口言ってる。もちろん陰でね。前はみんな党書記に満足していたけど、いまは違う。長く党書記をやっていると考え方も変わるわ。『何年もやってきたんだから、役得があって当然よ』みたいにね。それって官僚主義《クアンリアオチユーイー》だわ」

村の人たちはよくこの言葉（官僚主義）を使った。「ほかの人の意見を聞かないっていう意味よ」と曹春梅は説明した。文革時代の古い言葉だ。毛沢東主義運動の時代、農村部では党幹部を攻撃する理由としてこの言葉がよく使われた。当時は、革命こそがすべてに優先したのだが、今日の三岔村では同じ非難の言葉が新しい文脈で使われている。村人たちは資本主義的な不当利得行為に異議を唱えているのだ。詳しいことはわからないが、利得行為の影響が見えはじめていた。上《かみ》の村と下《しも》の村の間で、新しいレストランの建設が始まった。完成すれば、あたり一帯で最大の建造物になるはずだ。谷へ抜ける新しい二本の道路も建設中だ。汚職の証拠はないが、取引の秘密性こそが証拠だと村人の多くは感じていた。いずれにせよ、これほどの資本が外から入ってきたのだから、観光業から上がる利益の大部分はいずれ村の外へ持ち出されることになろう。

人びとはさかんに選挙の話をした。だが、草の根の選挙運動と呼べるようなものは、村には存在しなかった。中国の農村部では、政治の混乱は権力の周縁から始まることが多い。ある党員が何かに不満を持つ、下級役人が誰かに腹を立てる――そんなことから党の内部でトラブルが起きるのだ。こうした人たちは規則をよく知り、事を起こすやり方も知っていて、人びとを引きつける。それに、不満を言うだけで行動に移せない農民と違って、ある程度は実行力があった。

三岔村で事を起こしたのは「へそ曲がり」だった。村人の信用が厚いとはいえないが、この男が別のかたちで力を持っていたことは否定できない。「へそ曲がり」は過去とつながっていた。彼を透視者だという人もいた。そのうえ、共産党員であり、村の政治がどのように動くか知り尽くしていた。魏子淇の能力を認めていて、慎重に忍耐強くことを進めた。何度も魏子淇の家に足を運んでは世間話をして帰る。選挙のことには触れない。そんな訪問を繰り返したある日、「へそ曲がり」は下《しも》の村の党員と一緒にやってきて、魏子淇に立候補を勧めた。「おれのほうがいまの党書記より有能だってさ」と、会合のあとで魏子淇は言っていた。「おれの話し方とか、村の外のことを知ってるとか、おれの考え方が話題になった。おれが事業をしてるってこと、そこに能力が表れているんだと、みんなに言われた」

そんなに褒められても魏子淇は曖昧な返事しかしなかったが、これは予想どおりの態度だ。やがて、彼らは票読みにかかった。どの党員が誰に投票するか予想を立てるのだ。村には合計二三人の党員がいた。彼らをつなぐもっとも強いきずなは血筋だ。その点で勢力は二分していた。魏子淇の親戚が五人、党書記の縁者が五人いたのだ。そのほかの党員の何人かは魏子淇と親しく、変化を望んでいるようでもあった。票読みの一環として、彼らは党員たちの個別面接を始めた。極秘裏である。この段階では魏子淇自身は表に出ない。支持者が少なければ、いつでも撤退できるようにしておくためだ。「へそ曲がり」が魏子淇の副官としてさりげなく村を歩き回り、ひそひそ声の話し合いや深夜の会合という裏の面倒な仕事を引き受けた。

間もなく党書記も自分の子分を動かしはじめた。ある夜、副書記が魏子淇を家に訪ねてきた。丁寧な挨拶を交わしてから、話し合いが始まった。二人は近しい間柄ではなかったが、副書記の訪問はある程度予想できたことだ。副書記はずばり要点を言った。「君はいつの日か、立派な候補者になる。待つことだ。君は若いし有能だ。次回まで待つんだ。短気を起こしてはだめだ」

魏子淇は笑顔を見せ、なるほど、わかりますというような意味のことを言った。だが、時すでに遅しだ。「へそ曲がり」は票固めを終えていて、見通しは明るいと言っていた。予想によれば、魏子淇支持が一〇人、党書記支持も一〇人で、未定はたった三人だった。

選挙運動に政策論争はなかった。村のための具体的な計画や必要な変革、あるいは綱領や政治哲学は、誰の口にも上らない。公約なんて掲げるのはばかだけだ。発言はできるだけ曖昧にしておくことだ。どちらの候補者も、選挙のことには直接触れない。何よりも重要なのは血のつながりだ。人びとは近い親戚を動員し、遠い親戚を味方に引き入れようとした。誰が誰をどんな動機で支持するかの分析に、多大なエネルギーが費やされた。ここで政治は、その究極の本質（つまり、「関係（コネ）」を使うこと）を表していた。

万事は目に見えないところで、村のエリートたちの間で進められた。「へそ曲がり」は毎晩のように魏子淇の家にやってきた。ほかの人が一緒に来ることもある。男たちは簡単な挨拶を交わし、それから私が出て行くのを待つのだった。大っぴらに選挙の話をするのは、関係のない人たちだけだ。曹春梅はじめ女性たちは、いまでは四六時中この話をしていた。結果を予想し、戦略を立てる。みんなは、党書記は気が立っていると言っていた。たしかに、私が見てもいくらか緊張した面持ちだ。だが、私にはいつもどおり「あら、こんにちは！ いま着いたの?」と声をかけてくれる。

選挙戦の最終段階で宴会が催された。「へそ曲がり」が懐柔区の高級レストランに一席もうけ、そこに党員が一〇人集まった。みな魏子淇に投票すると約束した人たちで、宴会は支持を確認するためだ。だが、私があとで魏子淇から聞いたところによると、ここで選挙の話は出なかった。食事を楽しみ、白酒を飲み、タバコを吸ってから、「へそ曲がり」が質問を呈した。「何か変わったことはありましたか」。客たちは一人ずつ、みなノーと答え、宴会はお開きとなった。

三日後、党書記は魏子淇と若手党員四人を谷あいのレストランへ招待した。選挙戦が始まってから、魏子淇と党書記が直接話し合ったのはこれが初めてだ。食事では何の話が出たのと私は訊いた。

「選挙のことじゃないよ」

「それじゃ、何を話したんだい」

「ただの世間話さ。よく覚えていないけど。居心地はよくなかったなあ」

党書記はあのとき、立候補を取り下げるように魏子淇を説得するつもりだったのかもしれない。そうだとしても、はっきりとは言わなかったようだ。選挙戦の最終盤、党書記が金で票を買っているとの噂も流れはじめた。だが、立証されたわけではない。噂話をするのはたいてい非党員たちだ。やがて噂は村の外にまで広がったらしい。選挙の三日前になって、鎮政府の幹部が三岔村を訪問した。

やってきたのは鎮の共産党委員会幹部とその部下だ。中国では、鎮はその管轄下にある村に対して権限を持っており、鎮政府の役人が三岔村ごときところにまで足を運ぶなど、めったにないことだった。普通は村人が鎮に出向くのだ。これが権力構造に基づく人の動きである。鎮政府の役人がわざわざ村に来たとなれば、この選挙では何か重大なことが起きているに違いない。村の党員は全員、会議に招集された。

会議は鎮の党幹部のスピーチで始まった。幹部は差し迫った選挙について、適正な手順を踏むことが大切だと強調した。党員は票の買収工作を防止すべく、熱心に努めなければならない。幹部はこの点を何回も強調したが、その後の言葉は曖昧になった。最近あった村の土地取引や不透明な村財政など、具体的事例にはいっさい触れず、開発やインフラ整備の重要性をくどくどと述べた。

「長いスピーチだったよ」と魏子淇は会議のあとで言っていた。「うまく説明できないが、持って回った言い方で、党書記を変えるなと言ってたんだ。いまの党書記は村のためにいい仕事をしたとね。それから村の生活がどうよくなったか、いちいち数え上げげた。『新しい道ができたでしょう。街灯も設置されましたね』。最後にこう言った。『それで、この指導者が有能だとわかりますね』」

鎮政府の幹部は魏子淇の名前や秘密の選挙運動のことには一言も触れなかった。演説が終わると、幹部は党書記について意見を述べるように求めた。党員たちは一人ひとり、幹部の指示に従って党書記を褒め上げた。新しい道路、携帯のための通信タワー、街灯、ごみの収集などが功績として挙げられた。否定的な意見を言った人はほんの一握り。「へそ曲がり」はその一人で、土地取引や不透明な会計に言及した。

ついに自分の番になると、魏子淇は立ち上がり、「立派な仕事だと思います」とだけ言って腰を下ろした。

鎮幹部の演説から三日後に投票が行なわれ、結果は予想どおりだった。連記投票で党書記は一五票を獲得してトップになった。一〇票に魏子淇の名が入っていた。規定に従って上位五人の間で第二回投票が行なわれた結果、魏子淇は四位になった。党書記と副書記は再選を果たし、第三位が村の党委員になった。魏子淇は何の役職にもつけなかった。下級幹部にもなれなかったのだ。

魏子淇を尊敬し支持すると言っていた下《しも》の村の農民が、実はスパイだったことがあとになってわかった。魏子淇陣営の夕食会や深夜の会議に顔を出しては、党書記に逐一報告していたのだ。こちらの動きは筒抜けだったから、党書記はこれと思う党員を取り込むことができた。具体的にどのようにして味方に引き入れたのかはわからない。魏子淇はそれ以上考えるのはやめた。政治はもうこりごりだった。

鎮政府幹部の演説を聞いたとき、魏子淇には結果が見えていた。もう、どうしようもなかった。流れを決めたのはスパイ行為ではなく、この演説だ。だから、党書記について意見を訊かれたとき、あれほど言葉少なに答えたのだ。計画を立て秘密の会合を続けた選挙運動の最後の瞬間に、こうして魏子淇はリスクを最小限に抑えたのだった。

しばらくの間、魏子淇は酒にふけった。そもそも出たくはなかったんだなどと言っていたが、敗北は痛手だった。いまになって占い師の忠告を思い出す。何があっても政治にはかかわらないようにと言われていたのに、自分は忠告に従わず、高慢の鼻をへし折られた。村の権威者には二度と逆らうまい、と魏子淇は心に誓った。将来、党書記選挙に出るとすれば、いまの党書記から後継者に指名されたときだ。「あの人の支持があれば立候補してもいい。そうでない限り望みはない」

党書記との関係は、個人レベルではぎくしゃくしていたが、党書記から復讐されることはないと魏子淇は信じていた。彼女はいまでも自分が煙たいはずだ。シャーズの件で自分が鎮政府に訴え出たことは覚えているに違いない。あの行動が魏子淇の安全保障になっていた。「誰かが上のレベルに訴え出れば、党書記は困った立場に置かれる。ほかの連中は法律も政治も知らないから、そんなことはしない。でもおれは法律を勉強したんだ。やり方は知ってるよ」

二〇〇七年、共産党は「現代農業の発展」と銘打った国家キャンペーンを開始した。目的は、最新技術や経営戦略を地方に広めることだ。また、地方幹部に都会生活を垣間見る機会を与えるのも目的の一つだった。そういうわけで、三岔村の党員はその年は大連に休暇旅行に行った。大連は、朝鮮半島に近い北東部の主要都市だ。魏子淇もほかの党員たちも、この旅行で生まれて初めて飛行機に乗った。中国国際航空機は五時間も遅れ、一行がやっと出発したときは真夜中を過ぎていた。

それから四、五日かけて一行は大連市内を観光した。夜は特産品の海産物に舌鼓を打ち、昼間は観光地を巡っては現代的インフラ設備を見学する。大連は中国北部でもっとも豊かな都市だ。渋滞緩和のために高架道路を設けるなど、都市整備もすぐれていた。一行は高速道路を走り、新開発地を訪れた。ファイザー、三菱、東芝といった大企業が大連のこの工業団地で事業展開しており、インテルは最近、半導体製造工場の建設を発表したばかりだった。

だが、一行がもっとも感銘を受けたのは、タイ人のクロスドレッサー（異性装）のショーだった。中国政府が海外渡航の規制を緩和して以来、中・上流階級の旅行先としてタイの人気が高まっている。バンコクを訪れる中国人ツアー客の旅程には、必ずクロスドレッサーのショーが組み込まれるようになった。海外旅行客が年々増えるにつれてこうしたショーが広く知られ、ついに出演者たちが大連に招かれたのだった。

村に帰ってからしばらくの間、魏子淇はショーの話ばかりしていた。「タイに行ったことがあるんだろう？ ショーに出てくる化け物たちの話、あれ本当かい？」

あの人たち、本当は男性だと思うよと私は言った。

「そうじゃなくてさ。四歳か五歳の子供を選んで、あんなふうにクロスドレッサーに仕込むって聞いたんだ。本当かな」

「どうかな。大人になってからだろう。異性の服装をするのに、そんなに長くかかるわけないだろ」

「おれもそう思ったんだ」私と意見が一致したので魏子淇は満足そうだった。「あんな話、おれは嘘だと思ったんだ。ほかの党員はみんな信じてたがね」

二〇〇七年、曹春梅は運転免許を取ろうと決心した。家に車があることだし、運転できれば、谷あいの町で食料品の買い出しもできる。だが、魏子淇は、二度と運転講習に金を払うつもりはなく、「必要ない」と妻に言い渡した。曹春梅はしばらくの間夫を説得しようとしたが、魏子淇は頑固だった。彼女はとうとうあきらめた。

その春、曹春梅はパニックに襲われるようになった。心臓がドキドキし、不安にさいなまれ、自分でもどうしようもなくなるのだ。ついに曹春梅は漢方医を訪れた。それから、懐柔区の占い師のところにも行った。占い師は右手の脈をとり、新しい霊がいくつも家に入ったと告げた。今度はヘビとウサギとキツネの霊を鎮める必要があるという。ウサギの霊はとりわけ落ち着きがなく、しばしば結婚生活に問題を起こす。曹春梅は祀り棚の前で熱心に祈りをささげ、魚やニワトリを殺さないようにした。曹春梅は夏までには落ち着きを取り戻していた。

観光客が訪れる季節になると、魏子淇は完全に立ち直った。酒の量を減らし、また事業拡大に取り組んだ。パティオを改装し、スイス原産のニジマスのために養魚池を新設した。池の位置を決めるにあたって、谷あいの町から占い師を呼んで縁起のよい方角を教えてもらった。魏子淇は宗教には関心がなく、妻が設けた祀り棚も無視していたが、占い師の助言だけはよく聞いた。これも選挙のときに学んだ教訓の一つだった。占い師の忠告を無視してはいけない。

魏嘉もまた子供なりにあの選挙から教訓を得ていた。小学校の五年生といえば、中国では子供たちが学級委員の選挙を始める年だ。教師が決めるのではなく、初めて自分たちで委員を選ぶのだ。魏嘉は風紀委員としてよくやっていたし、友達も多く、教師たちからも信頼されていて、立候補を勧められたが断ったという。「面倒なことになるからね」というのが魏嘉の言葉だ。「誰かほかの人がやればいいよ」。魏嘉が好きな学科は英語とコンピュータだ。大きくなったら何になりたいか、詳しく話したことはないが、いつか村を出たら北京の中心部、后《ホウ》海《ハイ》の近くに住みたいと言っていた。

その秋、党書記の母親が亡くなった。ちょうど収穫期の終わりごろで、村人たちは故人の家に集まって哀悼の意を表した。亡くなったのは村で初めての女性党員であり、娘を激励し続けた重要人物だ。葬式は三日間続いた。私が通りかかったとき、党書記は白い喪服を着て棺の前にひざまずき、号泣していた。その甲高い声が石壁を突き破り、谷間にこだましている。私はそれまで威風堂々の彼女しか知らなかったし、彼女を完全に信用できるとも思っていなかったが、葬式のこの光景を目にしてからは見方が変わった。私は魏子淇が選挙で負けてほっとしている自分に気づいた。曹春梅は正しい。魏子淇はすでにさばききれないほど仕事を抱え込んでいた。挫折を味わったとはいえ、ちょっとした政治的なもめ事が人生最悪の経験だというのなら、魏子淇は幸せ者というべきだろう。

「へそ曲がり」の新しい家は空き家のまま残った。未完のれんが壁は上《かみ》の村でいちばん目立つ建物で、小道にはセメントの山がほったらかしになっている。「へそ曲がり」は借り手を見つけられなかった。また、村の幹部に対して二度と反乱を企てることもなかった。とはいえ、ほかの面でその地位は高まっていた。五〇年前、村の透視者のお茶くみだったこの男は、偉大な師から力を得たようだ。見透すことができるようになったのだ。いまや見えないものを見て、暗黙のうちに語られる言葉を話す。人の脈をとり、ヘビやウサギやキツネの霊の幻視を語る。未完の空き家の陰で語られる知恵の言葉を聞こうと、やがて村人たちが大勢やってくるようになった。

第3部

工場

浙江省南部
義烏
[ストロー、卸売市場]
金華市
[下着]
永康
[はかり、電動工具]
武義
[トランプの札]
好溪
金麗温高速道路
(金華－麗水－温州)
台州市
麗水市
経済開発地区
[合成皮革]
石帆(ダム移転先)
古堰画郷
[ヴェネツィアの風景画]
大溪
橋頭[ボタン]
下斜
[ジャングルジム]
灘坑ダム
青田
甌江
温州市
[靴、ライター]
北山
小溪
甌海
[鍵、ズボンの裏あて布]
龍湾
[蛇口]
瑞安
[カーアクセサリー]
浙江省
東シナ海
福建省

1

温州《ウエンチョウ》市のレンタカー会社は、燃料タンクが空っぽの車を貸し出す。二〇〇五年七月、初めて温州市を訪れた私を歓迎してくれたのは、借り出したフォルクスワーゲン・サンタナの空っぽのタンクだった。前金を払い、キーを回した途端、ぱっと燃料残量警告灯がついた。残量はごくわずか、ガソリンスタンドまでたどり着けるかどうかおぼつかない。以前に北京で利用していたキャピタル・モーターズの車はガソリンの残量がいつもまちまちで、私はよく文句を言ったものだ。だが、ここ温州繁栄レンタカーの人たちは、起業家精神にあふれる独特のやり方でこの問題を解決していた。私が、たとえ数リッターでもタンクに残したままこのサンタナを返すとすれば、連中はガソリンを抜き取り、売ってしまうのだ。

それまで私は南部でレンタカーを利用したことも、都会で長時間の運転をしたこともなかった。ドライブ旅行といえば、たいていいつも北部の農村地帯を走り、農村のリズムとすっかりおなじみになった。春の種まき期、村の朝は忙しい。秋になれば路上の脱穀が始まる。冬の間、私は若い人がほとんどいなくなった村で静かな日々を過ごした。若者たちがどこへ行くのか、どうやって目的地に着くのかは誰でも知っている。新しくできた道路を南へと向かうのだ。年ごとに出稼ぎの人びとは増え、道路も増えていった。中央政府は二〇〇三年に農村部道路建設二カ年計画をスタートさせ、それが終わると今度は都市部に注意を向けた。自動車ブームが都市の姿を変えていた。私が運転免許証を取得してからの四年間に、中国では乗用車の台数が二倍以上に増えた。二〇〇五年一月、政府はさらに約五万キロに及ぶ高速自動車道を造る計画を発表した。いずれこの道路網によって、東は沿海部の工業都市から西はキルギスタンとの国境まで、人口二〇万以上のすべての都市が結ばれるだろう。中国は高速輸送の世界への仲間入りが遅れたかもしれないが(なにしろ、中国初の高速道路が完成したのは一九八八年になってからだ)、二〇二〇年までには高速道路の総距離でアメリカを超えようとしている。

中国政府は道路拡張計画の発表にあたり、とくにアメリカを引き合いに出してその重要性を強調した。張《チャン》春賢《チュンシエン》交通運輸部部長は北京で記者会見を開いたとき、質問に答える形で当時のアメリカの国務長官コンドリーザ・ライスの話を持ち出している。最近訪中したライス長官から、中国は一九五〇年代のアメリカに倣ってより多くの道路を建設すべきだと助言を受けたという。張春賢はさらに語った。「ライス長官は子供のころ、ご家族と一緒にアメリカ各地を旅行されたそうです。旅をしたことで国の高速道路網に興味を持ち、国を愛するようになったと長官は述べておられます。高速道路の建設によって自動車産業が成長しますが、それはほんの一部の効果にすぎません。重要な点は、国の発展と人びとの暮らしの向上に、道路が直結しているということです」

　南東部の新しい高速道路の一つに金麗温《チンリーウエン》高速道路がある。沿海部の温州を起点に西へ北へと延び、麗水《リーシュイ》、金《チン》華《ホア》の二都市を結ぶ全長二三〇キロの高速道路だ。その大部分は従来の国道三三〇号線に並行している。この地方に初めて来て、二車線の旧道をサンタナで走ったとき、延々と続く工事現場を通過したのを思い出す。新しい高速道路は、一部はほぼ完成していたが、まだ工事が始まったばかりの区間もあり、甌江《オウチアン》の岸に沿ってコンクリートの支柱がどこまでも続いていた。いたるところに作業員がいる。なにしろこれは総投資額が一五億ドルを超える、最優先の大事業なのだ。最優先といえば、夜を日に継いで工事が行なわれるということだった。旧道を走りながら窓の外に目をやると、作業員たちが鉄筋資材を運び、セメントを混ぜ、クモの巣状に張り巡らされた足場を軽々と渡り歩いていた。男たちが何人か列になって膝をつき、手に持った道具で舗装したばかりの路面をならしているのも見た。忍耐強く、一歩一歩後ずさりしながら、着実に仕事を進めていく。この人たちは、この金麗温高速道路に最初の足跡を残しているのだ。夜になると、溶接トーチの光が何キロも先から見えた。それはいずれこの道を走る無数の車のヘッドライトを暗示する光景だった。

　私が南部の浙江省に来たのは、都市を見つけたかったからだ。何年か前、初めて長距離ドライブの旅に出たとき、私は万里の長城という過去の遺物をたどり、消えゆく村々を訪ねた。その後、三岔《サンチャ》村に家を構えたが、それは今日の農村となんらかのかたちでつながりを持ちたかったからだ。だが、ここ浙江省では未来のことを考えたかった。中国南部で、新しい高速道路ほど土地の風景を一変させるものはない。またたく間に農地は消え、工場が現れ、起業家や出稼ぎ労働者がどっと押し寄せる。私はこの変化の初期段階に興味があった。開拓者的な工場主や労働者について知りたいと思った。だが、それにはまず都市を見つけなければならない。金麗温高速道路に沿って探せばいいだろう。この高速道路は二〇〇五年の末までに開通が予定されているから、周辺の町々はこれから急発展するに違いない。

このルート沿いには、これまでに何回も道路建設が繰り返されてきた。甌江を挟んだこの地域は起伏が激しく、段々畑も造れないほど急峻な山地が多い。一九三四年に第一世代の国道三三〇号線が完成するまで、ここは近づきがたい地であった。三〇年代といえば、中国で現代的道路建設の波が初めて起きていた時期だ。当時も中国はアメリカをモデルとしていたから、多くのアメリカ人技術者が各地で初期作業の指揮をとった。しかし、泥を押し固めた当時の道路では時速五〇キロほどしか出せなかったし、その大半は戦争中に壊されてしまった。浙江省の南部を走るこの国道三三〇号線がようやく舗装されたのは七〇年代、その後に大がかりな改修が行なわれたのは八七年になってからだ。

当時は改革開放が緒についたばかりだったが、それでも新しい道路が効果を発揮するのに時間はかからなかった。沿道の村々、とくに温州市近郊の、昔から稲作と魚の養殖で生計を立てていた農村はすっかり姿を変えた。新しい国道に近いこのあたりの人びとは農業をやめ、意外な製品を作るようになったのだ。温州市から北西に延びる道を走ると、車窓からそうした製品を見ることができた。温州市から一五キロほど離れた下斜村《シァシエ》には、公園などで使われる遊具が見渡す限り並べられている。ブランコや赤いプラスチック製の滑り台やブルーや黄色のジャングルジムなどが道端に山と積んであるのに、子供はどこにもいない。あたりに建っているのは、いかにも工場然とした四角い建物ばかりだ。私は車を止めて地元の人から話を聞いた。遊具はこの村の特産物だという。下斜村は橋下鎮《チャオシア》の一部で、現在は村内二七〇の製造工場がすべて同じ製品を、少しずつかたちを変えながら作っている。このたった一つの村が、遊具の国内市場の半分を占めているという。

国道三三〇号線をさらに一五キロほど下り、甌江の屈曲部を越えると、橋頭《チャオトウ》の町に出る。ここにはボタンの像が建っていた。幅が三メートルもある銀盤で、上部には風が吹くとくるくる回る翼がついている。橋頭の人口はわずか六万四〇〇〇人だが、町には三八〇ものボタン工場がある。国内で作られる衣料品の約七割に、ここで生まれたボタンが縫いつけられているという。町のこのような栄誉を記念するため、町の幹部たちはボタンの像を建立したのだった。ボタンの像は町の中心部にある「ボタンシティ」と呼ばれる新築ビルの正面に建っている。ボタンシティは四階まであり、一階の全フロアが、橋頭の特産品を扱う売り場だった。衣料品メーカーがここに大量買いつけにやってくるのだ。サイズやデザイン別に仕分けた商品を、かつての農民たちは穀物袋に入れて売っていた。一〇キロ入りの大袋には「米」や「小麦粉」のラベルが付いたままになっている。袋の中身はぎっしり詰まったボタンだけ、ほかは何も入っていない。

　私が立ち寄ったその日、売り場に立っていたのは子連れの女性が多かった。幼い子供たちをセメントの床にじかに座らせておき、誰かが泣き出すたびに、これで遊んでいなさいとばかり、ボタンを一つかみ投げ与えている。ボタンシティの特産物は、いったいどれほど小さなお腹を通過していくことになるのだろう。ちょっと知恵を出して、毎朝この子たちを下斜村へ送り出せば、みんなジャングルジムで遊べるじゃないかと、そんなことを考えたが、このあたり一帯の町や村が協力し合うことはない。隣町へ行くのは、少なくとも経済の分野では、国境を越えるようなものだ。言葉でさえ町によって違う。よその町の方言は、基本的には理解不能なのだと地元の人たちは言う。浙江省のこの地域は難しい方言が多いことで知られている。またここは、「一製品の町」が多いことでも有名だ。一つの町が一つの製品だけを作るのだ。たいていは単純な製品だ。正規の教育を受けた人が少ないこの地方では、高い技術や多くの資本がなくても作れる製品が選ばれるという事情もある。国道三三〇号線を走っていて、かなりの大きさの町に行き当たると、私はいつも車を止めて「ここでは何を作っていますか」と道端の人に訊いた。たいていはすぐに答えてくれる。答えを聞かなくてもわかる町もあった。武義《ウーイー》という町で通行人にこの質問をしたら、男は無言でポケットをさぐり、トランプの札を取り出した。あとでわかったことだが、この町は年間一〇億組のカードを生産し、国内需要の半分を満たしている。そこから八〇キロ先の義烏《イーウー》は、世界のプラスチック製ストローの四分の一を生産する。永康《ヨンカン》は国内の秤《はかり》の九五パーセントを、菘廈《ソンシア》は年間三億五〇〇〇万本の雨傘を、分水《フエンシユイ》はペンを、上官《シヤンクアン》は卓球のラケットを作る。地球上の靴下の三分の一は大塘《タータン》で、ネクタイの四〇パーセントは嵊州《シヨンチヨウ》という町で生産される。

　工場町と工場町との間に広がる田園地帯の美しさは格別だ。甌江が狭まるところでは、両岸に高い岩の崖がそそり立つ深い峡谷ができている。国道三三〇号線は甌江に沿って上り、奥地の高原へと延びているが、一キロ進むごとに山々が重厚さを増して迫ってくる。北部と違ってここは雨量が多いので、風景はみずみずしく、豊かさに満ちていた。私は次第に旅のコントラストを楽しむようになった。素晴らしい風景と雑多な工業製品は対照的だ。山や川が広がる壮大な風景が突如として町に変わり、そこではカードやペンやストローなどのちっぽけな製品が作られていた。

　夜はたいていインターナショナル・ハウスに泊まった。どの工場町にもそんな名前の外国人宿泊施設があり、ときどき通りかかる外国の実業家やバイヤーが利用する。ロビーには地元企業のパンフレットが並んでいた。もしその町に、ボタンやストローよりも複雑な製品を作る企業があれば、製品の最新型モデルが部屋に展示されていることが多い。秤や電動工具で名高い永康の町では、宿泊先の部屋に「人体含有物試験機」なるものが置いてあった。電極がたくさんついた体重計のような機械で、ワイヤーが四方八方に延び、英語の注意書きが貼ってある。「警告　妊娠している女性および心拍が上がりやすい男性は使わないでください」。私は、この人体含有物試験機はパスすることにした。ベッドのそばにはもう一つ、別の特製品が置いてある。「光波健康室」だそうだ。木製の、押入れほどの大きさの小部屋で、ドアにスイッチがたくさんついている。まるで未来世界の屋外便所だ。取り扱い説明書には英語が書いてあった。

以下の状態の場合は使用しないでください。

（1）出血している傷口や化膿性炎症がある。
（2）重篤な目の炎症がある（重篤でない場合は、濡れた布とコットンで目を覆ってください）。
（3）四カ月以内に重度の火傷を負った。
（4）老人男性、妊婦、乳幼児は使えません。
（5）重い病気で危険な患者。
（6）体温に異常のある方は医師の指導のもとに使ってください。
（7）ペットを入れないでください。
（8）酔った男性の使用は禁止します。

麗水《リーシュイ》市で、ついに私は探していたものを見つけた。麗水市は温州市から一二〇キロしか離れていないが、このあたりは国道三三〇号線がひどい状態で、沿海部からは行くには普通は短くても三時間、事故でもあればさらに長くかかった。ビジネスマンにとっては（少なくとも新しい高速道路ができるまでは）遠すぎる距離だ。周囲の山々はそれまで私が見たなかでもっとも高く、緑濃い峰が幾重にも連なって町を見下ろしていた。麗水市は大渓《ターシー》と好渓《ハオシー》の合流地に位置し、市の中心部からほんの二、三キロ離れた地域でも農業が続いており、郊外のいたるところに果樹園がある。麗水市の特産物は何かと訊くと、人びとは笑って「ミカン！」と答えたものだ。ある地元起業家はまじめな顔で「ここは浙江省のチベットですよ」と訴えたことがある。好況に沸くここ中国南東部の、沿海部からほんの数時間入った町をそんなふうに呼ぶのはおかしな話だ。まるで「ニュージャージー州のアラスカ」などと言うのと同じで、いわゆる撞着語法（オクシモロン）だろう。ともあれ、浙江省の水準からすれば、麗水市は取り残された都市だった。私が初めて訪れたとき、麗水市の都市部の一人当たり所得は省内で最低だったし、製造業は未熟で何を特産物にするか、これから決めるという段階だった。経済の分野では麗水市はまだ白紙状態で、ボタンもトランプカードもジャングルジムも何も作っていなかった。

だが、変化はすでに始まっていた。市の南部の、もうすぐ完成する新しい高速道路の出口近くに、政府は「麗水経済開発地区」を建設中だ。最近までこの一帯は農地だった。中国のどこの村でもそうだが、大昔から農業が営まれ、人びとは季節や月の規則的な周期に従って、種まきや収穫といった農事をこなし、静かに暮らしてきた。だが、いまや畑地は工業団地に取って代わられ、政府は沿海部から投資家を呼び込もうとしている。新しい高速道路ができれば、温州市からの三時間のドライブは六〇分あまりに短縮されるだろう。麗水市がこれから大事にしなければならないのはこの種の時間、ビジネスマンのスケジュール表に記される一時間であり、一分なのだ。

三カ月後、ふたたび麗水市を訪れた私は、真新しい服を着て建設半ばの工場のそばに立っている一人の男を見かけた。ごわごわの黒いジーンズに黒いセーター、つま先を四角くカットした薄底の革靴という、目立つ身なりだった。履いている靴で温州市の人だとわかる。靴の製造で有名な温州市の実業家たちは、外国のファッションに敏感だ。その年、温州市にはヨーロッパで流行った四角いつま先のローファーがあふれていた。だから、靴を見た瞬間、この男が麗水市の人ではないことがわかった。

この開発地区で、これほどきちんとした身なりの人も珍しかった。このあたりの道はまだ未舗装だし、大半の建物には足場がかかっている。ほとんどの工場はまだ操業していない。戸外にいる人はほぼすべて、汚れた軍の作業衣を着た作業員で、大きなハンマーやのこぎりを担いでいる。だが、この男の衣服には染み一つなかったし、持っているのはただ一つ、偽革の財布だけだ。近くに白のビュイック・セイルが止まっていた。男は気が立っているらしく、ステートエクスプレス555を立て続けに吸っていたが、なぜこの開発地区に来たのですかと私が訊くと、愛想よくこう答えた。

「仕事のパートナーを待っているところです。私ら、ここで事業を始めるんですよ」

男は、高肖孟《カオ・シアオモン》と申しますと、自己紹介した。三十三歳だ。一緒に仕事をするのはおじの王愛国《ワン・アイクオ》で、やはり沿海部の人だそうだ。自分たちは「衣服の付属品」関連の仕事をしていますと、高社長は言ったが、それが何かは説明しなかった。その日は新しい工場の間取りについて相談する予定だったが、王社長が約束の時間に遅れていた。国道三三〇号線で動けなくなったのだ。狭い国道ではよくあることで、事故で一時間も渋滞することがある。四車線の新しい高速道路が完成するまでは、温州からどれだけ時間がかかるか、誰にも予測はできない。

高社長は五分おきに携帯電話をチェックし、一五分おきに新しいタバコに火をつける。私たちは建設半ばの工場の陰で立ったままおしゃべりを続け、名刺を交換し、麗水市の天気の話をした。王社長がついに姿を現したとき、高社長は私のことを友達だと言って紹介してくれた。開発地区で人と近づきになるのは簡単だ。ここでは誰もがよそ者だったし、この地で自分がどうなるか誰にもわからなかった。ここは実に広々として開放的だ。建物の大半は中が空っぽ、造りかけの道路のわきには空白の広告板がスポンサーを待っている。広告板の銀色の表面に空が映っていた。いまここで宣伝されているのは十月の太陽だけだ。

王社長がついに到着したので、二時半には社長二人による間取りの相談が始まっていた。請負業者とその部下が話し合いに加わった。請負業者たちは麗水市の人だという。建築家や製図技師はいなかった。定規や下げ振りなどの道具を持っている人もいなかった。男たちが使う唯一の道具といえば使い捨てライターだ。高社長がまず取りかかったのは、ステートエクスプレス555を配ることだった。みんなが火をつけ終わると、高社長はかばんの中をごそごそと探してしわくちゃの紙片を一枚取り出し、安物の折りたたみテーブルの上でしわを伸ばし、図を描きはじめた。

この折りたたみテーブルを除けば、部屋の中はがらんどうだ。白い壁、むき出しの床、手つかずの柱が見える。天井から垂れたコードの先に裸電球が、まるで未熟な果物のようにぶら下がっていた。排水設備は整っていたが、水はまだ出ない。玄関ドアには錠前がない。高社長は白い紙の上に部屋の壁を表す四角を描き、南東の隅に二本の線を引いた。ここに仕切り壁を作れという意味だ。このスペースは機械室にしようと、高社長は請負業者に言った。北京語を話している。ここ浙江省にはいくつも方言があるため、ビジネスマンはよその町に行くときは北京語を使うのだ。

「規格品の扉だが、幅はどのくらいかね」

「一メートル半です、普通は」

「もっと広いほうがいい。二メートル半にできるかい?」

「いや、無理でしょう。標準は一メートル半です」

高社長がふたたび紙片に向かい、さっと線を引くと、さらに四部屋ができた。実験室と収納スペースと機械室が二部屋だ。王社長が身を乗り出して図面を調べ、「この部屋はいらんよ」と甥に言う。

「機械室が二部屋、必要じゃないかな」

「一つでいいよ。まとめて一部屋にしたらいい」

王社長がペンを取って図面上の線を消すと、予定されていた部屋は消え去った。年配の王社長は金のことを心配していて、仕切り壁が一つ増えるごとに請求書の金額が上がることを心得ていた。王社長はもう二〇年もこの世界でやってきたのだし、絶好のチャンスを逃したことが何回もある。だが甥の高社長には、若さゆえの張りつめた熱意があった。それに、これまでにまずまずの成功を収めてもいる。高社長は、どちらかと言えば控えめで冷静だが、その態度はいかにも成功者然としていた。高社長は愛車のビュイック・セイルが自慢だ。私と初めて知り合ったとき、アメリカ車を運転しているんですよと、わざわざ言ったくらいだ。実のところ、セイルはオペル・コルサと同じプラットフォームを使った車だ。つまり、オペルの設計に基づいて中国人労働者の手で造られ、経営難に陥ったアメリカのメーカー(GM)のブランドで世に出た車だった。しかし、こんな些事は、代々続いた農家から出て大いに出世した高社長にはどうでもいいことだろう。高社長の父親はコメを育てながら地元の学校で教師をしていた。実業界で成功したのは、一族のなかでは高社長が初めてだ。

二時五七分には、二人の社長は一階の設計を終え、二階の検討に入ったが、ここで高社長はふたたびステートエクスプレス555を取り出した。タバコを配り終わると、例の図面をひらひらさせながら言う。

「事務室がこれじゃ、狭すぎるな」

「仕切り壁をこっちにずらせばいいよ。これで広さは十分だ」

「こっちに動かせるかな」

「そうすると暗くなる」

「どうせここでは作業しないんだ」

「不対《ブートゥイ》――いや、それは間違いだ」

二人の社長は検討を続け、おじのほうが仕切り壁をもう一カ所消した。二三分間のうちに二人は、事務室と廊下と主任たちが住む三室の図面をひいた。次に最上階へと移る。この階にはバスルームを二つと台所、それに従業員用の部屋を九室置こう。これは一四分で決まった。結局、床面積約二〇〇〇平方メートルの工場を下から上まで、一時間と四分で設計したことになる。高社長はあの紙片を麗水市の請負業者に手渡した。見積もりはいつお届けしましょうかと訊かれて、高社長は答えた。

「今日の午後もらえるかな」

業者が腕時計を見る。三時四八分だ。

「もうこの時間ですから、無理でしょう」

「じゃあ、明朝一番でよろしく」

それからみんなは建物の外に出て、建材について相談した。業者は二種類の軽量コンクリートブロックがあると言う。一種類は二一円三〇銭、もう一種類は二二円七〇銭に相当する値段だ。王社長は安いほうに決めた。漆喰のことになると王社長は言った。「そばを通りかかるたびにはがれて、服につくような漆喰はいらないよ」。業者が詳しい見積もりが必要かと訊くと、王社長はそんな暇はないと言う。「値段だけ言ってくれ」。最後にドアが問題になった。新しい工場には全部で一五枚必要だ。王社長はドアには特別なこだわりがあるようだ。

「一枚四〇元の安物はだめだ。あんなのみっともない」と言い切る。「八〇元のドアにするよ。だが、安物を仕入れてぼろ儲けしようとしてもだめだぞ。そんなことでは金は稼げない。まっとうな仕事をすればまた仕事がくる。温州ではみんなそうやって金を稼いでる。わかったかね」

温州人は起業の才に長けていることで国中に名を馳せている。農村から都会へ、畑作から起業へと、何千万人もが生活を変えているこの国のなかでも、浙江省南部に生まれ育った人たちは農民起業家の典型だといえるだろう。一九八〇年代、中国の民間経済がためらいがちな第一歩を踏み出したとき、温州の人びとは素早く反応した。「温州モデル」は、農村発展のモデルとして中央政府から称賛されたが、これはわずかな資本で低品質の製品を作り、低い利幅で売るという、この上なく簡単なビジネスモデルだった。人びとの教育レベルも低い。好景気が二〇年も続いたいまでも、温州の起業家の八割は九年間以上の正規学校教育は受けていない。だがどういうわけか、これで物事はうまくいき、いまでは温州市はある種の製造業で支配的な地位を占めている。中国で販売される靴の四分の一は温州で作られる。温州は、世界のタバコ用ライターの七割を生産する。温州市の経済活動の九割を民間企業が占める。中国のほかの地方と異なり、ここ温州では国営企業は地元の開発にほとんど寄与してこなかった。

年月とともに、温州の起業家たちは南部のほかの地域に広がった。彼らはたいてい新しい道路を通る。金麗温高速道路の目的の一つもここにあった。道路整備は製品を工場から沿海部へ運ぶためでもあり、起業家の内陸部への移動を促すためでもある。起業家たちの移動は、高速道路以外の道、たとえば国道三三〇号線のような道路に沿って、すでに始まっている。起業家が村に来て二、三軒工場を立ち上げると、地元の人たちが引き継ぐ。こうして一品製造の町が興り、浙江省全体の成功に寄与してきた。七〇年代には比較的貧しかった浙江省は、今日では都市部と農村部を合わせた一人当たり所得額でほかのすべての省を抜いている。

温州人は自分たちの成功の秘訣を話すのが好きだ。総じて中国人はよくお国自慢をする。よその地域の悪口も言う。北京人は貧しい河南人をばかにするし、深圳の人は湖南省や四川省の人を軽蔑する。上海の女性はたいていの人から悪口を言われる。そんななかで、温州人には自己分析が好きだという特異な面がある。空港の書店には温州ビジネスにまつわる本のコーナーが設けられていて、『温州人はいかにしてカネを稼ぐか』『温州人は怖いか』『温州法典』『温州人のこと、わかっていませんね』といったタイトルが並んでいる。旅行者だけでなく、温州人自身がこうした本が好きなのだ。ある日、『東洋のユダヤ人――温州人起業家五〇人の物語』という本を読んでいた高社長が、アメリカで誰かユダヤ人の知り合いはいるかと訊いたので、私はイエスと答えた。

「ユダヤ人は商売がうまいんですか」

私は、商売をしているユダヤ人もいれば、そうでないユダヤ人もいると答えた。

「この本にはヨーロッパのユダヤ人は商売が上手なの

で有名だと書いてあります」

「歴史的にはそうでしょう。だからといって、ユダヤ人のみんながみんな商売をしているわけじゃないですよ」

「この本によれば、ユダヤ人はヨーロッパの温州人だそうですよ」

いやや、これにはまいった。何と答えればいいのだろう。だがやがて私は、温州の発展の話がどう進むか見当がつくようになった。起業家たちはよく同じことを訊いた。「温州人がビジネスに長けているのはなぜだと思いますか」。「環境のなせるわざですよ」と私が答えれば、みんな満足した。この答えは温州人についての多くの書冊の主張と一致した。たいていの本は環境による決定論を展開している。この地方には適耕地が少ない。地形が険しいため、王朝時代は内陸部への交通はきわめて不便だった。それで温州人は海へ出て行くほかなかった。明の時代が終わる十七世紀までに、温州人はすでにさかんな交易文化と、さらには出稼ぎの伝統をつくり上げていた。温州出身の移住者たちは世界各地の港町に強固な足がかりを築いていたのだ。移住者のネットワークと温州人のビジネスセンスは、毛沢東政権下の鎖国時代を生き延びた。農村から出て工場を興すことがいったん認められると、温州経済は飛躍的に成長した。


環境論はたしかに理屈に合っているが、そこには自己決定の要素も働いていると私は思う。浙江省南部の人は自分たちのビジネスの才に自信を持っている。利幅を下げて商売のネットワークを広げる能力を誇りにしている。自信に満ち、商売を信じ、冷徹な起業家であることを何ら恥とはしない。何年か前、温州の地方紙がバレンタインデー特集を組んだが、そのなかに地元の男性起業家たちを対象にしたアンケートがあった。「生涯でもっとも深く感動した日はいつか」という質問に対して、もっとも多い答えは「商売を始めた日」と「離婚した日」であった。商売と家庭と、どちらかを選ばなくてはならないとき、どちらを選ぶかという質問には六割が商売、二割が家庭と答え、残りの二割の答えは「わからない」であった。

浙江省に三回も足を運ぶと、レンタカーの燃料タンクを空にして返すコツがつかめるようになる。初めのうちは見込み違いをして、満タンで返すこともあった。当然、温州繁栄レンタカーの店員たちは大喜びだった。コツとは要するに、満タンにしないことだ。私は一回に少しずつ、四〇元か八〇元分のガソリンを入れて走り、燃料残量警告灯が点灯しはじめる寸前にレンタカー会社に帰りつくという芸当もできるようになった。一日二五〇元のレンタル料さえ払えば、私がこの会社の車に何をしようと、誰もいっさいおかまいなしだった。運転できる地域が制限されているわけでもないし、車体に損傷があるかどうか、点検もしなかった。へこみや傷などにかまってはいられないのだ。この町のレンタカーときたら、どれもどうしようもないほど傷だらけだった。

中国でも、この地域ほど車の運転が危険なところはほかにない。問題の一部はいい加減なインフラ整備にあった。深圳や上海などの主要都市と違って、温州は中央政府による計画の恩恵を受けたことがない。ここ浙江省では、地方自治体は多くの場合、自分たちの裁量で物事を進めていかなければならない。道路は狭すぎるし、補修は不十分で、交通規則はめちゃくちゃだ。それにビジネスの才に長けた温州人はいつも急いでいて、危ないことも平気でするから事態はいっそう悪化する。

温州市の近郊を海岸沿いに運転したときほど怖いと思ったことはない。一五年前は農地だったこのあたり一帯はにわか景気に沸き、昔の村の境界はなくなってしまった。いまでは、別の村に入ったことを教えてくれるのは、村ごとの特産品を宣伝している道路わきの広告板だ。ある日、空港を抜けて南へ向かい、このあたりを車でひと巡りしたことがある。まず、ちょうつがいの広告板が並んでいる村を通った。次に電気用プラグの村、その次はアダプターの村に入った。やがてプラスチック製の照明スイッチや蛍光灯の村を通り過ぎた。どの村にも工場や倉庫が並んでいるが、道路そのものはかつての農道レベルにとどまっている。二車線で路肩はなく、穴だらけだ。ときおり小さな事故で交通渋滞が起きるが、そんなときドライバーはちょうつがいやスイッチの広告板を眺めながら、クラクションを鳴らし続ける。龍湾《ロンワン》という蛇口の村には、蛇口製造工場が七〇〇近くもあった。自動車の車軸の村、金属プレス機の村も通った。

瑞安《ルイアン》という町でのことだ。当局によれば、ここには一二〇八の製造工場があり、すべて自動車のエンジンやブレーキなどの部品を作っているという。道路沿いに並ぶ店に製品が展示されていた。ホイールを数十本も並べたウィンドウもあれば、ブレーキパッドを展示した店もある。イグニションを扱う店が何軒か固まっている地区もある。町の中心部で人身事故の現場に遭遇した。ほんの数分前に起きたらしい。スクーターに乗っていた若い女性が（たぶんスピードの出しすぎだろう）車に激突したのだ。車に大きなへこみができ、スクーターは原形をとどめないほどめちゃめちゃに壊れていた。渋滞が始まったが、事故現場を通り過ぎないわけにはいかない。人びとが集まってくる。興奮して現場を指しながら話している。遺体に覆いをかけることなど、誰も考えつかないようだ。女性はヘルメットをかぶっていなかった。そして頭から落ちたのだった。足は後ろ向きに曲がり、腕は広がり、顔はうつぶせに地面に押しつけられている。そのそばを通り抜けたとき、目をそらそうとしたその瞬間に、歩道に流れ出た脳が見えたような気がする。午後の日差しは強く、もつれた髪の毛に真っ赤な血が溜まっていた。

一ブロック先に進むと、人だかりはもうまばらで、渋滞は解消していた。スクーターがヒューッとスピードを上げ、車がクラクションを鳴らしながら先を争って通り過ぎていく。道端には自動車部品の広告板が続く。ホイールキャップやペダルやスパークプラグだ。ワイパーやフロントガラス、シートやハンドルの広告もある。それにタイヤ、タイヤ、タイヤの広告だ。その夜は瑞安インターナショナルホテルに泊まろうと、私は車を止めた。まだ手の震えがおさまらない。駐車場は黒い車でいっぱいだった。アウディにビュイックにワーゲンだ。バイヤーやセールスマンやビジネスマン、それに役人たちが乗ってきたのだろう。夕暮れの街路でネオンサインがまたたきはじめていた。この日、騒々しいこの町から運転者が一人減るなどと、誰が予想しただろうか。

二〇〇六年一月に私が麗水市の工場をふたたび訪れたとき、社長たちは機械の試運転に取りかかっていた。たった三カ月の間に、工場は見違えるほど変わっている。請負業者は仕事を終え、仕切り壁と一枚八〇元のドアはすべて取りつけられていた。表の部屋に大きなプレス機が三台設置されている。あたり一面にケースや箱が積んであった。これから組み立てる部品が入っているのだ。従業員も数人いた。年若の創業者、高社長のそばに技術者が三人控えていた。工場の立ち上げに際して新たに雇われた人たちだ。工場が何を作るのかについて、社長たちは曖昧に「衣服の付属品」だと言っていたが、私はもっと詳しく知りたいので技術者の一人に話しかけた。

田洪国《テイエン・ホンクオ》というこの人は、四川省の出身だ。三十代後半と、工場の世界では年輩で、みんなから「老田《フオティエン》」と呼ばれていた。体重四五キロあまりの小柄な体格で、細い顎と大きな耳と口をした小妖精のような顔立ちだ。私の質問に、老田はにっこりして答えた。

「二つの製品を作ろうとしています」と言いながら箱からサンプルを取り出す。一つは指輪にもならないほど小さな輪だ。もう一つは、それより大きいがごく細いスチールバンドで、両端はプラスチックで覆われており、ゆるいU字形に湾曲していた。老田は何本かを私に手渡した。サイズはまちまちで、湾曲部がビリヤードの玉をやっと通せるほど狭いものもあれば、ソフトボールを通せるほど広く開いているものもある。いったいこれは何かと、私は老田に尋ねた。

「婦人服に使うものです」

老田はスチールバンドを上向きにして胸にかざした。とっさにわかった。バンドはブラジャーを支えるのだ。

「これがあるとご婦人方のスタイルがよくなります。いろんなサイズがありますよ。小さいのから、こんな巨大なものまでね」老田は言いながら、手でバスケットボールを抱えるようなしぐさをする。私はうっかり勘違いした。まだブラジャーの話が続いているとは思わなかったので訊いた。

「その大きなほうは何に使うんですか」

「使うのはロシア人ですよ」


高社長はここ十年間というもの、衣類のさまざまな部品を作ってきた。生まれ育ったのは甌海《オウハイ》区と呼ばれる地域、温州市の南の湿地帯だ。父親は田んぼを耕しながら地元の中学校で教えていた。高社長は職業学校に二年間通って機械工学を学び、九〇年代半ばに家族で小さな作業所を起こした。そこでズボンの裏あてを作った。胴まわりの裏についている、あの白い安物の布だ。温州で作られるものの典型で、これは手間がかからず技術もいらない製品だった。高家の当初の資本金は米ドルに換算すれば四〇〇〇ドルに満たなかった。従業員は家族だけ、高と両親と二人の姉妹だ。製品は地元の衣料工場に納めた。初めのうち、利益率はほぼ五〇パーセントで、規模を広げるだけの金は稼げた。やがて高は新しい機械を入れ、従業員も数人雇った。

地域で同じ製品を手がける工場は、初めのうちはほんの数軒しかなかった。だが、高家の成功はじきに人びとの目に留まり、新しい工場が次々に現れるようになった。二〇〇三年には、近辺で二〇もの不織布工場が操業していた。利益率が一五パーセントにまで落ち込んだ。高社長がズボンの裏あての仕事をやめたのはこの年だ。利益はまだ出ていたが、沈没するまでこの仕事を続けるつもりはなかった。

「九〇年代は仕事がしやすかった。あのころは工場を始める人も少なかったから」と、高社長はよく「あのころ」のことを懐かしそうに語る。弱冠三十三歳の高社長にとって九〇年代は古き良き時代なのだ。あのころ、競争はいまほど激しくなかった。「あのころは何を作るかで勝負が決まった。誰も作っていない物を作りさえすれば、成功したんだ。でもいまでは、あらゆるものがすでに国内で製造されているから、何をやっても競争になる。いまは製品じゃなくて生産量で勝負するんだよ」

ズボンの裏あてから手を引いた高社長は、ブラジャーのアンダーワイヤーを作っているおじとパートナーを組んだ。これも参入コストの低い製造業だ。必要なのは、鋼を曲げ、切り分け、一分間に一〇〇本近いワイヤーを量産する電動金属プレス機だった。需要は安定していた。そこが下着関連製品のいいところだ。「この世に女性が存在するかぎり、顧客は絶えない」と高社長は冷静に分析する。「生理用ナプキンのようなものだ」。だが、ワイヤーで金儲けはできない。高社長と王社長は、別の製品を探しはじめた。かなりの額の投資と特殊な機械を必要とする製品がいい。それなら真似するやつも出ないだろう。

二人は広くあちこちを調査して回った。とくにブラジャーを徹底的に調査した。温州人の見方によれば、この製品の背後には独特の奥深い世界が広がっていた。なにしろ、製品を完成するには一二種類もの別々の部品が必要なのだ。二人の社長はいちばん下のアンダーワイヤーから検討を始め、部品を一つずつ順々に調べていった。糸は？　レースは？　留め金は？　最上部を見ると0や8の字のかたちをしたリングが肩紐を調整している。これこそ、二人が探していたものだった。

消費者にとってブラジャーリングは、目に入らないほどごくありふれたものだ。薄い鋼鉄の輪をナイロンで覆ったもので、重さは約〇・五グラム。普通ブラジャーには四個のリングがついている。ナイロンの肩紐につながっているのだが、アメリカやヨーロッパの女性で、リングについてじっくり考える人などまずいないだろう。だが実際は、このリングこそが技術的にもっとも複雑な部品なのだ。鋼鉄のリングに光沢のあるナイロンコーティングを施すには、三段階に分かれた製造ラインが必要だ。各段階でリングを五〇〇度以上に熱しなければならない。温度に始まり、パウダーミキサーの規則的な振動メカニズムからベルトコンベヤーの速度に至るまで、すべてコンピュータで制御しなければならない。このような機械は、かき集めた中古部品で組み立てるわけにいかない。それに高価だった。高肖孟と王愛国の二人の社長は五四万元を出して、このリング製造機を購入した。これまで二人とも、その十分の一の額でさえ機器に投資したことはない。事業の成功はすべてこの機械がうまくいくかどうかにかかっていた。

このリング製造機は一階の、高社長が最初に図面を引いた表の部屋にどんと据え付けられていた。ずんぐりした無愛想な機械だ。外側は胸の悪くなるような緑色に塗ってあり、一五メートルほどの長さの製造ラインが二本、二段重ねになって突き出ていた。ベルトコンベヤーは艶のある鋼鉄製で、電灯の下で鏡のように光っている。機械の総重量は六トンもあるが、これはベルトを支える支柱が、信じられないほど重く厚い鋼鉄でできているからだ。こんなに頑丈な支柱なら、一軒の家でもまるごと支えられるだろう。ちっぽけなブラジャーリングの製造機にこれほど厚みのある柱がなぜ必要か、合理的な説明は考えられない。だが、中国の都市部で、ともすれば過剰に使われる資材といえば、セメントとともに鋼鉄が挙げられる。これほどの大きな国が驚異的な成長を遂げるなか、資材の生産が急ピッチで進められ、そのため価格がかなり安く抑えられているのだ。つまりは規模の経済だった。中国の建築物に使われるセメントと鋼鉄は実に膨大な量だと、多くの外国人建築家が指摘している。

私は、リング製造機の試運転の日に工場を訪れた。羅受雲《ルオ・ショウユン》という名の技術者がスイッチを入れると、ガスバーナーから青い炎が出て、ベルトコンベヤーがガタゴトと動きはじめた。デジタル表示盤に温度が示された。部屋の中は寒い。外気温は零度を少し上回るだけなのに、社長たちは温州人の常で、工場内に暖房を入れないのだ。ガスバーナーで機械が温まるにつれ、温度表示盤の数字は上がっていった。摂氏九〇度に、それから一五〇度になる。一五分ほどで四〇〇度を超えた。ところが四七四度に達した途端に、急に下がりはじめる。製造を始めるには、リング製造機の温度を最低でも五〇〇度程度に維持しなければならない。

「たぶん、ここは広東省より寒いからでしょう」と羅受雲が言った。南の広東省で、もう何年もブラジャーリングの仕事をしてきた羅受雲は、みんなに羅親方と呼ばれていた。ライバル工場から引き抜かれた技術者で、リング製造機がどのように動くかを知っているのは、羅親方ただ一人だ。羅親方は防火手袋をはめ、加熱部の扉を開けようとしていた。ところが、溶接がお粗末な接合部は熱で溶け、扉のハンドルがはずれてしまう。羅親方は、悪態をつきながらハンドルを振り落した。真っ赤に焼けたハンドルは冷たいコンクリートの床に転がり、怒ったヘビのようにシューッと音を立てた。

「没事児《メイシー》――たいしたことじゃないよ。心配するな」

高社長はそう言いながら、ステートエクスプレス５５５に火をつけ、羅親方に一本すすめた。羅親方はタバコをくわえながら、スイッチが数十個も並んでいる制御盤をあちこちいじっている。やがて羅親方は、最初の一回分のリングを製造ラインにかけてみた。出てきたリングをデジタル測径器にかけると、厚さが一・七ミリもある。ブラジャーリングにしては厚すぎる。一・二ミリか一・三ミリが理想的だ。ナイロン塗料の溶け方にもむらがあった。機械の温度が低すぎるのだ。いまや製造ラインの温度は四〇〇度にもなっていない。「気温のせいだろうか」高社長がつぶやいた。

「広東では、冬でも工場内は一七、八度ありました」と言いながら羅親方はガスのバルブをスパナでいじっている。「今日の気温は六度ですかね。たぶんそれが原因でしょう」

「ガスが問題かもしれない」と高社長が言う。

隣室に数本の天然ガスのボンベが並んでいた。ガスボンベは高さ一メートルほど、金属でできていて、それぞれゴムホースでリング製造機とつながっている。社長たちはその接続具合を調べたが、問題はないようだ。少し動かしてみようと誰かが言った。みんなでガスボンベを前後にそっと揺すってみたが、リング製造機の温度表示盤に変化は出ない。男たちは次第に強く揺らしはじめた。くわえタバコの男たちに押したり引いたりされるたびに、金属のガスボンベがセメントの床に当たり、がちゃんがちゃんと音を立てる。私はそっと出口へにじり寄った（爆発したら、すぐに逃げ出せるところにいよう）。

「温めればいいかもしれない。湯を沸かすよ」と高社長は言って、大部屋のストーブに火を入れ、やかんを乗せた。老田が脚立をガスボンベのそばに置くと、高社長が沸いた湯をバケツにあけ、肩に担いで脚立に上る。口にステートエクスプレス５５５をくわえたままだ。高社長の姿も、これで見納めだった。その時点で私は、事の成り行きをこれ以上見届ける必要はないと判断したのだ。私は隣の部屋に逃れ、そこで次の展開に耳を澄ました。

まずシューッという、よく焼けたグリルに肉を乗せたときのような音が聞こえた。次にパシャパシャという水の音、それから静寂だ。のぞいてみると、部屋いっぱいに湯気が立ち込め、熱湯で洗礼を受けたばかりのガスボンベが裸電球の下で光っていた。羅親方が機械の温度を確かめたが、変化なし。夕方になるまで、男たちはリング製造機をあれこれ操作していたが、四時間たっても何の進展もなかった。天然ガスの品質が悪く、それが原因かもしれないという意見が出たので、高社長は明日、別の業者にあたってみることにした。だが、これも甘い考えのようだ。この真新しいリング製造機にはどこか欠陥がある——これがもっとも可能性の高い原因だった。だが、誰もこの事実を認めようとはしなかった。

　このリング製造機の先祖はヨーロッパからやってきた。中国の工場の設備機器には常に系譜があり、たどっていくとたいていは外国に起源がある。八〇年代、フランスとドイツの企業がブラジャーリングのシェアの大半を占めていたが、やがて生産は賃金の安い台湾へ移っていった。台湾の多くの工場がヨーロッパの機械を輸入し、九〇年代の初めには台湾が世界市場を独占していた。大銘《ターミン》という名の台湾企業が中国への移転を決めたのは、九〇年代半ばのことだ。その後一〇年というもの、こうした生産移転の動きはあらゆる業種で加速し、やがて台湾の労働集約型工場はほぼすべて本土へ移された。

　大銘は、中国の「経済特区」の一つである廈門（アモイ）に工場を構えた。大銘の社長（話を進めるために、ここでは「社長1」と呼んでおこう）はヨーロッパ製の機械を輸入した。初めのうち、このリング製造機はお札を刷っていたも同然だった。賃金は台湾よりもさらに安かったし、類似品を作るには製造過程が複雑すぎたから競争は皆無だったのだ。やがて「社長1」は、劉宏偉《リュウ・ホンウェイ》という従業員を大いに頼りにするようになる。劉は遠い四川省から出てきた労働者で、学校教育はあまり受けていなかったが、ずば抜けて頭が切れた。劉は機械のメンテナンスの専門家になった。

　そのうえ、劉は驚異的な記憶力を持っていた。大銘で劉は、誰にも知られずに機械の詳細な設計図を作り上げた。どのようにやり遂げたのかはわからない。劉が寸法を測ったり、リング製造機をスケッチしたりするところを見た者は誰もいない。おそらく、部分ごとに記憶したのだろう。昼間はよく見てすべてを頭にたたき込み、夜になると作図するといった具合に。劉は完成した設計図を携えて、南部のもう一つの経済特区、汕頭（スワトウ）に行った。そこで汕港科技《シャンカンコウチー》という会社の経営者（「社長2」）と出会う。九八年、「社長2」は劉宏偉を雇い入れ、リング製造機の設計図を工作機械メーカーに持ち込んだ。特注のリング製造機は間もなくできあがったが、初めのうちはうまく作動しなかった。結局、誰も完璧な記憶力など持っていないのだ。だが、工夫を重ねるうちに問題は数カ月で解決し、汕港科技はブラジャーリングの生産を始めた。「社長2」はすぐに金持ちになった。

ほどなく「社長3」が登場する。この社長も汕頭の人で、進徳《チントウ》という会社を始めた起業家だ。「社長3」は劉宏偉を引き抜き、二人はもう一度あの設計図をもとにリング製造機を特注した。そのころすでに、ブラジャーリングの価格は下がりはじめていたものの、利幅はまだかなりのもので、「社長3」もずいぶん儲けた。ところが、劉が「社長4」と交渉を始めたことを耳にして、「社長3」はかんかんになった。

私が初めてこの話を聞いたのは羅親方からだ。羅親方は汕頭で劉宏偉と一緒に働いたことがある。当時、劉は設計図を売っておよそ一六万元を受け取ったと噂されていたが、真偽のほどはわからない。羅親方が知っているのは、「社長3」が劉の居所を突き止めようとして懸賞金をかけたことだ。一〇万元、およそ一五〇万円だった。「社長はただ情報が欲しかっただけだよ」と羅親方は説明した。「劉宏偉がどこへ消えたか教えてくれたら、金を払うと言ってた。劉の仕打ちにかんかんになっていたんだ」

「社長3」は劉を見つけてどうするつもりだろうと私が訊くと、羅親方はにやりと笑った。「南部の人のやり方を知っているだろ。犬を始末するようなもんさ」

利潤に関していえば、もう手遅れだった。いったん自由市場に出回ったリング製造機は、五四万元ほど払いさえすれば、誰でも手に入れることができた。この五年間で社長たちは4から5、6、7と続々と増え、麗水市の工場がオープンしたときには、国内各地ですでに、大規模なものだけでも、二〇もの同業の工場が操業し、一括販売の価格は六〇パーセントも下落していた。いまや利益は、最終的には輸送費に左右されている。それで高社長と王社長は麗水市を選んだのだった。浙江省のこの地域には、大きなブラジャーリングの工場はほかになかったし、新しく高速道路ができれば、省内の縫製工場に製品を納めるにあたって自分たちは優位に立てる。

羅親方はよく劉宏偉の話をした。「社長を三人も嵌めた男」は神話の響きさえある労働者の伝説だった。好奇心に駆られた私は、もっと事情を知ろうと汕頭に飛んだ。「社長1」も「社長2」も「社長3」も、みな取材を断った。あの男のしたことなど、思い出したくもないのは明らかだ。だが、私は劉の同僚から話を聞くことができた。基本的には同じストーリーだが、語り手によって細部が違う。劉宏偉というのは本名ではない、四川出身ではない、などと言う。劉は偽造の名人だと言う人もいたし、正規の身分証明を持っているのをこの日で見たと言う工場長もいた。

最後に私は、リング製造機の設計図まで見せてもらうことができた。設計図は、劉の仕様に従ってリング製造機を注文製造した広州市の軽穂《チンスイ》機械製造有限公司が保管していた。「劉さんはあまり教育がありませんでした。だから、初めのうち製造ラインはちゃんと動かなかったんです。調整に二カ月かかりましたよ」と言う軽穂の重役は愛想がよく、開けっ広げだった。私は物書きだと自己紹介していたのだが、それでも私にリング製造機を売りつけたいらしかった。なにしろ、最後の契約を高社長と王社長と交わしてから、一台も売れていないのだ。

最初の試運転が失敗に終わった麗水市の工場では、リング製造機の重要な設計ミスに気づいた羅親方が二週間かけて機械を解体し、主要部分を組み立て直した。また、ガスバーナーを調節してベルトコンベヤーに近づけ、発振器を調整し、ベニヤ板と針金で機械の何カ所かを補修した。だが、あの溶けてしまったドアハンドルだけはそのままだった。ようやく動きはじめたとき、リング製造機はすでに傷だらけだった。ハンドルがあったところに大きな傷跡が残り、スチール面のあちこちにガスバーナーを動かした跡の焼け焦げがついている。羅親方は、機械のコンクリートの支柱が太すぎると文句を言っていた。劉宏偉が支柱の設計によく注意しなかったからだという。羅親方に言わせれば、「あの設計図はまだまだ手直しが必要」だった。

羅親方は、劉宏偉というのは偽名だと思っている。羅親方が描く劉宏偉は、ほかの同僚たちの説明とほぼ合致していた。劉は背が高く、やせていて、いかにも農民らしい浅黒い肌をしていたという。教育水準は低かった。妻と子供がいるらしいが、同僚の誰一人として劉の家族を見かけた者はいない。劉は首尾よく姿をくらました。「社長3」が提示した一〇万元の懸賞金は結局誰の手にも渡っていない。劉は「狡猾」であった。劉を形容するにはこの言葉がぴったりだった。麗水市でも汕頭（スワトウ）でも広州でも、どのブラジャーリングの製造工場に行っても、私はこの言葉を聞いた。どこでも人びとは首を横に振ながら、劉は狡猾だったと言う。劉がどこへ姿を隠したのか、誰も知らない。

二〇〇六年一月にリング製造機が稼働しはじめたとき、金麗温高速道路はすでに開通していた。片側二車線で、路肩は広く、中央分離帯の植え込みが対向車のヘッドライトをうまい具合にさえぎってくれる。この道路には一〇〇〇メートルおきに緊急電話ボックスが設置されているが、アメリカでは不必要なぜいたく品だと見なされるだろう。実際のところ、中国でも必要ないだろう。どこでも携帯電話が使えるのだから。急峻な山が続く甌江流域のこの地帯では、崖を爆破して道路を通したところも多い。温州と麗水の間に二九本ものトンネルが新たにできた。もっとも長いトンネルは三キロも続く。細かな注文を出すとすれば、いまや足りないのは地図だけだ。政府発行の地図にこの高速道路のルートはまだ掲載されていない。中国の地図は実際の工事に追いつかないことが多いのだ。中国人は地図を描くよりも速く道路を造ることができるようだ。

　中国で車を運転する者にとって、新しい高速道路に乗るときほど心躍ることはない。私が金麗温高速道路を走った最初の数回は、まだ完成していないランプも多く、交通量は少なかった。温州から麗水までの一二〇キロは開通したものの、途中で乗り降りはできなかったのだ。ほかの車を一台も見ずに何十キロも走ることもあった。高速道路の一部は高架で、橋頭のような工場町のすぐ上を通っていた。新しい道路のすぐ下に倉庫が建っている。町の様子も見えた。建物に工員が出入りし、トラックに荷が積まれ、新しい建設現場でミキサー車が動いている。だが、高速道路には誰一人上がってこない。道路と町はまだつながっていなかった。そんな工場町を見下ろしながら高速道路を走っていると、まるで町の上空を飛んでいるような気分になった。

　高速道路沿いに次々と現れる広告板がセメントを宣伝していた。実にさまざまなブランドがある。金城《チンチョン》セメント、紅獅子《ホンシーズ》セメント、仙都《シエンドウ》セメント、金園《チンユアン》セメント。この道路沿いに立つ初めての広告板だろう。高速道路には標識も多い。標識はアメリカと同じ色調のグリーンだ。浙江省の道路標識には英訳までついている。温州市への出口標識には「中国の靴の中心地（シューセンター・オブ・チャイナ）」とあった。高速道路の車線は「低速車線（スローレーン）」と「高速車線（クイックリーレーン）」に分かれていた。「安全運転」などという掲示をいたるところで見かけた。「疲れるな」という命令もあった。ときどき意味がよくわからない警句が目に入る。

疲れた運転を試すな
交通事故を避けよ

　麗水市の出口ランプは市の経済開発地区に直結している。新しい高速道路で快適なドライブを楽しんでから、建設半ばの工場団地に入るとショックを受ける。ここでは大方の道路が未舗装だ。一日中、掘削機やブルドーザーがうなり声を上げ、周囲にはでこぼこの農地が広がっている。つい最近までこの団地もあんなふうな農地だったのだ。建設プロジェクトの規模は実に大きい。ほぼ一五〇〇ヘクタールもある。経済特区の王黎昊《ワン・リーチオン》主任によると、工場団地を造るために、一〇八もの山と丘を崩して平らにしたという。中国の役人たちは数字の扱いが上手だ。話の途中にさりげなく途方もない数字を入れるのだ。王主任の同僚の楊暁宏《ヤン・シアオホン》という役人によれば、二〇〇〇年から〇五年の間に麗水市の都市部の人口は一六万人から二五万人に急増した。建設現場や工場で働く出稼ぎ労働者が流入したからだ。この先一五年で人口はさらに倍増し、五〇万人に達するという。また二〇〇〇年から〇五年の間、麗水市政府はインフラや道路の整備に八八億ドルを費やしたそうだ。さらに楊によれば、麗水市はこの五年間で、その前の半世紀に費やされた金額の五倍に達する資金をインフラ整備に投資した。

　役人に会うたびに、私は大急ぎで数字をノートに書きとめた。だが、夜になってノートを読み返すと、こんな数値は本当かと首をひねることになる。王主任から一〇八の山と丘を動かしたと聞いたときは、さすがにメモをとるのをやめて説明を求めた。「仮にここが山だとしましょう」王主任はテーブルの一カ所を指して言う。「そして、ここにもう一つ別の山がある。山との山の間は谷です。そこで二つの山を削って谷を埋めたのです。高きを低め、低きを高めて、できるだけ平らにしたわけです」

　こう言って王主任はテーブルを（そこは完全に平らだ）なでながら、なおも言葉を続けた。「昔から麗水では『山林九畝につき水地は半畝、農地も半畝』といわれています。それほど農耕に適した土地が少ない。だから、山を動かす以外に方法はないんです」

　王主任は四十代後半で、ジーンズにセーターと、服装はカジュアルだ。眼鏡は細いメタルフレーム、腕にはオメガの金時計が光っている。王主任は共産党員だ。私と話しながら、ときどきポケットからレーザー・ポインターを取り出し、執務室の壁にかかった麗水市の地図を指しながら説明した。それは麗水市の未来地図だった。これから造成する開発地区のすべての道路が図で示されている。王主任は親しみやすくおおらかで、私の質問に驚くほど率直に答えてくれた。それに、折り返しの電話をくれた。中国の役人で私の電話を返してくれた人はそれまでいなかった。たいていの役人は慎重で秘密主義だ（なんで外国人記者と話をしなくちゃならないんだ？）が、王主任は違う。一度、経歴を訊いたことがある。「私はちょっと複雑な経験をしていましてね」と王主任は話しはじめた。都市の若者の多くが経験したように、王主任は文革時代に地方に送り込まれた。その後、ダイナマイト製造工場に配属され、人民解放軍に入隊して戦車操縦の訓練を受けた。五年間戦車を操縦してから除隊し、銀行に配属された。金融の仕事を一〇年間続けたあと、今度は開発地区の幹部に任命され、各地を転任しながら着実に官僚機構の階段を上った末、ついに麗水市工業団地の責任者となった。王主任は正規の学校教育はほとんど受けていないが、息子はオークランド大学で国際金融を学ぶ院生だという。二世代で戦車操縦から国際金融へとひとっ飛びしたこの家族が、とくに驚異的な歴史を持つとはいえない。王主任に近い年齢の男たちは、突然の変遷や思いがけない転職を経験し、つじつまの合わない経歴を持つ人たちが多い。だが、男たちがそうした経緯を話すとき、強調されるのはそれまでの軌跡であって、個々の段階の具体的な業績ではない。ダイナマイトから戦車、金融を経て開発地区へ――これが進歩でないと、誰がいえるだろうか。

いまでも王主任は、かつての軍隊生活から得た教訓を生かしている。「いったん戦車に乗れば前進あるのみ。道が悪いとか途中で何が起きるかとか、心配している暇はありません。集中し、根気強くやり抜くことが大事です。開発地区の仕事も同じ。問題が起きるたびに、いちいち気落ちしてはいられません」

王主任は、戦車の操縦からヒントを得て麗水市経済開発地区のスローガンを考えついた。「一人が二人分働けば、一日で二日分を達成」。王主任がもっとも恐れているのは時間だ。経済開発地区は国内のほかの地域ではすでに二〇年も前から機能しているし、さらに各地に新設されている。基本的な仕組みはどこも同じだ。まずインフラを整備する。次に土地使用権を工場経営者に安値で売り、生産開始から数年間は税制面で優遇する。出遅れた都市がほかに抜きん出ようとしても、できることは限られている。ときおり地方政府が儲け口として絶好の産業を見つけることもある。蕪湖《ウーフー》市がそうだった。安徽省のこの町は、奇瑞《チールイ》汽車の車を造ることにしたのだ。だがそんなチャンスに恵まれる町はめったにない。出遅れた町は、結局はほかの町が嫌がる仕事をすることになる。

二〇〇六年までに麗水市内には十数軒の合成皮革工場ができていた。中国の都市の特徴がセメントと鉄鋼の過剰使用だとすれば、消費生活で際立っているのが合成皮革の過剰使用だ。中国在住の外国人が「プラスチック・レザー」を縮めて「プレザー」と呼ぶ合成皮革は、姿やかたちを変えながら、日常生活のあらゆる場面に登場する。中国人起業家といえば、ほぼ一人残らずプレザーの財布を持っている。おしゃれな人たちはプレザーのジャケットをはおる。女性はプレザーのスカート、男性はプレザーのローファーを履く。私が訪ねたあるマンションでは、家具という家具がすべてプレザーで覆われていた。プレザーはまるで自然に湧き出るかのように、ふんだんに使われている。遠い山西省の山奥から掘り出されるのかと思えるほどだ。

実際には、プレザーの多くは温州市の近辺地域で製造されている。プレザー工場はまず沿海部の空港に近い郊外地で発展した。訪問客が到着するや否や気づくのは、この産業の影響だ。空は薄汚れた茶色で、胸の悪くなるような甘い匂いが空港一帯に垂れ込めている。プレザー工場が生産過程でDMF（ジメチルホルムアミド）溶剤を使うことは周知の事実だ。アメリカの調査研究によれば、DMFを使う職場で働く人に、涙目、のどの渇き、咳などの症状がみられることが多い。また、臭覚を失い、アルコール不耐症になる人も多い。長年にわたるDMF汚染は肝臓障害を引き起こす。女性は早産のリスクが高まるとの研究もある。動物実験では、DMFは出生異常の原因となることが証明されている。

温州地域のプレザー工場は開発ブームの初期に、つまり公害や健康被害が問題視されないうちに大きく発展した。しかし最近、温州市政府はプレザー産業と縁を切ろうとしている。工場の増設を防ぎ、操業許可証の発行に難しい条件をつけはじめたのだ。私が浙江省南部の取材を始めたころ、温州の数軒のプレザー工場が麗水市の新しい開発地区に移転しようとしていた。この事実こそ、世界市場において「汚い産業」がたどる当然の道を示している。アメリカはプレザー生産などご免だろう。いまや温州人さえ嫌だと言う。そこでプレザーは麗水市にやってきたのだ。

王主任にプレザー産業について質問すると、上手に規制するつもりだと慎重な答えが返ってきた。「温州ではDMFの管理が行き届かなかった。工場ができたのはずっと前で、あのころは適切な基準がなかったものですから。いまでは規制があります。今年は政府の環境保護部の視察があって、一カ月以上にもわたって入念な査察を受けました。私たちはこの産業の先端を走っていると、査察官から言われましたよ」。王主任によると、麗水市はプレザー工場の数を二六に制限したという。プレザーを市の主産品にはしたくないと考えてのことだ。リスクを伴う戦略だ。悪名高い公害源を、市の経済発展のために招き入れるというのだ。だが、辺境のこの町に、ほかにどんな方法が残されているのか。麗水市は、できることはなんでもするつもりだ。途中に山があれば、それを動かすしか道はないのだ。

私が麗水市の取材を始めたころ、ブラジャーリング工場からそれほど遠くない丘では、切り崩し工事がまだ進行中だった。ある日、現場に行ってみた。男が十数人、丘の中腹によじ登っている。大型車がたくさん止まっていて、あたりはほこりっぽかった。ダンプ三〇台にキャタピラー掘削車一一台、それに車輪付き大型油圧ドリル四台が勢ぞろいだ。現場監督によれば、工事はもう一年以上も続いていて、ここから削り出された土砂はすでに一二〇万立方メートルに及ぶという。地中にダイナマイトを敷設し、何もかも吹き飛ばしてから瓦礫を運び出すというわけだ。一年にわたりこれを何回も、来る日も来る日も繰り返してきた結果、丘は約三〇メートル低くなった。

私たちが話していると、作業員が近くを通りかかった。麦わら帽をかぶり、両手にポリ袋をぶら下げている。袋には標語が印刷されていた。「品質最高・顧客第一」。中には五キロほどの重さのダイナマイトが入っている。男は私の足元にポリ袋を置いて言った。「弟をアメリカに連れて行ってくれませんか」

一〇年も中国にいて、つじつまの合わない会話には慣れっこになっていた私も、これには驚いて言葉が出なかった。それに、足元のポリ袋にどうしても目がいってしまう。男は笑って言った。「冗談ですよ。弟がアメリカに行きたがっているのはほんとですがね」

私たちはしばらくおしゃべりを続け、やがて男は丘を登っていった。男たちはこれから大きな岩を爆破するところだが、これは朝の大仕事の前奏曲にすぎない。一時間後には、丘の中腹に埋めた九・九トンのダイナマイトに点火する予定だという。爆破工事の責任者は誰かと訊くと、穆士友《ムー・シーヨウ》という人だと現場主任が教えてくれた。「あの丘の上にいますよ」。いや、本当は丘の残骸の上にいると言うべきか。

「穆さんからお話をうかがってもいいですか」

「どうぞ」と監督。

私はしばらくそこに立っていた。監督は道の向こうの掘削車を見つめている。ついに私は訊いた。「あそこに歩いていってもかまいませんか」

「どうぞ」と監督。

「私一人で行ってもいいですか」

「もちろん」

私は消えゆく運命にある丘を登りはじめた。十砂を積んだトラックがすごい勢いで下ってくる。私は道からそれて瓦礫の上を進んだ。見ると、地面のあちこちに穴があり、そこからプラスチックワイヤーがのぞいている。ここにはダイナマイトが九・九トンも埋め込まれているのだ。私は足を速めた。丘のこちら側に誰もいないのは、ここが危険だからか。監督は私がいてもまったく気にしないようだったが、それだから中国の工事現場は危険なのだ。そんなに簡単に誰でもどうぞと言っていいものか。国土の大半で建設工事が進むなか、みんなブルドーザーや削岩機に慣れっこになっている。それに工事関係者は、現場によそ者が入り込んでも気にもとめないことが多い。

とくに麗水市では、建設が始まったばかりのこの時期、まったく自由に歩き回ることができた。開発地区に政府の役人や警官はめったに来ない。人びとは親しみやすく、率直だった。私が歩き回るにはそれなりの理由があるのだろうと、みんな当然のようにそう思っていた。ここでは誰もがよそ者だった。私は事前に取材許可をもらわなくても、どこであれ興味のある場所で取材ができた。甌江に構架中の橋の、高さ六〇メートルのところにある通路をはじめ、数え切れないほどの工事現場を見て回った。ある工場の建設現場では、作業員たちが基礎部分の穴を開けていた。作業員たちと一五分も話していると、休憩時間にビールを飲んだばかりだという人が、あんたも削岩機をちょっと使ってみろとしきりに言う。自分の足を掘らないように、おっかなびっくり機械を動かす私を見て、男たちは大笑いした。このとき深さ一五センチほど掘削したが、これが麗水市経済開発地区への私の個人的な貢献だ。だが、工事の責任はいったい誰が負っていたのだろう。

消えゆく運命の丘を登り、ようやく頂上にたどり着くと、そこにはダイナマイト入りのポリ袋を持ったあの男がいて、今日の爆破工事の責任者の穆士友を紹介してくれた。穆士友は六十歳、丸顔で髪が薄い。軽快な四川訛りで話した。生まれは長江流域の瀘州《ルーチョウ》だが、いまは浙江省に住んでいる。ここでは発破技士は引っ張りだこだ。穆士友は発破技士の資格証書を何枚も持っていた。どれもプレザーの表紙がついている。そのうちの一枚は金文字で「浙江省発破技士」とエンボス加工されていた。おもしろい資格だ——浙江省を爆破する公式免許だろうか。もう一枚の証書には「浙江省発破機器安全取扱者」とあった。「これは、私が一度も事故を起こしたことがないという証明ですよ」と、穆士友は得意気だ。

穆士友は今日の爆破をそれほど危険ではないと言っ

て、私を安心させてくれた。大爆破の前に、何回かにわけて大岩を壊すのだと言う。話している間も爆発音とともに小石が宙を飛ぶヒューッという音が聞こえる。そのたびに首をすくめる私を見て、穆は笑って言った。

「心配することありませんよ。私はもう三〇年もこれをやっているんです。西部でもいろんな施設で働きました」

これを聞いて安心した――二〇メガトン級の爆発に比べれば、小石が頭に当たったってどうということはない。穆がヘルメットをかぶっているのでなにかと心強いが、私にもかぶれと一個手渡してくれていたら、もっと安心できたに違いない。穆は地中に埋められたダイナマイトの導線を集めながら斜面を下り、私はそのあとについて行った。穆が導線をつなげてテープでまとめ、一巻きの白いワイヤーに接続する。肩から電気雷管の入った手提げ袋を提げている。一連の小爆破が完了し、大方のダンプはすでに現場を離れていた。しばらくすると現場主任が笛を吹いた。車両は一台残らず退去せよという合図だ。黄色い掘削車が次々に動き、やがて隅の一カ所に外を向いて並んだ。大きな動物が何頭も尻を丘に向けてうずくまっている格好だ。

もう一度、笛が鳴った。一人残らず退去せよとの合図だ。作業員はみな立ち去り、丘には穆と私だけが残った。穆は導線の処理を終え、白いワイヤーを繰り出しながら丘を下りていく。一〇メートル、二〇メートル、五〇メートル――あたり一帯は静まり返り、私たちの足元で土の砕ける音が聞こえる。上空で鳥の声がした。まさに静寂に近い状態だ。機械や工事の音に満ちた麗水市開発地区で、これほどの静けさを経験したのはこのとき一回きりだった。

穆と私はずらりと並んだ掘削車のそばへ歩いていった。穆が車両の陰に立ち、雷管を取り出して掘削車のキャタピラーの上に置く。雷管には「通電」と「爆破」の二つのスイッチがついていた。穆の無線がガーガーと鳴り、命令が聞こえてきた――「通電!」。穆がスイッチを入れる。

「ほら、こっちに出てきたほうがよく見えますよ」穆に言われて私は車両の陰から出て、静まり返った丘に目をやった。無線からカウントダウンが聞こえる――五から始まり「爆破!」で終わった。穆が第二のスイッチを押す。ほんの一瞬、山がうなり声を上げる寸前に、岩の間を火花が網状に、まるで地上を這う稲妻のようにパッと広がった。

二〇〇六年、旧正月からほぼ一週間後の二月九日、王社長は工場の前で大箱二つ分の花火を打ち上げた。創業を花火で祝うのが浙江省の伝統だ。大企業なら、龍踊りの一座を雇って正門の前で踊ってもらうのだが、王社長のような零細企業の経営者にはそんな余裕はないから、花火だけにしておいたのだ。王社長は占い師に金を払い、開業に最適の日を選んでもらった。旧暦でその日は一月の八日にあたる。八はもっとも縁起のよい数字だ。

浙江省の起業家のご多分にもれず、王社長は迷信深い。中国で宗教の勢いがさかんなのは南の地方だ。キリスト教はとくに温州一帯で人気がある。人びとの頭の中で、外国の宗教は発展と結びついているのだ。王社長は信心深いほうではなく、キリストや釈迦を話題にしたことは一度もなかったが、風水や占いは信じていて、大事な日程を決めるときは、必ず前もって縁起のよい日を調べた。王社長は四十歳、甥であり経営パートナーである高社長と比べると、かなりやぼったく見える。髪を短く刈り込んだ王社長は笑顔が優しく、間隔のあいた両の目には、やや悲しげな表情がよく浮かんだ。王社長は口ごもりながら話す。言葉に詰まるとまぶたが震える。着ている服にはしょっちゅう油の染みがついていた。あるとき、工場のプレス機を修繕しながら、こんなことを言っていた。「大企業の社長なら機械なんかいじらないけどね、おれはちっぽけな会社の社長だからなんでもしなくちゃならない。兵隊が足りなければ、将軍だって戦闘に出るでしょ」

王社長はこれまでにも雑多な小物の製造を仕事にしてきた。農家に生まれ育ったが、九〇年代にまず始めたのがプラスチックパイプの部品作りだ。その後、自転車のベルの金具の製造に移り、この金具作りをきっかけにブラジャーリングの工場を始めたのだった。いろいろやってきたが、どれもたいした金儲けにはなっていない。王社長は自分の経歴を後悔しているようだった。高校の成績は大学入試に必要な点数にいま一歩届かなかった。「あのころ、進学はいまよりずっと難しかったんだよ。私の世代で大学に行けたのは一〇〇人のうち一人か二人だった」。王社長は、温州市の中でも早くから工業地区になった沿海部の龍湾で育った。「龍湾は一時、ペンの製造で有名だった。でも、おれはペンを手がけたことはない。次に靴の製造で有名になったが、おれは靴も作っていない。靴は儲かるよ。靴をやった友達はみんな大儲けしてる。靴をやればよかったと思わないかって友達に言われるけど、正直、そう思うね。靴の業界に入ったやつは、みんな大金持ちになってるよ」

王社長はこれまで貯めてきた資金をすべてブラジャーリング工場につぎ込むつもりだ。総額七五万元あまり、中国では莫大な金額だ。普通の人なら、そんな大金を持てば大満足だろう。だが、ものは考えようだ。王社長は龍湾で大成功した人たちに囲まれていた。麗水市に移ってからも、まわりの大企業に比べれば自分の工場はちっぽけだ。王社長は工場用地を各雷《コウレイ》電工から借りていた。

各雷電工を創業した季金力《チー・チンリー》は橋頭の貧しい農民の出で、橋頭の誰でもするように、初めはボタンを作っていたが、プラスチック製のスイッチやコンセントカバーや銅配線の製造へと手を広げた。土地使用料が安い麗水市に移転し、三棟からなる大工場を造った。スペースにたっぷり余裕があったので、二階建ての一角を王社長と高社長に賃貸しすることにしたのだった。

各雷電工の中庭にはコンクリート製の旗台があり、毎日、旗が三本掲揚される。五星紅旗と社旗と星条旗だ。各雷電工の製品は箱詰めにして販売されるが、その箱には「アメリカ各雷専門電気工学」の文字が躍っている。工場の人たちは、アメリカ人もこの会社に投資したと言っていた。だが、私が調べた限り、外国資本が入った形跡はない。おそらく彼らは、箔をつけようとしていただけだろう。工場町では、外国資本の企業は経営状態がよいと見なされるのだ。明らかに、季金力は見かけを気にする人だ。麗水で工場を建てるにあたって、季金力は二体のコンクリート製獅子像が並ぶ壮大な門柱を発注した。表玄関（コンクリートの階段にコンクリートの守衛所がある）ホールには、自筆の格言を掲げた。優雅な文字は金色のメタルで複製・拡大されて、いまや壁の半分を占めている。

未来の予兆は
いま目の前で起きている

各雷電工の主要品目は出荷時に段ボール箱に詰められるが、この格言はその箱にも印刷されている。主要品目は最低価格二四元からのプラスチック製スイッチとコンセントカバーだが、これは「ジェーン・エア・シリーズ」と名づけられていた。ヴィクトリア朝文学の名作にちなんで照明スイッチの製品名をつけるなんてばかげているとか、大げさだと批判する人もいるだろう。だが、そんなことを言うのは、ボタン作りで生計を立てたことなどない人たちだ。もちろん、橋頭の農家に育った人ではない。

ものはすべて考えようだ。どういうわけか王社長はいつもまわりの人たちを見上げることになった。ここ麗水でも、王社長と高社長は各雷電工に太刀打ちできるものは何一つ持っていない。二人の工場には、コンクリート製の獅子像も、金文字の格言も、外国の国旗もないし、製品にブロンテのヒロインの名前もついていない。工場の表示さえ出していないのだ。とはいえ、少なくともリング製造機が順調に動いていることだけは確かだ。花火を打ち上げてから三日目に、社長たちは工場の正面入り口のそばに手書きの貼り紙を出した。

従業員募集
女性工員三〇名、男性工員一五名
採用条件
(1)年齢十八〜三十五歳、中卒
(2)健康で明朗な方
(3)衛生に気を配り、我慢強く、仕事熱心な方

王社長は大型の金属プレス機を操作する男手が必要だった。プレス機で大まかなリングの型を作り、それをリング製造機のラインに乗せて最終製品を仕上げるのだ。だが、もっと採用したいのは女性工員だ。工程の大部分は技術も力もいらない。アンダーワイヤーを選別し、製造ラインを点検し、できあがったブラジャーリングを箱詰めにする、それだけの仕事だ。工場経営者のご多分にもれず、王社長も雇うなら若い女性に限ると言っていた。「女の子は我慢強いし、扱いやすい。男は扱いにくい。けんかっ早くて、すぐに問題を起こすんだ」と言う。どんな人を雇いたいかと訊くと、若くて未経験の子がいいと言う。「よそで働いた経験があれば、高い給料を払わなくちゃならない」のだ。同じ理由から、正規の教育をあまり受けていない人が好まれた。身なりがいい子や目立つヘアスタイルの子は要注意だし、顔立ちの整った子も避けたほうがいいと言う。「ごく普通の目立たない子がいいんだ。生意気に『やりたいと思ったら、やり抜く』なんて考えを持っている子は、おれは採らないよ」。就職面接で王社長が訊く質問の一つに、趣味に関するものがある。「カードゲーム」とか「友達と過ごすこと」などという答えは、王社長は気に入らなかった(ふまじめだ)。「趣味は読書」と答える子は怠け者だ。暇な時間にインターネットを使う子ときたら、いちばん始末が悪い。「家族と一緒に過ごすとか、母親の世話をするとか、そんな子がいい」と王社長は言っていた。「田舎の普通の子はそんなふうに過ごすものだよ。我慢強い子がいいんだ」

中国の工場町では、冬の終わりに職探しシーズンが始まる。帰省して春節を祝った出稼ぎ労働者たちが、バスや列車で都市の開発地区へと戻ってくるこの時期、人びとはそわそわと落ち着かない。村を出る、転職する、ほかの都市へ行くなど、それまで長い間温めてきた計画を、このひと月でついに実行するのだ。この時期になると、慎重な人でさえも行動に駆り立てられる。この時期に決めたことは、往々にしてその後の生活を決定づけるのだ。何十年もたってから昔を振り返り、一生の仕事の方向を決めたのは、あの二月の採用面接だったと気づく人もいる。

麗水市にとってはすべてが初体験だった。二〇〇六年はこの開発地区で初めて相当数の工場が操業を始める年で、このニュースはすでに出稼ぎ労働者の間で広まっていたらしい。出稼ぎの人たちが列車の駅からどっとあふれ出てバスターミナルに詰めかけた。新しい高速道路を走るのは、ほとんどが職探しの人たちを乗せた長距離バスだ。毎年、出稼ぎ労働人口が推計一〇〇〇万人ずつ増えている中国には、内陸部の農村から各地へ向かうバス路線が無数にある。出稼ぎの人はたいてい沿海部へ向かうが、なかには麗水市のような、まだあまり知られていない町をめざす人もいた。開発地区が始動したあの年、まだ工事中の道路にも、バッグを引きずりながら歩いている出稼ぎ労働者の姿があった。まともな道路もない町に到着したばかりで、まだ職はないが、すでに操業を始めた工場もいくつかあること、間もなくほかの人たちが大勢この町に来ることを知っていた人たちだ。早く到着すれば有利な立場に立てるのだった。

出稼ぎ労働者のなかには麗水市の「職業紹介所」へ向かう人もいる。ここは地域の職探しの中心で、繁華街にあるその建物で目立つのは、求人広告を絶え間なく流し続ける巨大なデジタル表示板だ。若い人たちが仲間と集まり、首を伸ばして表示板を見上げている。そっけない求人用語で語られる仕事口は、一瞬のうちに目の前を通り過ぎていく。

砕石工募集
男性、健康で我慢強い方
日給四〇元食事付き

一般従業員募集
女性、中卒
容姿端麗、身長一五五センチ以上

中国では、身長がしばしば採用条件の一つになる。身長は重大問題なのだ。とくに女性の場合は、容姿がはっきりと就職の条件に挙げられることが多い。

スーパーマーケット・レジ係募集
女性、中卒／職業学校卒
身長一五八センチ以上
肌がきれいで容姿端麗な人

さらに、女性の賃金は男性より低い。これは求人広告で明示されている。

男性従業員　日給三五元
女性従業員　日給二五元

特定の地域の出身者を優先的に採用する職場もある。これも求人広告に明示されている。

一般従業員募集
浙江省、四川省出身者は応募に及ばず

求人広告はまるで電報文のようだ。一文字いくらの広告料をできるだけ節約するために、必要最低限の条件を示しているのだ。そこで求められているのは人間ではなく、経営者好みの特性だけだ。仕事の説明さえ省いた求人広告もある。こんな条件だけが必要な仕事って、いったいなんだろうと首をかしげざるを得ない。

女性従業員募集
身長一五八センチ、容姿端麗
月給六〇〇〜八〇〇元

従業員募集
視力四・二以上
月給八〇〇〜一二〇〇元

職業紹介所を介さずに採用する工場も多い。門の前に募集要項を貼り出しておけば、向こうから応募してくるだろうというわけだ。二月の初めの週、大勢の出稼ぎの人たちが群れをなして麗水市の開発地区を歩き回っていた。市内には春節の延長のような雰囲気が漂っている。みんな若く、新しい洋服を着て、興奮した声で話しながら、工場から工場を見て回る。同じ省の出身者同士でグループを作ることが多い。ときに二つのグループが道で出会い、情報を交換する。ブラジャーリング工場の少し先にある金潮《チンチャオ》成革有限公司の正門に、若者が三〇人ほど集まっていた。ガードマンが一人ひとりの身分証を調べ、貴州省に自宅住所がある人を、一人残らず追い返している。貴州省は内陸奥地に位置するもっとも貧しい省で、少数民族が多く住んでいる。

　貴州省から来た若者の一団が応募を断られ、次はどこへ行こうかと道端で相談していた。私はその一人に、金潮成革有限公司は貴州省のどこが気に入らないのでしょうと質問をぶつけてみた。「理由は聞いてません。貴州省から労働者がたくさん出てきてるから、断る工場もあるんです」

　中国の企業が従業員を出身の省によって差別すれば、それは違法行為だ。だが、こうした差別は常に行なわれている。私は金潮成革有限公司から差別の理由を聞きたかったので、応募者に混じって中へ入った。工場長が二階の執務室で面接を行なっていて、私の質問にすぐさま答えてくれた。「貴州省の人はすぐけんかするんです。工場で面倒を起こします。このあたりには貴州人の軽犯罪者も多い。この工場には採用したくありません」

　工場側は真意を巧妙に隠すか、あるいは回答を拒否するだろうと私は思っていた。だが工場長の答えはこのうえなく率直だ。貴州省の人が嫌いだから雇わないだけの話だった。これ以上の説明はない。工場長は集まってきた応募者に対してもきわめて率直だった。ある応募者が、合成皮革《プレザー》の製造過程で化学薬品が使われていると文句を言って、賃金交渉をしようとした。すると工場長は「有毒蒸気のある職場が嫌なら、教師にでもなればいいだろ」と言い返した。初任給（時給三・八元、約五五円）が安すぎると言う応募者には、こう答えた。「女だったら時給は三・四元で、もっと安いんだ。三・八元でいいじゃないか」。同じ仕事なのに、なぜ女性の賃金は安いのかと私は訊いた。これもばかげた質問だったらしい。「女は男ほど強くないですから」と工場長は当然のことのように答えた。「男のほうが上手にできることがある。だから、賃金が高いんですよ」

　工場長は嫌なことばかり言っているように見えたが、従業員たちは心得たものだ。今年もこの工場で働こうと戻ってきた従業員たちは、工場長とよい関係を築いていた。大胆な応募者が報われることも多い。初任給を受け入れない男がいた。別の工場で同じような仕事をしていた経験があるから、高い賃金が欲しいと言う。工場長はにべもなく断ったが（『前の職場に戻ればいいじゃないか』）、男は引き下がらない。工場長のデスクのそばに立ったまま、ほかの応募者とのやりとりを見ている。二人はときおり辛辣な言葉を交わした――「工場長が立派な方だと思ったからこそ、応募したんです」「君が応募しようとしまいと、こっちはどうでもいいんだよ」。だが、どちらも怒り出すことはなかった。一時間もたってから、ついに工場長はこの男を高い賃金で雇い入れる契約書に署名した。忍耐と固い決意、それにある種のがむしゃらさが功を奏し、男は工場長の尊敬を得たのだった。

こんなやり方が昔から続いてきたわけではない。中国では一〇年前まで、職業とは普通は政府が決めるもので、自分で職探しをする人などめったにいなかったのだ。最近になって中国人は雇用について多くを学んだが、やり方は未熟で、雇うほうも雇われるほうも手探り状態だ。アメリカ企業の人事部が使う洗練された手法などにかまっている暇はない。婉曲表現や遠回しの言葉は存在しない。「チームの一員になりましょう」だの、「成長への機会をつかみましょう」などとは誰も言わないし、「意欲満々な独創的人材」が募集されることもない。ここでは人びとはただ、思ったことを口にするだけだ。そして、評価は残酷なまでに厳しい。雇用者は、その日の気分次第で、あるいは偏見に基づいてなんでもできる。中国で「人材」は、文字どおりの意味しか持たない。仕事が欲しい人が何百万人もいて、彼らにせっせと仕事をさせたい工場が無数にあるだけの話だ。需要と供給の現実がここにある。どんな婉曲表現も、その厳しさをやわらげることはできない。

その年、麗水市の多くの企業は初めて人を雇い入れた。ブラジャーリング工場もその一つだ。王社長と高社長は二階の事務室で採用面接を行なった。この部屋も大急ぎで整えたもので、いかにも間に合わせといった内装だ。コンクリートの床には薄汚れたカーペットが、まるで放り投げたように敷かれ、安物のソファと低いティーテーブル、木製のデスクが二脚、それに植木鉢が二個置いてある。植木は誰も世話をしないので枯れかかっていた。一方のデスクの上に、色鮮やかなブラジャーリングがばらまいてあった。部屋の中で色があるのはここだけだ。工場の製品について訊かれるたびに、王社長はカジノのディーラーのような手つきで、数個のリングをデスクの向こう側へひょいと押しやるのだった。たいていの人は「下着の部品です」と言うだけでわかった。とくに女性の応募者はすぐにわかる。説明してもらわなければならないのは男性だけだ。

工場の初任給は時給三・五元、およそ五一円だ。これは麗水市の最低賃金だった。中国には全国的な賃金基準はない。地域格差が大きいため、各都市は独自に最低賃金を決める。二〇〇六年、広州市のように開発の進んだ都市の最低賃金は時給四・三元だったが、そこで労働者が多く稼げるかといえば、必ずしもそうではない。大都市では低賃金の仕事口は少ないし、たいていは労働時間も短いのだ。労働者にとって、労働時間は重大問題だ。初任給の金額よりも重大かもしれない。大方の労働者はできるだけ長時間働きたがる。一人暮らしでは、暇な週末や休日にはすることがないから、労働者たちは残業があれば喜ぶのだ。清明節のような国民の祝日以外は休みなく働ける職場が、労働者にとっては理想的だ。製造ラインで働く人が、月に三〇〇時間働くと得意気に言うのを聞いたことがある。麗水市の最低時給で計算すると、この人は月に一〇〇〇元の収入を得たことになる。教育水準の低い出稼ぎ労働者にとっては大きな稼ぎである。

本当のことをいえば、王社長は何時間分の仕事があるかも、何人雇ったらいいかもわからないのだ。すべては製品の需要がどれだけあるかにかかっていた。だが、王社長は、応募者が耳にしたいことを言っていた――毎日、最低一〇時間は仕事をしてもらいましょう、一カ月に休みは一日だけです。これこそ麗水版空手形だ。徹底的に働いてくださいと王社長は言ったが、実際は週四〇時間分の仕事しかないかもしれない。賢い応募者は社歴を訊いた。多くがリングの製造過程について質問した。「蒸気は立ちますか」と訊く女性も多い。プレザー工場が溶剤として使うＤＭＦのことを言っているのだ。ＤＭＦの健康被害はよく知られていて、教育を受けていない人でさえ正確な知識を持っていた。まだ子供のいない女性は、普通はプレザー工場を避ける。化学薬品は出生異常の原因になると噂されていたからだ。男性も、高賃金を約束されない限り、そんな工場で働こうとはしない。プレザー工場は最低賃金以上を払わなければ人を確保できなかった。

ブラジャーリング工場では、採用を手伝いにきた高社長の父親が、私を面接に立ち会わせてくれた。応募者は大部分がティーンエージャーだ。たいていはうつむいて、質問にぼそぼそと答え、緊張した面持ちでブラジャーリングに触る。この部屋に入れば誰でも、色鮮やかなリングに目がいくのだ。なかには目立つ応募者もいた。高氏に年齢を訊かれたある少女が答えた。「ほんとの年齢？　それとも身分証に書いてある年齢ですか？」

「身分証には何と書いてあるのかね」

「二十一歳とありますが、本当ではありません。初めて働きに出たとき、若すぎたので変えたんです。何年も前のことですけど。本当は二十三歳です」

高氏はうなずき、この女性を有資格者のリストに加えた。中国の工場町では、時の流れがなんと速いのだろう。十代の半ばで就職のために身分証の生年月日をごまかしたこの女性が、二十歳を過ぎたいま、年のせいで採用されないのではと心配しているのだ。この女性が退室したあと、身分証を改竄するような人は要注意かと高氏に訊いた。「いや、いい兆しです。真剣に働きたいということですから。そういう人はよく働きますよ」

社長たちが思い描く理想的従業員がどのようなものであれ、結局、ものを言うのは積極性だった。社長たちが探していたのは、若く、未経験で、教育程度が低く、目立たないヘアスタイルの、これといった趣味のない、まるで自動人形のような従業員だ。自分の意見を言う従業員など製造現場にはいないほうがいいと、社長たちはいつも言っていた。とはいえ、実はもっとも計算高い社長でさえ、強烈な個性には太刀打ちできないのだ。二日目になると、採用候補者のリストができあがり、高氏は門口で応募者を返しはじめた。若い女性が一人、補欠リストに載せておくから帰れと言われても、室内で粘っていた。

「採用者リストに入れてくれませんか」

「だから、そっちはもういっぱいなんだ。補欠リストに入れておくから。辞退者が出たら、真っ先に連絡するよ」

少女はにっこり笑って言ったものだ。「ほかの誰かと私の名前を入れ替えてくださいよ」

「そんなことはできない。もういっぱいなんだ。一九人もいる」

「私、ほかの工場で働いたことあります。一生懸命に働きましたよ」

「どこで?」

「広東」

「その若さで、経験があるっていうのかい」

身分証によれば、少女の名は陶玉染《タオ・ユイラン》、一九八八年生まれだ。ようやく十七歳、かろうじて最低就業年齢に達している。中国では十六歳にならなければ工場で働けない。陶玉染は髪をショートカットにした、目の生き生きとした少女だ。たいがいの応募者とは違って、話すときは年長の人の目をまっすぐに見る。誰でもそうだが、陶玉染もブラジャーリングをいじらずにはいられなかった。だが、扱い方がほかの応募者と違っていた。リングを拾い上げると、ぎゅっと握りしめたのだ。このゲームには絶対に勝つぞと言わんばかりのしぐさだった。

「ちょっと名前を入れ替えるだけ。いいじゃないですか」

「いや、だめだ」と高氏。

「わかってたら昨日来たのに」

「補欠に必ず入れておくよ」と言いながら、高氏はリストのいちばん上に彼女の名前を書いた。「ほら、いい子だとも書いておいたから」

だが、陶玉染はそんな気休めには応じない。デスクのかたわらに立ち、リングを握りしめながらなおも訴えた。五分後、高氏は返事をしなくなった。少女を無視して書類仕事に専念する。少女は繰り返す。「名前を入れ替えてくださいよ」

高氏は無言。

「リストに追加してくれませんか」

沈黙。

「いいじゃないですか」

沈黙。

「一生懸命働きます。広州で働いたことあるんです」

沈黙。

「名前を入れ替えたって、誰にもわかりませんよ」

丸々一〇分後、ついに高氏は折れた。少女の名前をリストに書き入れたのだ。ところが、高氏はリストを見直すうちに温州人におなじみの迷信を思い出した。「これで二〇人《アルシー》になった。これは音が悪いな。『餓死《ウースー》』みたいだ。最後にもう一人書き足さなくちゃいかんな」

少女は礼を言い、汗まみれのリングをデスクの上に戻し、ドアに向かった。部屋を出ようとしたとき、高氏が後ろから呼びかけた。「いいか、社長が二一人じゃ多すぎると言ったら、一九人に絞るからな」

少女はデスクに戻ってきた。断固たる表情をしている。「私の名前、前のほうに入れてください」

その後五分間、また一方的な会話が続いたあと、陶玉染の名前はリストの真ん中あたりに動かされた。少女が意気揚々と立ち去ると、ちょっと疲れた様子の高氏は私のほうに向き、感心したように頭を振った。「あの子、たしかに実行力がありますな」

この少女が、自分で言っていたような人間ではまったくないということを、やがて社長たちは知ることになる。少女は未経験だった。工場で働いたことは一度もない。広州省に近づいたこともない。年齢は十七歳ではなく、名前も陶玉染ではない。これは姉の名前だった。少女は姉の身分証を借りてきて嘘八百を並べたのだ。実行力のあるこの少女は、まだ十五歳だった。

麗水市のこのあたりに女性たちが現れたことは、開発地区が新しい段階に入ったことを示していた。この未来の工場町を車で通るたびに、何か新しいもの、開発が一歩大きく前進したことを示すものが私の目に飛び込んでくる。私が初めて訪れたとき、ブラジャーリング工場がある遂松路《スーソンルー》は、ただの泥道だった。なぜかバスの停留所だけはすでに設置されていて、その金属製の案内板にはまだ存在もしない目的地がずらりと並んでいた。この地域に公共交通機関が通ったのは、それから一年後のことだ。この最初の訪問時に遂松路で見かけたのは男性ばかり。そのほとんどは工事現場の作業員だったが、起業家の先駆けたちの姿もちらほら目に入った。開拓者たちは、遂松路の西側に、建てかけの工場に面して店を構えていた。たいていは安い軽量コンクリートでできた店舗で、建築資材をはじめ、低賃金労働者を相手に麵や小麦粉、野菜、肉など、ありふれた食料品を売っていた。立派な看板と誰でもすぐにわかるブランド品を取り扱う本格的な店といえば、中国移動通信《チャイナモバイル》と中国連合通信《チャイナユニコム》の支店に決まっていた。新しい工場町には、すぐに携帯電話ショップが現れる。出稼ぎの人は、家に電話しなければならないからだ。

十月に私が再訪したとき、バス停の案内板はすべて盗まれていた。遂松路では排水工事が進み、店舗や食べ物屋のある西側は大きく発展して、印刷ショップが開業していた。食料品と電話カードと建築資材以外のものを取り扱う小売店の第一号だ。会社の広告板や従業員のＩＤタグを専門に作る印刷ショップの登場は、この町の機械類が間もなく動き出す予兆だった。すでに看板を出した工場もある――美国各雷電工、新年玻璃有限公司、富裕安全鋼鉄有限公司。一月になってようやく遂松路が舗装された。作業員十数人が路面をならしながら遂松路を進んでいったが、マンホールはふさがないでおいた。新しい工場町では、マンホールは開けたままにしておく。金属板を盗んでスクラップとして売りさばく連中がいるからだ。バス停の金属製の案内板もそんなやからの手にかかったのだ。

二月、私は女性ドライバーがホンダの左前輪をマンホールにはめたのを見た。男たちが出てきてマンホールから車を無事に引き揚げた。マンホールの蓋がようやく設置されたのは、その翌月のことだった。金属板ではない。春益《チュンイー》という上海の企業が開発した、複合プラスチック製の蓋だった。これでタイヤを傷つける心配もなく遂松路を走れるようになった。女性の数が男性を上回ることに気づいたのもこのころだ。まったく突然の変化だった。工事作業員たちはほとんどが立ち去った。いまや工場は組立ラインで働く若い女性たちを大量に雇い入れている。夕方になると仕事を終えた少女たちが連れだって町を歩き回る。工場の制服を着たままの人も多い。人びとの買い物の仕方にも変化が見られる。靴を売る店が二軒に増え、一年中「半額セール」の札を掲げた大型衣料店が姿を現した。内科医院やスーパーマーケットも新しく開業した。さらに遂松路に数軒の美容院が現れたが、売春を思わせる赤いライトをつけた怪しげな店も混じっていた。

九カ月の間にこの地区はすっかり変わってしまった。目をつぶっていてもわかるほどの激しい変わりようだ。夜になると若者の話し声、笑い声など楽しげな音が聞こえるようになった。昼間の音も変化した。半年間というもの、町にはブルドーザーや削岩機や掘削機の音が鳴り響いていた。断続的で不規則な工事の音だ。掘削機がうなり声を上げたかと思うと削岩機が轟音を上げ、次の瞬間に静寂が訪れる。工場の完成とともに、この不規則なシンコペーションはかき消えた。工場の音はリズミカルだ。組立ラインは、コーラスのような規則正しさで、ブンブンと音を立て続ける。ある日の午後、私は遂松路にたたずみ、目を閉じて耳を澄ました。一つひとつの製品の歌が聞こえてくる。「パンシューッ、パンシューッ、パンシューッ」――プレス機はこんなふうにぜいぜいいいながら、ブラジャーリングの原型を打ち出す。「クルッシュ、クルッシュ、クルッシュ」はポリカーボネート研磨機がジェーン・エア印のスイッチを作る音、「ヒュー、ヒュー、ヒュー」は各雷電工の工業用糸巻き機が銅線を巻きつける音だ。「パンシューッ、クルッシュ、ヒュー」――機械たちが声を合わせて歌っている。工事の音との違いはもう一点あった。工場の音はやむことがないのだ。心臓の鼓動のように規則正しく、呼吸のように安定している。この町はついに生きた町になった。

2

あの十五歳の少女は、いったん工場で働きはじめると、もう年齢を隠そうとはしなかった。それどころか、姉を工場に連れてきて、これが「陶玉染《タオ・ユイラン》」の身分証の本当の持ち主だと紹介した。もちろん、本物の陶玉染は仕事が欲しい。すでに名前がリストに載っており、本人が意欲満々でそこにいるとあっては、社長たちもほかに手はなく、陶玉染にブラジャーリング製造ラインの仕事を与えた。また一方で、偽の陶玉染をどうしようかという問題も持ち上がった。本名を陶玉風《タオ・ユイフオン》というこの子は、十六歳になるまであと一年近くある。十六歳以下の雇用は中国では違法だが、実際には広く行なわれていた。とくに偽の身分証があれば、事は簡単だった。本人がこれほど働きたがっているのに雇わない手はないというわけで、社長たちは陶玉風にアンダーワイヤー製造ラインの仕事を与えた。

陶一家のなかで、次に工場に現れたのは家長の陶飛《タオ・フエイ》だ。いかにも家長らしい風格の男だった。背が高く骨太で、兵士のように姿勢正しい。白髪を短く刈り、顔はやせて頬は落ちくぼみ、西湖《シーフー》タバコを立て続けに吸う。娘たちはこの父親に、少なくとも一見しただけでは、あまり似ていなかった。二人は子供っぽい優しい顔立ちで、父親のような風格はない。だが、父親が笑うと共通点がちらりと現れる。父も娘たちも、目つきに独特の敏捷さがあった。工場で働きはじめた陶家の三人は、生まれながらの知性と一途な決意を現す鋭い目つきを共有していた。

陶一家はもともと安徽省の農家だった。太和《タイフウ》県の陶楼《タオロウ》村の出だ。陶楼とは、文字どおりには「陶家の邸宅」という意味だ。この村ではほぼすべての村人が陶の姓を名乗っている。村の名前は「邸宅」でも、そこに住む人びとは極貧だ。陶飛は妻と六〇アールに満たない畑でトウモロコシや小麦や大豆を作っていた。夫婦には子供が三人いる。生まれた順序は娘、娘、息子で、これは農村では標準的な経過だ。多くの零細農民と同じように、この夫婦も罰金を払って計画出産政策を切り抜け、なんとか息子を授かったのだ。

中国農村部ではどこもそうだが、陶楼村でも若年層の流出が続いている。年寄り世代はたいていの場合、村に残って畑仕事をし、町の工場で働く子供たちに仕送りしてもらう。だが、陶飛と妻は自分たちも働きたかったので、一家を挙げて出稼ぎに行くことにした。麗水市で一家は、月一六〇元あまりの家賃で農家の一間を借りていた。泥壁に囲まれ安物のタイルが敷いてあるこの部屋は、隅から隅まで測っても一四平方メートルに満たないが、陶家の五人はここで暮らしていた。また、この部屋は、夜間は商品の保管所としても使われた。両親は起業家精神旺盛で、ブラジャーリング工場の近くの小さな露店で雑貨を売っていた。工場の近辺には、こんな開拓者たちがたくさん住みはじめていた。陶飛の店には防水シートをかけた木製の長テーブルが一台あるだけで、その上に安物の雑貨が並んでいる。安い電池やプラスチック製のカミソリやシャンプーや洗顔料など、工員相手の雑多な品だ。露店の隣では、陶飛の妻が足踏みミシンを使い、工員の作業衣の寸法直しをしていた。女子工員たちはだぶだぶの作業衣を嫌う。陶飛の店で三・五元を払い、寸詰めをしてもらう人は多かったので、これは安定した収入源になった。一家はまた古雑誌や古本からも稼いでいた。陶飛は月に一度、市の中心街にある国営紅旗《ホンチー》書店に行って雑誌のバックナンバーを一・四元で買い取り、露店で一・六元で売った。古雑誌の交換もしていた。出稼ぎ労働者が古雑誌を二冊持ってくれば、お返しに一冊を無料で進呈するのだ。これが陶飛の世界の利益幅であり、安徽省出身の人たちの間ではごく普通の商習慣だった。工場町の露天商に安徽省人が多いのはよく知られていた。

陶一家は、新しい開発地区の噂をほかの村人から聞きつけて麗水市に来たのだった。やがて親戚たちが姿を現した。ときどき、陶飛のいとこや甥がブラジャーリング工場にやってくる。事業を始めたばかりの社長たちは、臨時雇いが欲しいときもあり、そうなるといつも陶一族の誰かが数時間でも喜んで働くのだった。一族の一人がいったん足がかりを築くと、親類が次々と立ち現れた。彼らは麗水市のスノープス家〔米作家ウィリアム・フォークナーの作品に出てくる南部の労働者一家〕なのだ。

工場にまず末っ子を送り込むというのは、天才的な一手だった。父親が最初に工場の門をたたいたら、年齢からみても採用されなかっただろう。普通、経営者は四十代、五十代の人を雇いたがらない。それに、もし陶飛が仕事にありついたとしても、娘やいとこを連れてきて、仕事をくれとは言い出しにくかったに違いない。その代わりに末っ子が姉の身分証で（一枚を二人で使って）応募した。やがて父親が娘に続き、安い賃金でもいいと言って働きはじめたのは自然の流れだった。いったん工場で職を得ると、陶飛は娘たちの働きに目を光らせ、仕事に見合った給料が支払われているかどうかを確かめた。娘たちの毎月の給料は、陶飛が受け取った――姉妹は給料袋の中身に手を触れたことさえない。

妹の玉風は学校には七年間行っただけだ。勉強はできなかったし、学費は年間およそ八〇〇元かかった。「学校に行っていたとき、自分は家のお荷物だと感じていた。学校を辞めるのはうれしかった」と言う。あのまま学校にいても、友達が一人二人と村を出て行くのを見るだけだったろう。工員になるなら、早めに働きはじめるほうがいい。麗水市に出てきたいま、玉風は十八歳になって、もっといい仕事に就くのを楽しみにしている。十八になれば正々堂々と働ける。身分証を慎重に調べるような職場、ちゃんとした制服のある大工場に行きたい。靴工場で働くのもいいな。働きながら仕事を覚えて、将来は自分の会社をつくれるかもしれない。「そうしたら、たくさん稼いで、村に帰って家を建てるんだ。二階か三階建ての本物の家。じいちゃんやばあちゃんと一緒に住める家」。一家が出稼ぎを始めたころ、まだ幼かった玉風は祖父母に面倒を見てもらった。いまや祖父母は、故郷の村と玉風との間の唯一のきずなだ。田舎のおじいさんとおばあさんってどんな方なのと私が訊くと、玉風は口をつぐみ、涙ぐんでしまった。それ以来、私は祖父母のことは持ち出さないようにしている。

工場で玉風はアンダーワイヤーの担当だった。U字型の鋼鉄バンドを一本ずつ手に取り、きつく巻いた長いスプリングコイルにセットするのが玉風の仕事だ。スプリング一個につき五七本のワイヤーを入れる。次にワイヤーはナイロンパウダーに浸され、工業用加熱機に通される。これは出来高払いの仕事だった。労働時間と無関係の仕事は、工場の中でもほかにあまりない。賃金は扱ったワイヤー一本につき、いくらかが支払われる。いや、正確には二本一組でいくらの計算だ。ワイヤー二本でブラジャーが一枚できるのだから。賃仕事は工場の生産ラインのなかで最低の職種だと見なされていて、法定年齢に満たない従業員はたいていそんな仕事をすることになる。

ワイヤー一組につき、玉風は一円の二〇分の一に相当する賃金を稼いだ。仕事に不慣れな最初のころ、玉風の賃金は丸々一時間働いても二元ほどにしかならなかった。だが玉風は生まれつき器用で学習も早い。すぐに一時間六・五元も稼げるようになった。麗水市の最低賃金のほぼ二倍だ。左の親指に指ぬきをはめた玉風が、スプリングにワイヤーを通すたびにカチャッと音がする。カチャカチャカチャ——メトロノームのように規則正しく、聞き分けるのが難しいほどテンポの速い音だ。

ある日、仕事中の玉風を観察した。山ほどのワイヤーを扱っている。すべて75Bサイズだ。工場ではヨーロッパサイズを使っている。一つのサイズのワイヤーを、一〇時間以上もぶっ続けで扱うことがあった。玉風は、目も上げずに仕事を続けながら私の質問に答えることができた——カチャカチャカチャ。ブラジャーリングよりワイヤーの仕事のほうがいいと、玉風は言う。

「これは機械にはできない仕事。ラインで働くと機械に仕事のペースを決められちゃうけど、これは自分で自由にできる。いつでも何時間でも働ける」こう話すうちにも玉風の指ぬきは光り、カチャッ、カチャッと音を立てる。「ほんと、ここは気分いいよ。誰にもうるさく言われずに仕事できるもの。仕事の間は何も考えない。考えると手が遅くなるんだ。だから、何も考えないようにしてるの」

工場が生産を始めてから数カ月間というもの、開発地区には娯楽の場がまったくなかった。劇場もバーもカラオケもない。公園もなく、街路が公園の役目をしていた。交通量が少ないから、誰でもちょっとしたショーを道路で演じることができたのだ。遂松路では夜になると業者がモニターとカラオケ装置をセットし、一曲一元で客を呼ぶ姿がよく見られた。ときおり、高速道路を通る旅芸人が下りてきて芸を披露する。人びとは賭けごとや低俗なお祭り騒ぎに興じたが、それだけでなく、ときには本格的なショーを楽しむこともあった。あるとき、婺《ぶ》劇《げき》〔浙江省金華を中心に行なわれる地方劇の一つ〕の一座が遂松路の真ん中に木製の舞台を組み立て、一週間ほど毎晩公演したことがある。何千人もの観客が集まった。開発地区のこうした大規模な公演は、たいていは入場無料だが、それは企業のスポンサーがつくからだ。中国の通信大手各社は、娯楽産業のマーケットを担う出稼ぎ労働者の囲い込みを図っている。家から遠く離れて住む若い労働者は、仕事が終わると何もすることがない。それに彼らは、自分で金を稼ぐという、生まれて初めての経験をしているのだ。

ある週末、紅星《ホンシン》雑技団がぼろぼろの貨物トラックに乗ってやってきた。サイドパネルを開いておけば大看板として使えるように改造したトラックだ。ビキニ姿の女性たちが大きく描かれた大看板は中央部がくり抜かれていて、チケット売り場になっていた。一座はトラックの後ろにテントを張った。スピーカーからの音楽が街路で鳴り響いている。看板の周囲に宣伝文句が見える。

四つの海を巡る雑技団

お客さまは全国各地から

みなさまようこそ！

雑技団のトラックは、遂松路のブラジャーリング工場の数ブロック先にある同豊《トンフォン》皮革工場のそばに止まっていた。近くには合成皮革工場がもう二軒ある。よく考えて選んだ場所だ。プレザー《プレザー》工場は主に男性を雇う。それで、夕方の勤務交代時間に合わせて、ビキニ女性の大看板を立てるのだ。開発地区はまさに魅惑の時間を迎えていた。街路に人がどっと出てくる。すぐに五〇人ほどが集まって、じっと看板を見つめていた。座員の一人がマイクを取った。

「ご参集のみなさま、社長さまに社員のみなさま、お兄さま方、お姉さま方、私どもの公演にようこそお越しくださいました。みなさま、一生懸命に働かれて、一日のこの時間にはさぞお疲れのことでしょう。私どものショーをご覧になって、どうぞゆっくりとおくつろぎください」

客引きは頬骨が高く、細い目をした色黒のやせこけた男だ。ベストつきのピンストライプの上下を着て、ウォッチポケットから安っぽい金色のチェーンを下げている。背広はだぶだぶで、そのうえテント張り作業でほこりまみれになっていたので、どことなくかかしのような格好だ。やせてはいたが、手は大きく、手首もたくましかった——農民の腕だ。「しゃちょーさまー、じゅーぎょーいんのみなさまー、おにーさまー、おねーさまー」ゆっくりと甘ったるい口調で口上を述べる。「今夜は特別なショーがございまーす」

観客のなかに社長が混じっていたとしても、私には区別がつかなかった。それに「おねーさま」たちもいなかった。看板のビキニ姿に引き寄せられるのは男性だけだ。看板の前でうろうろと歩き、呼び込みを聞いている。たいていは制服の作業衣を着ていて、なかにはヘルメットをかぶったままの人もいる。入場料は五元（約七三円）だ。これは工員の平均的な時給とほぼ同額だ。それから約三〇分間、客引きは辛抱強く人びとをテントの中へ誘い込み、全部で七〇人ほどを集めた。観客は、白木板でできた粗末な舞台に向かって狭いベンチに座った。

舞台にはまず中年の女性が一人登場し、開発を称える愛国的な歌（タイトルは『新時代への歩み』）を一曲歌った。次に若い女性が二人登場する。身につけているのはブラジャーとパンティーと白い厚手の靴下だけ、一人はやせて背が高く、もう一人は太って背が低い。二人は電子音楽に合わせて踊った。ビートも相方の動きもいっさいおかまいなし、それぞれ勝手に踊っている。笑顔も見せず、目を伏せて足元の床を見つめたままだ。あの客引きの男が（いまや彼は司会者だ）ときどきマイクに向かって叫ぶ。「さあ、ダンスだ、ダンスだ！　いいぞ、いいぞ！」

観衆は静かだった。人の気配といえば、闇の中で光るタバコの赤い火だけだ。男たちはただぼうっとしていた。一〇時間もプレザーのにおいをかぎ続けてからこんな奇妙なショーを見たら、誰だって放心状態になるだろう。やがて若い男性ダンサーが一人、舞台に上がる。気乗りしない様子でブレイクダンスをひとしきり踊ると、パンティーと靴下姿の女たちが舞台に戻った。ダンスが終わると、年配の男の登場だ。結核患者のようにやつれたこの男は、薄笑いを浮かべながら『チベット高原』という流行歌を歌った。次は男女一組が演じるどたばた寸劇だ。この劇は男の前チャックが開き、女が包丁を振り回すシーンで幕となる。それから司会者がステージに上がり、長い一人芝居を始めた。大人がみんな出稼ぎに行ってしまう貧しい村に生まれ、寂しい子供時代を過ごした自分の子供時代の物語だ。両親はいつしか音信不通になり、祖父母のもとで肩身の狭い思いをしながら成長したが、ついに両親探しの旅に出た。沿海部の工場町を次から次へ訪ね歩くが、両親は見つからない。やがて、親切な旅回りの一座に拾われた。一人芝居は、女が一人、熱々の鍋を手に舞台の袖から出てきて大詰めを迎える。「かあちゃーん！」と、この司会者は泣きながら大声で呼び、女は舞台から消える。夢だったのだ。

一人芝居が終わると司会者は、鉢を回して客から寄付を募った。観客の男たちは相変わらず無表情のままだが、それでも何人かは小額の紙幣を投げ入れる。だが、「脱臼ショー」が始まると、客たちは急に気前がよくなった。脱臼ショーとは、男が一人ステージに立って肩をはずし、痛みに身もだえしている間、募金鉢がテント内をゆっくり一巡するという演目だ。公演の最後にダンサーの少女が一人、再登場した。相変わらず笑顔も見せず、目は伏せたままだ。少女はゆっくりとパンティーを脱がず、下げた。たっぷり五秒間のヘアヌードだ。今度こそ、客は反応した——男たちはざわめき、座り直した。タバコの火がいっそう赤く光る。だが、それで終わりだ。音楽がやみ、客はぞろぞろと外へ出た。日はとっぷりと暮れている。夜間操業中の同豊皮革工場の窓には明かりがこうこうと輝いていた。

紅星雑技団は小宏村《シアオホン》という河南省の寒村からやってきた。一座は兄弟三人とその父親、おじ、いとこ、若い嫁たちから成る大家族で、それに近所に住む男が一人加わっている。障害のあるこの人は旅回りの間、料理や洗濯を受け持った。夜になると、座員たちは改造トラックの中にしつらえた二段ベッドで寝る。夫婦者はみな村に子供を残してきた。子供たちは年配の親戚たちに預けられている。

一座はのんきで話し好きだった。初演の夜、私は座員たちと一緒にトラックのそばで夕食を食べた。司会役のやせた男の名前は劉常富《リユウ・チャンフー》。もう一五年も旅回りを続けている。学校には四年間しか行っていない。劉常富は自分の限界をよくわきまえていた。「おれ、読み書きはほとんどできない」。自分たちの出し物についても割り切っていた。「ばかげた芝居だよ。まったくレベルが低い。おれたち、本物の衣装さえないんだ」

このレベルの低さも、一座が毎日場所を変えて舞台をかける理由の一つだった。「一度観たら、もう一度観たい人なんかいないよ」と劉常富は説明する。テントはたいてい工場の近くに張った。組立ラインで働く人たちは退屈しているし、多くを求めないから、一座にとっては理想的な観客だった。毎年、紅星一座は新しい高速道路に沿って最適だ。毎年、紅星一座は新しい高速道路に沿って沿海部のあちらこちらの工場町で巡業している。ごく最近まで江蘇省の南京近郊にいて、そこから南下してきたのだった。つい先週は、永康《ヨンカン》（デジタル秤で有名な町）から追い出されたと言っていた。

一座が場所を変えて公演する別の理由がここにある。公演はいろいろな意味で違法だった。まず、一座は政府の文化部に届け出ていない。改造トラックは未登録だ。座員の誰も運転免許証を持っていない。それに、中国で厳しく禁止されているストリップショーをやっている。最近は南京や杭州からも追い出されたという。

「問題が起きたときの口上はこうさ」と劉常富は語る。「『しがない旅芸人でございます。すぐに出て行きます。文化部のお手をわずらわすつもりは毛頭ございません』――こう言えば、役人はたいてい放っておいてくれるよ」

それよりも困った問題は、競争の激化だ。開発地区では演芸ショーや音楽会がさかんに開かれるようになった。ここ麗水市でも、紅星一座がプレザー工場のそばで舞台をかけた夜、通りの少し先ではすでに別の一座が公演していた。これは売り上げに響いたと、劉常富は言う。翌日、紅星一座は開発地区の南端までトラックを移動して場所探しをした。ようやく開発地区と農地の境目に駐車するまで、三〇分も探し回った。ここもやがては工事現場になるのだが、いまのところはゴミ捨て場になっている。あたりのごみの山にハエが群がっていた。嫌なにおいが漂う。見上げれば、空がプレザーのようにくすんだ色をしていた。だが劉常富はこの場所に満足だった。「村がほら、ここにもあそこにもある。こっち側は工場だ」と、劉常富は一連の四角い建物を指さした。プレザー工場に化学薬品工場に製鋼会社だ。彼にとって建物群は潜在的観客の象徴だった。それに、ごみの山はありがたい。こんなところに来る客は、最低レベルのショーで満足するだろう。

　テント張りを始めると、村人が数人通りかかった。劉の父親が、最近何か催しがかかったかと尋ねると、村人たちはうなずいて答える。「しょっちゅうあるよ。今晩も歌のコンサートがある」

　一座は凍りついた。劉の父親がどんなコンサートかと重ねて訊く。

「無料コンサートさ。中国移動通信《チャイナモバイル》がスポンサーだ」

　全員がっかりだ。携帯電話大手と競争になるとは！　旅芸人をこれほど動揺させることはない。一座は相談して、劉の父親を偵察に出すことにした。残りのメンバーはテント張りを続けたが、いまや空模様も怪しくなってきた。プレザーのようにくすんだ空が、さらに不吉な暗色に変わりはじめている。携帯大手と雨——これで警官でも現れたら、事態は救いようがないだろう。

　一座の昨夜の儲けは八〇〇元に満たなかった。この二年間、競争が激しくなるにつれて実入りは減る一方だ。劉常富が毎晩演じる悲しい少年の一人芝居も、以前ほどは金が集まらない。劉常富はこの出し物を、九〇年代の終わりに別の一座から学んだ。ここで肝心なのは感傷だと彼は言う。故郷を出た人や両親がいない人、あるいは見捨てられた子供や村に残った妻たちの物語は客に受ける。ほとんど男性客ばかりなので、手の届かぬ女性を登場させるのも重要だ。劉常富が最後に夢の場面を設定したのもそのためだった。この場面の筋立ては二通りある。母親の夢か、いなくなった妻の夢だ。母親なら食べ物を手に現れ、妻なら赤ん坊を抱いて現れる。どちらが客の心をつかむか、劉常富は確信が持てないので、二通りの芝居を続けている。募金鉢を回すと普通は四、五〇元集まるが、一〇〇元札（約一五〇〇円）が入っていたことも何回かあった。「芝居を観て悲しくなったのか、それともおもしろいと思ったのか、おれにはわからないけどね」と劉常富は言っていた。

数分後、劉の父親が偵察から戻った。「中国移動通信」と「無料コンサート！」という不吉な言葉が並んだパンフレットを手にしている。この携帯大手は、一分〇・一八元という新価格プランを宣伝していた。

「別の場所を探そう」と劉常富は言った。

「出し物が違う。あいつらのは歌だし、おれたちのは雑技だ」と父親は反対する。

テントはすでに設営が終わっていた。空模様はますます怪しくなってくる。一座が話し合っているうちに、中国移動通信からショー担当の男たちが数人やってきた。みな二十代の、こぎれいな身なりの都会人だ。白いボタンダウンシャツを着て、首から会社のＩＤタグを下げている。怒っている様子はない。ただ、興味津津で自信にあふれ、完全に相手を見下していた。男たちはゴミだらけの空き地で、劉一座と対峙した。

「おたくら、出し物は何？」中国移動通信の男が訊く。

「曲芸だよ。いろんな」と劉の父親。

男はビキニ女性の看板を指して言う。「女の子はどこにいるんですか？」

「テントの中だよ。準備がいろいろあるから」。実は女性たちはショーの前は、客の目に触れないところにいるのだ。看板の写真の女性たちほど美人ではないと、客に知られてはまずい。

「うちのショーは無料ですよ。わざわざ金を出して、こっちに来る客はいないでしょうな」と携帯会社の男が言う。

「さあね。うちは出し物が違うから、ご心配なく」

「うちの公演は大がかりだよ」と男は頭をつんとそらして言う。「元手がかかっているんだよ。かれこれ五〇〇〇元だ！」

「うちだって設備はいいよ。なにしろコンピュータ化してるから」劉の父親は胸を張ってこう言うと、証拠にとばかり、ぼろぼろのヤマハ電子オルガンが入った箱を指さした。

「おたく、入場料はいくら？」男が訊く。

「五元」

「安いんだね」と言うと、男は私のほうを向いた。「この外人、ここで何してるの。この人も芸人？」

「そうだよ。この人も仲間だ」劉の父親は言い切る。まあ、ここはそういうことにしておこう。それまで私は一言も発しておらず、携帯電話会社の人は私が中国語を話せないと思っていた。劉の父親の度胸のよさは驚嘆せずにはいられない。老人は胸を張って携帯電話会社の男と堂々と渡り合ったのだ。しばらく沈黙が続いた。もしかしたら男たちは、外国人がビキニの美女と共演する舞台を思い浮かべていたのかもしれない。だが、彼らはすぐに自信を取り戻した。「おたくら、よそへ行ったほうがいいと思うよ」

「動くもんか」父親は大声で言った。「おたくはおたく、うちはうち。客は来るよ」

若い男たちは頭を振りながら立ち去っていった。劉の父親は腕組みをし、一歩も譲らじと誇りに満ちた表情で、携帯電話会社の一団を見送った。が、一行の姿が見えなくなった途端、息子に告げた。

「いますぐここを出るんだ。あいつらがいたんじゃ、うちに客が来るわけない」

荷物をまとめて出発するまでに三〇分かかった。ぽつぽつと大粒の雨が降り出した。一座は北へ向かい、空き地を見つけたが、そこでは前の晩に医薬品会社がコンサートを催したと地元の人が教えてくれた。次の候補地をジッパー工場のそばに見つけたが、そこは狭すぎた。結局一座は、浙江新旭《シンシュイ》合成革有限公司という工場のそばに落ち着いた。だが、すべてを設営し、音楽を流しはじめたところで警官が現れた。

私が開発地区でパトカーを見たのはこれが初めてだった。警官が二人降りてきてチケット売り場に近づき、一人が劉常富に登録済みかと尋ねた。

「いいえ。ほんの少人数の一座でしてね。ここでやるのは今晩だけです」

二人の警官はしばらく話し合っていたが、やがて一人が劉常富に告げた。「いいだろう。ただ、騒ぎは起こさないように」

警官の姿が見えなくなると、劉常富は呼び込みを始めた。「工場のみなさま！　監督のみなさま！」。青いつなぎの作業衣を着た人たちが集まってきて、看板のビキニ女性をじっと見ては、チケットを買いはじめた。いつものように、本物の女性たちは姿を隠している。その日、私はヌードショーについて劉常富から話を聞いていた。「客たちは、あんな出し物を期待しているんだよ」と彼は言っていた。「チケットを買う前に、客はみんな『これって、見せるショーかい』って訊くんだ。そうだと言わなきゃ、客は入らない。最後にあの子がするのはほんのちょっとだけどね、それでもあれをやるから『見せる』って言えるんだよ」

私は、劉の妻も最後のあの場面をしたことがあるかと訊いた。劉の妻は、私がショーを見たあの日、下着と白い厚手の靴下姿で舞台に上がり、床を見つめたままリズムに合わないダンスをした二人の、太めで背の低い方の女性だ。

「とんでもない」と劉常富は目をむいた。「そんなことさせないよ。おれの兄弟の嫁さんだってしない。あんなこと、近い親戚にはやらせたくない。やるのはほかの女だよ」

つまり、それをするのは紅星雑技団の序列で最下位の女性だった。遠いいとこの妻で、名前は汪《ワン》。二十三歳だという。黒い瞳の優しい顔立ちの汪は、一座のなかでただ一人の美人だ。口数が少なかったが、テントを設営しているとき、恥ずかしそうに私に近づいて訊いた。「アメリカのドル持ってる?」

財布に一ドル紙幣があったので見せた。

「ドルを見るの、初めてなんだ。これっていくら?」

「八元くらいかな」

「一〇元あげるから、その紙幣くれない?」

ストリップダンサーにチップを渡すような感じがしたが、私は、そのまま受け取ってと言いながら紙幣を手渡した。女は顔を輝かせ、外国紙幣をみんなに見せびらかしに行った。二日目の夜、舞台が始まる前に、私は一座に別れを告げた。劉常富の言ったことは本当だ。二晩続けて見るようなショーではない。それに一座のみんなとすっかり仲よくなったいま、最後の演目まで付き合うなんて、私にはできなかった。

二〇〇六年三月、ブラジャーリング工場はロゴマークを決め、ホームページを立ち上げ、名刺を刷り、見本帳を作り上げた。すべて一週間で片づいた。温州市のデザイナーが六五〇〇元に満たない料金で何もかも引き受けてくれたのだが、その仕事の大部分はライバル各社や他企業のテンプレートを直接コピーしただけだ。デザイナーは英語の社名も考えてくれた。「リーシュイ・ヤシュヌ・アンダードレス・フィッティングズ・インダストリーズ・カンパニー・リミテッド」という名だ。この会社のホームページにはぴかぴかの高層ビルの写真が掲載されている。麗水市の工場とは何の関係もない写真だった。さらにホームページでこの会社は、ブラジャーリング製造業における「長年の」経験の蓄積を誇っている。とくにあのリング製造機については、「ドイツから輸入された完全自動製造設備」とうたい上げていた。

会社のテーマカラーはどぎついピンク色だ。ホームページのリング製造機のコーナーはどぎついピンク色で縁どられ、ページのいたるところにどぎついピンク色のシャボン玉が浮かんでいる。見本帳も同じ色だ。ページをめくると、ブラジャーやホルタートップ姿のなまめかしい外国人女性が目に飛び込んでくる。社長たちの名刺にもピンクの文字が躍っていた。新しいロゴマークが入った名刺だ。

このロゴを初めて見たとき、これは飛んでいる鳥をデザインしたのかと思った。いや、あるいは心臓か。だがよく見ると乳房かもしれない。「何のかたちなのか、おれにもわからないんだ」と、王社長は正直だ。「なんだってかまやしないさ。しゃれた格好に見えればいいんだ。デザイナーはたぶんどこかの社をまねたんだろ」

社長たちには、片づけなければならない問題がロゴ以外にもたくさんあった。一例を挙げれば、誰もブラジャーリングを買わないことだ。新会社には、機械と原料と技術者と工員がすべてそろっていた。だが、顧客は一人もいない。少なくともリングの買い手は見つからなかった。何年も前から手がけていたアンダーワイヤーには昔からの買い手がいたが、新製品はまったくゼロからのスタートだ。高社長に言わせれば、浙江省では商売とはそんなふうにするものだった。「製品がなければ売れないからね。まず作って、それから顧客を探すんだ。だから最初に設備をそろえなくちゃならない」

見本帳ができると、社長たちは浙江省をあちこち回り、各地のブラジャー縫製工場の代表者と渡りをつけようとした。顧客の新規開拓には贈り物をするのが一般的だ。ただ見本帳を見せるだけでは「関係《クアンシ》（コネ）」は築けない。社長たちは五粮液《ウーリアンイエ》〔中国の名酒〕や中華タバコのカートンを配って歩いた。浙江省の人たちが好きな黄花魚《ホアンホワユイ》の箱詰めを贈り物にすることもある。リングの買い手だけではなく、政府の役人たちにも贈り物は必要だ。とくに税務局は重要だ。この役所のお偉方を怒らせたら、事業がつぶされるかもしれない。高社長はこのあたりの事情を説明してくれた。「知ってるでしょ、ここは『偸税《トウシユイ》漏税《ロウシユイ》』の国なんだ。脱税と税の申告漏れ、みんなやってるよ」。高社長の言わんとすることは、リング工場が収入の過少申告という一般的な手順を踏もうとするなら、税務局の役人とよい関係を築かなくてはならないということだ。「まだやってはいないけど、いずれ税務局の人を大勢、接待しなくちゃ」と高社長は言っていた。招いて贈り物をするのかと訊くと、高社長は首を振る。「接待の場で贈り物はしないよ。別々にするんだ。何か贈るときは自宅を訪ねるんだ」

だからこの社長たちは、銀行からの借り入れがほとんどないのだ。中国では零細企業が融資を受けるのは難しく、より強力な「関係」が求められる。高社長によれば、銀行幹部や貸付担当者と親しくなる必要がある。当然、接待や賄賂が要求される。そんな余分な出費は避けようと、王社長は現金で出資したのだった。高社長はほんのわずかだが、銀行から借り入れている。賄賂の費用は大事に貯めておき、より有力な役人たちに贈るつもりだ。麗水市の高級幹部は金額にして二〇〇〇元（約三万円）ほどの贈り物を求めると、高社長は言っていた。温州市だったら、さらに高価な賄賂が必要になる。社長たちが麗水市に工場を構えたのも、これが一つの理由だった。高社長によれば「ここは家賃も安いし、関係（コネ）を作るのも安上がり」なのだ。

私は初めのうち、「関係」とは複雑で謎めいたものだと感じていた。接待するだの、人目につかないように渡すだのといった、外国人には珍しい形式にばかり目がいっていたからだ。やがて私は、それが実際には一種のシステムなのだと気づいた。浙江省南部のこのような町では、きわめて効率的に機能するシステムだ。贈答品は規格化され、持ち運びができるから、一種の通貨ともいえるだろう。ある経営者に贈られた一カートンの中華タバコは、まず別の実業家に回され、次に役人へ、さらにその上役へと届けられるかもしれない。タバコがしゃべれたら、さぞおもしろい話をしてくれるだろう。甌海《オウハイ》の低地から杭州の邸宅へと、ボタンの町や合成皮革の村を経由しながら浙江省を縦断するタバコだってあるに違いない。なかでも注目すべきは、「関係」は便利だという点だ。高社長は、スーパーマーケットで使えるプリペイドカードを贈ることもあると言っていた。どうしたら的確な金額がわかるのかと、私は尋ねた。「ただ、わかるんだよ」が答えだった。

「でも、どうしたらわかるのかな」

「説明できないけど、わかりきったことだよ。子供だってわかる」

三月のある日、私が工場の二階で社長たちと話していると、税務局から役人が三人やってきた。まったく突然の訪問だ。三人がずかずかと部屋に入ってきたとき、王社長はデスクで書類仕事をしていたし、高社長は新しく届いたばかりの見本帳にブラジャーリングのサンプルを貼りつけているところだった。一瞬、高社長は凍りついたように手を止め、次にさっと見本帳を閉じてから、姿勢を正し、立ち上がって役人たちにどぎついピンク色の名刺を渡した。

税務局の役人たちは、とりたてて立派な身なりをしているわけではないが、三人とも昂然と胸を張っていた。一人が、麗水市税務局発行の身分証を取り出した。劉という名だ。この役人はブルージーンズにオレンジ色のTシャツという格好で、髪は角刈りにしている。とかくトラブルを起こす、あの髪形だ。弱い者いじめするやつはきまって角刈りだ。私は角刈りを見るといつも気が滅入るのだが、それでも劉に名刺を渡した。劉はちらと名刺に目をやり、肩をすくめた。工場の人間以外には関心がないと言わんばかりだ。劉は王社長に向かって言った。

「おたくの会社の登録書類を持ってきましたよ。署名が必要です。実のところ、操業を始める前に署名していただきたかったんですがね」

「は、はい。そ、そのつ、つもりではいたのですが。でも、まだ販売は始めておりませんので」

王社長は緊張するといつも言葉につかえる。そのうえ、いまは目をぱちぱちさせ、声は数オクターブ高く《ブレザー》なっていた。王社長は役人たちのために茶をいれ、合成皮革のソファに座るように身振りで招いたが、役人たちは立ったままだ。幹部の劉は扉に近づき、点検した。

「不用心ですね、ここは。ちゃんとした錠をつけないと」

「引っ越してきたばかりなんです。何もかも、これからやります」

「あの窓から侵入する者がいるかもしれない。領収証などはどこにしまっておられます？」

王社長は役人たちに金属製の書類棚を見せた。

「安全対策をもっときちんとしなくてはいけません。この近辺は盗難が多いですから」

ほかの二人はゆっくりと部屋の中を歩き回り、粗末な家具を点検した。一人が高社長のコンピュータの画面に目をやり、もう一人は見本帳をぱらぱらとめくる。「おたくで作ってるの、これ？」

「そうです」

「何でできているんです？」

「金属にナイロンコーティングしただけ、簡単なものです。」

「副産物は？ 何か危険なものは？」

「いえ、水だけです。それと熱です。問題はありません」

劉がおもむろに言葉を挟む。「ところでねえ、もっと早く連絡してくだされぱよかったんですよ」

王社長はぱっと頰を紅潮させた。「わ、私ども、税務局に電話したんですが、登録については教えていただけなかったもんですから、ちょっと待とうかなと。ご理解いただきたいんですが、私ども、この町には知り合いがおりません。事業を、は、始めたばかりでして。個人的にお近づきになりたいと思いまして、電話ではふ、不都合かと……」

役人のうち二人はついにソファに腰を下ろしたが、劉はまだ歩き回っている。窓際に立ち、遂松路を見下ろして言った。

「環境がよくないですな、このあたりは」

「新しい町ですから。まだ道路の舗装も終わっていません」

「従業員は何人いますか」

「あ、あの一二、三人です。お客さんがついたら増やすつもりですけど」

「何人くらいに?」

「五〇人か、六〇人でしょう」

「建物のあちら側はどうなっていますか」

「あれはうちの工場ではありません。別の会社が借りています。上海から移ってくるそうですよ」

「何を作る会社ですか」

「魔法瓶だそうです」

劉はうなずいた。きっと、どの工場へ行っても同じことをしているのだろう。新会社の情報を集めては揺さぶりをかけるのだ。劉はさらに言った。「おたく、会計士はいますか」

「会計担当の秘書はいますが、専門の会計士はまだ必要ではないんです」

「もうすぐ必要になりますよ」

「事業がうまくいったら雇います」

劉はプレザー製の財布から、一枚の名刺を取り出した。「この会社に電話するといいですよ。友達が社長をしている会計事務所なんですがね、すべてやってくれます」

王社長は、ほんの一瞬ためらったが、ずばりと訊いた。「いくらかかりますか」

「おそらく月に六〇〇元か七〇〇元くらいでしょうが、よくわかりません。電話して訊いてください。いい会社ですよ」

王社長はデスクの上の名刺を、そのままにしておいた。劉にとってこれは一石二鳥だ。友達に恩を着せ、その友達から情報を引き出せる。会計事務所なら、この会社の事業についてなんでも教えてくれるだろう。このブラジャーリング工場は、自分で金を払って監視してもらうことになる。これこそ、この仕事の醍醐味だ。

劉は登録用の書類を取り出し、王社長はそれに社印を押した。役人は最後にもう一度、会計事務所の話を持ち出した。

「わかりました」と王社長。「電話します。何事もス、スムーズに運ばせたいですから」

「そのとおりですな。何事もスムーズに、です」劉はこう答えてほほ笑み、部屋から出て行った。ほかの二人があとに続く。誰も握手をしなかった。男たちの姿が消えた途端、私はそれまで会話を聞きながら自分がどんなに緊張していたかに気づき、どっと椅子の背にもたれかかった。だが、王社長はもう電話をかけていた。あの名刺の番号をダイヤルする。「もしもし、会計士を紹介していただきたいんですが……」

「関係」は理屈に合っていて（『子供でさえわかる』ことだ）、個人のレベルではたしかに効果的だ。役人は贈り物を受け取り、贈った工場はなんらかの優遇措置を受ける。それだけの話で、こうしたやりとりに秘密は何もない。だが、一つの都市全体として、こうしたシステムがうまくいくわけはない。私は麗水市の真新しい道路で車を走らせ、大がかりな建設工事を見るたびに、必要な金は誰が払うのだろうと不思議に思ったものだ。浙江省の標準では麗水市はまだ開発途上だ。二〇〇六年、一人当たりＧＤＰはわずか一四六〇ドルだった。計画経済にはとっくの昔に終止符が打たれ、中央政府からの資金はかなり減っている。中国の都市は大部分の資金を自力でまかなわなくてはならないが、アメリカの都市とは違って、市債発行を法律で禁止されている。そのうえ、土地はいまだに国家のものだから、本格的な不動産税を導入することもできない。とりわけ新興工業地帯では税基盤が脆弱だ。たとえば、麗水市の開発地区に進出した企業は操業開始から三年間の優遇措置を受ける。しかし、大方の企業はどうせその後も収支報告をごまかし続けるのだ。工場と役人にとって、これはまことに便利なシステムだ——優遇措置と現金と吸いきれないほどの中華タバコを、それぞれが享受できる。だが、市は税収に頼らずに生き残ることはできない。

それでも、麗水市は湯水のように金を使った。二〇〇〇年から〇五年の間に麗水市は八八億ドルをインフラ整備に投資した。それ以前の半世紀に使った金額の、実に五倍である。しかも、その直後にさらに巨費を投じた。ブラジャーリング工場がオープンした〇六年の前半に、麗水市のインフラ投資額はさらに前年比三一・七パーセント増えている。不動産投資の増加率は五七・二パーセントだった。しかも、これにはすべて現金が動いている。この金を運用して、新しい道路や橋や建物を造っているのだ。しかし、金はいったいどこから出てくるのか。

答えは建設現場の地面にあった。つまり土地だ。より正確にいえば、土地使用権を村から市へ移譲する、そのやり方にあった。中国農村部では土地はすべて共有されている。魏子淇《ウェイ・ツーチー》のような農民は、自分の農地や家を公開市場で売る権利を持っていない。農民の代わりに、村がすべての交渉を取り仕切るのだ。だがその村とて、いったん農村部へ進出すると決めた市が相手では、ほとんど無力だ。市は土地を欲しいだけ手に入れ、村へは政府が決めた価格を支払う。売却手続きが終わり、農民が出て行くと、市は基本的なインフラを整備し、そこを都市部として指定する。都市部の土地使用権は競り売りできた。市場原理に従って最高値で売れるのだ。村の土地を買い取り、都市部として転売するこの方法は一種の裁定取引であり、行政区のなかでも鎮レベル以上でなければ実施できない。

この種の取引は、実に莫大な利益を生む。中国社会科学院のエコノミスト、汪利娜《ワン・リーナー》によれば、沿海部の都市は財源の半分を不動産取引で得ているそうだ。中国の都市は企業体のようなもので、市長はＣＥＯ（最高経営責任者）に該当するという。「もちろん、彼らのねらいは金儲けです。でも、ただ不動産を売るだけでは話になりません。投資家はばかではないから、産業のない町でマンションを買う人なんかいないとすぐにわかります」。そこでこの問題を解決しようと、地方政府は開発地区を設け、土地使用権を原価で売る。不動産が安ければ工場が集まる。工場は税収源にもなるが、それよりもむしろ都市部の拡張に役立つのだ。経営者、小売業者、出稼ぎ労働者が集まってくる。都市は広がり、不動産市場は活況を呈する。

市が破綻を避けるには、拡張し続けなければならない。地方政府は国営銀行から巨額の融資を受けながらインフラ建設を進める。麗水市開発地区の王黎旻《ワン・リーチオン》主任の話では、〇三年までに麗水市が受けた融資額は四億八〇〇〇万元を超えていた。山を切り崩し、道路を造るための金だった。「まず羊を育てなくては、羊毛はとれませんから」と王主任は説明する。だが、役人が甘い見通しを立て、投資家がまったく現れないという事例も中国各地で起きている。そんな開発地区では、建設は中断したまま、融資は返済不能になる。つまりはバブルがはじけるのだ。

〇六年までには中央政府もこのやり方の危うさに気づき、ゆるやかな成長をめざして金利を上げ、大規模な都市拡張計画に以前より厳しい手続きを求めるようになった。だが、中国では権力の分散化が進み、規則の押しつけは難しくなっている。汪利娜によれば、国土資源部は必要な現場検証を行なうだけの職員を確保できないのが現状だ。ときには、大規模な開発計画を進めている都市を、人工衛星写真を使って特定することもある。地方政府の財政報告はまったく頼りにならない。なにしろ地方役人たちは何を報告書に入れるか、何をはずすかを自分たちで決めてしまうのだ。汪利娜は最近調査した、湖南省のある町の例を話してくれた。この町の財政収入はわずか二億元、およそ三〇億円と報告されていた。しかし、町はその五倍の金を投資してインフラ整備を進めている。そんな金をどうやって捻出したのか――不動産取引で利益を上げたに違いないと、汪利娜はにらんでいる。そんな取引を報告しないでおく方法なら、いくらでもあった。ご多分にもれず、市幹部は「関係」ゲームのプレーヤーだ。大きな取引には贈り物や賄賂が必ずからんでいるし、記録は何も残っていない。長期計画を立てるなんて愚か者のすることだった。「地方政府の幹部は五年ごとに異動します。つまり、彼らにとってはその五年間がチャンスなのです。次世代のことを心配する人なんていません。みんな、できるときに、できるだけ稼ごうとしているんですよ」

政府はいずれ土地を私有化せざるを得ないだろうと、汪利娜はじめ多くの専門家は考えている。固定資産税から安定した税収が得られれば、地方政府は不動産投機に依存したシステムに終止符を打つことができるだろう。だが、いまのところ、誰も変化を起こす気にはなっていない。そして、いちばん損をするのはいちばん無力な人たち、農民だ。農地の喪失は都市化を推進する。農民は法的手段に訴えることができない。国の制度を変えるどころか、村の党書記を解任するのでさえ至難の業ではないか。いずれにしろ、大方の農民は出稼ぎや自営業への転業という変化に追いつくのに精いっぱいで、憲法改正など頭の隅にもないだろう。

誰もが移動中の中国では、土地そのものさえもが（少なくとも法的には）流動的だ。麗水市のような都市では、周辺一帯の農地が郊外地に変わりつつある。工事現場の一つひとつが政府の収入源になるのだ。麗水市の東部で大規模な開発が進められていた。ここは下河村《シアフウ》と呼ばれていた、好溪《ハオシー》の河岸の村で、コメやミカンや野菜の産地だった。数年前、市政府は村の一部の約六万平方メートルを取得した。この土地の使用権を得るために市が支払ったのは八〇〇万元に満たず、その金の大部分は、移転を余儀なくされた農民の補償に使われた。私は下河村の住民の一人から話を聞いた。張巧平《チャン・チャオピン》という名のこの人は、一〇アールほどの農地を耕して家族四人を養っていたが、農地を失ったとき一二万元を受け取った。

下河村の土地を手に入れた市政府は、そこに道路網や下水道を整備したのち、開発権を銀泰《インタイ》という民間会社に売却した。銀泰は集合住宅団地を造る計画だという。張巧平が聞いた噂では、銀泰はこの土地に三億元近く支払ったらしい。その後、私は銀泰の本社を訪れて、開発部長から支払金額を証明する書類を見せてもらった。三億八〇〇〇万元だった。つまり、麗水市は八〇〇万元で土地を仕入れ、三年後に三億八〇〇〇万元で売ったのだ。しかも、取引の大部分は公然と行なわれた。一介の農民でさえ、おおよその金額を知っている。公正な取引だったと思うかという私の質問に、張巧平は肩をすくめて答えた。「あの人たちには買う権利がありますから」。実際のところ、張巧平が耕していた土地は少なくとも一六〇万元の価値があった。だが、張巧平はわずか一二万元の調停金に異議を唱えたことはない。ただ、金を受け取り、それを元手に、銀泰が建設中の団地の真向かいに小さな店を開いた。建設工事は昼夜続けられ、作業員たちは入れ替わり立ち替わり、張の店に来ては飲食物を買っていく。制度には逆らえないと知っている張巧平は、自分のできることをして制度の恩恵を受けたのだった。

新しいマンション群は江浜《チアンビン》団地と呼ばれ、二八棟から成る。もっとも高層の棟は一一階建てになるだろう。最大の呼び物として、フットボール場よりも広い音楽つきの噴水が計画されている。この団地建設に銀泰は総額二億二〇〇〇万元あまりを、主に高金利を期待した個人から借り入れた。浙江省ではよくこの方法が用いられた。企業は個人から資金を募る。銀行から借り入れるよりもそのほうが簡単だった。厳密にいえばこうした資金集めは違法だが、資金が不足気味の中国ではたいてい大目に見られている。銀泰の幹部によれば、返済計画には何も問題がない。タイミングが絶好だからだ。麗水市ではマンション価格はこの五年間に平均で六倍になった。銀泰の取締役副会長は、江浜団地事業から総額一億五二〇〇万元の利益を出すと抱負を語っていた。

この取締役副会長の名は李勝軍《リー・ションチュン》という。創業者の息子だ。改革開放が始まった一九七八年、李一家は橋頭《チャオトウ》の貧しい農民だった。銀泰は、民間企業の建設作業員だった父親が立ち上げた会社だ。事業は始まったばかりの建設ブームの波に乗り、銀泰は浙江省全域に広がった。いまでは創業者と息子三人が会社を率いている。二十七歳の末っ子の李勝軍は、家業の開発会社のほかにも多くの事業を手がけていた。ある夜、李勝軍に会って話を聞いた。場所は李が経営しているナイトクラブの二階のVIPルームだ。李勝軍はプラダの黒靴にプラダの黒パンツ、赤と黒のヴェルサーチのシャツとしゃれ込んでいる。金メッキのデュポンライターは四八〇〇元は下らない高級品、もちろんタバコは「中華」を吸っていた。VIPルームのほかの人たちと同じく、私の前にも李が選んだ飲み物が運ばれてきた。マティス・スコッチウィスキーの緑茶割りがワイングラスに入っている。ときどき、李勝軍は一口飲んではかがみ込み、絨毯にじかにつばを吐いてはその上をプラダの靴でこするのだった。靴下は履いていなかった。

VIPルームには何人か客がいて、出入り口は李勝軍のボディガードが固めていた。ぴっちりしたTシャツを着た大柄の男だ。任務の一つは、李勝軍が麗水市のあちこちを移動するとき、ルイヴィトンのセカンドバッグを持ってつき従うことだ。ナイトクラブでは、若い美人が一人、李勝軍の隣に座って、片手を彼の膝の上に乗せている。結婚式を控えているんですよと李勝軍が言うので、私はてっきりこの女性がフィアンセだと思ってしまった。この私の間違いに、みんなが笑った。李勝軍は愛想がよく、鷹揚だ。笑うと茶渋で黄ばんだ歯が見える。李勝軍はひどくやせていた。栄養不足気味の人が多い農村部でよく見かけるやせ方だ。プラダを着てボディガードを引き連れていない限り、農民と見分けがつかないだろう。実際、李一家は「関係」に頼り、個人から金を借りるという、いかにも農民らしいやり方で数千万元の企業を築き上げた。李勝軍は、ナイトクラブの開業に一〇〇〇万元かかったと無造作に言う。李のフィアンセはとうとう現れなかった。VIPルームのあの美人は、飴をなめ、李勝軍の腕を撫で、耳元で何かささやいている。そばから見ている限り、二人はロマンティックな関係にあるようだ。だが、会話の一部を漏れ聞いたところ、二人が厳密な取引をしていることがわかった。女性はポルトガルで働きたいので、ビザを取るために李勝軍に援助を頼んでいたのだ。

七月のある午後のことだ。夏によくある猛烈なにわか雨が降りはじめたと思ったら、ブラジャーリング工場に一通の速達便が届いた。まったく、プレザーみたいな色の雨だった。開発地区では、降りはじめに汚れた大粒の雨が降る。配達員は汚い雨粒を避けようと、頭の上に封筒をかざしながら入ってくるなり、封筒の汚れをズボンで拭い、羅親方に手渡した。封筒の中身はナイロン製のブラジャーストラップが四本、それだけだった。それぞれ、ピンク、ホワイト、ブラウン、淡いブルーと色違いだ。手紙も送り状も何も入っていない。ストラップは一種の信号のようなもので、解読できるのは誰か羅親方はちゃんとわかっていて、二階の社員寮に向かって「小《シアオ》龍《ロン》!」と声をかけた。

小龍は工場の化学者だ。本名は龍春明《ロン・チュンミン》というが、みんなからただ「小龍」と呼ばれていた。小龍はビニールサンダルをひっかけ、青と白のバスケットボール・ウェアを着て二階から降りてきた。大きな工場になると、制服が支給されるが、こんな小さな工場では、みんなの服装はばらばらだ。小龍のタンクトップとショーツはプーマの偽物だが、それを着ていると試合中の選手のように見える。小龍は封筒の差出人を調べた。東陽《トンヤン》市のブラジャー縫製工場からだ。

「二、三日前、ここから注文がありました。今度は色を指定してきたんでしょう」と、小龍は説明する。注文はまだ少なかったから、全部頭の中に入っている。定期の顧客はいまのところ、いずれも零細企業の四社だけだ。王社長と高社長は、よく顧客の開発に出かけて何日も留守にするが、たいていは冴えない表情でいらいらしながら戻ってくるのだった。従業員たちは、工場は行き詰まっていると噂していた。製造ラインで働く若い工員たちが何人か、すでにレイオフされている。このごろでは陶の一族もめったに仕事に呼ばれない。いまやフルタイムで働くのは、羅親方や小龍のような専門技術者数人だけだ。

封書を解読した小龍のあとに続いて、私は実験室に入っていった。機械室の隣の部屋だ。プーマのウェアを着た小龍は色見本を取り出した——ルーズリーフのページには、微妙に色が違う数十個のブラジャーリングがきちんと並べられ、テープで止めてある。小龍は、一つひとつのリングに、染料の配合と英語の色名を書き込んでいた。見慣れない語句が並んでいる。たとえば赤いリングの横には「セーラン・ボルドー　G-P」とある。小龍は英語を話さないが、これはほかの見本帳から書き写したものだった。

パドマイド・Br．イェロー　８ＧＭＸ
パドシド・バイオレット　ＮＷＬ
セラニール・ターコイズ・ブルー　Ｎ３ＧＬ
パドマイド・ローダミン

「このピンクとブルーは、色の配合がもうわかってます。ブラウンが問題ですよ」と言いながら、小龍はストラップから小片を切り取ってブラウンの色見本と見比べ、染料の配合をあれこれ考えている。間もなく青、黄、赤の三種類の粉末染料を取り出して、それぞれビーカーに入れ、天秤で量ってからノートの新しいページに記録した。「青と黄を多く、赤は少しだ。これでいいかな」。沸かした湯の中で粉末染料を混ぜ合わせ、できあがった染料を試し染めした。染め上がったリングをストラップと見比べだが、明るすぎた。次に青と赤を足してまた試し染めだ。まだ明るい。三回目にようやく目的の色が出た。「一目見れば染料の配合がすぐにわかる達人が広東にいて、香港の大きな会社で働いているんですよ。何千元もの月給をもらってね。私なんか足元にも及びません」

豪雨はもうやんでいたが、蒸し暑い。外気温は三七度を超えているだろうが、機械やバーナーのある実験室の中はなお暑かった。実験を何回か繰り返した小龍は、いまやタンクトップを脱ぎ、上半身裸になっている。初戦に勝ち、二戦目を前にやる気満々のアスリートみたいだ。しまいには私もシャツを脱いだ。二人とも汗をかきかき、工業用ミキサーの中でくるくる回るブラジャーリングを見つめていた。夏の間、工場ではほとんどみんなシャツを脱いでいる。

小龍は二十代前半で、工場でただ一人、漢族ではなく、ミャオ族だ。ミャオは中国南西部に昔から住んでいる民族で、文化的にはラオスやベトナムのモン族に近い。小龍の肌の色は漢族の人よりもやや浅黒く、顔つきも微妙に違っている。ふっくらとした唇と高い頬骨が特徴的なその容貌は、少女っぽいともいえる。小龍はハンサムで、とくにヘアスタイルに関してはうぬぼれが強かった。髪を肩の下まで長くのばし、ど派手な赤に染めている。その色合いたるや、化学用語でしか表せない。まさにセーラン・ボルドーＧ－Ｐだ。小龍は暇なときはたいてい、陶姉妹や女子工員たちとおしゃべりしていた。

小龍は貴州省の貧しい農村の出だ。実家は茶とタバコを育てていた。学校に八年間通ってから広東省に移住し、初めは繊維工場で働いた。のちに輸出用ブラジャーを専門に作る工場で職を見つけた。「国にはそれぞれ特徴があるんですね」と小龍に言われて、私は村でよく聞く大胆な一般論を予想した。ところが、小龍の世界観は経験に基づいていた。小龍はストラップとリングが作る緊密なネットワークを通して、外国を見ていたのだ。

「日本人はブラジャーに小さな花をつけたがる。そういう細かな細工が好きなんですよ。ロシア人はそうじゃない。花や柄ものはいらないんです。ロシア人が欲しいのはプレーンで色鮮やかなもの。それに特大サイズです」

小龍は目端が利いた。南部のブラジャー工場で働きながら専門技術を身につけ、製造ラインで働きはじめた。のちに化学実験室へ移り、染色技術を学んだという。染色の達人たちから教わったのだ。染色は専門職だから給料はよかった。麗水市では月給二五〇〇元、およそ三万七五〇〇円あまりをもらっていたが、それでも現状に不満だった小龍は、社員寮の部屋のむき出しの壁に、決意の一文を書いた。

人はどこでも成功できる。
私は誓う、名を上げるまで故郷にはけっして帰らないことを。

ブラジャーリング工場の住み込みの社員たちは、よく壁にスローガンを書いた。この一文（毛沢東の言葉）は小龍の座右の銘だ。何年か前に自己啓発本で見つけて以来、これを日々の指針としてきた。小龍は、工場で働いて金を貯め、故郷に帰って事業を始めるという目標を立てている。ウサギを飼育してレストランに売ろうか、卸売商品を扱おうかなどと言うこともある。だが、どれも遠い将来の、漠然とした計画で、当面の最優先課題は仕事に集中し、貯金することだ。小龍は休みに里帰りする回数を減らすことに決めた。決意が揺らぐと、田舎の母親のことを考えた。まだ村に残っているのは母親一人だった。父も兄弟もみな沿海部に出てきている。「疲れたときは母のことを考えるんです。気落ちがするとき、たった一人で家にいる母のことを思います」。最近、小龍は母にささげる歌を書いた。電話口で歌って聞かせようかとも思ったが、母親は泣き出すかもしれない。だから、日記に書いておくだけにした。

苦労続きの人生――人からこう言われても
母は笑顔で答えます。
家族さえいれば悲しいことなんかないわ……

小龍はノートに日記をつけていた。日記だけでなく、もとのガールフレンドに宛てた長文の手紙のコピーものノートに記してある。また小龍は、ノートのページにアルファベットの練習をして自分を磨いた。ノートには金言、警句、標語が書き連ねてある。小龍は寮の部屋の壁にも標語を書いた。ベッドの上の壁には「すぐに成功をつかめ」、反対側の壁には「未来をまっすぐに見つめよ」とある。また、『方与円《ファンユイユアン》』という愛読書のタイトルも壁に大きく書き出していた。

工場町の若者の例にもれず、小龍も刺激的な本をたくさん読んでいる。なかでも、ベストセラーになった『方与円』は愛読書だ。この本は、現代社会でいかにうまく世渡りするかを教えてくれる。題名は、内硬外柔を意味する古い成句に由来する。芯は強く、人当たりは柔らかにせよとの勧めである。著者は、この古い価値観を今日の競争社会にどう生かすかを説くが、その結論は人の心を動揺させるものだ。この書の内容の大部分は、嘘をついて得をしたり、同僚をだましたりする方法に終始しているのだ。つまり、ポスト共産主義時代の権謀術数の書というわけだ。上役に頼みごとをする方法（まず非現実的なお願いをして相手が断るように仕向けておく）や、上役の前で効果的に泣く方法（やり過ぎは禁物）を紹介する章がある。友情というもののとらえ方についても述べている（「気が合う者同士は友達だ。しかし、八〇〇万元の儲け話を前に友達を押しのけない人がいたら、そいつは頭がどうかしている」）。

小龍は『方与円』のほかにも『ハーバードMBA摘要書――社会での身の処し方』と題する中国語の本を読んでいた。「自分はまだ若くて、大人じゃない。問題を抱えても、相談できる人が誰もいないので、そういう意味では寂しいです。こうした本は、どうしたらいいか教えてくれるんです」。ほかにも『人生で成功するための秘蔵書』なる愛読書があった。また、小龍は『古典全集』もよく読んだ。これは外国のエピソードを集めた本で、なかでもジョン・D・ロックフェラーの物語は小龍のお気に入りだ。この本によると、石油王ロックフェラーは、いつも同じ店で昼食を食べ、いつも一ドルのチップを渡していた。やがてウェイターが思い切って切り出した。「私なら、こんなケチなことはしませんね」。ロックフェラーはすかさず言い返した。「そんなふうだから、君はいつまでたってもウェイターなんだ」。この物語の教訓とは「たいていの人が金持ちになれないのは、浪費するからだ」であった。別の章はイエス・キリストに言及している。とはいえ、そこには、聖書にはないたとえ話が載っていた。そのなかでイエスは、人助けをしようとして事態をいっそう悪化させるだけの人にやめろと言っている。この場合の救世主イエスの教えとは「この世をあるがままに受け入れよ」だ。「現実の世界で、しばしばわれわれは最善の行為とは何かを考える。だが、現実とわれわれの望みとは一致しないことが多い。与えられたものを受け入れることが最善の方法だと信じなければならない」

　生まれつき穏やかな性格の小龍は、こうした奇妙な取り合わせの書籍から心の落ち着きを得る教えを学んだ。心の安定こそ、孔子、キリスト、ロックフェラー、毛沢東ら、偉大な思想家たちから得た最大の収穫だった。「いつも落ち着いた気持ちでいたいと思います」と小龍は言う。「いらいらしたり、怒ったりするのは嫌なものです」。小龍は標語を部屋の壁に飾り、超過勤務にも不平を言わないことにした。工場の人たちは不平ばかり言っているが、自分は穏やかな気持ちで、他人とうまくやっていきたいとのだと言う。「グループの中では柔軟な態度が必要です。中庸を保ち、人とうまく付き合い、正しい道を探ることが大事です」という小龍の言葉は、道教の書からの引用とも見える。同じことがキリストをめぐるたとえ話にもいえた。そこに反映されているのは「無為而無不為（何もせず自然の成り行きに任せよ）」という昔からの考え方だ。私が四川省で英文学を教えていたとき、同じような経験をしたことを思い出す——学生たちはよく、西欧の古典に中国的な解釈を施した。外国の文物が大量に流入するなか、若者たちは新しい考え方を模索しつつも、きわめて伝統的なとらえ方で物事を受け止めることが多い。

　小龍はジョン・D・ロックフェラーの影響を受けて、タバコの銘柄を変えた。石油王とウェイターのエピソードを読んで、さらなる倹約を決意し、利群《リーチュン》タバコから安い扶桑《フーサン》タバコに変えたのだ。扶桑はひどいタバコだ。一本一角二分（約一円八〇銭）で、あんなものを吸っているのは農民だけだ。だが小龍はロックフェラーに倣って、そんな低レベルの思考を超越することにした。一パックにつき三元の節約になる。ちりも積もれば、いつの日か、寮の壁に掲げた毛沢東の予言を実現できるだろう。

人はどこでも成功できる。
私は誓う、名を上げるまで故郷にはけっして帰らないことを。

麗水市で私はよく外国の話をしたが、実際に外国人のバイヤーや投資家に出会ったことはない。外国資本の工場がほとんど皆無のこの開発地区に、外国人が来るわけもなかった。それに、麗水市のような辺鄙なところで作られるのは、最終製品から数歩距離を置いた部品が多い。ブラジャーリングはほかの町に送られ、縫製工場で製品に取りつけられる。合成皮革《プレザー》はどこかよその大きな工場でハンドバッグやカーシートになる。ほかの製品も、たいていは浙江省中部の都市、義烏《イーウー》で一括販売される。義烏の卸売センターには外国人が大勢来るが、彼らが麗水市まで足を延ばすことはない。麗水市をドライブして私が目にした外国風のものは、きまって奇妙でおかしな感じがした。中心街にオープンした麗水市のスポーツクラブ第一号店の名前は「セント・オブ・ア・ウーマン」だった。開発地区では、各雷《コウレイ》電工の工場から「ジェーン・エア照明スイッチ」が出荷されている。一ブロック先の麗水三星《リーシユイサンシン》動力機械有限公司には、社名を英語で書いた大看板が立っている。ただし、アルファベットは、漢字と同じく右から左へと書かれていた。

DTL' OC YRENIHCAM REWOP
GNIXNAS IUHSIL

麗水市の人びとは（出稼ぎ労働者も工場の監督も起業家たちも）外国向けの品物を作っていたから、外国の話をするのが好きだ。いわゆるアメリカ的なテーマを扱う自己啓発書を、みんなよく読んだ。実に、彼らの好奇心はとどまるところを知らない。小龍のようにエネルギーにあふれ、やる気満々の人に会うと、別の時代に別の国で起きたことを思い出さずにはいられない。いま起きているのは中国版産業革命なのだ。地方の人びとが都会へ出てくる。なんでも自分で考案する能力にかけては、ディケンズの小説の登場人物に引けを取らない人たちだ。そして、彼らはルールなき資本主義を実践している。アメリカ史の研究家なら、誰でもすぐに認識できるかたちの資本主義だ。ブラジャーリング工場で、リング製造機の構造を空で覚えて複製を造った劉宏偉《リユウ・ホンウエイ》という男の話を聞いたとき、十九世紀初頭に同じことをしたアメリカ人、フランシス・キャボット・ローウェルのことを思い出した。当時アメリカは新興国であり、イギリスは水力利用のカートライト織機の技術を懸命に保護していた。ローウェルは口実をもうけてマンチェスターの工場を訪れ、正確な記憶力でシステムを覚え、マサチューセッツで機械を復元し、アメリカ繊維産業の礎を築いたのだった。

　中国で起きている変化のスピードも、アメリカの高度成長期と共通点がある。十九世紀、都市化の波がアメリカ西部へと広がったとき、新しい町が一夜にして姿を現すさまに、ヨーロッパ人は目を見張った。彼らの驚嘆の念は、今日の中国に対して外国人が抱く気持ちに似ている。だが、麗水市にとどまって工場地帯の成長を見守るうちに、私は根本的な違いにも気がついた。それは時代や文化の違いではなかった。新しい町をつくろうという基本的な動機が違っていたのだ。さらに、中国の新興都市に出てくる人びとは、社会全体のごく一部の集団に限られていた。アメリカ開拓時代、新しい町をつくった最初の移住集団のなかには商人や金融業や法律家がいた。人びとがまだテント住まいをしているうちにも、地元新聞が発行されたし、町で最初に建てられる本格的な建築物は、普通は裁判所か教会だった。厳しい社会ではあったが、そこには共同体と法に対する意識があった。

しかし、中国の新興都市ではビジネス――工場と建築資材と携帯電話ショップ――がすべてだ。成長の初期段階で、自由市場がすべてを方向づける。だからこそ、娯楽の場はすぐにできるが、社会のつながりは希薄なのだ。民営新聞も独立労組もない。そんなものの存在を共産党は許さない。宗教は個人のレベルで広まっているかもしれないが、組織的な力はない。麗水市の開発地区で、教会や寺院が建てられることはなかった。法律事務所も非営利団体も皆無だ。警官も役人もめったに見かけなかった。彼らが姿を現すのは、うまい話を嗅ぎつけたときだけだ。

金麗温《チンリーウエン》高速道路で私が初めて当局と接触したのは、二〇〇六年七月のことだった。スピード違反で罰金を食らったのだが、すべてが機械化されていたため、サンタナを温州繁栄レンタカーに返却するまで、私はそのことに気づかなかった。レンタカー会社のコンピュータには、私が制限速度八〇キロの道で時速九六キロも出していたと記録されている。二〇〇元ほどの罰金は、デポジットから直接差し引かれた。

それを機に、スピード違反切符の波が堰を切って私を襲った。金麗温高速道路のあちこちで、私は切符を切られた。ボタンの町・橋頭の近くでカメラにとらえられ、下着の町・金華《チンホア》で罰金を科された。一日に三枚も切符を切られたことがある。麗水市では一時間のうちに二度もつかまった。私は危険なドライバーではなかった。それ以前の運転記録は、非の打ちどころがないものだ。中国で免許を取得してから五年というもの、浙江省に行くまで、私は交通違反を犯したことがない。だが、スピード違反摘発の妙味に、南部の警察が気づくのに時間はかからなかった。警察はわかりにくい交差点にカメラを据え、高速道路の一部の速度制限を、予告も理由もなく変えては、そこに速度違反取締装置を仕掛けた。そんな仕掛けがどこにあるか、地元のドライバーはちゃんと頭に入れている。私もそうしたかったが、ほかにも気を配らなければならないことがありすぎた。一つには、アウディA6などに乗っているお偉いさんたちだ。そんな連中ときたら、時速一六〇キロも出し、スピードカメラの手前でブレーキを踏むのだ。高速道路で私は、生身の警官は一人も見かけたことがない。

「警察にとってはうまい商売になるんです」。私がスピード違反切符のことで文句を言うと、レンタカー会社の店長が説明してくれた。たしかにそのとおりだった。警察官はレーダーカメラ会社の個人株主で、配当を受け取っているのだ。浙江省のある警官が高速道路のネズミ捕りに五万元を提供したとすると、切符一枚ごとの収益の七・五パーセントを受け取ることができる。カメラ一台につき株主は四人までに制限されていて、新入りの警官はある程度の勤続年数を重ねるまでは株主になれない。幹部になると何台ものカメラに出資することができる。どの警官が高速道路のどの区域に出資するかは、くじで決める。民間の金貸したちまでが、この業界の一角を占めていた。高速道路のネズミ捕りに投資する警官は安全な貸出先だと誰でも知っているのだ。新興都市の社会はまったく無法というわけではない。警官による投資活動を抑える規則があるにはあった。ただし、それは序列と利益をめぐる規則であり、法と秩序を守るための決まりではなかった。

スピード違反切符を切られるたびに、免許証に点数が加算される。私の点数はたまっていき、ついに運転講習の受講が義務づけられるほどになった。だが、レンタカー会社の店長が言うには、私が警察署を個人的に訪問すれば、講習は受けなくてもすむそうだ。警察署では、警官がコンピュータで私の違反記録を調べ、書類一式をプリントアウトしてから、通りの向かい側の中国銀行で罰金を支払うようにと言った。最近の違反切符の罰金総計はおよそ五〇〇元になった。

「点数はどうなりますか」

「あ、消しておきましたよ。罰金さえ処理されれば、それでいいでしょう」

中国銀行には交通違反者専用の窓口が設けられていて、すでに都会風の若者たちが数人列をつくっていた。一人ずつ前に進み、金を払う。窓口係はきびきびと私たちの金を処理していた。二月だというのに、銀行ロビーには英語で大きく「メリークリスマス」と書いた垂れ幕がまだかかっていた。その同じ週、私は高速道路で新しい広告板を見つけた。

安全運転！
この道路ですでに二六人が死亡

七月の末になっても、ブラジャーリング工場は顧客がたった四社しかなく、一〇〇万個以上のリングの在庫を抱えていた。あのリング製造機は、ここ何日もこそりとも音を立てていない。状況は明らかに深刻だった。製造ラインのパートタイム工員の仕事がなくなった。技術者たちの給料も減らされた。小龍の賃金は四割のカット、羅親方の給料にいたっては半分になった。これは労働契約違反だったから、彼らは市の労働局に訴え出ることもできたが、中国の人たちはそんなことはめったにしない。政府はあまり信頼されていない。「こういうことは、自分で解決するものなんだ」が羅親方の口癖だ。羅親方はしばらく様子を見て、事態が好転しなければ新しい職場を探すつもりだ。

羅親方はもうずいぶん長くブラジャーリングの仕事をしていて、夜になるとリングの夢まで見るという。リング製造機のベルトコンベヤーから吐き出されるリング、仕分けと梱包を待つ山積みのリングの夢だ。社長たちと言い争っている悪夢を見ることもある。あるとき羅親方は前の晩に悪夢を見て、そのせいで目が覚めてしまったと言っていた。「ナイロン染料が届いたんだけど使い物にならない。でも、王社長は大丈夫、それでやれと言う。おれはできないと言って、二人でいつまでも言い争う夢だったよ」

工場の世界で羅親方は「大師伝《ターシーフ》」、つまり大親方と呼ばれる立場の人だ。まだ三十代の後半だが、すでに二三年間も各地の工場で働いてきた。この年代のベテラン工員の例にもれず、羅親方も農家出身だ。両親は湖北省の松滋《ソンツー》市近郊で綿花を育てていた。一九七〇年代の農村の学校はお粗末なもので、羅親方はほとんど教育らしい教育を受けていない。「教科書は国語と算数の二種類。それだけだったよ」。中学校に上がっても、羅親方は満足に読み書きができなかった。だが両親は、これ以上は月謝を出せないと言った。「金が必要だった、だから自分が働きに出ることにしたんだ」

八四年、十四歳のとき、湖南省のおもちゃ工場で仕事を見つけた。月給の二〇〇元のほとんどを家に仕送りし、その工場で一年ほど働いたのち、深圳に出た。八〇年代、経済特区の深圳は好況に沸いていた。羅親方はしばらく繊維工場で働いてから、転職した。これが羅親方の行動パターンになった。一〇年間に、都市から都市へ、工場から工場へ、製品から製品へと渡り歩いたのだ。湖北でネジを、新疆で塗料を、広州でプラスチックボールを作った。ビルマ国境に近い雲南省で商売をし、シベリアに接する黒竜江省のおもちゃ工場で働いたこともある。

だが、羅親方は結局、深圳や南部の都市に戻ってきた。深圳で民間の講習を受けたのは八〇年代の末のことだが、羅親方は何年たっても当時が懐かしいと言う。

「授業は夜の八時から始まった。工場の仕事が終わってから、みんな急いで教室に駆けつけたんだ。四五分の授業で受講料は五元だった。電気配線とか機械操作とか溶接とか、役に立つことをいろいろ習ったよ。先生は北京から来た元教師で、実にいい人だった。教室はそれほど広くないのに、毎晩二〇〇人も集まった。先生の評判がよかったからだ」

そのころ、羅親方は週に六〇時間働いていたが、それでもなんとか時間を見つけて講習を受け、受講料にかなりの額を投資していた。わずか五〇〇元の月給から、受講するたびに五元払ったのだ。開発地区では、私塾や職業学校が大繁盛だ。やる気のある労働者たちは、組立ラインから身を立てるのも不可能ではないと知っている。二十代のとき、羅親方は空き時間に識字力の向上に努め、いまでは完全に読み書きができる。深圳で羅親方は国家試験に合格し、職業訓練校卒業資格を取得した。

生来の知性とやる気を除けば、羅親方には強みとなるものは何もない。貧しい家に生まれたし、中国の尺度からすれば容貌もすぐれているとはいえない。背も低く、中国では欠陥と見なされているそばかすがあった。眉は濃く、鼻は大きく、歯並びも悪い。だが表情は開けっ広げで、よく笑った。笑うと額にうっすらとしわが広がった。羅親方は、世を拗ねずに生きてきた苦労人の雰囲気を漂わせていた。私が工場で誰よりもいちばん親しくなったのは羅親方だ。彼はほかの人たちよりも考え方が幅広かったし、独学で学んだ人らしい天性の好奇心を持っていた。親方として、羅受雲は経営者と労働者の間に立つことが多かった。以前に汕頭（スワトウ）で、機械だけでなく労働者を管理する仕事を手伝ったことがある。これは印象深い経験だった。

「おれは全工員の身分証を扱っていて、字が書けない人がたくさんいることに気づいたんだ。中国には教育のないい人がまだまだ多いが、そんななかには頭のいいやつもいる。汕頭のブルースカイ・ホテルでエレベーター係をしていた男がいてね、学校に行ったことがなくて読み書きはできないが、生まれつき頭がいい。あるときエレベーターに不具合が起きたが、電気技師もなかなか直せない。男は自分に修理させてくれと申し出たが、字もろくに読めないのにと取り合ってもらえなかった。でもやがて、上役が半信半疑でやらせてみると、一時間もしないうちに直してしまった。男は昇進したが、しばらくしてから別の会社に月給二八〇〇元で引き抜かれた。四川省の出の正直な人でね、読み書きができないのにそんな高給はもらえないと言ったら、仕事さえできれば識字力は関係ないと言われたそうだ。やがてこの人は、また別の会社に月給四〇〇〇元で雇われた。自分の名前も満足に書けないのに、なんでも修理できるんだ。どうしてだか自分でもわからない。でも、ちゃんとできるんだ」

羅親方が出世の階段を上りはじめたのは九〇年代後半、汕頭近郊の湖南区《フーナン》でのことだった。業界の草分けの会社に入り、あのリング製造機の修理方法を学んだのだ。二〇〇二年までには羅親方の月給は一六〇〇元近くまで上がっていた。ブラジャーリングは儲かる商売だと湖南区の経営者たちの間で評判になると、一人が羅親方に近づいてきた。といっても、初めは仕事のことは持ち出さず、まず高級レストランの食事に誘う。「カニ、イカ、エビ、それに一瓶一八元もするビールが出たよ。中華タバコも勧められた。食事のあとはコーヒーを飲んだりカラオケに行ったりだった。そんなことを三回も繰り返してからやっと『うちに来ないか』と誘われた。いまいる職人はだめなので、誰か仕事のできる人が欲しいって、その社長さんは言ってた」

ライバル会社の社長たちから次々と誘いがきた当時のことを、羅親方は何年たっても詳細に語ることができた。まるで、若いころの社交界デビューを懐かしく思い出す女のようだ。羅親方は、社長たちに招かれたホテルやレストランの名前をはじめ、食べた料理とその値段まで覚えていた。次に接触してきた社長が給料を二倍にすると言ったので、羅親方はその会社で働くことにした。会社は成長した。三度目に引き抜きの話がきたとき、羅親方はもう平工員ではなかったので、スカウト活動も手の込んだものになった。「二度も金苑《チンユアン》ホテルで食事したよ。富苑《フーユアン》ホテルに二度、金龍《チンロン》ホテルにも一度行った」。やがて四番目の雇い主として高社長と王社長が羅親方の前に現れる。一六〇〇元に満たなかった羅親方の月給は、そのときまでに五六〇〇元になっていた。

会社を辞めるにあたって、羅親方はいつも一定の方式に従った。雇い主には転職のことは何も言わず、未払い分の給料があれば支払いを求め、実家で急用ができたと言って二、三日の休暇をもらう。戻ると見せかけて、不要な私物を寮に残しておくこともある。そして携帯電話の番号を変え、新しい職場で働きはじめるのだ。もとの職場の人との接触はいっさい避けた。羅親方は、湖南区で三回、つまり三つのブラジャーリング工場で同じことをしている。三つとも同じ地域の工場だ。

「そんなことしたら、みんな怒るだろう?」と私は訊いた。

「もちろんさ。でも、わかったときにはもうどうしようもない。だから転職のことは言えないんだよ。言ったら必ず引き留められる。給料を払ってもらえなかったり、脅かされたりするんだ」

「新しい職場でうまくいかなくて、もとに戻りたくなったらどうするんだい?」

「それが問題なんだよ」羅親方はにやりと笑って答えた。今回の転職はいちばん気楽だったと羅親方は言う。湖南区から何百キロも離れた麗水市にいる限り、前の職場に戻るつもりだという作り話が通用するのだ。羅親方はときどき、携帯のSIMカードを入れ替え、もとの番号からもとの職場に電話して、自分はまだ湖北省の家にいるが、家族が重病でなかなか仕事に戻れないと言うのだった。これは、あの『方与円』のような自己啓発本が推奨する処世術である——嘘も方便。さもなければ背水の陣を敷くしかない。開発地区では誰も先のことなど考えない。過去を振り返ることもない。「転職は一種の賭けだ」と羅親方は言っていた。「誰でも新しい職に就くときは、何もかもうまくいくようにと願うよ。だめでも、もとの職場にももとの生活にもたぶん戻れないだろうね。過ぎたことは過ぎたことさ」

羅親方は、麗水市で初めて賭けに負けた。高社長と王社長は前の職場より高い報酬を約束してくれた。事業がうまくいったらもっと払うとも言った。だが、経営状態が悪くなると羅親方の給料は減らされた。しまいには、給料がまったく支払われなくなった。皮肉なことに、これは羅親方の転職を防ぐもっとも効果的な方法だった。工場にまとまった金額を貸しているとなれば、羅親方が出て行くことはないだろう。夏の間ずっと、高社長と王社長は給料不払いの言い訳をしたり、必ず払うと約束したりして、羅親方をつなぎ留めようとした。羅親方だけは手放したくなかった。あのリング製造機の扱い方を知っているのは羅親方だけなのだ。

南部の開発地区は、普通は夏に景気の低迷期を迎え、秋になると欧米のクリスマスシーズンに備えて工場生産が回復する。夏の低迷は気候とも大いに関係がある。中国の工場には普通、空調設備がない。南部の夏の暑さは厳しい。七月半ばにプレザー工場の組立ラインで働くほどつらい仕事はないだろう。工員は動作が鈍くなり、社長はやる気をなくし、工事現場の作業員はひたすら木陰を求める。あの夏の間、麗水市では遂松路の道路工事が事実上中断してしまった。歩道はまだできあがっておらず、山と積まれたままの敷石が強い日差しを浴びていた。あたり一帯に無気力感が漂い、みんなのろのろと動いていた。

ブラジャーリング工場の製品はクリスマスとは無関係だった。それに、この工場は不快な暑さよりもはるかに難しい問題を抱えていた。このごろ社長たちは口をへの字に結んで緊張した顔つきだ。投資のことで言い争っているのだと羅親方は言っていた。もともと二人は、七五万元(約一一二五万円)ずつ折半で出資する約束だったが、どちらもまだ全額を出していない。夏の間中、二人は相手が先に金を出すのを待っていた。羅親方に言わせれば、親族経営の工場はよく問題が起きるのだ。「友達とパートナーを組むほうがずっといいよ。友達となら率直な話し合いができるが、親戚同士だと敏感で怒りっぽくなるんだ」

だが、根本的な問題は、この工場に組織というものがまったく存在しないことだろう。役員会も、投資計画もない。適法契約や所定の手続きに気を配る人は誰もいない。社長たちは二人とも、ほぼ全額を現金で投資し、高いリスクを負っていた。親戚同士の緊張が高まっていた。二人はわずか一時間と四分で工場の間取りを決めた。生産の基幹となる機械は、ろくな教育も受けていない農民の記憶に頼って考案されたものだ。きちんとした事業計画などどこにもありはしない。名酒の五粮液《ウーリアンイエ》や中華タバコをうまく配らなければ顧客がつくかどうかもおぼつかない。七月に入ると、工場の流動資産はビニール袋に詰められた何百万個ものブラジャーリングだけという状況になったのも不思議ではない。

むしろ、工場がここまでなんとかやってきたのが不思議なくらいだ。工場でいちばん教育のあるのは専門学校に何年か通ったことがある高社長だ。従業員の大部分はいかなる職業訓練も受けたことはなく、上から下まで全員が農村出身だ。高社長と王社長は米作農家に生まれ育ち、羅親方の生家は綿花を栽培していた。アンダーワイヤー担当の老田は、以前は稲作をしていた。小龍の両親は茶とタバコを育てている。陶一家は小麦と大豆のことならなんでも知っている。事務員（実際は帳簿を預かる会計係）はナシの産地で育った。金属プレス機を操作する工員はミカン農家の出身だ。だが、彼らはこうした農作物とはもう何のつながりもない。かつての農家の働き手たちはいまや、まったく食べられないもの、細いアンダーワイヤーと重さわずか〇・五グラムのブラジャーリングを作っていた。

中国の工場はどこも似たり寄ったりの状況だ。工場で働く人たちは、十分な学校教育を受けていないことが多い。彼らは仕事をしながら学ぶのだ。そして重視すべきは、彼らが膨大な数に上ることだ。中国の総人口一三億人の実に七割以上が、十六歳から六十五歳までの人びとだ。現代史を通じて中国で就労人口の割合がこれほど高かったことも、村を出るのがこれほど簡単だったこともない。今日では道路が整備され、出稼ぎ労働者のネットワークができあがっている。共産党がつくった戸籍登記制度は、もはや厳格に施行されなくなったから、人びとは行きたいところに行ける。それに加えて、中国の人たちは過去の経験から学び、強くなっている。労働者は才覚に富み、やる気満々で、起業家は恐れを知らない。政府の基本戦略は、麗水市のような新しい町の建設を市場に委ね、人びとのエネルギーを発散させることにある。

だが、人が意志の力だけでできることには限界がある。ブラジャーリングのようなごく簡単なものを作る場合でさえ、システムや教育の欠如が問題を起こすことがある。より大きな問題は、中国は低採算商品の生産から一歩進んで、創造性や技術革新が必要な産業を育てることができるかどうかにある。結局のところ、中国の好景気と西欧の産業革命との違いはこの点に表れているのだ。ヨーロッパやアメリカでは、産業の振興に伴って人びとの考え方が変わったが、それが起きたのは、一つには労働力が不足していたからだ。たとえば十九世紀アメリカだ。膨大な土地はあったが、人口が少なかった当時は、数カ月分の賃金を貯めれば、誰でも西部へ行って農業ができた。健康な労働者はほとんど農業と西部開拓へ流れていったから、工場は限られた数の人員を最大限に利用せざるを得なくなる。効率化の必要性が技術革新を生み、世界を変えていった。綿織り機やミシンや組立ラインが登場した。そして、規格統一や部品の互換性を重視する「アメリカン・システム」が生まれた。

しかし、今日の中国で、労働力を節約しなければならない理由は何もない。出稼ぎ労働者の人口は、毎年推計一〇〇〇万人ずつ増えている。ごく若いうちに農村を出る人も多い。好況に沸く都市へ行くと決めている人にとって、学校教育は無意味なものに映るだろう。伝統的な教育が復唱と丸暗記を中心に据えているとあれば、なおさらだ。これらすべて（人口過剰、社会制度の欠如、教育改革の遅れ）が一緒に作用して、技術革新の勢いをそいでいる。持てる富は使ってしまえという誘惑は、どんな国でも必ず経験するものだが、中国の場合、その富とは人なのだ。羅親方の個人史は勝利で飾られるかもしれない。だが、羅親方が作るものは、けっして精緻な製品ではなく、ただのブラジャーリングだ。そして、羅親方のレベルにまで到達できない人もたくさんいる。

麗水市の工場に雇われたとき、羅親方は自分には子供が一人いて、もうすぐ二人目が生まれると言った。誰も羅親方の妻や子供に会ったことはない。出稼ぎ労働者の常として、彼も単身で働きに出てきたのだ。羅親方は、家庭の事情を社長たちに告げて、高い報酬を確保しようとしたのだが、これは効果的な方法だった。王社長にも子供が二人いたので、計画出産担当の役人に渡す賄賂や罰金についてよく知っていた。

七月の末ごろ、羅親方は湖北に帰って二人目の子供の出産に立ち会いたいと、休暇を願い出た。だが、社長たちは抜け目なく、今度は羅親方の経済的義務を逆手にとって引き留めようとした。

「君はこっちにいなくちゃだめだ。いま帰るなんて、金の無駄遣いだ」と王社長。

いまのところ工場は暇だし、自分はすぐに戻ってくる。出産のとき、妻のそばにいたいのだと、羅親方は説明する。

「最初の子のときはいたんだろう？　それで十分だよ。最初のときは大変だ。二番目はどうってことないさ。おれなんか、下の子が生まれたときはたいして感激もしなかった」と、王社長は承知しなかった。

開発地区特有の交渉スタイルであるこうしたやりとりが、一週間以上もだらだらと続いた。誰も最後通告を出したり、短気を起こして怒ったりはしない。みんな、まるで昨夜の食事のことを話しているような穏やかな口調だ。だが、交渉が何日もくすぶり続けるうちに、緊張のかすかな兆しが見えはじめた。羅親方は顔を紅潮させ、以前ほどは笑顔を見せなくなった。王社長はタバコを人に勧めなくなった。このごろはしょっちゅう吃音が出る。経営状態も気がかりだし、羅親方の休暇の件も考えなければならない。普通なら、迷わず羅親方に休暇を与えていただろう。だが、羅親方はこれを機に工場に戻ってこないのではないかと、王社長はそれが心配なのだ。それも無理のないことだ。なにしろ羅親方は、これまでにも家庭の事情を口実に転職を重ねてきたのだから。

たいていの場合、二人は通りすがりに交渉した。羅親方が何かを言い、社長が答える。どちらも目を合わさない。彼らが何気ない様子で話すので、私には意味がよくわからないことも多かった。ある朝、機械室にいた羅親方は王社長のほうを振り向いて何か言った。私が聞き取れたのは「給料」という言葉だけだ。王社長は慌てて目をそらす。

「も、も、もう少し待ってくれ。いまは業績がよくないんだ」

「二カ月分だけです、私がお願いしてるのは。本当は三カ月分たまっていますよ」

「そ、そんなには無理だ」

「それに、たった四日間休みが欲しいだけです。四日でいいんです」

「いや、む、無理だね。いつ注文が来るかわからないんだから」

こう言い放つと王社長は部屋を出て行った。羅親方が私のほうを見てにやりと笑う。あのころ、私は自分の行動に気をつけていた。とくに羅親方のまわりでは目立たないようにした。その少し前に、私は羅親方を食事に招いたことがある。私たちは遂松路のレストランでビールを飲んだり食事をしたりして、二時間も過ごした。あくる日、王社長は山ほど質問を抱えて私のところにやってきた。昨夜、羅親方とどこへ行ったか。どうしてそんなに長いこと話していたのか。そもそも、この工場にこれほど関心があるのはなぜか。中国のほかの都市では、私の記事が政治的な問題を引き起こすことはないと、取材相手に説明しなければならないことがよくあった。だが、浙江省南部では、そんなことは問題にならなかった。起業家たちの関心は事業経営だけに向けられていて、私はライバル会社のスパイではないかと疑われたのだ。王社長の心配事がわかったので、私は著書を見せたり、すでに公表された記事のコピーを見せたりして説明した。私は真実を語った。羅親方の引き抜きにはまったく興味がなく、記事を書きたいから書いているので、浙江省中のブラジャーリングを全部もらったとしても、執筆をあきらめはしないと。

交渉は、羅親方が息子の誕生を知った七月二十六日の朝一一時まで、断続的に続いた。羅親方は親戚からの携帯メールでこのニュースを知った。赤ん坊は帝王切開で生まれ、母親はもうしばらく入院するという。工場での交渉は突然大きく進展した。王社長は休暇を与え、未払いだった給与を一カ月分だけ支払った。二カ月分が未払いのままだが、社長たちはそれだけの金を借りておけば、羅親方は必ず職場に戻るだろうと考えたのだ。羅親方は、すぐさま湖北行きの列車の切符を買った。夜中に出発するという。遅延がなければ、誕生から三日になるかならないかの息子に会えるだろう。

その日、出発前に祝いの食事をしようと、私は羅親方を誘い、私のレンタカーで市の中心街へ繰り出した。開発地区の外に出たのは三カ月ぶりだと、羅親方は言っていた。羅親方が選んだ四川料理の店では、うなぎのピリ辛炒めや重慶風鶏肉料理やマーボー豆腐が出た。以前に羅親方が行った汕頭の高級ホテルには到底及ばない店だったが、羅親方は喜んでいた。

「今日はいい日だ。こんな日に広州にいたらきっと宝くじを買ってるよ。広州では香港の宝くじを売ってるんだ」と羅親方は言っていた。

計画出産局の役人をどうやって丸め込むつもりかと、私は訊いた。出稼ぎ労働者が「一人っ子政策」に違反する場合、戸籍のある地を離れて産むことが多い。だが、羅親方の赤ん坊は現在住んでいる町で生まれている。長男は三歳になるはずだった。羅親方は私の質問にしばらく答えなかったが、やがておもむろに口を開いた。「大丈夫だよ」

「罰金を払うことに?」

「問題ないよ。手は打ってある」

羅親方はこれだけ言うと話題を変えた。それから二人で赤ん坊の健康を祈って乾杯した。羅親方は満面の笑みを浮かべ、香港の宝くじが買えたらなあと、しきりに繰り返していた。羅親方は、倒産寸前の工場で働いていて、かなりの金額を貸していた。しかも、息子の誕生にも立ち会えなかった。だが、あの夏の夜、羅親方は自分ほど運のいい男は麗水中探してもいないと思っていた。

3

浙江省南部へ定期的に通い続けて一年も過ぎると、ここが自分の第二の故郷のように思えてきた。新しい高速道路をドライブするのは楽しい。窓外に甌江《オウチアン》に沿って見慣れた景色が広がる。私はいつも同じ町で車を止め、同じ人たちと会った。麗水《リーシュイ》市には新しいホテルが建った。私は支配人と交渉して、一泊一六〇元の特別料金で泊めてもらうことにした。また私は、ホテルの近くにある「セント・オブ・ア・ウーマン」というスポーツクラブに入会した。麗水市中心街で本格的なスポーツクラブといえばここだけだったし、このクラブは男性も女性も入会できた。クラブの名前の由来について支配人は、よさそうな名前だからつけたと言っていた。同名のアメリカ映画を観たことのある人は誰もいなかった。実のところ、スポーツクラブには合成皮革《ブレザー》のにおいが充満していた。トレーニングマシンがすべて新品だったからだ。

天気のいい日は、長距離ランニングをした。麗水市の南に広がる丘を走り、ミカン畑を通り抜ける。この地方のミカンは実においしい。これもこの地の魅力の一つだ。まあまあの料理を出す四川料理レストランや、第一級の麵を出す店も見つかった。高速道路沿いに点々と続く工場町を訪ねることもあった。いつもの日課をこなすのもいいが、新興の町の活気に触れるのもいい。あちこち動き回る大勢の人びとから、エネルギーがほとばしっていた。私は南部へ行くたびに、どこか現実離れした場面に遭遇したものだ。北京から飛んでこの地に降り立つたびに、すぐさま私の携帯にメールが入るのだった。

> 温州《ウエンチョウ》へようこそ！　温州は中国経済活動の十大中心地の一つであります。温州は「恐れを知らぬ開拓者たち、和を尊ぶ市民たち」の故郷であります。温州市共産党委員会は、貴殿がこの地で友情と商機と成功を見出だされんことを、心から願うものであります。

あるとき、機内で毛沢東を見かけた。朝一番に出発する中国国際航空の北京―温州便だ。七時半に乗り込んだ私は、座席ですぐに眠り込んでしまった。機内はいつものように、ビジネスマンや役人たちでいっぱいだ。一度目が覚めたとき、毛沢東に似た人の姿がぼんやり見えたが、夢だと思っていた。やがて乗務員たちの会話が耳に入ってきた。

「お客さまのなかに毛沢東の役をする俳優がいるわ」

「どこ?」

「25よ」

その人は三列席の中央に座っていた。両隣の二人の温州人ビジネスマンは、ご多分にもれず眠り込んでいるが、毛沢東を演じるその俳優だけは背筋をぴんと伸ばしている。グレーの背広に赤いネクタイを締め、舞台化粧までしていた。顔は不自然にてかてかと光り、歯も光っている。真っ黒に染めた髪をオールバックに撫でつけたスタイルは、毛沢東にそっくりだ。顎の左側に「付けぼくろ」までするという念の入れようだった。トイレに向かう乗客たちはみな、驚いて見返すのだった――エコノミークラスの25Eに毛沢東が座ってる!

温州市の空港では、飛行機からターミナルまでバスで移動する。機内よりもさらに混んでいたバスの中で、私の体は毛主席にぴったりと押しつけられた。私が自己紹介して名刺を渡すと、向こうも名刺をくれた。七つを下らない数の肩書きが並んでいた。

金陽《チン・ヤン》
偉大な指導者毛沢東を演じる俳優
不死鳥文化芸術センター理事
中国国際映画有限公司理事長
北京国際武術文化振興有限公司副部長
北京映画研究所事業部長
中華社会大学映画研究所名誉理事
中国紅蜻蜓グループ上級顧問
中国紅蜻蜓商業文化センター主任監査役

金陽は温州で中国中央電視台のミニシリーズ番組の撮影があると言っていた。一九四〇年代、浙江省に侵略した日本軍と紅軍との衝突を描く番組だという。金陽はこの一〇年間、テレビや映画で毛主席の役を演じ続けてきた。私の名刺を見て、にこりと笑う。

「ああ、記者の方ですね。エドガー・スノーという有名なアメリカ人ジャーナリストがいましたね。毛主席と親しかった方です」

エドガー・スノーのことなら知っている。同じミズーリ州生まれの中国通ジャーナリストとして、スノーの経歴は貴重な教訓にしたいものだ。三〇年代、スノーは毛沢東や周恩来のお気に入りだった。そのおかげで、アメリカ人は共産党のプロパガンダを鵜呑みにすることになったのだ。何千万人もが餓死した大躍進時代にスノーは中国各地を取材し、飢饉の噂は真実でないと報道した。それはともかく、私が知りたいのは金陽個人の歴史であった。どのようにして俳優として見出されたのだろう。「毛沢東を演じる俳優」になる前は何をしていたのか。

ところが、金陽は私の質問に毛沢東のエピソードで答えるのだった。出身地は毛沢東と同じ湖南省長沙だそうだ。以前の職業を尋ねると、「毛主席のもっとも有名な写真はエドガー・スノーが撮ったものです」と答える。

「ええ、そのことは聞いています。でも、俳優になられる前、どんな仕事をしておられたのですか」

「若いころの毛沢東といえば、必ずあの写真が使われます。五〇年代、六〇年代にはいろんなところで焼き増しされましたよ」

私たちが乗ったバスはよろめきながら温州空港ターミナルに向かっている。すし詰めの車内で、乗客たちはてんでに携帯電話に向かって叫んでいた。だが、金陽の顔には、顎の付けぼくろだけでなく、笑顔までがしっかりと貼りついていた。機内で保ち続けたあの鷹揚な表情は変わらない。まるで自分は早朝便の中央席に押し込まれた一乗客ではなく、国家を率いる指導者なのだと言わんばかりの顔つきだ。どんな経歴の人なのだろうと考えながら、私は名刺をよく見て、武術関連の団体の役職について訊いてみた。「ご自分でも武術をなさるのですか」。すると金陽は穏やかな笑みを浮かべながら答えた。「はい。毛主席はつねづね身体運動の重要性を強調しておられました。毛主席が長江を泳いだ有名なエピソードをご存じですか」。金陽は、自分は長沙の出身だと繰り返した。また、毛主席を初めて西欧に紹介したのは、エドガー・スノーの著作だったと語った。受け売りのエピソードを聞いているうちに、私は金陽の笑顔が気味悪くなり、ついに会話をあきらめた。この男は頭がおかしいのか。自分が毛沢東本人だと思い込んでいるのか。

ターミナルで手荷物を受け取ってからトイレに寄った。がらがらだ。ただ一人、あの毛沢東がいた。いちばん手前の便器の前に立ち、何かつぶやいている。「美国《メイクオ》記者《チーチエー》、美国記者」。「アメリカ人ジャーナリスト」という意味だ。私は毛主席からいちばん遠い便器を使うことにし、手早くすませて無言で外に出た。金陽は一人トイレに残り、まだ鷹揚な笑顔を浮かべながら独り言を言っていた。

あのブラジャーリング工場が、八月いっぱい続いた夏の不景気からついに脱したのは、九月早々のことだった。ダークコーヒー色のリングの注文が舞い込んだのだ。注文主は新しい顧客だった。一〇万個以上のリングをすべて同じ色に染めなければならない。何カ月も暇をもてあましていた小龍《シャオロン》は、急に忙しくなった。実験室には、濃い茶色の試験官がずらりと並べられた。小龍の色見本帳に「ダークコーヒー」と記されている色だ。注文主は浙江省南部のブラジャー縫製工場だが、羅《ルオ》親方も小龍もこの会社のことはよく知らなかった。経営者は普通、顧客について詳しくは語らない。従業員が転職するときに顧客の情報を持ち逃げすると困るからだ。今度も羅親方が社長たちから聞いているのは、この会社が輸出に関連していることだけだ。だから、最高の品質のリングを作らなければならない。輸出先の国がどこかは知らない。きっと、茶色の下着が好きな人たちの国なんだろう。

同じ九月、別の新規顧客から大口注文がきた。いまや工場を挙げての生産が始まった。春以来、金属プレス機が二台も同時に稼働したのはこれが初めてだ。あのリング製造機は一日八時間というもの、途切れることなくガタガタと大きな音を立てていた。陶一家がそろって戻ってきた。姉と妹、父親、いとこが日雇いで採用された。レイオフされていた製造ラインの工員たちも戻ってきた。王《ワン》社長は私に、九月になってようやく収支がプラスに転じたと語った。工場を立ち上げてからすでに一一カ月が過ぎていた。投資を回収できるのはまだずっと先だろう。だが、少なくとも事業は利益を出していた。

夏の間、工場の寮の住人は一気に若返った。王社長の妻と二歳になる息子が何週間も泊りに来たのだ。それにいまこの寮は、羅親方の赤ん坊の家だった。生まれて二カ月もたたないうちに母親の程有琴《チョン・ヨウチン》に連れられてバスに二〇時間以上も揺られ、はるばるやってきたのだった。家族三人は社員寮の三階にある、内装もまだ整っていない一部屋で暮らしている。部屋にあるのは、木製のベッドとホットプレート、それにわずかばかりの炊事用具だけだ。衣類は段ボール箱に入っている。この室内にあるものが、一家の持ち物のすべてだ。機械の音がうるさくても、この子は平気でずっと眠っていますよと、程有琴は得意そうに言っていた。

誕生から五〇日目に、私は一家を食事に招いた。中国ではこうした区切りの日を祝う。なかでも誕生から一〇〇日目はとくに大事な祝い日だ。私が寮に迎えに行くと、羅親方は利群《リーチュン》タバコを吸いながら赤ん坊を着替えさせていた。子供は坊主頭だ。工場の中は暑いので、最近、髪を剃ったのだった。母親に似たかわいい目をしている。丸々とした頬にふっくらとした唇、鼻はボタン町から持ってきて付けたのか――愛らしい赤ん坊だった。羅親方は私の手に子供を預けた。

「お兄ちゃんはどうしてるの」と私は訊いた。年上の子は村に残り、祖父母や親戚に預けられているものと私は思い込んでいた。だがこれを聞いた瞬間、羅親方は顔を曇らせ、妻は不安げな視線を投げかけた。

「実は、打ち明けたいことが」と羅親方はぽつりぽつりと言う。「本当はこれが初めての子なんだ。この工場に雇われたとき、息子がいるって言えば給料を高くしてもらえると思った。おれたちの間で嘘はいけないと思ったんだけど、社長たちが聞きつけたら困るから、なかなか言えなかったんだ。なにしろ社長たちは耳が速いから。帰郷する前にちゃんと話そうと思ったんだけど、そのまま出発してしまった。すまない」

気にしないでいいよと私は言った。いずれにせよ、すでに羅親方は架空の子供のことで苦しい思いをしている。二番目の子供は大騒ぎするまでもないと王社長に言われて、子供が本当に生まれるというのに、なかなか休暇をもらえなかったではないか。あのとき、王社長は本当のことを知っていたのだろうか。

「いや、知らなかったと思う。いまさら言えないし。もう一人、家に残してきたということにしておくよ」

そんなことは嘘のうちに入らないだろう。新興都市にはこの種の話があふれ返っている。経営者との交渉では、誰でもできるだけ有利な方法を探すのだ。存在しない子供にも十分に価値があることが、私にはわかる。この子が役に立つことがあるかもしれない。羅親方が工場を辞めたくなったら、この架空の子供の架空の病気を口実に、いつでも休暇を申し出ることができるのだ。

羅親方の友達で、遂松路の露店で安物衣料を売っている男が、近くに新しい鍋料理の店が開店したと教えてくれたので行ってみた。鍋料理の魅力はおしゃべりが楽しめることで、ビールを飲みながら食べると最高だ。鍋料理の店はいつも湯気がもうもうと立ち込めていて、騒がしい。そんな雰囲気の店は中国人のお気に入りの外食スポットなのだが、私に言わせれば、五〇日祝いに赤ん坊を連れて行きたい店ではない。もっとも、子育てについての私の意見など、誰も求めてはいなかったのだが。

新規開店の鍋料理店は、この地区が発展の階段をもう一段上がったことを示している。鍋料理は安いものではなく、開発地区の中間層――現場監督や技術者――に人気があった。この一カ月の間に遂松路《スーソンルー》で新規開店した、これが二軒目の鍋料理店だ。店の前には開店祝いの花輪が並び、花火が打ち上げられていて、私たちがテーブルについた途端、ドーンと大きな音がした。赤ん坊はまばたきしただけで、泣きはしない。テーブル上のコンロに火が入れられ、羅親方たちは利群タバコに火をつけた。間もなく赤ん坊のすべすべの肌が汗で光りはじめた。頬は真っ赤で、目つきもやや放心状態ではないか。店内にいる男性で、タバコを吸っていないのは私だけだ。だが、赤ん坊が落ち着きはらっているので、ついに私はもう心配しないことにした。この子はすでに五〇日間もこうして鍛えられているのだ。五〇日といえば、開発地区では永遠にも等しい長い期間だった。

店の入り口近くの大きな丸テーブルに座っていた男が八人、食事を終えるところだった。早くから来て、かなり酒を飲んだらしい。一人が、料理のことでウェイトレスにクレームをつけていた。店主が急いで奥から出てくる。まだ三十代の若者だ。夫婦で店を取り仕切っているらしい。店主がしきりに謝り、客をなだめようとすると、同じテーブルのほかの客が割って入り、大声で苦情を言いはじめた。とうとう店主は、食事代を割り引き、ビールを一杯ずつサービスしますと申し出たが、客たちはますます声を荒げた。

中国では、レストランで出された料理に文句をつけるのはごく当たり前のことだ。中国人はいろいろなことに対して受動的になれる。だが、食べ物に関しては厳しかった。それだから中国は、第一級の料理と長い政治的災害の歴史を持つことになったのかもしれない。とはいえ、この鍋料理店の騒ぎは尋常ではなかった。フリードリンクと代金割引は最大級のサービスで、普通の客ならこれで矛を収めるはずだ。それなのに、このグループはなおも怒鳴り散らした。もう一度店主を呼びつけてがみがみ言い、次に店主の妻に当たり散らし、どうしても料理人を呼んでこいと言う。薄汚れた白衣を着た気の毒な料理人は、目を丸くして立ちすくんでいた。酔っ払いの一人が、その顔の前で人差し指を振りかざしながら言いたてた。油がよくない、肉もだめだ、野菜は新鮮じゃない。狭い店内で、ほかの客たちの視線はこの場面に釘づけになった。一団がついに店を出た途端、店内は一瞬静まり返る。すると、酔っ払いの一人が戻ってきて（まるでホラー映画の悪玉そっくりだ）最後の悪態をついたが、やがて仲間に促されてようやく立ち去った。

すべてが終わったあとで、店主は私たちのテーブルに来て謝った。「お騒がせして申し訳ありませんでした。

でも、あの連中は料理のことで怒っていたのではありません」。店主の説明によると、すべては数軒先の鍋料理店の差し金だった。ライバル店の社長が男たちを雇い、騒ぎを起こさせたのだ。この店の開店を邪魔するためだった。店主が計略に気づいたときは、もう手遅れだった。

この店主は物静かでまじめそうな人だ。テーブルからテーブルへと、事情を説明して歩くが、事態はすでに絶望的だ。中国では苦情はすぐさま伝染する。悪玉菌のようにあっという間に広がる。人びとはある種の振る舞いを見るとその雰囲気をすぐにつかみ取る――集団の勢いとでも呼ぼうか、みんなそうせずにはいられなくなるようだ。私たちのテーブルでも同じことが起きた。羅親方は店が清潔でないと言い出した。親方の友達は、野菜がおいしくなかったと言った。スープは塩味が濃すぎるし、肉も少なかった。だいたい、この店は低級だ。みんな、こんなふうに文句を言いながら具を鍋に入れ、おいしそうに食べるのだった。これが中国の食べ物批評の特徴だ。どんな酷評も食欲には関係がない。程有琴は、食事の最後に出たお茶までけなした。文句を言わないのは赤ん坊だけだ。副流煙を吸い込み、汗びっしょりで湯気に包まれた子ブタのようだが、相変わらずおとなしい。

文句を言いながらも料理をすっかり平らげると、羅親方の友達は箸の先をビールに浸し、それを赤ん坊の口に突っ込んだ。子供は顔をしかめた。その夜、この子がそんな表情を見せたのは初めてだ。男は気をよくして、いろいろと反射運動テストを始めた。手を振り下ろし、赤ん坊の丸い鼻の先で止める。子供は動じなかった。「よく見えないんだな。この段階じゃ、まだ見えないさ」男は説明する

「見えるわよ！」程有琴が食ってかかる。

「いや、見えてないね」と言いながら、男はげんこつを振り回した。反応はない。「ほら、見えてないよ」

子供の悪口を言われて平気な母親はいない。程有琴は急いで防衛にまわった。子供の顔の数センチ先で箸を振り回す。ついに子供はまばたきした。「ほら！　この子、目はいいのよ」と誇らしげだ。

「でも、こっちは見えないぞ」男はもう一度試す。

「見えるわよ！」

「やってみるぞ。ほら、反応しないじゃないか」

「するわよ、こうやらなくちゃだめなの」

ここで私が割って入った。「この店、ちょっと暑すぎないかな。そろそろ出ようか」

店を出るとき、店主はお詫びのしるしとして五〇元の割引券をくれた。遂松路に出るなり、羅親方は「もうあ

の店には行かないよ。まずいから」と言いながら、割引券をきちんとたたんでポケットに入れた。ひんやりした外気にあたって、子供の汗は止まっている。まばたきもせず、相変わらずおとなしい。この先五〇日間に何が起ころうとも、この子はけっして動じないだろう。

温州から麗水へと高速道路を走るとき、私はいつも途中の町々に立ち寄った。多くは高速道路と並行して建設された町だ。高速出口の各所に新しい町ができていた。畑だったところに大きな集落が現れることもある。そんな町の一つに石帆《シーファン》があった。麗水市から南へ一五キロほど行ったところだ。私が初めて石帆を訪ねたときはまだ高速道路が開通しておらず、町全体が建築現場のようだった。道路も足場のかかったマンション群もすべて建設途中だ。大通りに広告板が立っていた。

灘坑《タンコン》ダムを大切にしよう
当地に移転する人びとのために尽くそう
移転第一段階まであと32日

広告板の数字の部分は切り取りできる紙片に書かれていて、用済みになった紙片があたりの地面に散らばっていた。「5」もあれば「4」もある。「3」の紙はくしゃくしゃに丸まっている。新しい町の誕生まで秒読みが始まっているのだ。目抜き通りを歩いていくと、ハンマーを手にした男が近づいて、「マンションをお探しですか」と声をかけてきた。いや、ジャーナリストで麗水市に行くところだと答えると、男は言った。「ああ、記者の方ですか。それじゃ、ダムのことで不平を言う人たちを探しに来たんですか」

つまり、私が石帆で初めて出会ったのは、空っぽのマンションと不満を抱く人びとだというわけだ。石帆は、灘坑ダムと呼ばれる水力発電事業の一環としてつくられた町だ。麗水市の西方の山地で小溪《シアオシー》をせき止める灘坑ダムは、完成までに五年を要し、総工費六億ドルの大事業だ。水没する一〇町八〇カ村の住民五〇万人あまりが立ち退きを余儀なくされる。こうした事実はすべて建設現場の大看板に書き出されてはいるものの、それ以外から情報は得られない。浙江省の新聞記事が灘坑ダムに触れることはほとんどない。ましてや、外国メディアが取り上げることはまったくない。灘坑ダム事業のもっとも特筆すべき点は、ほぼ完全な沈黙のうちに五〇万人が移転させられることだ。少なくともメディアに関する限り、沈黙を通してきたのは事実だった。

中国では人びとがダム工事に慣れっこになってしまい、あまり関心を寄せないことが多い。そのうえ、概して国内メディアはこうした公共事業を批判できない仕組みになっている。大気汚染が深刻化するなか、政府が火力発電の代替にと、真っ先に手がけるのは水力発電だ。麗水市のように周囲に高い山があり、豊富な雨量に恵まれ、しかも地域産業の中心地として発展したいという意欲のある町にとって、水力発電はもってこいの選択だ。この地域ではすでにほかにもダム建設が進んでいるが、電力需要は高まる一方だ。ある役人によれば、麗水市全体の電力消費の七割を製造業が消費しているという。この統計値は、小規模な町村を含む市の行政区域全体のもので、製造業の占める割合がこれほど高いのは、重工業が興隆し、機械化が進んだからだ。しかし、この割合は生活水準の低さを示してもいる。対照的にアメリカでは、工業分野の電力消費量は国全体の消費量のわずか三分の一にとどまっている。

やがてインフラ整備や工場建設への投資が成功すれば、必然的に麗水市の生活水準は向上するだろう。麗水市では、高速道路の開通後六カ月間に自家用車を購入した世帯が前年同期の二倍になった。李一族が所有する江《チアン》浜《ビン》団地のような広い集合住宅への入居者が増えた。市の北部では別の不動産会社が住宅開発を進めている。こちらは、麗水市で初めて生まれる戸建て住宅地だ。それぞれ車道と車庫がある一軒家の宅地開発は麗水市では初の試みです、と開発責任者は胸を張っていた。大きな住宅が建てば、必然的に市の電力供給網に負担がかかる。すでに市は、ほかの地域から買い入れた電力に大きく依存しているのだ。灘坑ダムは、こうした事態を少しでも改善するための試みだった。都合のいいことに、建設現場は山の上だ。山の村人たちは貧しく、移住にそれほど抵抗しないだろう。

ダムの影響を受ける地域でもっとも大きな町は北山《ベイシャン》で、約一万人が住んでいた。二〇〇五年秋、いよいよ住民を移動させるにあたり、当局は占い師に日取りを相談し、陰暦の九月二十三日に町を破壊することに決めた。二十三日の朝、私はレンタカーのサンタナで北山へ向かった。小溪に沿った名もない道路は道幅が狭い。小溪の速い流れが谷底の岩の間をくねくねと続いていた。ときおり、川岸を歩く釣り人の姿が目に入る。小溪は浅いので船は通らない。このあたりには人もあまり住んではいない。農作も難しいからだ。平地では川岸に田んぼが広がっているが、急峻な山地では棚田も作れない。岩だらけのこの山地は温州の工業地帯とはおよそかけ離れているようだが、実は直線距離は八〇キロもない。浙江省南部の人たちが商売上手なのは、この地形のおかげだといわれている。山地の人びとは沿海部へ出て商売の道を求める以外に、生計を立てる道がなかったのだ。進取の気性に富む地元の人びとのエネルギーは、近年は製造業へと向かった。そしていま、ダムを造ってその製造業に電力をまかなおうと、人びとはこの奥地に舞い戻ってきたのだ。

進んでいくと、あちらこちらに「紅獅子《ホンシーズ》セメント」の看板が立っているのが見えた。ほかに広告はなく、沿道には貧しい小集落が点在していたが、車の交通量は多かった。大型の「解放《チエファン》」トラックやポンコツの平台トラック、2サイクルエンジンでパタパタ走る三輪トラックが、北山の方角からひっきりなしに下りてくる。荷台には段ボール箱や戸棚や家具が積み上げられていた。古ぼけた汚い蒲団を両わきに紐でしばりつけたトラックも通る。道端の政府広報板のわきを、車が次から次へと通り過ぎていった。

灘坑ダム建設工事完了をめざせ
未来世代に恩恵を残そう

灘坑ダムは今日の贈りもの
明日の世代が恩恵をこうむる

私と同じ方向へ向かうのは、ダム工事でなんらかの利益を受ける人たちの車だった。コンクリートミキサー車や作業員を乗せたトラックが北山へ向かう。荷台が空っぽのトラックは廃品回収業者のものだ。取り壊し工事から出てくるれんがや木材や金属など、リサイクル可能な資材がお目当てだ。役人を乗せたアウディA6も走っている。それに警察の車も走っていた。浙江省の田舎で私がそれまで出会った警官をすべて合計しても、これほど大勢にはならないだろう。北山の手前でダムの建設現場に差しかかった。また政府広報板が立っていて、工事に要するセメントの総量は一六万四〇〇〇立方メートルだと表示していた。それだから紅獅子セメントは、この地域に力を入れているのだ。需要はまだまだこれから本格的になる。ダムの擁壁用のセメントなどは、川をせき止める建造物に比べれば、ほんの一部にすぎない。山の上方に目をやれば、えぐられた山腹が未来のダムの予定地を示していた——谷のこちら側からあちら側へ、巨大な溝が山腹を走っている。まるで最後に大きな一片をはめれば、それで完成する巨大なジグソーパズルのようだ。

私は以前に北山を訪れたことがあった。当時活気のあった町は、いまや見る影もない。目抜き通りに、石帆で見たようなカウントダウンの広告板が立っている。ここ北山では、移転までの日数は[0][0]だ。市の中心部にはすでに解体作業班が入っていた。そろいの白いオーバーオールを着た政府指定の作業班が、建物を一軒ずつ回り、人が残っていないことを確かめる。解体工事そのものはフリーランスの業者に任された。麗水市の開発地区では、市場の力によって工場や店が一挙に増え、町が生まれた。同じ利益追求の動機が、ここ北山では解体の原動力となっている。屋根瓦もれんが壁も床下の銅板もすべて売ることができた。そういうわけで、解体業者は仕事が速かった。実った畑を食い尽くすイナゴの群れさながら、彼らが通り過ぎたあとには荒廃だけが残る。

　廃材を積み込むトラックにあちこちで道をふさがれ、北山の中心部に行くのに一〇分もかかった。のろのろ運転でようやくたどり着いた私は、車を止めてあたりの物音に耳を澄ました。工場町で聞こえるのは機械の音ばかりだが、ここ北山では、解体工事が主に手作業で行なわれていた。壁板がはがされ、釘が抜かれ、コンクリートはハンマーで粉々にされる。壁を壊す音が聞こえてきた――バシッ、ビリビリ、ガチャン、バシッ、ビリビリ、ガチャン。最後にドシーンと轟音が響き、あたりは静かになった。この静寂こそ北山に与えられた運命だった。工場の機械音も夜勤労働者の話し声も、この谷間ではもうけっして聞くことができない。ダムの静けさ、壁に囲まれた池の水の沈黙がやってくる。深い静けさの中でこの町は死んでいくのだ。

　二〇〇六年十一月、たった二日の間に開発地区に緑が現れた。政府の作業班が遂松路の歩道にれんがを敷き詰め、ごみ箱まで設置したのもこの月だ。起業家たちが町を建てたばかりのころ、ごみは側溝に山積みになっていたが、いまでは市がごみ回収サービスを行なっている。市の中心部へ行く路線バスの運行も始まった。作業班は、二メートル以上に育ったクスノキの苗木を開発地区の道路に一本一本植えていった。木と木の間隔はきっちり五〇メートル。まるで組立ライン並みの正確さだ。突然、工場町に青葉が茂った。ほんの一年と少し前、山がまだ切り崩されず、機械類もまだ設置されていなかったころ、このあたりは緑あふれる田園地帯だったのだ。

　街路樹が植えられて数日たったある日、製造ラインで働く女子工員の一人が十六歳の誕生日を迎えた。任静《レン・チン》という名の、陶一家の出身地に近い安徽省から来た子だ。両親やきょうだいの一家全員で出稼ぎに来たのだった。両親は工員相手に青物を売る露天商で、姉は海賊版ビデオを売っていた。工場の製造ラインで任静は陶《タオ・》玉染《ユイラン》（陶姉妹の姉のほう）と一緒に、製造ラインから出てくるリングを仕分けする仕事をしていた。勤務時間が終わっても、彼女たちはたいてい三人で一緒に過ごす。親たちは夜も商売で忙しいから、誰にも干渉されずにのびのびできるからだ。三人はこうした働き方が気に入っていた。

　任静の誕生日にも、みんな八時になるまで仕事が終わらなかった。工場はまた別の顧客から注文を受けていて、それをこなすために時間外も働いていたのだ。陶姉妹が、英語で「ラック・フォー・ユー」と飾り文字がついたデコレーションケーキを用意し、任静の十九歳になる姉が仕事を休んで七品もあるディナーに腕をふるった。草魚（コイに似た淡水魚）、鶏肉、カリフラワー、レンコンなどの料理が、任家のテーブルに並ぶ。一家は農家だった家の一部屋を間借りしていた。壁はコンクリート、床には目の粗いタイルが貼ってある。リンゴやミカンの入った段ボール箱が床の大部分を占めていた。任姉妹は両親のベッドに腰を下ろし、ご馳走を食べながらコーラとスプライトで何回も乾杯した。

　男性陣のためにと、双鹿《シュアンルー》ビールが何本か用意されていた。任静の姉のボーイフレンドが（合成皮革《プレザー》工場で一二時間勤務を終えたばかりだった）招かれていたし、工場からは老田《ラオティエン》が参加していたからだ。老田はアンダーワイヤー製造ラインの職長で、面接で年齢を偽って十五歳で雇われた陶玉風《タオ・ユイフォン》の上役なのだが、ビールの栓を抜くやいなや、陶玉風の格好の餌食になった。

「さあ、一杯やって」と陶玉風は、グラスになみなみと注ぐ。自分はスプライトだ。二人はぐいとグラスを干した。玉風はすぐにビールを注ぐ。

「さあ、もう一杯！」

「ちょっと待てよ」

「いいから飲んで」

「待てよ」

「いまよ、いますぐ飲んで」

老田が飲み干すと、玉風はすぐにまた注ぎ、姉のボーイフレンドに向かって言った。

「さ、やってみて！　老田に飲ませて！　ぐでんぐでんになるまで飲ませちゃおうよ。そしたら明日の朝、私のこと、こき使えないでしょ」

「おれ、こき使ってなんかいないじゃないか」

「さ、あんたの番よ、老田に飲ませて」と促されて、ボーイフレンドは玉風の言葉に従った。次に私にお鉢が回ってきた。逆らうなんて到底無理だと、私にはわかっていた。嘘をついて雇ってもらって以来、玉風は工場で意のままに振る舞っている。髪を短く刈り込み、ふっくらとした頰の少年のような顔立ちの玉風は、誰よりも態度が大きかった。工場の大人たちは、誰も玉風にかなわない。玉風はアンダーワイヤーの扱いにかけては誰よりも仕事が早かったし、社長に対してさえ、遠慮はしない。あるとき王社長が、この先数日は仕事がないから来なくていいと告げると、玉風は悪態をつき、怒りながら出て行ったが、王社長は「あの子はほんと、き、気性が荒い」とつぶやいたたけだった。工場のほかの男たちと同じで、老田はそんな玉風をちょっとおもしろいと思っているようだ。これほど若く、これほど頭の切れる女性にどう接したらいいか、誰にもわからない。

　とくに老田はこの女の子の敵ではなかった。体重わずか四五キロと小柄な老田は、優しい妖精のような容貌だ。これまで二つのスローガンに従って生きてきた。「日々、楽しく過ごせ」と「新しい日はいま、ここで始まる！」というスローガンだ。八〇年代の半ばに四川省の農村から出てきて以来、老田はこの方針を守り続けている。初めのうち老田は、開発地区で腕時計修理の露店を出していて、稼ぎもよかった。ところが間もなく、技術革新の波に取り残されたことに気づく。二〇〇〇年の初めには、所得の低い人たちの間にも携帯電話が行き渡りはじめた。携帯電話は時間も教えてくれる。老田の仕事は時代遅れになった。多くの中国人が学んだように、老田も新しい技術に安住はできないと思い知った。なにしろ、せっかく農業から時計修理に転じたのに、もう別の技術が必要になったのだ。だが、あくまで楽天的な老田は、さっそく大きな一歩を踏み出した。「新しい日はいま、ここで始まる！」というわけだ。老田は温州市近郊の工場で技師としての仕事を見つけ、やがてアンダーワイヤーの専門家になった。

　老田はかなりの給料をもらっていたが、その三分の一は宝くじに使ってしまう。中国の社会計画を支える国営の福祉宝くじに、老田は必要以上に貢献していた。宝くじに取りつかれていたといっていいだろう。老田は当選番号を調べては、自分の寮部屋の壁に記録していた。一階の窓のない彼の部屋のそのむき出しのしっくい壁には「日々、楽しく過ごせ」のスローガンと並んで、宝くじ関連の不思議な番号が躍っていた。

95　1.3.17.20.21.24+16
97　1.5.9.13.15.33+14
97　11.14.15.20.26.27+12
98　6.7.10.11.15.23+16
99　7.12.18.23.24.27+5

　工場の人たちはみな、胸に将来の夢を抱いていた。玉風は靴工場を開くのが夢だ。小龍はウサギの飼育か卸売をしたいと言っていた。羅親方は、レンコンを加工して乾物を作り、ハスが育たない北部で売る商売をしてみたいと考えている。あるとき、機械をいじっている老田に、宝くじが当たったら何をしたいかと訊いてみた。老田は笑ってアンダーワイヤーを指し、「これを作りたいな。自分で事業を始めるんだ」と言った。自分がすでにしている仕事を続けたいと言ったのは、老田ただ一人だった。しかし、自分のいまの仕事が絶対に時代遅れにならないと信じ続けるのは、中国では夢物語にすぎず、宝くじを当てるよりも実現の可能性が低い。

　誕生日パーティーの夜、ビールで顔が赤くなった老田は、陶玉風になおも何杯か勧められた末、とうとう部屋の隅の二段ベッドで眠り込んでしまった。少女たちは工場の仕事のことをあれこれ話している。合成皮革《プレザー》工場の仕事は出生異常を引き起こすという噂が立っていた。玉風は靴工場のほうがいいと言う。

「靴工場も有毒ガスを出すよ。同じ問題だよ」と任静。

「ガスの種類が違うよ。靴工場が使う糊も有毒だけど、革工場ほどじゃない」と姉の玉染が間違いを正した。

　玉染はまだ十七歳だが、工場のことならよく知っている。これまでに靴工場やワイシャツ工場の組立ラインで働いたことがあり、いまの工場は三つ目の職場だ。誕生日を迎えた任静は、これでようやく労働年齢に達したというのに、すでに二つ目の職場にいる。任静は十四歳のとき、安物衣料のメーカーで縫製工として働きはじめたのだった。「前の仕事は出来高払いだった。いまの仕事は時間給だから、ゆっくりできる。こっちのほうがいいよ」

「前の職場はよかったよ」と玉染は思い出す。「社長がいい人だった。注文がたくさんで超勤したとき、みんなに飲み物をおごってくれた。誰も頼みもしないのにさ」

「高《カオ》社長なら、しないね」

「高社長はけちだよ」

「縫製工場の社長は、私たちのこと気にかけてくれた」

「王社長はいい人だね。心配性だけど」
「ほら、老田を見てよ！」
少女たちは笑った。酔った職長はぐっすり寝込んでいる。誕生日ケーキはもうあらかた食べ尽くし、テーブルの上にはプレゼントの小山ができていた。おもちゃの子豚や子牛や垂れ耳の犬のぬいぐるみだ。任静はぬいぐるみが大好きだ。この年ごろの女の子はたいていそうだが、任静も年齢よりずっと幼く見える。彼女たちはボーイフレンドのことなど（少なくとも男性の前では）話題にしないし、親によく従った。アメリカのティーンエージャーと比べれば、考えられないほど従順だ。だが、ほかの面では驚くほど大人びている。十六歳の誕生パーティーに、七品も並ぶディナーを用意できるティーンエージャーは、アメリカにはめったにいないだろう。それに、そんな席で十五歳の少女が職長に痛飲させるなどということも、アメリカではめったにないだろう。だが、どの国のティーンエージャーにも共通点はある。安徽省出身のこの少女たちも、いったんしゃべりはじめるや、顔を輝かせ、至福の表情になった。任静は一時間ほど友達に囲まれながら、昔の仕事やいまの上司のこと、どの工場がいちばんいいかなどをしゃべり続けていた。

あの年の秋のある夜、温州から麗水市へ向かう高速道路を走っていた高社長は、車のコントロールを失った。真っ暗な夜で、雨が激しく降っていた。時速一二〇キロ以上も出していた高社長はカーブで水たまりに突っ込み、ハイドロプレーニング現象が起きた。運転していたのはビュイック・セイルだ。まさに航行《セイル》する車になったわけだ。車は三六〇度回転し、高速道路を横滑りしながらガードレールに突っ込んだ。金麗温《チンリーウエン》高速道路は場所によっては高架になっていたり崖の縁を通ったりするのだが、その点で王社長は幸運だった。ガードレールは持ちこたえた。事故が起きたのは真夜中近くで、ほかに車は通っていなかった。なんとか路肩に車を止めた高社長はステートエクスプレス555を吸って気持ちを落ち着けた。幸い車に大きな損傷はなく、高社長はそのまま麗水市へ戻ってきた。

社長は二人とも温州市の近郊に家を構えていて、温州と麗水の間を一週間に二、三回、行き来する。たいていは機械の性能に関する問題が何かしら起きて、部品や修理用品の調達に温州まで出るのだった。王社長も高社長も運転経験は浅く、高速道路は苦手だ。それに、費用もばかにならなかった。高速料金は一往復一六〇元から二四〇元ほどかかる。あの秋、工場から利益が出はじめた途端に、社長たちは事業を温州の近くに移転する計画を立てはじめた。

この計画は単に、開発地区の底知れぬ落ち着きのなさを表しているともいえた。開発地区の人びとはどこかへ移り住み、新しい事態に順応することに慣れっこになっているから、すぐにあれこれと手を出したがる。それに、小さな成功は満足よりも不安をもたらすものだ。利益が出はじめるや、社長たちは経費削減に取りつかれてしまった。二〇人の従業員は夜遅くまで残業することも多く働きすぎだが、社長たちは新規採用を考えていない。そのうえ、家賃が高すぎる、工場が広すぎると言い出した。社長たちは当初はかなり野心的で、六カ月で規模を拡大する事業計画を立てたのだが、一年たっても事業は期待したほどには広がらず、工場の最上階のスペースは誰も使っていない。

社長たちは大事な仕事の話をするときは、従業員にわからないように、必ず方言を使う。普段は自分たちの計画を秘密にしておくのだが、あの秋は羅親方に、仮に工場を移転するとしての話だが、と切り出してリング製造機を解体し、ふたたび組み立てるのに何日かかるかと訊いた。羅親方は一〇日と答えた。それきり、ほかには何も訊かれなかった。社長たちは本気で移転するつもりだろうか。いや、今年の末まではそんなことするはずがない、と羅親方は読んだ。ようやく利益が出たばかりだし、移転はリスクを伴うからだ。とはいえ、工場勤務の経験が長い羅親方は、経営者のとっさの判断は予測不能だということも知っていた。とくに浙江省のようなところでは、慎重な事業計画を立てる人などめったにいない。羅親方の見るところでは、この地域は広東よりも無秩序だ。広東のことは、長年住んでいたのでよく知っている。「町のつくり方一つでも、広東のやり方はここと違うんだ。もっと合理的で、まず道路を造ってから工場を建てる。ここじゃその反対で、まず工場を建てて、それから道路だの何だのと心配するんだよ」

秋の終わりに、羅親方は妻と子供を妻の実家のある貴州省に帰すことにした。工場は移転するかもしれないし、給料の一部はまだ払ってもらえない。春節の休み明けに転職のチャンスがあるかもしれなかった。いずれにせよ、身軽に動ける状態にしておきたいし、赤ん坊がいれば事は簡単でないだろう。羅親方の仕事が安定するまで、一家は離れ離れに暮らすことになった。出稼ぎ労働者の家庭にはよくあることだ。

程有琴は運べるだけのものを荷物に詰め込んだ。新しく買ったキヤノンのデジカメも持って帰る。カメラは一家のもっとも高価な財産だった。子供が生まれたので、一二〇〇元も出して買ったのだ。荷物と赤ん坊を抱えて麗水市のバスターミナルを出発した程有琴は、貴州省の省都、貴陽《クイヤン》行きの列車に乗り換え、夜通し列車に揺られ続けた。翌朝五時前に貴陽駅に着くと、親切な若い女性が近づき、「どちらまで?」と話しかけてきた。同じ方角に行くバンを持っている人がいるので乗りませんか、お代は安くしておきますよ、と親切な申し出までしてくれた。程有琴は乗せてもらうことにした。貴陽の近郊にある家まで行くには、路線バスを乗り継げば一時間以上はかかるからだ。

程有琴は若い女性の後ろについて駅の構内を出たが、バンを一目見た途端、心配になった。ぼろぼろで狭苦しい車、俗に「パンケース」と呼ばれるミニバンだ。車内に三人が待機していた。二人は屈強な男で、タバコを吸っている。程有琴が近づいても、挨拶もろくにしなかった。程有琴は駅に戻って路線バスを待とうかと思ったが、夜は明けたばかりだし、長旅で疲れてもいた。子供は腕の中でぐっすり眠っている。程有琴は思い切って車内に入り、運を天に任せることにした。

ミニバンは市内を抜け、郊外に出た。ほかの四人の乗客は互いに顔見知りらしいが、ほとんど口を開かない。時間がたつにつれて、車内の沈黙は耐えがたくなった。貴州は辺鄙な貧しい省で、ごつごつした荒れ地が多い。間もなく車は、貴陽市郊外の一連の集落も通り過ぎてしまった。誰も通らない道路で、化学薬品の強いにおいが程有琴の鼻をついた。目が回る。ミニバンが道のかたわらに止まる。それからはすべてが霧の中の出来事だ――男たちが金を出せとすごんでいた。貴重品も携帯電話も出すんだ、さもなければ赤ん坊も一緒に殺すぞ。程有琴は一〇〇〇元ほどの現金を持っていたので、携帯電話と一緒に差し出した。イヤリングもはずせと言うから、従った。だが、デジカメのことは黙っていた。赤ん坊の衣類の下にデジカメは隠してあった。ほかに貴重品はないか、正直に言わないと殺すぞと男たちに言われても、程有琴は隠しとおした。

強盗一味は程有琴と赤ん坊を道端に置き去りにした。夜が明けたばかりで、空気は湿っていて寒かった。程有琴はまだ頭が混乱していた。たぶん、麻薬を盛られたのだろう。薬物を使って被害者の意識を失わせる犯罪が報道されていた。運よく、程有琴は道の近くに農家を見つけ、子供とともに駆け込んだ。農家の老夫婦はすぐに中へ招じ入れ、食べ物を勧め、電話を使わせてくれた。程有琴が真っ先にしたことは、携帯電話に登録してある親戚や友達への連絡だ。携帯電話を盗んだ犯人が、登録先の番号に電話をし、持ち主がひどい事故に遭ったといって金をだまし取ることがある――本人は怪我をしているので電話に出られません。いますぐに治療が必要ですが、前金で払わなければいけないので、至急送金してください。そんな手口の詐欺が横行していた。

程有琴はこの種の犯罪のことを聞いていたので、友達の番号をできるだけ思い出そうとした。羅親方にも電話して、知り合いの番号を教えてもらった。三〇分もあちこちに電話して事件の説明を続けた末、ふと見ると赤ん坊はまだ眠っている。普段なら目を覚ます時間だ。なんだか意識がもうろうとしているようだ。程有琴はパニック状態で、また夫に電話した。すぐに風呂に入れろ、と羅親方は指示を出した。何か薬品を浴びているかもしれないから、よく体をこすってやれ、と。

農家の老夫婦はふろの準備をしてくれた。子供は目を覚ましたが、いつもと変わらない様子だ。その後数週間というもの、程有琴は息子の様子を注意深く見守ったが、落ち着いて機嫌よくしているので、結局、害は受けなかったと思うことにした。のちに私と会ったとき、程有琴は子供がいたから自分は殺されずにすんだのだと言っていた。それにカメラを隠しとおしたことを自慢してもいた。あんな目に遭っても、一家のいちばん高価な財産を守りとおしたのだと。

この子供は大きくなるにつれて、顔つきが次第に羅親方に似てきた。長い鼻と濃い眉と、それに優しい笑顔が父親譲りだ。やがて羅親方の物静かな物腰も身につけ、穏やかで経験豊かな雰囲気を醸し出すのだろうか。この子は生まれてからたった四カ月の間に中国を二度横断し、工場の寮に住み、給料交渉のコマに使われた。おまけに、鍋料理店ではクレーム騒ぎを目撃し、携帯電話を使った振り込め詐欺を免れた。麻薬をかがされ、強盗の被害者になった。この子の名前は、「文化」を意味する「文《ウエン》」。羅親方は、いつの日かこの子が教育のある人になることを夢見て、この字を選んだのだった。

羅親方は社員寮の壁に標語を書いたりはしない。自己啓発本も読んだことはないし、宗教にも関心はない。毛沢東のせいで中国は三〇年を空費したと考えていたが、現実主義者の鄧小平は尊敬していた。二〇年も工場町で暮らしてきた羅親方の人生哲学はたった一文に凝縮することができた。「問題があれば、自分で解決しなければならない」。開発地区の人はよくこう言う。成功する人とは、自分の頭を使って努力する人、政府であれ労働組合であれ、他人から助けてもらおうとは思わない人だ。普通、出世階段を上っている労働者は共産党に入党したいとは言わない。党員の地位など、工場では何の役にも立たないからだ。中国には合法的な労働者団体が一つ（政府運営の中華全国総工会）あるが、麗水市で私は、この組合に援助を求めた労働者にただ一人として出会ったことがない。実際、私の知る限り、この団体の唯一の活動といえば街頭エンターテインメントだろう。中華全国総工会は毎月一回、遂松路に移動スクリーンを組み立てて無料映画会を開く。また、毎年一回、労働者のために大がかりなカラオケ・コンテストを開催する。これら二つのイベント関連を除けば、この労働組合が人びとの話題に上ったことは、私が麗水市に通っていた間は一度もなかった。

工場町では、人びとの政府に対する態度は軽蔑からまったくの無関心までさまざまだ。役人の腐敗を嘆く人はたくさんいる。だが、役所の幹部と直接接触する機会がほとんどない人たちだから、漠然と不満を述べ立てるだけになってしまう。高速道路のスピード違反切符と同じやり方だ。もし、警官がその場で車を止め、居丈高に罰金を払えとでも言ったら、みんなの怒りを買うだろう。当局はそのあたりをわきまえているから、責任の所在を曖昧にして、うまく金を稼ぐ方法を見つけるのだ。市民はたいてい、仕方がないとあきらめる。一部には役人を見下している人たちもいる。ある工場経営者は、賄賂を一種の公共サービスととらえていた。「肝心なのは、自分たちは偉いと役人たちに思わせることです。タバコをやったり、うまい物を食わせたり。要するに、顔を立ててやるんです。そんなことでもなければ、あの連中はただ一日中、役所に座っているだけだ。事業も起こせないし、おもしろいことがなんにもない毎日は、さぞ退屈でしょう」

人びとが政府を頼りにするのは、たいていの場合、状況が絶望的であることのしるしだ。高速道路を何回も行き来するうちに、私はダム建設で移転させられた人びとの町をいくつか見つけた。政府に何かを期待しているのは、そんな町の住民たちだけだった。しかも、こうした町は浙江省のなかでも、もっともひどい状態にある。多くは高速道路沿いに、たいていは出口付近にぽつんとつくられた、ほこりっぽい感じの町だ。そんな町に新興開発地特有のエネルギーは感じられない。何事も完成には至らないのだ。麗水市の南にある石帆の町を、私は二年間にわたってたびたび訪れたが、目抜き通りはついに完工されなかった。新しい町はたいてい同じような運命をたどる。真っ先に開店するのは、中国移動通信の携帯ショップや工事資材や家具の店だ。タイルや蛇口をはじめ、インテリア用品が並べられる。だが、目抜き通りのレストランが繁盛し、人びとが街頭ショーを楽しむといった成長の次の段階に、いつまでたっても到達できない。石帆は活気あふれる街にはついになれなかった。近くに産業がなかったからだ。

石帆は通過するだけの町であり、そんな町に見合った産業しか育たなかった。ときおり、大きな町の工場主が通りすがりに高速道路から降りてきて仕事をくれると、地元の人は臨時の金を稼ぐことになる。あるとき私が立ち寄ると、年配の女性たちが何人も町の通りに座り、のんびりしゃべりながらプラスチックのビーズを布切れに縫いつけていた。温州の靴工場からもらった仕事で、布一片につき一元の手間賃がもらえるという。それは子供靴の飾りにする布切れだった。数カ月後にふたたび訪れたとき、石帆の人たちはヘッドバンドにビーズを縫いつけていた。電光板に小さな電球を取りつける仕事もあった。安物の木綿手袋を作る作業が数カ月間続いたこともある。

石帆で始まったもっとも野心的な事業は、オンラインゲームに関連していた。石帆の数人の若者がコンピュータを購入し、高速通信網につなぎ、営利目的で「ワールド・オブ・ウォークラフト」のゲームを始めたのだ。仮想世界の通貨やアイテムを貯めながらキャラクターを作り上げていくこのオンラインゲームは人気が高く、愛好者は世界中に広がっている。仮想世界のアイテムを本物の通貨で売買できる市場まで生まれたほどだ。アメリカやヨーロッパの愛好家はゲームに取り組む時間があまりないから、キャラクター作りという面倒な仕事をしてくれる人に喜んで金を払う。「ゴールドファーミング」と呼ばれるこの取引は、要するに娯楽の外注だ。しばらくの間、石帆の若者たちはかなり稼いだ。シフトを組み二四時間体制で「ワールド・オブ・ウォークラフト」をプレイし、ドイツの顧客に得点を売った。ところが、ゲーム管理会社が規制を始め、中国のアカウントを閉鎖した。結局、石帆の若いゲーマーたちはこの事業に見切りをつけ、コンピュータを売り払い、高速道路を通って温州などへ仕事探しに出かけてしまった。高速の出口につくられた町の、就業機会に恵まれない若者たちにとって、これは当然の選択だった。彼らはただ、町から立ち去っていったのだ。

だが、灘坑ダム計画に憤慨し、公正な補償を求める人たちもいた。移転にあたって、政府は持ち家や農地のタイプや広さによって、補償額の細則を定めていた。また、高速出口の近くに造成された町に移転する人びとは、新居となるマンションの家賃の割引を受けることができた。補償額規定の詳細さには恐れ入るしかない。れんが造りの家は一平方メートル当たり二二〇元、木造の家は一八〇元の補償が受けられた。ストーブは一台につきいくらと、補償額が決まっていた。運送費として四八〇元、フルタイム勤労者には移転のための欠勤の補償として、さらに四八〇元の補償が支払われた。果樹園については、果樹一本ずつの成長度が査定され、補償額が決められた。結局、住民一人当たりで平均約八万元の補償金が支払われたことになるが、実際に住民の手に渡った金額はそれよりもずっと少ない。汚職が横行したのだ。石帆ではほぼすべての住民が移転のことで不平を言っていた。怒りのあまり、正式な申し入れの準備を始める人たちまで現れた。

この人たちは政府の上級レベルと接触しようとした。伝統的に中国人は権威に深い信頼を寄せる。腐敗は地元で起きた例外的な事例だと信じたこの人たちは、省都の杭州市へ足を運び、役所を回って順番を待ち、誰か役人が気づいてくれるのを待った。この種の訪問者がまともな取り扱いを受けた例を私は聞いたことがないのだが、彼らはあきらめなかった。やがて私が石帆を訪れるたびに、誰かが必ず近寄ってきて、自分がどんな日に遭ったか話すようになった。私は外国で本を出すために取材しているので、浙江省で記事を書くことはできないと説明しても、みんな話したがった。聞いてもらえるだけでよかったのかもしれない。ときには、自分の移転記録を見せて説明する人もいた。当然、記録の中身はすべて彼らの頭の中に入っている。家はれんが造りだったのに木造並みの補償しかもらわなかった、面積計算が間違っていた、ミカンの成木が若木と見なされた、などなどだ。こんな話を聞いて、私は無力感にさいなまれた。有力な地元ジャーナリストでもない限り、できることは何もない。しかし、浙江省のメディアは、灘坑ダムには触れないようにと言われていた。自分は文字どおり、通りすがりのジャーナリストにすぎないと実感したものだ。悲しい話をただ聞くだけ、いずれ高速道路に戻らなければならない。

とくにやりきれないのは、こうしたシステムがある意味でうまく機能していることだ。このシステムは人びとを幸せにするとは必ずしもいえないし、たしかに不公平だが、きわめて機能的なのだ。当局も頭が働くから、ダムのせいで移転した人たちを一カ所にまとめて政治的混乱を招くようなことはしない。高速道路の全線にわたって出口ごとに町をつくり、あちらこちらの町に住民を散らしたのだ。また、どうでもいいような規則を山ほどつくり、大きな問題点から人びとの目をそらした。家の広さや樹木の数やれんが造りと木造の違いなどは、すべてが合法的、公正に行なわれていると装うためだ。実際には、この事業計画には根本的な欠陥があった。ダムについて公聴会が開かれるべきだったし、メディアも一役買うべきだった。農民は土地を所有できる立場に置かれるべきだ。何世代にもわたって耕してきた土地なのだから。移転先となる石帆のような新しい町は、近くに産業があり、職の見つけやすいところに建てるべきだ。こうした問題について、人びとはめったに話さない。みんな些事に没頭しているからだ。

　ダム建設が始まったばかりのころ、北山でデモがあった。地元の人によると、当局はごろつきを雇ってデモの組織者数人を襲わせた。一人が殺されたともいわれている。結局、騒動はあっけなく鎮まった。中国ではこんな騒ぎがよく起きる。北山が解体された年は、一年間に八万七〇〇〇件の「治安妨害」が全国各地で起きたと公安部は報告している。毎年、同じように膨大な件数が報告される。だが、抗議運動の件数は大きな問題ではない。重視すべきは抗議の対象だ。もし、共産党を打倒せよとか土地使用法の仕組みを抜本的に改正せよなどと叫ぶ人が現れたら、これはたしかに重大問題だろう。だが、自分の家が本当は一五〇平方メートルあったのに一〇〇平方メートルと査定されたといって怒るだけなら、問題にもならないではないか。中国では、抗議運動はほぼすべてがこのレベルで起きる。きわめて地域限定的、個人的な抗議なのだ。また、誰が抗議するかという問題もある。悪質な権力乱用は農村部で起きることが多いが、優秀な人はたいてい村から出て行ってしまうのだ。三岔村《サンチャ》の魏子淇《ウエイ・ツーチー》のように有能な人材が村に残ったとしても、共産党員として地元の権力機構に組み込まれてしまう可能性が高い。これもこのシステムを機能させる一つの方法だ。潜在的危険分子のエネルギーをそらすための圧力弁が、このシステムには数多く設けられている。

　表立った政治運動からは何も得られない——有能な中国人は、このことを学んできた。これは、彼らが無力だという意味ではない。中国は、ほかの発展途上国よりも社会的流動性の高い国だ。才能と努力は報われるのだ。羅親方のような人たちの経験からも、これは明確だ。だが、彼らは政府を当てにはしない。政府を頼らず、別の方法でのし上がるのだ。自分で受講料を払って職業訓練を受ける。「関係《クアンシ》（コネ）」の使い方を学ぶ。自分で転職先を探す。あらゆる手を使って経営者と厳しい交渉をする。発展の見込みのない町に移転させられたら、出て行けばいい。選択肢がこれほどあり、みんながこれほど動いているのに、役人たちを相手に勝算のない戦いを挑むなんて、無意味だ。

　私が石帆で会った陳情者たちは、必死だった。彼らはどちらかといえば教育程度が低く、就職の見通しも立たず、出稼ぎ労働者としても不運な目に遭ってきた人たちで、抗議運動の過程でなんらかの脅しを受けるなど、つらい経験をしてきた人も多い。こうした要因をすべて考え合わせると、運動が成功するとは思えないのだが、追い詰められたこの人たちは、それでも抗議を続けていた。一度だけ、非常に優秀だと思える運動家に取材したことがある。共通の知り合いを通してインタビューが慎重に準備された。運動家に会うなり、私は政府発行の記者証の提示を求められた。このあたりの新興の町で、記者証を見たいと言われたのは初めてだ。

「率直に申し上げれば、ＣＢＳかＢＢＣの方とお話しがしたいものです」と運動家は言う。

　もちろんそうだろう。印刷物なんかよりもテレビのほうがずっといい。とはいえ、手近なジャーナリストといえば私しかいなかった。インタビューは一時間ほど続いた。運動家は、灘坑ダムの承認や資金供給の過程が不透明だと訴えた。ダムが作り出す電力で儲ける民間投資家がいるとの噂も耳に入っていた。「これほどの工事をするなら、なぜそれが必要か、金を出すのは誰かを、私たち住民に知らせるべきです。もっとも、私が抗議している主な理由は、政府が住民のために何一つしてくれなかったからです。ただ金を渡してアパートに入れるだけでは十分ではありません。石帆のような町で、どうやって暮らしを立てればいいんですか。ここは何もないところです。北山は地域の村々の中心だったし、商売はしやすかったですよ」

　ダム工事の背景にある根本的な問題を取り上げたのは、地元の人ではこの運動家が初めてだ。自分の信条に従って補償金は受け取らなかったというこの人は、身なりが立派で、高価な携帯電話を使っていた。私はどうやって生計を立てているのか訊いた。「商売をしています。この町を含め、あちこちに店を持っています」

　何を売る店かと私は訊いた。

「床タイル」が答えだった。

　この運動家は政府の補償金の受け取りを拒み、メディアにダムの話をしたがっていたが、同時に移転先となった町の建設工事で利益を得てもいた。両面作戦に出たこの人を責めるわけにはいかない。少なくとも彼は自分の頭で考えたのだ。いずれは彼のような人が増えて、国の根本問題を突き止める道を見つけるだろう。教育制度が改善され、人びとは職業技能とともにより広い視野を身につけるだろう。開発地区で私がもっとも頼もしく感じたのは、個人主義の兆しを目にしたときだった。人びとは村の集団主義を脱し、自分自身で決断し、問題を解決できるようになっている。とはいえ、個人が得たこの力が社会全体の問題の解決に生かされるまでには、もう一段階を踏まなければならない。おそらく、最終的には経済的動機がものをいうのだろう。自分たちはシステムによって成功を阻まれていると中・上流の階層が気づいた時点で、中国は変わるだろうと私は感じている。だが、まだそこまでには至っていない。移転先として造成された町でさえ、誰もそんなことに気づいていない。そこではまだ、床タイルの販売で大いに稼げるのだから。

十一月の初め、社長たちはブラジャーリング工場の移転を決意した。どこへ、いつ引っ越すかは言わなかったが、それはまだ決めていなかったのだろう。高社長はよくビュイック・セイルを運転して高速に乗り、次の日に戻っては王社長とひそひそと相談していた。社長たちはまだ移転先を、たぶん温州の近くで探しているのだと羅親方は見ていたが、確かなことを知っているわけではない。こうした情報を秘密にしておくのは社長たちの常套手段だ。移転計画を発表しようものなら、せっかく安く雇った工員たちは賃上げを求めるか、新しい職を探すかに決まっていた。事業はまだ広がっていたから、ここで工員を失うわけにはいかない。だから社長たちは、移転はずっと先のことだと言っていた。

王社長はまず、陶飛《タオ・フェイ》を相手に交渉を始めることにした。いまや陶飛は、全従業員の四分の一にあたる人員(陶飛自身、娘二人、パートタイムで働くいとこたち、それに同じ安徽省出身で十六歳の任静)のリーダーなのだ。王社長は陶飛と接触するのが嫌でたまらなかったが、話し合いはどうしても必要だ。陶飛の娘たちは貴重な労働力だからだ。ある日、王社長は、一家で引っ越しするつもりはあるかと陶飛に訊いた。

「引っ越しって、どこ行くんです?」陶飛が訊き返す。

「ま、ま、まだ確かなことは言えんが。と、遠くじゃない」王社長が陶飛と話すとき、いつも吃音が出る。

「それじゃ、おれも確かなことは言えんです。どこへ行くか教えてくれれば、答えられますけど」。王社長はそれ以上言いたくなかった。交渉はそこまでだった。ちょっと火花が散っただけだ。だが、だらだらとした交渉はいつもこんなふうに始まるのだ。

陶飛は工場の誰よりも交渉が上手だった。夕方、製造ラインの仕事が終わると、陶飛は露店で雑貨を売るが、商売も上手だった。数百種の雑誌や本や雑貨を仕入れ、商品の価格をすべて頭に入れていた。買ってくれそうな人に冗談やお愛想を言ったりすることはない。陶飛は威嚇的だった。背が高く、背筋をピンと伸ばした陶飛は手ごわい交渉相手だ。また、すぐれた判断力の持ち主でもあり、近所の露天商によく助言を求められていた。

陶飛の露店は、遂松路につながる狭い路地にあった。このあたりに店を出しているのは、ほとんどが安徽省出身者だ。ライバル同士とはいえ、露天商たちは一種の仲間意識で結ばれていた。数カ月もたつと本格的な店を出す人も出てくる。ある夫婦が、陶飛の店の真向かいに店を開いた。夫婦には十カ月になる息子がいたが、その子は中国人離れした顔立ちをしていた。髪の毛は細くふわふわで、金髪に近い色だ。目は灰色で、肌も白い。近所の人はこの子を「小外人」と呼んでいた。夕方になると私はよく陶飛の店を訪れたが、そんなとき「あの子、あんたの子かい?」などと冗談を言う人がいた。そんなふうに言われるのは不愉快だった。中国では変わった容貌の子供をときおり見かけるが、それも不思議ではない。中国は、一般に信じられているよりも民族的に多様な社会なのだ。何世紀もの間、移動と移住を繰り返してきた人びとは、多様な遺伝子を持っており、ほかとは異なる容姿の子供が生まれることもある。そんな子供はいつも無遠慮な好奇の目で見られる。麗水市のこの子はまだ幼いが、やがてこうした言葉を嫌と言うほど浴びせられるだろう。

この子の両親は仲が悪かった。この町に到着した途端にもう夫婦げんかしていたと、陶飛は言う。十一月のある日、夫婦は人目もはばからず大げんかを始めた。相も変わらず、金がけんかの原因だった。中国人の家庭では、浪費するのはどちらかといえば男性だ。タバコや白酒や飲み食いに使ってしまう。安徽省から来たこの夫婦の問題もこれだった。二人は路地の真ん中に突っ立ち、互いに相手を大声で罵っていたが、やがて夫が怒って立ち去った。それでもなお、妻は顔を真っ赤にして怒鳴り散らしている。がっしりした体格で、色が浅黒く、いかにも農婦といった顔立ちの女性だ。あんなに肌の白い子がどうして生まれたのだろう。私は陶飛の店を何回も訪れているが、この女性の笑顔は一度も見たことがない。

その夜、妻は一五分ほども怒鳴り散らした末に、店の在庫品に火をつけはじめた。ナイロン靴下入りの段ボール箱をいくつも持ってきて路地に積み上げ、タバコのライターを取り出す。店の冷たいコンクリートの床に放っておかれた赤ん坊が泣き出した。じきに三〇人ほども野次馬が集まってくる。中国ではけんかや口論は一種の娯楽のようなものだが、今夜は雰囲気がいつもと違う。誰も笑っていなかった。みなショックを受けた様子だ。ついに工場の作業着を着た男が進み出て、女をなだめた。

「よしなよ、奥さん。さあ、中へ入ったほうがいいよ。旦那はもう行っちゃったんだから」

女はその手を振りほどき、ライターで火をつけようと夢中だ。怒っているのでうまく火がつかず、段ボール箱の隅が燃え上がるまでにしばらくかかった。いまや赤ん坊の真っ赤な顔は涙でぐしょ濡れだ。

「赤ちゃんをあんなふうに泣かせちゃだめだよ」誰かが言った。「まだ、あんなに小さいんだから」

女は耳を貸さない。ライターで別の箱に火をつけた。陶飛が無言で路地に進み出た。いつもと変わらず断固とした態度だ。女に話しかけようともせず、黙って赤ん坊を抱き上げ、自分の露店に連れてきた。女は知らん顔している。

やがて強烈な酸臭が漂いはじめた。燃えているのは二束三文の靴下だが、燃えにくく、ぶすぶすと黒い煙を立てている。女は店に戻り、棚を調べはじめた。群衆のなかからぶつぶつと声が聞こえた。

「ほかの商品も燃やすんじゃないだろうな」

「けんかのことなんか忘れちゃえばいいんだ」

「ほっとけよ」

陶飛は母親の姿が見えないようにして子供を抱きかかえ、店に並べてあったプラスチックのスパイダーマン人形を与えると、子供はついに泣きやんだ。火はまだくすぶり続けていたが、女はもうそれ以上何かを火にくべる気はないようだ。もともと夫婦げんかの原因は金だった。怒りに我を忘れたとはいえ、それでも女はつましかった。いちばん安い商品を選んで火をつけたのだ。女は店の前にどっかりと腰を下ろし、まっすぐ前を見つめたまま怒りの表情を崩さない。野次馬のなかから二、三人のぎこちない笑い声が聞こえ、やがて人びとは散っていった。誰かが火を足で踏みつけて消した。陶飛が路地を横切り、赤ん坊を母親に渡した。

女は子供をぞんざいに揺すった。子供がまた泣き出しても、おかまいなしだ。陶飛は仕方なく向かいの店に行き、ふたたび子供を抱いてきた。それから小一時間というもの、赤ん坊はますます手がつけられなくなった。陶飛の妻、私、また陶飛へと、三人で代わる代わる赤ん坊を抱き、あやしたが、泣きやまない。母親は誰が話しかけても答えなかった。夫に勝手なことをされ、商品に火をつけて恥をかいたこの女は、その怒りを、自分が思いどおりにできるたった一人に向けているのだ。

私たちは九時過ぎまで赤ん坊を抱いて路地に立っていた。やがて陶姉妹が、超過勤務を終えて帰ってくると、姉の玉染はすぐに泣く子を抱き上げた。まだほんの十七歳だというのに玉染は、ピンクや紫色のブラジャーリングを選別する仕事を一一時間も続けた一日の最後に、この新しい仕事をいともやすやすと引き受けたのだった。赤ん坊を抱き上げて優しく揺すると、子供はやがて疲れた目を閉じた。玉染が子供を渡そうとすると母親は拒む。玉染は何も言わずに、ただ子供を母親に差し出した。ついに母親が子供を受け取ったのは、騒ぎが始まってから、かれこれ二時間もたってからだ。二人は一緒に店の奥に姿を消した。

次に玉染に会ったとき、あれからどうなったのと訊くと、女の夫はあの夜遅く帰ってきたが、何も騒ぎは起きなかったと、少女は頭を振りながら答えた。玉染の顔にはまだ幼さが残っている。だが、ときおり年寄りじみた言葉を口にした。「あの人たちはいつもあんなふうなの。それがあの人たちのやり方。世の中にはけんかが好きな人もいるのよね」

政府は麗水市の南にもう一本の幹線道路を造りはじめていた。いずれは金麗温高速道路につながる道路で、開発地区の南西部を通り農村部へと通じる道でもあった。建設はまだ初期段階で、崖にトンネルを通すための爆破工事が行なわれている場所を除いては、あたり一帯は静かだった。開発地区の喧騒を逃れたくなると、私はよくこのあたりまでドライブした。二、三年もたてば、ここにも工場町が現れるだろうが、いまのところはまだ平和な田園地帯が続いている。

新しい道路の出口の一つは、大港頭《ターカントウ》という村の近くに予定されている。麗水市からほんの三〇キロばかりのこの村は、かつては大溪《ターシー》沿いの漁村だった。この村にある石造りの梁《やな》は何世紀も前のものだ。村の表通りには玉石が敷き詰められ、両側に昔ながらの瓦ぶきの木造家屋が並んでいる。地元政府はこの村を「無公害産業」を起こす絶好の地と見た。工業化の初期に麗水市は合成皮革《フェイザー》工場に依存していたが、いま政府は公害の少ない産業の振興策を模索していて、大港頭に芸術家村をつくることにしたのだった。これには二重のねらいがあった。ここで画家たちは売れる絵を生産するだろう。それに高速道路が完成すれば観光客も呼び込める。足りないものはただ一つ、意欲あふれる芸術家だ。そこで政府は、工場誘致と同じ方法で芸術家たちを呼び込もうとした。開発地区の工場は開業から三年間は税制の優遇措置を受ける。芸術家村でも、移転してきた画家たちは誰でも、最初の三年間は家賃の割引が受けられた。プレザー工場でうまくいったこのやり方は、芸術家相手でも通用するはずだ。

「古堰《クーイエン》画郷《ホアシアン》」と名づけられたこの計画は、十九世紀フランスで芸術運動の中心となったバルビゾン村をモデルにしたそうだ。パリ郊外フォンテーヌブローの森の村に集まって田園風景や農民画を描いたバルビゾン派の精神に倣い、麗水市政府は周囲の風景画を何点も発注し、展示用の画廊まで建てた。ある日私は、オープンして間もないこの画廊を訪ね、この地域の風景画を見て回った。大溪沿いの田園や丘の斜面のミカン畑や昔ながらの農家が描かれていた。大部分の作品はフランス印象派の影響を受け、落ち着いた色彩と柔らかな光が特徴的だ。細部がヨーロッパの風景にそっくりの作品さえあった。のんびりと草を食む三頭の牛の絵もある。麗水市では一頭たりとも見かけなかった動物だ。ミカンの木をゴッホもどきの筆づかいで描いた絵もある。籾殻焼きの風景画は、モネの影響を受けていた。画廊の大展示室には風景画が二六点かかっていたが、人物を含む作品はたった一枚だけだ。麗水市がフランスにあって、人が住んでいなければ、こんな町になるだろうという風景画ばかりであった。

開村して間もなくは家賃を無料にするとの約束が功を奏し、古堰画郷にはすでに美術会社が一一社も入村していた。ほとんどは小規模な会社で、画家を雇い、欧米の都市の風景画を描かせて輸出していた。従業員は浙江省各地の美術学校で学んだ画家たちで、なかにはヴェネツィアの風景画の複製を専門にする人もいる。地元の大手美術会社、紅葉《ホンイエ》の重役によると、取引先のヨーロッパ人バイヤーからは、ヴェネツィアの風景画が毎月一〇〇〇枚ずつ欲しいと言われているそうだ。ここで制作されたキャンヴァス画はヨーロッパに運ばれ、観光地の土産物店やホテルやレストランに売却される。オランダの巨匠の作品を模した絵もよく売れた。中国の画家たちが「荷《フウ》蘭街《ランチエ》（オランダの街）」と呼ぶ風景の模写は、普通は二日もあれば完成した。

博美画坊《ボーメイホアファン》という画廊で、女性画家が「オランダの街」の絵を描いていた。画家の名前は陳 美 姿《チエン・メイツー》。玉石を敷いた街路や荷馬車、それに陳美姿が「塔」だという建物が描き込まれていた。これは「塔」というより教会の建物ですよと私が教えると、陳美姿は「やはりそうでしたか」とうなずいた。同じこの風景をもう三〇回ばかり描いたという。ほかによく描くのはサンマルコ大聖堂とデュカーレ宮殿らしいのだが、どちらの建物の名前も陳美姿は知らなかった。この地方の画家たちの常で、陳美姿はヴェネツィアを「水城《シユイチヨン》（水の都）」と呼ぶ。陳美姿が生まれ育ったのは浙江省の別の地域の農家だ。美術に興味を持ったのはなぜかと私が訊くと、こんな答えが返ってきた。

「勉強ができなかったからです。成績が悪くて高校へ行けませんでした。職業学校よりは美術学校のほうが入りやすいので、絵を描くことにしたんです」

「小さいころから絵は好きでしたか」

「全然」

「でも、生まれつき才能がある、そうでしょう?」

「全然。初めは絵筆の持ち方さえ知りませんでした」

「努力なさったんですね」

「クラスの落ちこぼれでした」

「でも、描くのは楽しかった……」

「全然。楽しいとは思いませんでした」

陳美姿はしっかりした技術を持っていると、私には見受けられた。作品は優秀だった。だが、自分の仕事について話すときは、一片の感傷さえ交えない。概して中国の、とりわけ農村出身の人たちは、こうしたことを率直に語るが、それはそれで気持ちのよいものだ。アメリカの広告会社で働く若者なら、創造性やひらめきについて長広舌をふるうだろう。会社が私の才能を認めてくれさえしたら! だが、美姿にはそんな考えは微塵もなかった。美姿は小柄でかわいらしい顔立ちの、かすれ声の女性だ。画家がよく着る白いスモックを着て、私の質問を聞くと笑い出すことが多かった。楽しみのために絵を描いたことなど一度もないそうだ。でも、将来はそうなるかもしれないと私が言うと、おかしな人だとでもいうように私を見つめた。バルビゾン主義などお笑い草だと言う。出稼ぎに行く若い人たちのご多分にもれず、田園の静けさにはうんざりしているそうだ。自分が大港頭に来たのは、家賃がただだからだと言っていた。自作のなかでどれがいちばん好きかと訊くと、「好きなものはありません」と答える。モネやゴッホといった巨匠のなかで好きな画家はいるかと訊いても、同じような返事が返ってきた。「とくに好きな人はいません。私たちの暮らしとは関係のない絵ばかりですから」

陳美姿は胡建輝《フー・チエンホイ》というボーイフレンドと暮らし、二人で博美画坊を経営している。美術学校出の若い画家を二、三人雇ってもいた。胡建輝は一、二カ月おきにできあがった絵をまとめ、列車で南部の東莞《トンクアン》市まで持っていく。東莞にはこうした絵画専門の市場があるのだ。胡建輝の顧客は大部分がヨーロッパやロシアの人で、値段は絵のサイズによって決まる。八×一〇は五〇元、一二×一六は一〇〇元、三〇×四〇になると三六〇元、といった具合だ。陳美姿と胡建輝は平均して毎月八〇〇〇元ほど稼いだ。麗水市では高給だ。工場の世界では、技術者といっても大親方にならなければ、それだけの高給は稼げない。

ある日、私は仕事中の画家たちとあれこれおしゃべりをしていた。話題が好みの問題になると、胡建輝は絵画市場で気がついたことだが、と話しはじめた。「アメリカ人は明るい色彩の絵や淡い色の風景画が好きですね。ロシア人は鮮やかな色が好きですよ。韓国の人は柔らかい色、ドイツ人は渋い色が好きです。フランス人もそうですよ」

風景画のサンプル帳のページを繰っていた陳美姿は、ヤシの木の生えた海岸のお粗末な絵を見せて言う。「中国人って、こんなのが好きなんです。子供っぽくて、ばかみたいでしょう。中国人は趣味が悪い。いちばんセンスがいいのはフランス人、次にロシア人、それからほかのヨーロッパ人ですよ。アメリカ人はその次です。ヨーロッパ人が見向きもしない絵でも、中国人に見せると『いいねえ』と言って買ってくれます」

ときおり、風景写真から油彩画をおこしてくれという注文がくる。その週も、あるアメリカ人から数枚のスナップ写真が届いていた。陳美姿に見せてもらうと、大きな納屋とサイロが二基写っている。これが何かわかりますかと陳美姿に訊いてみた。

「開発地区でしょう」

私はこれがアメリカの農家の風景だと説明した。

「こんな大きなもの、農家で何に使うんですか」

サイロは穀物を貯蔵するものだと教えると、陳美姿は笑って言う。

「ほんと、大きいですねえ。穀物を入れるためだけとはねえ！ てっきり化学薬品でも入っているのかと思いましたよ」

陳美姿はあらためて写真をじっくり眺めている。「信じられないほど大きいですね！ ほかの農家はどこにあるんですか」

私は、アメリカの農家は普通、一カ所に密集していないのだと説明した。

「でも、隣の家はどこですか」

「遠く離れたところでしょう」

「寂しくないかしら」

「平気ですよ、みんな。アメリカではそれが普通です」

陳美姿はほかの写真も見せてくれた。アメリカのどこかの田舎町で撮ったのだろう、店舗の出入口や古いビルが写っている。これはブローカーからの注文だったので、美姿は写真について詳しいことは何も知らなかった。バイヤーの名前も知らされていない。写真の店の看板を読み取り、ネットで調べた結果、この店舗はユタ州パークシティにあることがわかった。写真は観光業者の宣伝キャンペーンの一環だろうと思った私は、パークシティに問い合わせてみたが、自分たちの家屋や店舗が「中国のバルビゾン村」で絵になっているとは、聞いたこともないと言う。おそらく、誰かがカメラを片手にユタ州北部を通りかかり、スナップを何枚か撮って絵にするように注文したのだ。最終的に絵はアメリカかヨーロッパに送られ、ホテルやレストランの壁を飾るのだろう。

写真に写っている看板の文字は、英語を話さない中国人画家たちにとって最大の悩みだった。陳美姿は、ビルの表札にMiners Hospitalと描くところをMiers Hospitalと入れている。ほかの作品でもBar（バー）がDah（ダー）に、Museum（ミュージアム）がNuseum（ヌージアム）に、Antiques（アンティーク）がAmtiques（アムティーク）になっていた。

心のどこかで、このままにしておけよという声が聞こえた――「ダー」などというところで一杯やるのもおもしろいじゃないか。だが一方で、この画家たちにはちゃんとした仕事をしてもらいたいとも思った。私は直しが必要な箇所をすべて教えた。それ以降、私は麗水市を訪れるたびに古堰画郷まで足を延ばすことになった。静かな風景や平和な村のたたずまいは、高速道路が開通するまでは、変わらないだろう。私は村を訪れるたびに、胡建輝と陳美姿のスペルの間違いを指摘して二人に感謝された。お礼のしるしに何か特別に描かせてと、一人はしきりに言う。そこでついに私は子供時代を過ごしたミズーリ州の実家の写真を渡した。両親がまだ住んでいる家だ。この注文に、胡建輝が真剣に取り組んだのはよくわかった。私が完成した絵を受け取りに行くと、胡建輝は申し訳ないことがあると言う。

「この部分です。よく見えないので、何だかよくわからなかったのです」

胡建輝は写真のドライブウェーを指した。ちょうどアスファルトの小道が日陰になっていて、表面の感触がつかめないのだと言う。そこで私は気づいた。胡建輝はドライブウェーのある家など見たことがないのだ。麗水市でドライブウェー付きの住宅があるのは、新しい戸建て住宅団地だけなのだが、それもまだ建設の途中なのだ。アメリカでは家のわきのアスファルト道に車を止めるのだと、私は説明した。

「ああ、それでわかりました。道路か何かと思ったんですが……。直しておきましょう」

胡建輝の絵では、わが家のドライブウェーはぐっと広くなり、前庭の芝生の半分ほどを占めていた。実家の両親は、もう何年もドライブウェーの拡張に反対し続けてきた。このままで結構、当世風の車二台分の駐車スペースなんか必要ないと考えている。そのドライブウェーを、胡建輝が拡張してくれたのだった。私は、作品はこのままに、ただ一つ君のサインを入れてくれと言った。ここの画家たちは作品に自分の名をけっして入れない。ヨーロッパ人にとって、ヴェネツィアの風景画に中国人のサインがあっては具合が悪いのだろう。私はキャンバスに胡建輝の署名を入れてもらい、この絵をアメリカに持ち帰った。両親は大喜びだった。実家のキッチンの壁に飾られた胡建輝の絵を見るたびに、私は麗水市を、とくに静かな農村や古堰画郷の懐かしい風景を思い出す。それに私は、絵を見るたびに悪いことをしたと少し後悔する。というのも、胡建輝と陳美姿は、画料をいっさい受け取ろうとしなかったのだ。彼らが楽しむために描いたといえる作品は、私が知る限りただ一点、この絵だけだろう。

十一月の末、社長たちはついに工場移転を決意した。温州市西部の甌海区《オウハイ》（最近、ここに高速道路の新しい出口が造られた）で、高社長は空き倉庫を見つけた。そこはリング製造機と金属プレス機がすべて入るだけの広さがあったので、持ち主と賃貸契約を結んだ。家賃はいまよりも安くなる。契約が完了してから、社長たちは占い師に相談した。助言は明確だった。十一月二十八日は陰暦の八日であり、八が重なるこの日に勝る吉日はほかにない。

社長たちは、二十六日になるまで従業員たちには移転計画を知らせなかった。予想どおり、製造ラインの女子工員たちはほぼ全員が辞めた。羅親方はじめ技術者たちは、ついて行くことを条件に昇給を求めたが、社長たちは要求をすべてはねつけた。残る問題は陶一家と任静が一緒に来るかどうかだ。王社長は二十七日の朝、ようやく陶飛と直接交渉を始めた。激烈な交渉になった。

「い、一緒に、く、来るか、来ないか、どっちだ」

「行きません」と陶飛はにべもない。「息子はここで学校に通っているんです。簡単には引っ越せません。家の商売もありますから」

「あっちでも商売はできるよ」

「社長さんならできるでしょう。でも、おれの商売はここでせっかくうまくいってるんだから」

王社長と交渉する直前まで私としゃべっていた陶飛は穏やかで陽気だったが、いまは態度が違う。背をぴんと伸ばし、顎を突き出して全身で抗議している。王社長はもう一押しとばかり言う。「ちょ、ちょっと様子を見てはどうかね」

「息子がいるから、私は動くわけにはいきません」

「それじゃ、娘たちだけ来ればいい」。実際、姉妹が一緒に来て、父親の陶飛が残れば、王社長は言うことなしだ。だが、陶飛はすぐに反論した。

「娘たちだけではやれません。まだほんの子供ですから。いずれにせよ、契約は一年だったではないですか。移転なんて契約違反だ」

「いや、違反じゃないよ。一緒に来いと言ってるんだから」

「契約にはほかの街に移ることなんか書いてありません。一家で引っ越しなんて、とんでもないですよ」

「それは君の問題だ。私は同じ仕事を続けろと言っているだけだ。契約どおりにね」

「労働局の役人に訊いてみたら、きっと違うこと言いますよ」。これはただの脅しだ。もし陶飛が本当に労働局に相談し、一介の市民の訴えに耳を貸すような役人に万が一にも出会ったとしたら、十五歳の玉風に不法労働をさせるなと言われるだろう。だが、脅しは効いた。王社長は怒って出て行き、陶飛は満足げだった。交渉の期限は一日を切っていたが、陶飛にとってはそれで十分だった。


昼休みに陶飛は、用事があると言って行き先を告げずに出かけて行った。すると羅親方が玉風と任静を寮の自分の部屋へ誘い、昼飯を一緒に食べた。老田も加わった。食事が終わると、二人は少女たちをからかいはじめた。

「君、まだ銀行口座持ってないだろう」羅親方が玉風に訊く。

「うん、まだ」

「稼いだ金、全部親に渡してるんだろ。もうそろそろ自分の口座を持ってもいい年齢《とし》だぜ」

「親を助けなくちゃならないの」

「独立すればもっと助けることになるよ。その年齢で独立してる子だってたくさんいる。おれの村じゃ、出稼ぎに行ったらみんな口座を開くんだ」

「私の村では違うわ」と玉風は言い返す。腕を組み、頑固に下を向いて床を見つめている。かたわらの任静は押し黙っていた。すでに母親から、陶飛と一緒でない限り、女の子たちだけでは行ってはだめだと申し渡されていたのだ。

「いますぐにも口座を開けよ」羅親方はもう一押しする。

「わかったわよ。明日するわ。もう放っといてよ」玉風は怒鳴っている。

「自分で自分のこと決めたらいいと思っただけなんだ」羅親方は優しく言い聞かせた。「自分の口座を持てば、好きなものが買えるだろ。おれの村じゃね、若い人たちが春節に帰省するとき、みんなブランドものの洋服着て、ブランドものの携帯持ってるんだ」

「私の村だってそうよ」玉風は怒鳴り返す。「一度なんか、バイクで帰ってきた女の子もいたわ。みんな出世したもんだと感心してた」

「そうだろ。君だってできるさ。少なくとも、自分のことは自分で決めなくちゃ」

「だって――」

「そうだろ、いまは自分で決めてないんだ。親父に決めてもらってるだろ。親父さんは君に独立させたくないんだよ。ここに残ってどうするつもり?」

「靴工場で働くわ」と玉風。

「いくら稼げる?」

「知らない」

「靴工場で雇ってもらえると思ってるのかい? 年末のこの時期にさ」

玉風は押し黙ってしまった。羅親方が正しいとわかっていた。十一月に就職口を見つけるのは難しい。転職は休み明けにするのが普通だ。だが、十一月は新しく従業員を見つけるのが難しい時期でもあった。だからこそ、羅親方と老田はこんなやり方をしているのだ。機械類を移送するのは大仕事だったし、そのうえ新入りの工員に仕事を教えるなんてまっぴらだ。それに、どんな交渉であれ、結局は自分が間に立つことを羅親方は知っていた――それが上役としての技術者の役目だった。

陶飛は昼休みに出かける前に、はっきりと条件を示していた。一人につき(自分自身と娘二人と任静)一カ月一〇〇〇元、つまりおよそ三割の賃上げを求めたのだ。

加えて、食事付きの寮にただで入居したいとも言っていた。王社長は返事をしていない。引っ越しの準備で忙しいのだ。王社長の妻が三歳の息子を連れて、手伝いに来ていた。この子は工場に来るたびにあちこち走り回り、機械類をのぞき込んでは、大人たちにあっちに行けと言われる。従業員たちはこの子を追い払うのが楽しそうだった。社長の子にちょっとした意地悪をして、憂さを晴らしていたのだろう。

昼食を終えた羅親方の部屋に、この子がやってきた。羅親方は包丁を取り出し、腕まくりをし、かがみ込んで脅した。子供は目を見開いて立ちすくむ。

「グウォー!」羅親方はうなり声を上げて子供に向かう。「グウォー! グウォー!」

羅親方が空中で包丁を振り回すと、子供はキャーッと叫んで逃げ出した。子供の声が廊下に響き渡る。じきに実験室に飛び込むだろう。そこでまた小龍に追い出されるのだ。小龍はどんな手で追い出すだろう。笑っていた羅親方と老田は真顔になって玉風いじめを再開した。

「君の金はどこにあるんだい?」老田が訊く。「稼いでも自分の金にはならないんだろ」

「独立しなくちゃ」と羅親方。

「ほんとはみんなと一緒に行きたいんだ」ついに玉風は認めた。「でも父ちゃんがここにいろと言うんなら、たぶん靴工場で仕事が見つかると思う。何か専門技術も覚えられるし」

「そんなわけないよ。君みたいな子供に専門技術もないだろ」と老田。

「一緒に来いよ。独り立ちするんだ。そうすれば来年あたりは広州か上海に出られるよ。すごい都会だぜ」そう言って羅親方は自分の体験を話して聞かせた。初めて出稼ぎに行ったこと、金を貯め、やがて深圳に出てきたことなど、娘たちはもう何回も聞いていたが、それでも目を輝かせながら南部の都会の話に耳を傾けた。

午後七時には、王社長から七〇〇元で手を打とうという提案が出ていた。陶飛は一〇〇〇元と言って譲らない。その差は一人当たり四四〇〇円、かなりの額だ。陶飛は家で娘たちが工場から帰るのを待ち受けた。

「羅親方と老田がうるさく言うのよ。独り立ちしろって」と玉風は訴える。

「他人に何を言われようと気にするな」

「でも、みんなと一緒に行きたいよ」

「社長がどう出るか。まあ、待ってろよ」

「行きたいよ!」

玉風の訴えを父親は無視する。玉風は声を上げた。

「行きたいよお！」

「静かにしなよ」姉の玉染が言い聞かせた。玉染は落ち着いた性格で、玉風によくブレーキをかける。「ここで親子げんか始めないでよ」

「でも、行きたいんだもの」と玉風はなおも言い張ったが、怒鳴るのはやめた。

「待つんだ。待てばいいことがある」父親は厳しい口調で言い聞かせた。


八時、羅親方がやってきた。陶姉妹、父親、いとこ、それに私はちょうど食事を終えたところでガスコンロを囲んで座っていた。この借間は、実際のところただの泥壁の掘っ立て小屋だ。隙間から十一月の冷たい風が吹き込んでくる。羅親方は西湖タバコを男性たちに配った。少女たちは静かに座をはずす。話は大人がするものとわきまえていた。食事の間、陶飛といとこは、農村の人たちがよくするように、歴史の話をしていた。新たに羅親方を交えて、会話は続いた。

「明の王朝は強かったが、弱体化した」いとこが言うと陶飛が相槌を打つ。

「そうなんだ。人間も同じさ。年とって弱って死ぬんだ」

「明の時代、中国はほんとに弱くなった」と言いながら、羅親方はすんなり仲間入りする。「満州族にやられた。満州族は少数民族だが、四〇〇年も中国を支配した。少数が多数を支配したんだ」

「それ以後は毛沢東が出るまで、中国はずっと弱かった」

そこから会話はどんな方向にも発展しただろうが、羅親方は本題に入り、陶飛に向かった。「ところでね、なんでも条件をのみたいと思いますよ。いまここで新しく人を雇うわけにはいかないんでね。私はおたくの味方だ、そのことはわかってくださいよ」。ここで一休みしてタバコを吸う。「王社長と高社長は、年末まで働いてくれれば一人に二〇〇〇元払うと言っています。事業がうまくいけばボーナスも出します。春節には一人ひとりに紅包《ホンバオ》も渡します。春節後は月給八〇〇元だ。それ以上は出せないと王社長は言っています」

この紅包とは春節の伝統的な祝儀袋のことだ。だが、陶飛はそれでも満足しなかった。「家族がバラバラになるんでね。二世帯になると金もかかるし」

「わかってますよ。新しい人を雇って仕事を教えるとなれば、一人当たり五〇〇元はかかります。おたくの要求は法外なものではないと社長たちには説明しましたよ」

「まかない付きの寮ってわけではないだろ」

「まかないは付きません。住むところは提供します」

「どっちも必要なんだ」

「いや、悪いけどねえ、ボーナスや紅包も出るんだから」

「ボーナスも紅包も関係ない」と陶飛は強気だ。「ちゃんと約束してもらいたいんだ。まかない付きの寮がないんなら、一日当たり七元を生活費として払ってもらいたい。これは任静も含みます。任静は娘たちと同じで、私は責任があるんだ」

「社長たちが何と言うか」羅親方は緊張していた。紙片を絶えず折りたたんでは広げている。やがて陶飛の妻が部屋に入ってきて話の輪に加わった。

「ここで商売を始める前、おれは時給四・五元で工場の仕事をしてた。ここではもっと稼げると聞いてきたんだが、あてがはずれた。だから、保証なしではどこにも行きたくないんだよ」陶飛はなおも続ける。

「わかりますよ」と羅親方。

ここで妻が口を挟んだ。「わざわざ引っ越しなんかすることないよ。娘たちは二人とも靴工場で働けばいいじゃない」

「靴工場なんかの話より、こっちの問題を片づけるんだ」と陶飛。

「この時期に二〇〇〇元とは、いい条件ではないですか。春節後は八〇〇元が保証されていることだし」羅親方は言い張った。

「将来のことは起きてみないとわからないよ。『保証されてる』なんて、労働者を言いくるめる手口にすぎないんだ。玉風は一日にワイヤーを一〇〇〇本さばける。それほどの腕の職人を、いったいどこで見つけるつもりですか」

それから四五分間というもの、同じ話が続いた。男たちは西湖タバコを立て続けに吸い、移転や新規採用の面倒さを語り合い、浙江省には信用に足る経営者はいないという点で意見が一致した。だが、具体的な金額がふたたび持ち出されるまでに長い時間がかかった。「一人につき、一カ月当たりもう一〇〇元払ってもらいたい。休暇の前に、だ。これは生活費のためだと社長に言ってください」と、ついに陶飛が切り出した。羅親方はうなずき、タバコを消して小屋を出て行った。一時間以上もいたことになる。

工場では王社長と高社長が引っ越し業者と渡り合って

いる最中だった。ここ何日も、社長たちは値切ってばかりいた。そのうえ、羅親方から陶一家のメッセージを受け取ったのだ。

「いいじゃないか、払ってやろうよ」高社長は言うが、最終決断はおじに任せた。王社長はちょっと考え込んだ。仲介者を通してさえ、陶飛との交渉は苦手のようだ。

「五〇と言ってくれ。一〇〇はだめだ」

「これがぎりぎりですね」羅親方が確認する。差は七三八円だ。

「これがぎりぎりだと伝えてくれ。陶飛の言うとおりになんかするもんか」


羅親方と私は遂松路を横切って陶飛の家に戻った。もう九時半を過ぎていて、ぐっと冷え込んできた。羅親方は苦い笑みを浮かべていた。「行ったり来たり、いつものことだよ。どこへ行ってもこれがおれの仕事。仲立ちするのが親方の仕事だよ。誰でも直接交渉は嫌がるさ。おれはただ信用できる工員が欲しい。それだけなのに、いつも面倒な交渉を引き受けることになるんだ」

陶飛の家には誰もいなかったので、店のほうに行ってみると玉風と玉染が店番をしていた。いつもなら父親も店にいるはずだが、また雲隠れしている。陶飛は携帯電話にも出なかった。羅親方は、折り返し電話をくれと伝言を残して店を出た。その夜、陶飛は電話を返さなかった。提案は棚上げされたままだった。


十一月二十八日、陰暦の八日の朝がやってきた。幸先のよい吉日だそうだ。だが、私は起きた途端、フォルクスワーゲン・サンタナがパンクしているのに気づいた。ここ五年ほども中国各地の悪路や開発地区を走ってきたが、パンクしたのはこれが初めてだ。トランクを開けたが、ジャッキもレンチも見当たらない。温州繁栄レンタカーは燃料タンクだけでなく工具箱も空っぽで貸し出すのだ。スペアタイヤを入れてもらっただけ、私は運がいいのだろう。麗水市で知り合ったタクシー運転手に電話すると、さっそく来てタイヤを替えてくれた。ところが最後にボルトを締めながら、レンチに足をかけるではないか。止める間もなくボルトがポキッといった。ヘッドをもぎ取ったのだ。

「なんでもないよ。たいしたことない。タイヤはしっかり取りつけたから、はずれはしないさ」

「でも、またパンクしたらどうすればいい？　あのボルト、はずせないだろ」

運転手はしばらく無言で考えてから、ゆっくりと口を開いた。「そう、それは問題だねえ。あんまりスピード出さないほうがいいな」

吉日とは、まあこんなものだろう。開発地区の空には朝から灰色の雲が低く立ち込めていた。今日は合成皮革《プレザー》製造地にふさわしい暑苦しい一日になるだろう。ブラジャーリング工場の社長たちは、この日のためにフォークリフト一台と「解放」トラック四台をレンタルし、作業員を七人雇っていた。私が工場に着いたとき、平床式の四トントラックの荷台にはすでに荷物が積み込まれていて、段ボール箱や機械類の部品で満杯だ。雨が降ったらどうするのかと高社長に訊いた。

「雨は降らないよ」

「空模様が怪しいでしょう」

「没辦法《メイバンファ》。どうしようもないよ」

羅親方は早朝からリング製造機の解体に取りかかっていた。製造ラインを三セクションに分け、重い鉄製のフレームの一つひとつをフォークリフトでトラックに積み込むのだ。金属プレス機とアンダーワイヤー用の機械も運んだ。老田と小龍はブラジャーリングの梱包だ。全部で一〇〇万個以上もあるリングを、段ボール九四箱に詰め込んだころには、大事な機器類の積み込みはすべて終わっていた。高社長と王社長が各フロアを点検して回る。さながら刈り入れのあとの落ち穂拾いといったところだ。社長たちは、上階の汚いカーペットをはがして持ち出した。わずかな金属片でも、リサイクル業者に売れるものはすべて拾い集め、工場内の電球を全部取りはずした。高社長はハンマーを手に、木材の山から釘を抜き取っている。一年あまり前、一枚八〇元のドアを業者に注文した二人の社長は、いまではドアをすべてちょうつがいからはずし、一枚ずつトラックの荷台にトランプカードをそろえるように平たく積み重ねた。昼ごろ、雨がぱらぱらと降りはじめた。二人の社長は恐る恐る空を見上げていたが、やがて天気は持ち直した。

午後、陶飛が姿を現した。三〇分もただ突っ立って、荷積みの光景を眺めている。手を貸そうともしなかった。いまはここに勤務していないのだ。陶飛はこの数日間、昇給交渉をだらだらと続ける一方で、ひそかに職探しも始め、近くのプレザー工場で仕事を見つけていた。プレザー工場は有毒ガスが出ると知られていたから、初歩的な作業にしては賃金が高く、陶飛は時給四・六元で雇われた。夕方からは自分の雑貨露店で商売ができる。娘たちのことは気にしていない。若すぎるだの、お目付け役が必要だのと言っていたのはすべて交渉のカードだった。娘たちは自分で生きていけると、陶飛はずっと前からわかっていたのだ。自分で行くと決めたなら、行けばいい。

任静も、行くと自分で決めたのだった。母親はうろたえ、しきりに引き留めた。しまいには娘について工場までやってきた。まだ若すぎる、来年まで待ってと母親はしきりに訴えるが、任静の決心は固い。持ち物をまとめた小さなバッグを手に、引っ越しトラックのどれかに同乗しようと待っていた。無言で、母親とはかたくなに目を合わせまいとしている。母親はついに泣き出したが、それでも娘は冷静だった。母親はついにあきらめ、大声で「そんなに行きたいなら、行きな！」と言い捨てた。

母親は、激しく泣きじゃくりながらぎこちない足取りで遂松路の反対側に去っていったが、その途端、任静は泣き崩れた。うずくまり、しゃくり上げている。それから一時間ほども、母と娘は遂松路を挟んで向かい合い、立ったまま泣き続けた。二人とも相手に腹を立てていて、話をしようとも、目を合わせようともしなかった。だが、母親はそこにずっといた。最後まで見送るのが中国の伝統なのだ。それに、怒ってはいるものの、母親はわが娘に背を向けたくなかったのだろう。

やがて任静の姉がやってきて、母と妹のメッセンジャー役を買って出た。「気をつけるんだよ、と母ちゃんが言ってる」と姉が言えば、十六歳の妹は「大丈夫だよって伝えて」と答える。五分後、姉は遂松路のあちら側から戻ってきて言った。「母ちゃん、泣いてる。行かせたくないんだよ」。それでも妹の決心は固い。「今晩、着いたら電話するって母ちゃんに言って」

三台目のトラックの積み込みはたいそう時間がかかったが、ついに任静は運転室に乗り込んだ。説得をあきらめた母親は、遂松路の向こう側から二〇〇元の餞別を送ってきた。任静を乗せたトラックが視界から消えてもなお、母親は流れ落ちる涙で頬を濡らしながら遂松路に立っていた。

陶姉妹の出発にあたって涙を流す人は誰もいなかった。姉と妹はそれぞれ小型のスーツケースに持ち物を詰め、陽気にしゃべりながら工場へと向かった。まるでこれから大学生活を始めるアメリカの若者のようだ。陶飛は門まで見送ったが、長居はしなかった。抱擁もキスもない。陶飛は最後まで兵士スタイルを貫いた。陶飛にとって見送りなんかどうでもいいことだった。ほかにしなくてはならないことがたくさんあるのだ。陶飛は最後に娘たちにこう言った。「ちゃんと暖かい服を着なければだめだ。これから寒くなる。気をつけないと病気になるぞ。病気になれば薬に金がかかる。だから暖かくしてるんだぞ。わかったな。それじゃ、さよなら」

こう言い置くと陶飛は回れ右をしてさっさと行ってしまった。午前一〇時、最後のトラックが工場をあとにした。新しい工場では、みんな真夜中過ぎまで働いて、機械類をすべて積み下ろし、無事に屋内に設置した。わずか一日で、前の工場からすべてを移転したのだった。リング製造機と金属プレス機と電球と一枚八〇元のドア、それにアンダーワイヤーにブラジャーリング一〇〇万個などすべてだ。引っ越しが終わった直後から天気が崩れ、激しい雨が降り出した。まるで明日という日がないような降り方だった。

4

二〇〇七年夏、私の中国の運転免許証の有効期限が切れた。そのとき私はすでにアメリカに帰っていて、新しい道路環境にも慣れていた。私はゆっくり運転するようになった。それに、右車線で追い越すようなこともしなくなった。クラクションも鳴らさない。交差点で信号が青になると、中国でしていたように、対向車の鼻先で急左折したくなるが、そんな衝動をぐっと抑えることも学んだ。三輪トラクターや長距離バスや黒いアウディA6に気を使うこともない。車を修理工場に持っていけば、タバコを吸わない人たちが働いていた。デンバーで一度、バンパーに追突されたことがある。相手の女性とは現金ではなく、互いの連絡先を交換した。コロラド州警察に呼び止められたことも二度ほどあるが、それも注意を受けただけだ。警官たちは、もっとゆっくり運転してください、と言うだけで感じがよかった。

その年の末に中国を訪れたとき、免許証の有効期限には猶予期間があると、友達が教えてくれたので、私はさっそく北京公安局に行き、書類に必要事項を書き込んだ。それだけでよかった。新しい免許証がもらえたのだ。有効期限は二〇一三年まで。私は温州《ウエンチョウ》へと飛び、そこでフォルクスワーゲン・サンタナをレンタルし、キーを回した。案の定、赤い燃料警告灯がついた。だが、半径五キロ以内ならガソリンスタンドがどこにあるか、私はちゃんと知っていた。いちばん近い中国石化《シノペック》のスタンドに行った。給油している間にパトロールカーが入ってきた。警官が二人乗っている。見ると、エンジンを切り、ギアをニュートラルに入れていた。故障したんですかと訊いてみた。

「いや、ちょっとガス欠したもんで」警官は陽気に答えた。

すべてが懐かしかった。私は金麗温《チンリーウエン》高速道路を北へ向かい、ジャングルジムの町・下斜《シアシエ》からボタンの町・橋頭《チアオトウ》へと、一町一製品の地域を通り抜けた。麗水《リーシユイ》市では何日もかけて開発地区をドライブして回った。政府は最近、「東部拡張計画」を進めている。工場地区を現在の四倍まで広げる計画だ。政府はより高度な技術を中心とした産業分野への進出を図っており、それには七五億元の追加資金が必要だが、その大部分は融資でまかなわれる。こうした数字を教えてくれたのは、かつては戦車を操縦し、いまは開発地区の責任者を務める王黎炅《ワン・リーチオン》主任だ。彼によれば「東部拡張計画」は、さらに四〇〇カ所で山や丘を切り崩すことになるという。

私は二〇〇五年に立ち会った爆破工事を思い出した。当時、工事はブラジャーリング工場の近くで行なわれていた。あのときの現場に行ってみると、作業員の姿はもはやなく、もちろん山もない。その代わり、真新しい工場が四棟建っていた。一棟は建築資材製造工場、もう一棟はデュポン社の下請け工場だ。それに合成皮革《プレザー》工場で使うポリウレタンを作る工場もあった。四棟目の工場には大きな英語の看板がかかっている。Zhejiang Renli Environmental Protection Co., Ltd.（浙江人立環保有限公司）とあった。細長い平屋の工場で、大きな煙突からは白い煙がもくもくと立ち上っている。工場のそばには錆びたドラム缶が何百本も積み上げられ、簡単な雨よけがかかっていた。壁にはスローガンが掲げられている。

環境保護の責任は
すべての人にある

私は敷地内を歩き回ったが、勝手に入り込んでも誰にもとがめられなかった。作業員に案内された事務所には背広を着た男がいて、名刺をくれた。葉春生《イエ・チュンション》はこの会社の副社長だ。葉春生の説明によると、この会社はプレザー製造に使われる溶剤ＤＭＦ（ジメチルホルムアミド）を処理する民間会社だ。麗水市のプレザー工場から出る廃棄物ＤＭＦは、人立環保のこの工場に運び込まれるそうだ。あの錆びたドラム缶にはすべて、未処理のＤＭＦが入っているのだ。

「この工場は二四時間稼働しています。こんなことをしているのは国内でもわが社だけです。わが社は、温州とここに工場を展開しています」と葉春生は胸を張った。

私が大煙突から出ている煙について訊くと、葉春生はきれいな煙ですよと断言した。「政府の承認を受けていますから」。それから私にタバコを勧め、握手をして、またいつでもおいでくださいと言った。敷地を出る途中、数えてみるとＤＭＦのドラム缶は全部で六四〇本あった。まったくのところ、二年前に訪れた山が「人立環保有限公司」に変わっているのを見るなんて、中国でしか体験できないことだ。

あのブラジャーリング工場は移転後もうまくいってい

た。移転先は甌海区《オウハイ》。温州市の南に広がる湿地帯だ。いずれこの地域の工場を撤去して、緑地帯を造る計画が公表されていた。こうした計画は、中国で環境保護意識が高まっているしるしだが、前途は多難だ。甌海区の緑化計画がひとたび発表されると、汚染源となる安物工場がこの地域にどっと押し寄せてきたのだ。いずれ消える運命にある工場地区なら、いまのところは規制がゆるいと、工場主たちはにらんだのだった。それに家賃も安かった。王社長と高社長が移転を決めたのも、それが理由だ。大金を節約できた。いずれ工場はまた移転しなくてはならない。だが、いまそんな心配をする必要はない。

移転して数カ月後に、近所の起業家が羅親方に接近してきた。ブラジャーリングの商売がうまくいっていることに目をつけて、自分も手を出したくなったのだ。起業家は新会社を一緒にやらないかと羅親方に持ちかけた。だが、羅親方は断った。温州の人は信用できないと思った。「この工場で働いてみて、つくづくわかったよ。温州人の社長は約束しても、必ず破るんだ」

ところが、その後この起業家は、あの軽穂《チンスイ》機械製造有限公司に注文を入れたのだった。そういうわけで、間もなくリング製造機がもう一台、温州のこの地域に設置され、ブラジャーリングを量産しはじめた。私は羅親方に何回も会って話を聞いた。そんなあるとき、羅親方は、外国人投資家がこの業界で起業したければ、自分がかかわる限り、三二万元もあれば十分だとしきりに言った。自分はリング製造機の注文の仕方も、組み立て方も心得ているし、工場用地を見つけることもできる。人件費は安い。それに自分も少し蓄えがあるから、この三二万元の初期投資の一部を負担できるかもしれない。ここまで聞いて、私はようやく羅親方が何を言いたいのかわかった。私は礼を言って説明した。自分はビジネスには向いていないし、とくに中国では無理だ。でも、いつか物書きをやめてブラジャーリングを作りたくなったら、パートナーを組む相手として君以外は考えられないと思うと。

その数カ月後、羅親方はブラジャーリング工場を去った。約束した給料を一度として支払ったことのない社長たちは、羅親方におよそ一万二〇〇〇元の借りをつくっていた。中国では莫大な金額だ。羅親方はついに見切りをつけたのだった。羅親方は南部に帰り、そこでブラジャーリング事業を始めたいと言う社長に出会った。羅親方はこの社長のためにリング製造機を二台組み立てた。ところが、売り上げが順調に伸びていた矢先、世界不況が襲った。二〇〇八年の前半、影響は全国各地の工場に広がった。「毎日、二社か三社が倒産したよ」と、羅親方は語る。親方の工場も従業員をレイオフした。あの当時はそれが当たり前のことだった。一方、温州市では高社長と王社長は人員を半減した。事業はなんとか生き残ったが、あれは実に厳しい年だった。

それほどの幸運に恵まれなかった事業も多い。麗水市では不動産価格が急落し、あの江浜《チアンビン》住宅団地を開発した銀泰《インタイ》社はにわかに経営が苦しくなった。資本の大部分を個人の投資金でまかなっていたこの会社は、二〇〇八年夏には利払いが困難になり、投資家の間にパニックが広がった。投資家はみな資金を回収したがったが、会社は支払い能力を失っていた。投資していた農民の一人が、動揺のあまり農薬を飲んで自殺した。当局が調査に乗り出し、すでに何年も誰もが知っていた事実を明らかにした。銀泰が不法な資金調達を行なっていたということだ。結局、銀泰は一万五〇〇〇人から金を借りていて、負債総額は一〇億二五〇〇万元に上るが、支払い能力はないことがわかった。そこで政府が摘発に乗り出し、銀泰の資産を差し押さえ、経営陣を逮捕した。創業者と息子たちは刑務所送りとなり、二〇〇九年の時点ではまだ拘留されていた。私が会ったあの若い取締役副会長の李勝軍《リー・ションチュン》はこの先何年も刑務所暮らしが続くかもしれない。私を自分のナイトクラブへ招いた李勝軍はあのとき、プラダに身を包み、ボディガードに囲まれ、マティス・スコッチウィスキーの緑茶割りを飲んでいた。李家の家宅捜索の結果、フェラーリ一台を含む高級車が四〇台も差し押さえられた。

だが、中国はほかの多くの国よりもうまく危機を乗り切り、銀泰ほどの大型倒産事件はそれほど多く起きなかった。中国では、アメリカが抱え込んだような住宅ローン問題は広がっていないが、これは個人がローンを組むのが難しいからだ。銀泰のような最悪の倒産が起きても、中国の金融システムは麻痺しなかった。というのも中国では、融資とは民間の営みであり、政府が後ろ盾となるものではないからだ。銀行は倒れなかった。代わりに、出資金を失ったのは一般個人だった。中国の台頭に大きく貢献した出稼ぎ労働者や零細起業家たちは、今度は国を経済危機から守る防波堤になったのだ。かれらは凋落のストレスに対する心構えができている。誰でも不安や困難を経験したことがあるからだ。運がいいときもそうでないときもあることを、よく知っている。〇八年、工場労働者の大量解雇が起きたとき、たいていの人は農村に帰って事態が好転するのを待った。改革開放時代を経て、多くの新技術を身につけた中国人は、機敏で才覚に富み意志が強い国民になったが、忍耐することも知っている。忍耐は昔ながらの（実に、田畑と同じくらい古い歴史を持つ）中国人の特質だ。

中央政府は経済危機への対応策として、また大規模な道路建設計画を打ち出した。〇八年には、二年間に総額五八六〇億ドルを投じる景気刺激策が発表された。政府はその大半を道路、鉄道、空港の建設整備に充てるものと見られる。より多くの資源を教育に向けないのはなぜか疑問を呈する向きもある。創造力に富む仕事ができる人材を育てるために、教育システムをついに改革する好機ととらえることもできたはずだ。だが、政府は昔ながらの方法を採用し、インフラ整備に資金を投じ、人びとが金を使うように仕向けたのだった。とりわけ、力を入れたのは農村部だった。数億の農民を巨大な消費者集団に変えようとしたのだ。国務院はある決議を採択したが、これが実行されれば、農民による土地使用権の賃貸や交換（ただし、売却ではない）が認められるだろう。一部の地域では、小規模な融資や住宅ローンが実験的に始まった。中央政府は「家電製品農村普及運動」を始めた。農村の人が冷蔵庫やテレビや携帯電話などを購入するとき、政府の補助を受けられる仕組みだ。これには農家だけでなく工場も喜んだ。在庫整理が大いに進んだからだ。

麗水市にとっても、こうした政策は好都合だった。少なくとも、初めのうちは万事がうまくいった。〇九年の半ば、開発地区の責任者の王黎昊主任は麗水市の年間GDP成長率は一〇パーセントに達する見込みだと語っていた。中国各地、どこへ行っても同じ話を聞いた。輸出は二〇パーセントも縮小していたが、国の経済は八パーセント台の成長を維持していた。中国は、外国の消費者に代わって国内で消費者を見つけたのだ。中国という国の大きさが、これを可能にした。自動車市場でさえ好況で、とくに政府が新車の減税を行なってからはよく売れた。〇九年の第一４半期には、中国の消費者が購入した自動車の台数が、史上初めてアメリカ人が買った台数を超えた。

世界的経済危機のさなか、羅受雲《ルオ・ショウユン》はついに親方から社長へと変身を遂げた。改革開放時代を通して四半世紀というもの、羅受雲は他人に雇われて働いた。字も読めない組立ライン工だった羅受雲は全国各地の都市から都市へ渡り歩き、ついに熟練技術工になった。信用できない社長たちと渡り合い、何回も約束を反古にされながら、夢にまで見るほど数多くのブラジャーリングを作ってきた。〇九年に、羅受雲はこうしたすべてを過去のものにし、南部の都市、仏山《フォーシャン》で甥と一緒に会社を起こしたのだ。事業はリサイクルだ。海外からゴミを買い入れ、資源を取り出して国内の工場に売る事業だ。この会社がとくに手がけるのは高級プラスチックだ。機械類に関する羅受雲の技術力は大いに頼りにされた。年の半ばには従業員を一〇人あまりも雇い入れるまでになった。羅受雲の収入はどのブラジャーリング工場で働いたときよりも多かった。妻も一緒に働いたので、あの息子は貴州省の親類に預けられ、保育園に通っていた。

私が「羅社長」と、新しい肩書きで呼びかけると、羅受雲は笑いながら、「うちにはアメリカからもゴミが送られてくるよ」と言った。アメリカ、ヨーロッパ、オーストラリアから定期的に荷が来る。たいていはよい状態で届いた。羅受雲は冷蔵庫やテレビはもとより、自動車の部品でさえ、すぐに見分けることができる。資材を仕分け、プラスチックを加工処理して中国のメーカーに売るのがこの会社の事業だった。「プラスチックからおもちゃを作るお客さんもいるけど、冷蔵庫やテレビを作ることもある。仕入れたものと同じ製品を作ることもある。基本的には同じ材料だからね」

一方、浙江省の陶《タオ》姉妹と任静《レン・チン》は、工場が温州に移転して間もなく辞めていった。あとでわかったことだが、これは父親の計画の一部だった。陶飛《タオ・フェイ》はまず、休暇前に給料をつり上げ、いったんボーナスと紅包《ホンバオ》を手にするや、今度は娘たちを辞めさせたのだ。娘たちは麗水市に戻り、三人とも灰皿製造工場で仕事を見つけた。妹の玉風《ユイフォン》が十六歳に達して大きな工場に就職できるようになったので、娘たちは合成皮革《レザー》工場で仕事口を見つけ、品質管理に配属された。できあがった製品に傷がないか点検する仕事だ。こうしてプレザーの反物は、この少女たちのお墨付きをもらってから、広い世界へと送り出されることになった。

私は最後に麗水市を訪れたとき、陶一家の小屋に立ち寄った。玉風はちょうど仕事から帰ったところで、工場のことをうれしそうに話していた。「残業手当も出るのよ。いまじゃ月給は九〇〇元だけど残業代も入るし、一五〇〇元にもなるわ」。二万二〇〇〇円ほどの高給だった。組立ラインで働く新米工員の給料の二倍以上だ。玉風は、うちの工場が作るのはめったにないほどの高級な皮革で、バイクのシートカバーや車の内装に使われるのだと自慢げに語っていた。「それに、社長もいい人。あたしたちが疲れて居眠りしても、そんなに怒ったりしない。遅くまで残業してると、フルーツやおやつを差し入れてくれる。いい職場よ」

玉凰はもう一、二年はこのプレザー工場で働くつもりだ。それから、貯まった金で、たぶん父親と事業を始めたい。陶一家は本物の店舗（屋根と扉がある、屋台ではない店）を持ちたかった。「プレザー工場は長く働くとこじゃない。有毒ガスもあるし、体に悪いんだ。品質検査の職場はほかよりましだけど、それでも健康的じゃないから。一、二年働いたら辞めどきよ。有毒ガスさえなければいい仕事なんだけど」

玉凰はもうすぐ十七歳になる。姉の身分証を使って工場に応募してきたのは二年前だったが、あのときはぽっちゃりした少年のような顔立ちで、ブラジャーリングを手に、仕事の経験があると滔々と述べたのだった。この二〇カ月の間に、玉凰は成長して自分の言葉どおりの工員になった。童顔は消え、いつの間にか美しくなった。細面で頬骨が高く、ヘアスタイルもしゃれている。工場労働者には珍しく、マニキュアもしていた。故郷を出て二年、玉凰にとって村は別世界だ。祖父母や学校の友達を話題にすることはない。玉凰の話はいつも未来のことだ。新しい仕事、新しい計画、新しい生活、時の流れの向こうに見えるものすべてだ。

ある日の午後、私は以前にブラジャーリング工場があった場所に行ってみた。遂松路のあの三階建てのビルはまだ空き家だった。いずれは各雷電工がここまで拡張してくるだろう。各雷電工の工場では本格的な生産が始まり、銅線やジェーン・エア印の照明スイッチが次から次へと量産されていた。ガードマンの話では事業はうまくいっていた。敷地内に入ってもかまわないかと訊くと、どうぞと言う。私は二体の獅子像と、折りたたみ式の門衛詰所と星条旗のそばを通り過ぎた。壁には社長の書がまだ金色に光っていた。

未来の予兆は
いま目の前で起きている

かつての工場の中に入ると、まず目にするのはリングだ。工場が移転して以来、誰もここを掃除していない。いたるところにリングがあった。黒いリング、赤いリング、曲がったリング、壊れたリングだ。玉凰が働いていたあたりには、ねじ曲がったワイヤーが麦藁のようにうずたかく積まれていた。双鹿ビールの空瓶に、くしゃくしゃに丸めたステートエクスプレス555の空き箱、使いかけの包装用テープや壊れた鉢に植わった枯れ木、それにチェスの駒と箸が一本など、あちこちに散らばっている。日めくりカレンダーは十一月二十二日のままだ。
空っぽのバッグに、子供の靴の片方。一階の老田が住んでいた部屋には宝くじナンバーの殴り書きが残っている。

95　1.3.17.20.21.24+16
97　1.5.9.13.15.33+14
97　11.14.15.20.26.27+12
98　6.7.10.11.15.23+16
99　7.12.18.23.24.27+5

従業員が住んでいた部屋はどこも落書きだらけだ。ペンや鉛筆やペンキで書いた自助努力のスローガンが、汚れた壁のあちこちを縦横に走っていた。スローガンを読みながら、私は以前の寮の中を歩き回った。

すぐに成功をつかめ。
日々、楽しく過ごせ。
新しい日はいま、ここで始まる！
未来をまっすぐに見つめよ。
人はどこでも成功できる。
私は誓う、名を上げるまで故郷にはけっして帰らないことを。

冷たい風が窓に吹きつけていた。秋の繁忙期が始まり、開発地区の工場はどこもフル生産に入っている。外から規則正しい機械音が耳に入ってきた。瓶工場はガチャガチャ、プラスチック鋳型工場はブルンブルン、包装用ワイヤーはウィーンウィーンと音を立てている。だが、人の出す音はまったく聞こえない。私は三〇分ほども一人きりでそこに立ったまま、空っぽの工場の壁を眺めていた。

謝辞

一〇年前、ミズーリ州コロンビアで『リバー・タウン』（*River Town*）の最初の草稿を仕上げていたときのことだ。私は隣家の人に原稿を見てくれないかと頼んでみた。その人、ダグ・ハントがすぐれた編集者だと聞いていたからだ。だが、その後自分がどれほどダグの世話になるか、あのときは想像もつかなかった。それからの一〇年間、ダグは私が中国で書いた原稿のほぼすべてに目を通し、助言をくれた。この本ができたのもまた、ダグの鋭い洞察力とすぐれた見識のおかげである。一九九九年のあのころ、ダグは自分がどんな仕事を引き受けるはめになるか、想像もつかなかったにちがいない（スチュワート・ロードに住む隣人同士としてのこの付き合いが発展し、やがてダグはイアン・ジョンソンの『ミュンヘンのモスク』（*A Mosque in Munich*）や私の妻レスリー・T・チャンの『現代中国女工哀史』（*Factory Girls*）についても、専門的な立場から助言することになったが、これも想定外の展開だったろう）。ありがとう――ダグには、これしか言う言葉がない。ダグの辛抱強さと広い心と、そして何よりもその友情に感謝している。

北京では、著述業の友人たちがこの本の最初の草稿を読んでくれた。イアン・ジョンソンの意見、とくにいかに簡潔にまとめるかについての助言はたいへんありがたかった。マイケル・マイヤーのおかげで内容の絞り込みがはかどった――平和部隊《ピースコー》のボランティアとして一緒に働いたマイケルには、四川から北京まで中国各地で長年にわたりお世話になっている。もう一人、平和部隊の元同僚のマイク・ゲーティグは、辺境の地を行く困難なドライブ旅行に何度か同行してくれた。北京のトラヴィス・クリンバーグはさまざまな企画の相談にのってくれた（そのうえ、表紙デザインについても適切な助言をくれた）。

本書はデイヴィッド・スピンドラーの研究に負うところが大きい。あれほど綿密に、献身的に調査に打ち込む研究者を私はほかに知らない。おかげで私は、万里の長城をまったく新しい見方で見るようになった。また、本書の校正刷りに目を通していただいたことにも感謝している。

三岔村の借家をミミ・クオ－ディーマーと共用できたのは実に幸運だった。初めのうち、私は地元当局との交渉に苦労した。無事に切り抜けられたのは、ミミの忍耐と良識のおかげだ。三岔村の暮らしがあれほど楽しいものになったのは、ミミが友人としていてくれたからこそである。また、ミミは第2部の原稿を読み、事実調査の手助けもしてくれた。ミミとアロン・クオ－ディーマーの好意で、三岔村には私たちの家がまだそのままある。これからもずっとこの家を共同で使っていきたいと思っている。

魏嘉が病気になったとき、アメリカにいるテッド・スコット、アイリーン・キャヴェノー、ヴィンセント・P・グルチャリの三人の医師たちが大きな力になってくれた。また、中国における血液検査の問題点をよく説明してくれたキャサリーン・マイヤーズにも感謝している。この方々の専門的な知識は貴重なものだった。超多忙なスケジュールの間を縫って私の質問にすぐに答えてくださったこの方々のご厚意に、とくに感謝している。ただ、グルチャリ先生に直接感謝の言葉を届けられたら、と残念でならない。先生はご自身ががんとの闘いのさなかにあっても、遠い中国で病気に苦しんでいる見知らぬ子供に心を寄せてくれた。このことを残された夫人と娘さんたちにぜひ伝えたい。

本書を構成する三部はそれぞれ『ニューヨーカー』や『ナショナル・ジオグラフィック』の企画と関連している。『ニューヨーカー』の企画で取材をしたときは、ニック・パウムガーテン、ダナ・グッドイヤー、エイミー・デイヴィッドソンの三人のすばらしい編集者のお世話になった。また、本書で村の生活や中国での運転をはじめ、麗水市の芸術家村から奇瑞汽車や万里の長城まで、実に多岐にわたるテーマを取り上げることができたのは、常に広い分野にアンテナを張っているデイヴィッド・レムニックのおかげだ。

『ナショナル・ジオグラフィック』では、写真家のマイク・ヤマシタと万里の長城を取材した。熱意とエネルギーに満ち、柔軟な発想の持ち主のマイクと仕事をするのは楽しかった。中国に興味を持ち、これらの取材計画を推し進めてくれたエリザベス・クリストにも感謝している。私が中国北部で長いドライブ旅行ができたのは、『ナショナル・ジオグラフィック』のオリヴァー・ペインが初めから応援してくれたからだ。オリヴァーは、まだほんの駆け出しのライターだった私に目を止めて、旅程も事前の会見取材もテーマもいっさい決めない自由な取材を許してくれた。そのおかげで、私は浙江省でも同じようなやり方で取材ができた。ある国やそこに住む人びとをじっくりと調査するには、こうした支えが欠かせないものだが、最近のジャーナリズムの世界では、私のような幸運に恵まれることはめったにないのも事実だ。『ナショナル・ジオグラフィック』のキャロライン・ホワイトも、当初から麗水市での取材を応援してくれた。私の記事のために大きなスペースを割いてくれたクリス・ジョーンズにもお礼を申し上げたい。

私の雑誌記事の多くにすぐれた写真を添えてくれたのはマーク・レオンだ。マークと一緒に麗水市を取材したときは楽しかった。マークはカメラ操作にすぐれているだけでなく、観察力が鋭く、思慮深い。おかげで浙江省のあの地域の理解を深めることができたと思う。

ヘレン・チャンの協力がなかったら、三岔村で見つけた古い不動産契約書を読み解くことはできなかった。ラニア・ホーは北京のクローバー型交差路の地図を提供してくれた。中国の自動車産業をめぐる私の際限のない質問に答えてくれたJ・D・パワー中国支社取締役のマイケル・ダンにもお礼を申し上げたい。いまはハワイ大学で教鞭をとるチアン・ホンには、内モンゴルの烏審旗で誰を取材したらよいかを教えていただいた。『ウォールストリート・ジャーナル』のドウ・チャンルーからはドライブ旅行に際して助言をいただいた。リリー・ソンは役所への登録に手落ちがないように気を配ってくれた。私がそもそも浙江省に興味を持つようになったのは、以前の教え子たちが移住していたからだが、彼らからもさまざまな援助をいただいた。ウィリアム・ジェファーソン・フォスターは浙江省に関する事実調査を引き受けてくれた。シャーリー・チャオは温州でレンタカーをするときに保証人になってくれた。さまざまな工場町の背景を調べてくれたのは『ウォールストリート・ジャーナル』のツォイ・ロンだ。また事実確認の作業で私が大いに頼りにしたのはカーステン・チャンだ――残業もいとわず熱心に仕事をしてくれてありがとう。

古代ローマの研究で忙しいなか、中国のすてきな地図を書いてくれたアンジェラ・ヘスラーにも感謝の言葉を贈りたい。表紙について助言してくれたビルギッタをはじめ、ヘスラー家、ガンディー家、ナイベック家の皆さんには長年にわたりたいへんお世話になってきた。

本書を含む私の三部作はすべてハーパーコリンズ社から刊行されたが、その間ずっと一人の編集者が担当してくれた。ティム・ダガンである。このように安定した力強い支えをいただけたのは、遠く離れた国で仕事をする物書きにとってはたいへんありがたかった。ジェーン・バーンは広報ですばらしい力を発揮してくれた。アリソン・ローレンツェンは雑多な（際限のない）編集の仕事を調整してくれた。エージェントのウィリアム・クラークが、私が勝手に送りつけた原稿を読んでくれたのは一九九九年のことだったが、それ以来ずっとあらゆる問題の処理を引き受けてくれている。

一〇年間も住んだ中国を離れるのはつらかった。とくに仕事半ばでの引っ越しはたいへんだった。私たち夫婦はそれぞれ著作の資料を抱え、車でコロラド州の南部をあちこち回って執筆に専念できる場所を探すことになった。だが、ついに落ち着き場所は見つかり、私たちは仕事をやり遂げた。ここログヒルメサで、中国に関する二冊の本が形を成したのだ。すぐ隣の部屋で『現代中国女工哀史』に息が吹き込まれるのを見るのは、すばらしい経験だった。また、中国について、南部の取材旅行で見聞きしたことをレスリーと分かち合って多くを学んだ。レスリーに本書を捧げたい――書くことの喜びと敬意を込めて。

だが、誰よりもまず、本書で紹介した中国の人たちに感謝の言葉を捧げたい。ヒッチハイカーや出稼ぎ労働者や親切な村の人たち、旅の途中で巡り合った人たちには感謝の思いを伝えようもないが、本書がこの人びとの心をいくらかでも表現できていたら幸いだ。北京でレンタカーをするのは危険な冒険に違いないが、キャピタル・モーターズの王さんがいなかったら、あんなに楽しい経験にはならなかったろう。麗水市で王愛国と高肖孟の二人の社長と近づきになれたのは実に幸運だった。広い心で私を工場に迎え入れてくれた両社長に感謝している。陶家の人びとはいつでも進んで私と話をしてくれた。またとくに親しく付き合ってくれた羅受雲に感謝している。苦労して得たその専門知識には敬意を表したい。三岔村では魏子淇・曹春梅の夫妻をはじめ、魏嘉、魏宗漏と懇意になるという幸運に恵まれた。住まいを提供してくれたこと、食卓に招いたくれたこと、心を開いてくれたこと、すべてに感謝している。魏家の皆さんのおかげで、三岔村はいつまでも私の故郷であり続けるだろう。

二〇〇九年九月　コロラド州リッジウェーにて

ピーター・ヘスラー

参考資料

本書の大部分は、私がじかに見聞きしたことを書いたものだが、出版物や専門家とのインタビューに依拠した部分もある。その場合も本文中に脚注はつけなかった。本書のような物語風ノンフィクションを読むとき、たいていの人は脚注など邪魔だと思うだろう（それに、巻末のこの部分に目を通さない人もたくさんいるだろう）。それでも使った資料ははっきりと記しておきたい。どなたかの研究に役立つことがあれば幸いだ。以下は参考にした資料を、本文で使った順にページごとにまとめたものである。

本書はノンフィクションである。私はできるだけ正確な記述を心がけ、事実や出来事の細部や年代をわざと変えるようなことはしていない。本文中の間違いはすべて意図しないミスである。また、私は本書で実名を使ったが、魏嘉の小学校の友達の名前は例外とした。子供たちの名前は変えてある。

本書は二〇〇一年から二〇〇九年にかけての取材に基づいている。この間に統計上の重要な数字がいくつか大きく変わった。国家統計局の推計によれば、国内移住者の総数は二〇〇一年の八九六一万人から二〇〇六年には一億三二一二万人にふくらんだ。今日、その数は一億四〇〇〇万を超えたと多くの専門家は見ている。だが、こうした数字はおおまかな見積もりととらえるべきだろう。国内移住者はなかなか追跡できないし、そもそも定義づけることさえ難しいのだ。

さらに、取材した八年の間には為替レートも変わった。そのため、人民元からドルへの換算にあたり、本書では一定のレートは使わずに、そのときどきのレートをもとに計算するという方法をとったことをお断りしておきたい。

第1部　長城

1

7　一日平均一〇〇〇人が新規に免許登録　中国の国家統計局によれば、北京市に登録された運転者の数は二〇〇一年に三〇万人増えた。

7　問223　冠水した道路に差しかかったら　中国では自動車運転に関する法律は国法であり、『中華人民共和国交通安全法』に記載されている。免許取得のための試験は地域によって若干の違いがあるが、全国どこでも同じような内容だ。私は浙江省麗水市で運転講習と免許試験の模様を取材した。麗水市公安局は『麗水市自動車運転者――科学的訓練復習資料』と題する運転教本を提供してくれた。本文中の試験問題はすべてこの教本から引用した。

9　『中国自動車運転者用地図帳』
『中国汽車司机地図冊』中国地図出版社、二〇〇一年。

10　この計画は一九三一年までには全国の二〇を超える都市で採用され　古代の都市城壁をいかに道路へと造り替えたかについて。
Campanella, Thomas J. "The Civilizing Road': American Influence on the Development of Highways and Motoring in China, 1900-1949." *The Journal of Transport History* 26, no.1 (March 2005): pp.78-98.

10　長城も近代化計画の対象になった　万里の長城を高速道路に改造する計画について。
雷声「長城築路之廃物利用（廃材を使って万里の長城の上に高速道路を建設する）」『紳宝汽車増刊』七六（一九二三年五月一二日）、一一―三頁。

劉虎如「長城」『学生雑誌』一八、第三号（一九三一年三月）、七五―七六頁。

14　明王朝は……長城を建てようとはしなかった　明の陵墓近辺での長城建設に、風水が及ぼした影響について。
洪峰「龍泉峪至石佛寺断片成因題解（龍泉谷と石仏寺の間で長城が途切れている要因について）」『中国長城博物館』二一、第一号（二〇〇六年）、五二―六三頁。

16　大がかりな自動車道路建設計画が始まった　アメリカ赤十字社の道路建設活動についてはトーマス・J・カンパネラ

（Thomas J. Campanella）の前掲論文を参照。

17　一九一一年のアメリカとほぼ同じ割合だった　中国の国家統計局によれば、二〇〇一年、中国には九九三万九六〇〇台の自動車があった。これは乗用車とバスの台数で、トラックは含まれていない。*The Statistical History of the United States* によれば、一九一一年、アメリカには六一万八七二七台の自動車が登録されていた。一五二人に一台の割合だったが、一九一二年までにこの割合は一〇六人に一台となっていた（当時、バスは登録されなかった）。

22　万里の長城を専門に研究している学者はいない　ペンシルベニア大学のアーサー・ウォルドロン（Arthur Waldron）は研究活動の初めのころは万里の長城を調べていたが、いまは別のテーマの研究に移っている。ケンブリッジ大学のジュリア・ラベル（Julia Lovell）は *The Great Wall: China Against the World, 1000 BC-AD 2000* を刊行した。これは長城の文化的意義を説明しながら、その歴史を概説する著作である。ラベルはこれ以外に長城の専門的な研究を行なっていない。

23　十八世紀になると西欧の探検家や宣教師たちが　長城の歴史を西欧人が取り違えたことについて。

Waldron, Arthur. *The Great Wall of China: From History to Myth*, Cambridge: Cambridge University Press, 1990.

23　万里の長城は月面から見ることができるという記事

Warwick, Adam. "A Thousand Miles Along the Great Wall of China." *National Geographic* XLII, no.2（February 1923）: pp.114-43.

27　中国の……車両台数はアメリカの五分の一　この段落の数字は国家統計局による。

28　ヘッドライトの使用は禁止されていた

United Press International. "Light in China." January 4, 1984.

33　「嵐のように襲い……」　紀元前一三四年、御史大夫を務めた韓安国の言葉。左記から引用。

Jagchid, Sechin, and Van Jay Symons. *Peace, War and Trade Along the Great Wall: Nomadic Chinese Interaction through Two Millennia*. Bloomington: Indiana University Press, 1989. p.60.

33　「影をたたくようなもの」　紀元前二〇〇年、漢王朝の官吏、主父偃の引用による。Jagchid and Symons の前掲書（p.57）にも見られる。

33　「遊牧民はむやみに穀物を欲しがる」　西暦一一一年に完成した歴史書『漢書』からの引用。アーサー・ウォルドロンの前掲書（p.33）で紹介されている。このセクションのほかの引用句はウォルドロンとの会見から。

34 遊牧民問題はなかなか複雑だった　遊牧民問題に対処しようと、明王朝がとったさまざまな取り組みについて述べるこの部分の資料は、歴史家デイヴィッド・スピンドラー（David Spindler）の研究から。独立した研究者であるスピンドラーは、長城の調査をいまも続けており、研究成果の多くは未刊である。数回にわたるスピンドラーとのインタビューや北京近郊の長城見学を通して、私は長城について基本的なことを学んだ。スピンドラーの研究方法や研究成果については左記の拙稿を参照。

Hessler, Peter. "Walking the Wall." *The New Yorker*, May 21, 2007.

36 一五五六年の大地震

陳根遠「明代関中大地震対陝西文物造成的破壊（明代の関中地震が陝西省の文化遺跡に与えた損害）」『収蔵』二〇〇八年八月。

50 オルドス砂漠　オルドス砂漠と万里の長城の関係についてはアーサー・ウォルドロンの前掲書を参照。

51 砂漠化の波は国土の四分の一以上を……

Jia Xiaoxia. "Desertification: A Growing Threat in China." *Down to Earth: The Newsletter of the United Nations Conventions to Combat Desertification* 19（December 2003）: p.2.

52 烏審旗における柳の植樹の効果は長続きしない　烏審旗の歴史およびオルドス地方の環境問題について。

Jian Hong. "Grassland Campaigns in China's Collective Era: Socialist Policies and Local Initiatives in Uxin Ju, a 'Pastoral Dazhai.'" *China's Embedded Activism: Opportunities and Constraints of a Social Movement*. London: Routledge, 2008. pp.89-110.

———. "Reading China's Environmental Crisis: 'Mao's War Against Nature' Continues." *China Scope*（September/October 2007）: pp.3-16.

———. "China's Great Green Wall Proves Hollow." *The Epoch Times*, July 30, 2009.

2

59　**中華民国を建国した孫文は**　ヘンリー・フォードに宛てた孫文の手紙および中国が右側通行に切り替えた経緯についてはトーマス・J・カンパネラ（Thomas J. Campanella）の前掲論文を参照。

60　**『北京ジープ』**

Mann, Jim. *Beijing Jeep: A Case Study of Western Business in China*. Boulder, Colorado: Westview Press, 1997.（ジム・マン『北京ジープ――夢の合弁から失望へ　アメリカンビジネスの挫折』田畑光永訳、ジャパンタイムズ、一九九〇年）

61　**フォルクスワーゲンやGMが中国で得た利益は……ほかのどの国よりも大きかった**

外国の自動車メーカーの利益率についての情報は、J・D・パワー中国支社取締役マイケル・ダンとのインタビューから得た。同氏はさらにシティ・スペシャルの由来と奇瑞汽車の背景についても情報を提供してくれた。

61　**九〇年代の末……蕪湖市は**　奇瑞汽車については、奇瑞汽車の尹同耀社長をはじめ、国際部門の責任者・張林ら多くの従業員や幹部から話を聞いた。事前に許可をもらうよりも事後に承認を受けようとする同社の戦略については、蕪湖市経済技術開発区の共産党副書記・褚昌俊が説明してくれた。ジョン・ディンケルをはじめ外国人顧問や共同経営者らからも話を聞いた。より詳しくは左記の拙稿を参照。

Hessler, Peter. "Car Town." *The New Yorker*, September 26, 2005.

62　**幸福につきものの自己満足から常に一歩距離を置く**　社名の由来についてはいくつかの、ときとして矛盾する説がある。ここに記した由来は私が蕪湖市で会社幹部から聞いたことに依拠している。

74　**チンギス・ハンの軍隊**　チンギス・ハンとモンゴルの台頭について。

Weatherford, Jack. *Genghis Khan and the Making of the Modern World*. New York: Three Rivers Press, 2004.（ジャック・ウェザーフォード『パックス・モンゴリカ――チンギス・ハンがつくった新世界』星川淳監訳、日本放送出版協会、二〇〇六年）。

75　**尹耕の記録**　引用は主にデイヴィッド・スピンドラーの未発表の研究から。スピンドラーは、アルタン・ハンの事績と「捨てられたモンゴル人妻たちの急襲」についての記事を発表している。

Spindler, David. "A Twice-Scorned Mongol Woman, the Raid of 1576, and the Building of the Brick Great Wall." *Ming Studies* 60（Fall 2009）.

92　**知られている限りもっとも古い地図**　知られている限りもっとも古い中国の地図および裴秀の影響については、左記の論文を参照。
Hsu, Mei-Ling. "The Han Maps and Early Chinese Cartography." *Annals of the Association of American Geographers* 68, issue 1 (March 1978): pp.45-60.

92　地図製作技術は天文学から発達した　西欧の地図製作技術の歴史および中国の地図製作との比較については、カリフォルニア大学アーヴァイン校の歴史学者パトリシア・シード（Patricia Seed）とのインタビューから情報を得た。同氏による左記の論文からは、ヨーロッパ人による初期のアフリカの地図についての基礎的知識が得られる。
Seed, Patricia. "The Cone of Africa ... Took Shape in Lisbon." *Humanities* 29, no. 6 (November/December 2008).

103　魯迅にとって長城は
Roberts, Claire, and Geremie R. Barmé, editors. *The Great Wall of China*. Sydney: Powerhouse Publishing, 2006. p.24.

103　「防壁というよりは川の流れのようなものだ」
Waldron, Arthur. "Scholarship and Patriotic Education: The Great Wall Conference, 1994." *China Quarterly* 143 (September 1995): p.846.

105　討ち取った匈奴どもの首を棒に突き刺した　デイヴィッド・スピンドラーの研究から引用。

110　「時間は破壊する力をすべて失ってしまったようだ」　オーレル・スタインの中国における活動について。
Walker, Annabel. *Aurel Stein: Pioneer of the Silk Road*. Seattle: University of Washington Press, 1998.

第2部　村

1

124　はるか昔の十七世紀から　王朝時代の中国の書物文化について。
Rawski, Evelyn Sakakida. *Education and Popular Literacy in Ch'ing China*. Ann Arbor: The University of Michigan Press, 1979.

125　明の時代の文書では　詳しくはデイヴィッド・スピンドラーの研究から。

130 石板に刻まれた文字　デイヴィッド・スピンドラーが三岔村の山の上にある石板を調べ、書き写した。詳しくは同氏の研究から。

137 女の子一〇〇人に対し一一八人の男の子

"Rising Sex Ratio Imbalance 'A Danger'." *China Daily*. January 23, 2007.

150 中国のＨＩＶ感染者は一〇〇万人を超えていた　魏嘉が発病したころ、西欧のメディアは中国における非衛生的な採血方法をさかんに報道しており、そのため中国はＨＩＶ大流行の瀬戸際にあるとの懸念が広がっていた。二〇〇一年、国連のある報告は一〇〇万人以上の中国人がＨＩＶに感染していると推定、二〇一〇年までに二〇〇〇万人が感染する可能性があると警告した。一方、中国政府は二〇〇三年、ＨＩＶ感染者およびＡＩＤＳ症例数はわずか八四万人と推計されると発表した。その後の数年間に、この病気は予想されたほどには広がっていないことが明らかになり、この数字は二〇〇六年に実際に引き下げられた。この年、中国政府は世界保健機構や国連エイズ計画と共同し、中国におけるＨＩＶ感染者およびＡＩＤＳ症例数は六五万人と見られると発表した。左記の記事を参照。

Rosenthal, Elisabeth. "China Now Facing an AIDS Epidemic, A Top Aide Admits." *The New York Times*, August 24, 2001.
Yardley, Jim. "New Estimate in China Finds Fewer AIDS Cases." *The New York Times*, January 26, 2006.

2

168 農家の平均純収入は一一パーセント増えた　これとこの部分にあるほかの数字は"Rural Land Questions in China"と題する左記の論文から。中国とアメリカの多数の研究者が農村開発研究所と連携して編纂したこの論文は、農村問題に関する基礎的な知識が得られるすぐれた論文であり、革命以降の農地政策の略史も解説している。背景知識を得るために、私は執筆陣に名を連ねるZhu KeliangとYe Jianpingの二人の研究者から話を聞いた。

Zhu Keliang et al. "The Rural Land Question in China: Analysis and Recommendations Based on a Seventeen-Province Survey." *New York University Journal of International Law and Politics* 38, no.4 (Summer 2006): pp.761-839.

169 六六〇〇万人の農民が農地を失った　この数字は中国の農村問題を扱った最近の論文から。同論文には政策変更の助言も含まれている。

Cheng Li. "Hu Jintao's Land Reform: Ambition, Ambiguity, and Anxiety." *China Leadership Monitor* 27（Winter 2009）.

169　**平均四・五五人の世帯**　この部分の数字は Zhu Keliang et al. の前掲論文から。

172　**一九万キロに及ぶ道路が造られた**　この数字および以前の半世紀との比較値は、私が取材した政府記者会見で発表されたもの。「高速自動車国道ネットワーク計画」と題する記者会見は二〇〇五年一月一三日、張春賢・交通運輸部長が北京で開いた。

172　**北京では約五〇万人が新たに運転免許証を取得した**　国家統計局によれば総数は四八万人。

173　**シボレースパークにそっくりだった**　奇瑞ＱＱをめぐる問題については、奇瑞汽車の複数の幹部とゼネラルモーターズ中国グループ相談役ティモシー・Ｐ・ストラットフォードから話を聞いた。

173　**自動車の平均卸価格は八・八パーセント下落した**　この数字は中国人民銀行によるもので、『ニューヨーク・タイムズ』に掲載された。

Bradsher, Keith. "G.M. to Speed Up Expansion in China." *The New York Times*, June 8, 2004.

173　**乗用車販売台数は八〇パーセントも増え**　ＣＳＭアジアの新興国自動車市場予測部長イェール・チャンのインタビューで得た数字。

175　**ローンを利用した人は五人に一人もいなかった**　Keith Bradsher の前掲記事を参照。

181　**法輪功**　法輪功の興隆の背景および弾圧について。

Johnson, Ian. *Wild Grass: Three Stories of Change in Modern China*. New York: Pantheon Books, 2004.（イアン・ジョンソン『ワイルドグラス――中国を揺さぶる庶民の闘い』徳川家広訳、日本放送出版協会、二〇〇五年）

182　**何百人もの信者が拘留中に死亡した**　これは、魏一家が商売を始めた当時、外国のメディアによって一般的に報じられた数。今日では、死亡者数はこれより多いと見られている。アムネスティ・インターナショナルによれば、拘留中に死亡した信者の数は二〇〇〇人を超える。左記はより最近の新聞記事。

Jacobs, Andrew. "China Still Presses Crusade Against Falun Gong." *The New York Times*, April 27, 2009.

200 「新農村開発」キャンペーン　このキャンペーンの背景についてはCheng Liの前掲論文を参照。

203 「発展を維持する」と題する一連の会議　このキャンペーンの背景について。

Yardley, Jim. "China Attacks Its Woes With an Old Party Ritual." *The New York Times*, March 9, 2006.

205 『地方の都市化についての教科書』というタイトル

「推進農村城市化読本（農村の都市化についての教科書）」懐柔区市政管理委員会、二〇〇五年七月。

206 政府奨励金付きのタバコさえある　この事実および中国における喫煙をめぐる詳しい情報は、中国疾病対策予防センター・揚功煥副センター長とのインタビューから得た。

237 党の内部でトラブルが起きる　村の選挙について、また反対意見がどのように出てくるかについて、カリフォルニア大学バークレー校の中国問題専門家ケヴィン・J・オブライアン（Kevin J. O'Brien）から話を聞いた。さらに左記を参照。

O'Brien, Kevin J., and Rongbin Han. "Path to Democracy? Assessing Village Elections in China." *Journal of Contemporary China* 18, no.60 (June 2009): pp.359-378.

第3部 工場

1

247 政府はさらに約五万キロに及ぶ高速自動車道を造る計画を発表した　中国の高速自動車道建設計画と、張春賢がコンドリーザ・ライスに言及したことは、（既述の）二〇〇五年一月一三日に行なわれた政府記者会見から。

248 金麗温高速道路　この新しい高速道路の背景については麗水市交通運輸部の何炯偉から情報を得た。

249 町には三八〇ものボタン工場がある　橋頭のボタン生産についての詳細情報は橋頭ボタン協会の葉正祥会長から、武義のカード生産量は武義印刷協会から得た情報。ほかにも温州教育玩具協会、温州靴・皮革協会、温州喫煙用具協会、嵊州ネクタイ工業協会、大塘織物・靴下工業社などから情報提供を受けた。

256　温州の起業家の八割は　温州のビジネスマンの教育程度、およびこの地域の経済統計の詳細は左記の資料から。
Lu Haoting. "Millionaire School." *China Daily*, *China Business Weekly*, January 23, 2005.
256　『東洋のユダヤ人』
葉建東『東方猶太人　五〇位温州商人的創業故事』人民日報出版社、二〇〇二年。
257　地元の男性起業家たちを対象にしたアンケート
「温州企業家2・14情感生活調査（バレンタインデーにあたり、温州企業家の性生活を調査）」『財富』（『温州読時報』付録）一三八（二〇〇六年二月一四日）、一七頁。
268　楊暁宏　麗水市経済貿易委員会主任であった。
270　長年にわたるDMF汚染は肝臓障害を引き起こす
Redlich, Carrie A., et al. "Liver Disease Associated with Occupational Exposure to the Solvent Dimethylformamide." *Annals of Internal Medicine* 108, issue 5 (May 1988): pp.680-86.
Office of Environmental Health Hazard Assessment's "Chronic Toxicity Summary: N, N-Dimethylformamide," December 2000.

2

301　一人当たりGDP　この数字および麗水市の社会基盤についての情報は麗水市経済貿易委員会の楊暁宏主任から。
302　インフラ投資額　この数字と不動産の統計データはこの地方の新聞記事から。
藍燕「我市経済保持較快増長（麗水市は比較的高い成長率を維持）」『滁州晩報』二〇〇六年七月二八日、五頁。
309　『方与円』　この自己啓発本の背景について。
Chang, Leslie T. *Factory Girls: From Village to City in a Changing China*. New York: Spiegel & Grau, 2008.（レスリー・T・チャン『現代中国女工哀史』栗原泉訳、白水社、二〇一〇年）
311　フランシス・キャボット・ローウェル　ローウェルに関しては左記の序文を参照。
Eisler, Benita, editor. *The Lowell Offering: Writings by New England Mill Women (1840-1845)*. New York: W.W. Norton & Company, 1998.

313　スピード違反切符　浙江省におけるレーダーによるスピード違反取り締まりについては、地元警察官とのインタビューから情報を得た。

3

331　麗水市全体の電力消費の七割　この数字は楊暁宏主任から得た情報。

331　麗水市では……自家用車を購入した世帯が前年同期の二倍になった　張橋「毎千戸居民家庭購買用汽車20輌（一〇〇〇世帯ごとに二〇台の割合で新車が売れた）」『滁州晩報』二〇〇六年七月二七日。

344　一年間に八万七〇〇〇件の「治安妨害」　"China Handles 87,000 Public Order Disturbance Cases." *People's Daily*, January 20, 2006.

350　「古堰画郷」　大港頭の芸術家村の背景については、地元政府の企画案「Guyan Huaxiang Huibao Cailiao（古堰画郷に関する報告）」および左記の記事から情報を得た。藍偉栄「麗水画像創作基地在全省少見（麗水市の芸術家村、省内で独自の基礎を築く）」『滁州晩報』二〇〇六年一一月二九日。

4

367　銀泰社　銀泰社の事件について。張道生「麗水銀泰房産非法集資案完成借資戸債権申報審核（銀泰不動産による違法資金調達事件で投資家の権利が宣言される）」『新華』二〇〇九年三月四日。董碧水「浙江房産商大規模民間融資巨虧8億損及3万人次（浙江省で個人投資による大規模企業が八億元の損失を出し、投資した延べ三万人が損害こうむる）」『中国青年報』二〇〇八年九月二三日。姜東良「非法集資置換（違法資金調達をめぐる不安）」『法人』二〇〇九年二月二日。

368　景気刺激策

Barboza, David. “China Unveils Sweeping Plan for Economy.” *The New York Times*, November 9, 2008.

368　力を入れたのは農村部だった　景気刺激策における農村消費者の役割、および農村部の土地利用法改革案についてはCheng Li の前掲論文を参照。

368　国の経済は八パーセント台の成長を維持していた

Barboza, David. “Economy in China Regains Robust Pace of Growth.” *The New York Times*, July 17, 2009.

368　中国の消費者が購入した自動車の台数

Bradsher, Keith. “China Influence Grows with Its Car Sales.” *The New York Times*, April 21, 2009.

訳者あとがき

「中国　2010年の新車販売台数1800万台を突破、2年連続世界一」
「中国　GDP世界2位——2010年、日本と逆転確実」

中国の躍進が連日のように報じられている。ほんの九年前の中国には乗用車（バスを含む）がわずか九九〇万台あまりしかなかったというのだから、疾走するこの国の勢いはまさに驚異的というほかない。本書はこの激変期の中国を描くノンフィクションである。

著者のピーター・ヘスラー氏はアメリカ人のジャーナリスト。『ニューヨーカー』誌の記者として北京に住んでいた二〇〇一年から〇九年にかけて中国各地を取材し、*Country Driving: A Journey Through China from Farm to Factory*. Harper/HarperCollins Publishers, New York, 2010という1冊にまとめた。本書はその全訳である。

本書が取り上げるトピックは、万里の長城の成り立ちや山村の生活、南部工業都市の開発の過程など実に多岐にわたるが、全編を通して浮かび上がるのは、急激な変化のなかを生き抜こうとする人びとの素顔だ。「中国に長く住めば住むほど、私は人びとが急激な変化をどう受け入れていくかが心配になった」と著者は言う。「近代化が（少なくとも近代化自体が）問題だと言っているのではない。私は、発展に反対はしない。貧困から脱したいという人びとの気持ちはわかるし、努力して順応しようという中国人の意欲を深く尊敬している。だが、あまりに急激な変化は犠牲を伴うものだ。問題はとらえにくい場合が多い。外国人にはなかなか見えないのだ。西欧メディアは中国の政治や劇的な事件に関心を寄せ、農村暴動など不安定化のリスクをとくに大きく報道する。だが私の見るところ、個人の内面的な動揺こそ、もっとも深刻な問題ではないか」

本書は、それぞれ趣の異なる三部で構成されていて、どの部から読んでも楽しめる。第1部は北西部の辺境紀行だ。中国の運転免許証を取得した著者は、万里の長城をたどって北京からチベット高原までの長距離ドライブに出かける。二〇〇一年の当時、中国で車の運転をするのは一種の冒険だった。著者は「これほどひどい運転を楽しめるのは、中国人をおいてほかにいないだろう」とぼやきながらも、テントや食料や水を積み込んだ車を駆って道なき道をどこまでも走る。秋と春の二回のドライブ旅行で著者が目にしたのは、消えゆく村々だった。働きざかりがみな出稼ぎに行ってしまった農村には老人と子供しか残っていない。また、過疎化が進む辺境の地では、政府の開発計画や国際機関の援助による環境対策が進められていた。著者は鋭い洞察力と尽きない好奇心を発揮して、この種の事業の矛盾を突いている。

第2部で著者は北京に近い山村にセカンドハウスを構え、村の生活を体験する。七〇年代から過疎化が急速に進み、住民わずか一五〇人、学齢期の子供はたった一人になってしまったこの寒村は、道路が舗装された〇二年を境に大きな変貌を遂げる。著者と親しい村人の魏子淇《ウェイ・ツーチー》はうまく開発の波に乗り、妻の曹春梅《ツァオ・チュンメイ》とともにレストランを開業して村の起業家第一号になった。しかし、豊かになるにつれて家族の間にさまざまな葛藤が生まれるのを著者は見逃さない。「一家に起きた変化にとくに苦しんだのは曹春梅だった」と、著者は思いやりを込めて指摘している。また、ここで語られるゴシップやどろどろとした村の党書記選挙の顚末は、中国社会の権力構造や土地制度の根本的な矛盾を映し出しているといえる。

第3部は急発展する南部の小都市、麗水市《リーシュイ》が舞台だ。著者は市政府が開発を進める地区をたびたび取材に訪れ、その変貌ぶりに目を見張る。「九カ月の間にこの地区はすっかり変わってしまった。目をつぶっていてもわかるほどの激しい変わりようだ」。著者がそうした変化のスピードを十九世紀のアメリカで広がった都市化の波と比較し、「根本的な違い」を指摘しているのも興味深い。「自由市場がすべてを方向づける」中国の新興都市に集まってくるのは、実にたくましい人たちばかりだ。「労働者は才覚に富み、やる気満々で、起業家は恐れを知らない」。しゃにむに突き進む人びとの姿を描きながら、著者は中国が抱える「より大きな問題は、低採算商品の生産から一歩進んで、創造性や技術革新が必要な産業を育てることができるかどうか」だと指摘している。

著者は中国での生活のなかで感じるさまざまな矛盾点を、ときに皮肉を込めて、ときにユーモアを交えて語っているが、「外国人」の限界を実感することも多いようだ。レンタカー会社にアメリカ流のやり方を伝えようとしても、「中国人のことをおわかりでないから、そうおっしゃるんです」と笑いながら受け流されてしまう。「これは外国人がよく耳にする言葉で、この話はこれで終わりという意味だった」。著者が、親友の一人息子の入院先で治療方法の説明を求めたり、輸血の安全性に疑問を呈したりして中国人の担当医を怒らせてしまうエピソードも示唆に富むものである。「これまで知り合いになった中国人は、みな寛容だった。とかく中国語を話す外国人は、過度に尊敬される。そして、尊敬は便宜につながることが多い。長期滞在者のご多分にもれず、私は人びとの尊敬を都合よく利用することを覚えた。ただし、尊敬が実は何を意味するかについて幻想を抱いたことはない」

中国という途方もなく大きな国を多角的、多層的に描く本書の魅力は、読者を一気に引き込む語りのうまさ、読みやすさにある。著者がこの書を「物語風ノンフィクション」と呼ぶのもうなずける。

著者の夫人であるレスリー・T・チャン氏の『現代中国女工哀史』に続いて、この力作を日本の読者に紹介することになり、たいへんうれしく思っている。

訳出にあたっては全力を尽くしたが、訳者の不明や不注意のため、思わぬ誤りもあるかと思う。読者のご指摘、ご教示をお願いしたい。なお、原書ではもっぱら元とドルが用いられているが、本書では一部を元や円にあらためた。換算レートは一部の例外を除いて一ドルを八元、一元を一五円とし、きりのよい値で表した。著者も述べているように、執筆期間中の換算レートにはばらつきがあるものの、読みやすさを第一に考えてこのような方法をとった。読者のご理解をお願いしたい。

アルファベットで書かれた中国の人名・地名の漢字表記は難しい問題だったが、著者のご助力を得て解決することができた。公私ともにご多忙のなか、ご協力くださった著者に感謝したい。翻訳の機会を与えてくださった白水社、とりわけ編集部の阿部唯史氏には今回もたいへんお世話になった。適切なご助言と貴重なご指摘をいただき、深く感謝している。

二〇一一年二月

栗原　泉

解説

阿古智子

ピーター・ヘスラーは二〇〇一―二〇〇九年、中国で暮らした経験をもとにこの「物語風ノンフィクション」を書き上げた。

構成は三部から成っている。第1部は北西部の辺境紀行である。読者は読み進めていると、まるでロードムービーを観ているかのような錯覚に陥るだろう。ヘスラーは、レンタカーのチェロキー7250型「シティ・スペシャル」で北京から万里の長城をたどり、嘉峪関を越えてチベット高原にまで到達する。

短い期間に車社会が到来した中国では、ドライバー、自動車メーカー、警官、道沿いにある店、どれもが未成熟で粗削りだが、とてつもないエネルギーに満ちている。農村の人たちは外国人でよそ者のヘスラーに、何者で何をしているのかを訊くこともなく、気さくにお茶や食事に招いた。

第2部は北京北部の三岔村で家を借り、生活した日々を綴る。家の入り口の広い土間からは万里の長城が見える。二〇〇一年に二〇〇〇元だったこの村の年収は二〇〇六年には六五〇〇元に上昇した。自給自足の生活と農業が中心のこの地にもマイカー族が押し寄せ、民宿やレストランの経営、空き家のレンタルが行われるようになった。しかし、一九七〇年代に三〇〇人ほどだった人口は二〇〇二年には一五〇人に満たなくなり、文化大革命で破壊された祠《ほこら》などは再建されず、一九九〇年代初めには学校が閉鎖された。

急速に進んだ貧富の格差

二〇〇〇年代、中国では急速な経済発展のかたわらで、貧富の格差が拡大し続けた。クレディ・スイスによると、二〇二〇年の上位一パーセントの富裕層が持つ富は全体の三〇・六パーセントで、二〇〇〇年から一〇ポイント上がった。その一方、中国には六億人の平均月収が一〇〇〇元前後の中低所得かそれ以下の人びとがいると、今は亡き李克強首相が二〇二〇年の全国人民代表大会閉幕後の会見で指摘している。

社会主義国でこれほどまでの格差が存在することは本来あり得ないが、市場経済の競争原理が不完全なかたちでしか導入されないなかで、不動産や株式市場で儲け、先に豊かになった層が肥え続けた。不平等・不公正な制度下で権力の濫用が深刻化し、富を創出する機会は既得権益層に集中した。

村でヘスラーと関係を深めた三岔村の男性、魏子淇は中間層より下の階層に属す典型的な人物だと言える。子ども時代はニレの木の皮さえ食べるほどの貧しさで、正規の教育をほとんど受けず、北京郊外の工場で働いた後、村に戻ってきた。起業のアイデアを探し、テレビで見たヒルの養殖を借金して試すが失敗し、投資した金を失った。その次はマルチ商法のアムウェイにも手を出し、農家の家庭料理やエコツアーのサービスを提供する民宿の経営でも夢を描こうとする。

土地財政と乱開発

旅の途中、ヘスラーは大がかりな建設工事が行われるのを見て、「必要な金は誰が払うのか」と問いかける。土地は国家所有で不動産税の導入などもできないなか、地方政府は自ら開発資金を賄わなければならない。

そこで考え出されたのが、都市と農村の格差を利用した「土地財政」である。

中国の土地は、都市部では所有権が国有であっても、使用権を自由に売買できる。使用権とは有期（住宅地は七〇年など）で契約する日本の定期借地権のようなもので、契約更新によって継続できる。つまり、都市部の土地・不動産は実質的にはすでに私有化している。

一方、農村部の土地は村などの集団が所有しているため、農民は土地経営請負権を持つが、使用権を自らの意思で売却したり、抵当に入れたりはできない。また、食糧自給や環境保護の観点から、農地の転用は厳しく規制されている。

ただし、「公共の目的」があれば政府が収用し、集団所有から国有にする手続きを取ったうえで、非農業用地として開発できる。地方政府は土地の取引に際して土地使用権譲渡金や各種税金を受け取る。つまり、農民は自分で農地や家を公開市場で売る権利を持っていないため、村が間に入って市などの地方政府と交渉する。その過程において村は圧倒的に無力であり、不利な価格でしか売却できない。地方政府は農民が出ていくと基本的なインフラを整備し、都市部の土地として使用権を売り買いし、莫大な利益を生む。

この「土地財政」に依存することで、中国各地で乱開発が進められたのである。

「コネ（関係）」を引き寄せる

農村と都市を区分するのは、毛沢東時代から続く戸籍制度ゆえである。戸籍制度は各地で改革が試みられたものの、今に至るまで廃止できない状況だ。

本書の第3部には南部の小都市、麗水市で農村の戸籍を持ちながら働く出稼ぎ労働者が登場するが、彼ら・彼女らは労働条件や社会保障において不平等な扱いを受けている。

しかし、ヘスラーが描く労働者らは、そうしたハンディをものともせず、人生を切り開こうとする。年齢を偽って働き始めた少女は、新米工員の二倍以上の給料を得るまでになった。字も読めない組立ライン工から熟練技術工を経て従業員一〇人の会社を立ち上げた者もいる。

農村部は社会保障制度も整っておらず、そのため、冠婚葬祭や子育て、介護、看病などにおいて、家族や村人は相互に助け合う。また、「拉関係」、つまり「コネ（関係）」を自分の方へ引き寄せる（拉）ことも重要だ。

魏子淇の息子が急病で、病院で血液製剤と輸血を使う可能性が出てきた際、中国でＨＩＶ（エイズウイルス）と肝炎が流行っていることを知っていたヘスラーは、「北京に安全な血液製剤はない」と言い張る医師に対して、国際基準に従っている会社の製品を使うよう交渉し続けた。輸血で熱が下がり、血小板の数値が正常に戻り、子どもは危機を脱した。

ヘスラーが村に深く入り込めるようになったのは、こうした緊急時の働きぶりで村人たちの信頼を勝ち得たことが大きかった。

村の人たちは快気祝いの白酒を振る舞い、タバコを配り、友情を確認し合う。一方、開発地区で繰り広げられる贈り物合戦はドロドロしている。進出した企業は優遇措置を受け、便宜を図ってもらうために役人にタバコと現金を配り、収支報告をごまかす。

ヘスラーも三岔村に住むとき、なかなか警察から理解が得られず、やむを得ず中国的コネづくりを実践した。しょっちゅう警察署に立ち寄り、中秋節に月餅を、春節には葉巻とタバコを届けた。三岔村でもともに暮らすヘスラーの友人で、中国系アメリカ人のミミの両親は、二人を心配し、北京市内の自宅から村まで来て警察署長ら幹部を接待した。それによって、二人は事前の届け出があれば三岔村に住んでもよいことになった。

急激な変化と心の動揺

物質的な豊かさが増す一方で、急激な変化に戸惑い、「否定しようのない悲しみ」を抱く人びとの様子をそばで見ながら、ヘスラーは「個人の内面的な動揺こそ、もっとも深刻な問題ではないか。人びとは他人と意味のあるつながりを持ちたいと願っている」と分析する。

魏子淇の妻の曹春梅は人口が減少し衰退する村で、不倫や不祥事の噂話に明け暮れる人びとをよそ目に根深い不安を抱いて生きていた。外の世界と心の触れ合う交流を持ちたいと考えるなかで出会った呼吸法を兼ねた健康体操「法輪功」を開始したが、法輪功は中国政府が「邪教」として徹底的に弾圧する新興宗教だ。村の人たちは法輪功に背を向けざるを得なかった。

しかし、魏子淇の息子はしょっちゅう腹を下し、風邪をひく。ヘスラーは子どもに水分と野菜・果物を摂らせ、運動させるようにアドバイスしたが、息子が丈夫になるよう願う夫婦が選んだのは、流行りの「コンピューター命名」による息子の改名だった。

中国社会はあまりにも短期間のうちに急激に変化するため、親と子はまるで別の世界に住んでいるかのようだ。私がこの解説を書いている二〇二四年十月、中国の景気は悪化し続けており、人びとの心の動揺はヘスラーが中国にいた頃よりさらに強まっているように感じる。そして、「あまりにも急激な変化は犠牲を伴う」というヘスラーの懸念がより現実として顕著になってきている。

これほどのスピードで変化する国で方向感覚を失わずに生きていくのは、不可能に近いかもしれない。しかし、中国の人びとは宗教的、哲学的真実を懸命に希求し続けている。

（東京大学人学院教授）

著者

ピーター・ヘスラー　*Peter Hessler*

1969年、米国ミズーリ州生まれ。プリンストン大学卒業後、オックスフォード大学で英文学を学ぶ。1996年、平和部隊（Peace Corps）に参加し、中国四川省の長江流域の町、涪陵にある地方大学で2年間、英語教師として教鞭をとる。2000〜07年、『ニューヨーカー』北京特派員。2008年に全米雑誌賞を受賞したほか、2011年にはマッカーサー・フェローに選ばれた。一時期、家族とともにエジプト・カイロ、四川省成都に居住していたが、現在はコロラド州在住。『ニューヨーカー』『ナショナルジオグラフィック』『ニューヨーク・タイムズ』などに寄稿している。邦訳書に『北京の胡同』（白水社）があるほか、著書に*River Town*（2001）、*Oracle Bones*（2006）、*The Buried*（2019）、*Other Rivers*（2024）がある。

訳者

栗原　泉　くりはら・いずみ

翻訳家。主な訳書に、レスリー・T・チャン『現代中国女工哀史』、ピーター・ヘスラー『北京の胡同』、マージョリー・シェファー『胡椒　暴虐の世界史』、ハワード・W・フレンチ『中国第二の大陸　アフリカ』、ジョン・マクフィー『ノンフィクションの技法』（以上、白水社）、サラ・ワイズ『塗りつぶされた町』（紀伊國屋書店）、ジョゼフ・ギースほか『中世ヨーロッパの結婚と家族』『大聖堂・製鉄・水車』（以上、講談社学術文庫）、デボラ・L・ロード『キレイならいいのか』（亜紀書房）などがある。

［地図制作］　閏月社

《現代史アーカイヴス》
疾走中国
変わりゆく都市と農村
二〇二四年一一月一〇日　印刷
二〇二四年一二月　五　日　発行
著　者　ピーター・ヘスラー
訳　者　© 栗原　泉
発行者　岩堀雅己
発行所　株式会社白水社
〒一〇一－〇〇五二
東京都千代田区神田小川町三－二四
電話　〇三－三二九一－七八一一（営業部）
　　　〇三－三二九一－七八二一（編集部）
振替　〇〇一九〇－五－三三二二八
www.hakusuisha.co.jp
乱丁・落丁本は、送料小社負担にてお取り替えいたします。
装　幀　北田雄一郎
印刷所　株式会社三陽社
製本所　誠製本株式会社
Printed in Japan
ISBN978-4-560-09149-4